社会保障学

（第二版）

刘晓梅 邵文娟 主编

Social Security

清华大学出版社

北京

内 容 简 介

本书从公共管理学、经济学、社会学等学科的结合点入手，系统构建了相对完整的社会保障知识体系。本书共14章，在重点阐述社会保障制度体系、发展过程、思想理论等内容的基础上，首先系统地介绍了养老保险、医疗保险、失业保险、工伤保险、生育保险的理论与实践，并结合我国现状介绍了社会救助、社会福利、社会优抚等制度的内容；其次介绍了涉及社会保障总体内容的基金管理和社会保障立法；最后依据我国国情补充介绍了企业年金的发展现状。

本书可作为高等院校劳动与社会保障专业的本科生和研究生的必修课教材，可作为公共事业管理、行政管理等专业的本科生和研究生(包括MPA)的选修课教材，也可作为公务员和非营利组织人员的培训教材，还可作为公共部门管理人员的参考用书。

图书在版编目(CIP)数据

社会保障学 / 刘晓梅，邵文娟 主编. —2版. —北京：清华大学出版社，2018(2022.8重印)
ISBN 978-7-302-49956-5

Ⅰ. ①社… Ⅱ. ①刘… ②邵… Ⅲ. ①社会保障—高等学校—教材 Ⅳ. ①C913.7

中国版本图书馆 CIP 数据核字(2018)第 066117 号

责任编辑：施　猛
封面设计：常雪影
版式设计：方加青
责任校对：孔祥峰
责任印制：杨　艳

出版发行：清华大学出版社
　　　　　网　　　址：http://www.tup.com.cn，http://www.wqbook.com
　　　　　地　　　址：北京清华大学学研大厦 A 座　　　　邮　　编：100084
　　　　　社 总 机：010-83470000　　　　　　　　　　　邮　　购：010-62786544
　　　　　投稿与读者服务：010-62776969，c-service@tup.tsinghua.edu.cn
　　　　　质 量 反 馈：010-62772015，zhiliang@tup.tsinghua.edu.cn
　　　　　课 件 下 载：http://www.tup.com.cn，010-62781730
印 装 者：三河市金元印装有限公司
经　　销：全国新华书店
开　　本：185mm×260mm　　印　　张：22.75　　字　　数：511 千字
版　　次：2014 年 2 月第 1 版　　2018 年 6 月第 2 版　　印　　次：2022 年 8 月第 6 次印刷
定　　价：68.00 元

产品编号：075816-03

前言(第一版)

　　社会保障是民生的根基，是保障国民基本生存权利的大事。与发达国家相比，我国社会保障起步较晚，发展过程比较艰辛，其中既有制度性复杂因素的影响，也有人才缺乏等客观因素的影响。可喜的是，经过三十余年的改革，我国现已实现社会保障制度的全覆盖。这在我国社会保障发展史上写下了突破性的一笔，也在世界社会保障发展史上翻开了值得惊叹的一页。然而，正如世界各国所面临的社会保障困境一样，我国也面临少子老龄化、城乡分割的二元结构、经济发展转型、社保基金保值增值难以及制度差异大、经办效率低等各种问题，社会保障面临许多复杂的、不确定的风险，需要在改革中不断完善，真正做到发展社会保障事业、创新社会保障制度。

　　目前，已经出版的有关社会保障的教材很多，虽然各有特点，但总体看来普遍存在时效性差的问题。众所周知，我国社会保障发展速度较快，新的法律法规相继出台，这就要求在教材中不断补充新的内容，以便让学生及时了解社会保障的最新动态和发展趋势。另外，世界各国都把社会保障作为社会政策的重点，积极改革和创新，积累了很多经验和教训，也需要学生及时了解。基于以上考虑，本教材内容将呈现以下特点。

　　第一，教材内容新颖，吸纳国内外最新社会保障研究成果。本教材不仅介绍国外最新研究动向和理论，还对我国新出台的政策和法律做了详细解读。既有理论也有实证，不仅分析问题，还增加了解决问题的对策和建议等富有开拓性的内容，可以引发学生思考，提高学生思考问题的能力。

　　第二，创新教材体系，使之更加合理和全面。本教材的内容体系打破了原有教材体系，经过重新组合，能够详细解读社会保障体系的各部分内容。通过具体的制度分析，帮助学生掌握社会保障的基本原理和运行机制，同时为增进学生对社会保障理论与实践的理解做好铺垫。本教材在一定程度上摒弃了先写理论、后写具体制度内容的弊端，有助于激发学生的学习兴趣，也便于学生对相关内容进行比较和总结。

　　第三，教材实用性强，更符合学生的需求。本教材的编者都是一线教师，她们以社会保障专业的视角，从十余年丰富的教学经验中，总结更加合理和科学的理念与思路，编写了本教材。同时，两位编者都是归国留学人员，她们将世界其他国家相关教材的理念和思路融合进来，使教材更具国际化特点。另外，本教材在选取案例时关注最新的焦点问题和内容，旨在反映当前我国和世界社会保障的真实状况。

　　第四，教材的编写与我国社会保障制度的现状高度结合。本教材每一部分都详细介绍了我国社会保障制度的现状及面临的问题，有助于学生把握我国社会保障领域的改革动向。

编者在编写本教材的过程中，得到了硕士生的帮助，他们是董青、马小宁、胡光波、张睿、罗浚铖、冯筱涵。他们帮助收集资料、整理内容和案例，对教材的顺利出版做了很大贡献。同时，本教材也引用了其他相关教材的观点和内容，把各位专家的思想凝聚在这里。在此，一并向为本教材的出版提供帮助的专家、学者及相关人士表示感谢。

由于编者自身水平有限，教材中难免存在疏漏，敬请各位专家和读者批评指正。反馈邮箱：wkservice@vip.163.com。

刘晓梅、邵文娟于大连

2014年4月

前言(第二版)

《社会保障学》(第一版)自2014年问世以来,受到广大高校师生的欢迎,被多所高校的劳动与社会保障专业及相关专业指定为教学用书,至今已经历6次重印,产生了广泛的影响。

自本书出版以来的3年时间里,我国社会保障事业在不断改革和完善中取得了重大进展。例如,在社会保险领域,2015年1月14日,国务院发布《机关事业单位工作人员养老保险制度改革的决定》,实现了机关事业单位传统的退休金制度向社会养老保险制度转型,已完成养老保险"并轨";在医疗保险领域,在2012年已实现基本医疗保险制度全覆盖,参保人数超过13亿人的基础上,2015年全面推进大病医疗保险,国务院于2016年1月12日发布《国务院关于整合城乡居民基本医疗保险制度的意见》,进一步整合了现行制度,全民医保体系基本建成;在生育保险领域,2017年1月19日,国务院发布《生育保险和职工基本医疗保险合并实施试点方案》,在12个城市开展两项保险合并实施试点;在社会救助领域,2014年,国务院制定并实施《社会救助暂行办法》,2015年国务院决定全面建立临时性的急难救助制度,提高扶贫标准,实施精准扶贫战略,使综合型社会救助制度进一步健全;在社会福利领域,以2014年民政部印发的《关于进一步开展适度普惠型儿童福利制度建设试点工作的通知》和2015年国务院发布的《关于全面建立困难残疾人生活补贴和重度残疾人护理补贴制度的意见》等为主要标志,各项社会福利事业稳步发展。

本教材的第二版修订工作正值中国共产党第十九次全国代表大会召开之际。习近平总书记在"十九大"报告中提出:加强社会保障体系建设,全面建成覆盖全民、城乡统筹、权责清晰、保障适度、可持续的多层次社会保障体系。完善城镇职工基本养老保险和城乡居民基本养老保险制度,尽快实现养老保险全国统筹。完善统一的城乡居民基本医疗保险制度和大病保险制度。统筹城乡社会救助体系,完善最低生活保障制度。完善社会救助、社会福利、慈善事业、优抚安置等制度,健全农村留守儿童和妇女、老年人关爱服务体系。发展残疾人事业,加强残疾康复服务。加快建立多主体供给、多渠道保障、租购并举的住房制度,让全体人民住有所居。

鉴于以上我国在社会保障事业改革中取得的成就和"十九大"报告中提出的社会保障事业的改革目标,第二版的修订和完善将重点反映上述内容,具体包括以下几方面。

首先,在第4章"我国养老保险制度体系"中,加入"并轨"后机关事业单位养老保险制度内容以及城乡居民养老保险的现行制度,并对"并轨"后城镇职工基本养老保险制度和合并后的城乡居民基本养老保险制度存在的问题进行了分析和梳理。

其次,在第5章"医疗保险"中,加入我国城乡居民基本医疗保险制度,完善了城镇职工基本医疗保险的现行制度,并新增"补充医疗保险"和"医药卫生体制改革中的问题及政策建议"两节内容,详细介绍了我国补充性医疗保险制度和医改过程中存在的问题。

再次,在第9章"社会救助"中,大篇幅修改了我国社会救助的发展历程,重新梳理了我国社会救助体系的内容,进一步扩充了农村最低生活保障制度,加入了精准扶贫等内容。在第10章"社会福利"中,更新并完善了老年人福利的主要内容,重点加入了老年津贴制度、老年人的养老服务以及老年优待等内容;结合现状,修订了我国残疾人福利事业存在的问题及改革方向。

最后,对每章案例进行更新,同时对涉及我国社会保障制度现状的内容进行完善,如第2章中的"我国社会保障制度的现状",第3章中的"延长退休年龄",第6章中的"我国现行失业保险制度",在第7章中加入了我国工伤保险制度改革的内容,第8章中补充了生育保险与医疗保险合并的试点方案,第12章中加入了我国社会保障基金运行现状的内容,第14章中增设一节职业年金的内容。

在修订本书的过程中,编者得到了东北财经大学社会保障专业博士研究生乌晓琳,硕士研究生李歆、付钰琅的帮助。他们参与了文献和资料的搜集与整理工作,为第二版的完成做出了贡献。

再次感谢广大师生和读者对本书的厚爱,尽管编者对修订工作付出了很大努力,但难免存在不足和疏漏之处,敬请读者见谅并予以指正。反馈邮箱:wkservice@vip.163.com。

刘晓梅、邵文娟

2017年10月

目　　录

第1章 社会保障概述

本章学习重点

1. 了解社会保障的概念及特征；
2. 掌握社会保障的体系构成，重点掌握各组成部分的内容及区别；
3. 掌握社会保障的原则及形式，理解社会保障的功能。

1.1 社会保障的概念及特征

1.1.1 社会保障概念的界定

"社会保障"一词源于英文"Social Security"，原意是指社会安全。1935年，该词在美国通过的《社会保障法》中被首次使用，之后迅速传遍西方发达国家。1944年，国际劳工大会发表的《费城宣言》中正式采纳了"社会保障"这一概念，从此，社会保障的概念被世界各国广泛应用。

1. 国际社会对社会保障的界定

社会保障是一个历史的概念，由于各国经济发展水平、社会文化背景等不同，它在不同国家和不同地区具有不同的含义。即使在同一个国家和地区的不同时期，对社会保障概念的理解和解释也不尽相同。

1) 英国

英国是西方福利国家的代表，其社会保障实施的基础是1942年由贝弗里奇起草的《贝弗里奇报告》。该报告认为社会保障是一种公共福利计划，是保护个人及其家庭减少因失业、年老、疾病或死亡而在收入上所受的损失，并通过公益服务和家庭生活补助等提高其福利的制度。英国的社会保障遵循普遍性原则，对全体国民实施"从摇篮到坟墓"的全面的安全保障。

2) 德国

德国是最早建立社会保险制度的国家，其社会保险制度的建立是现代社会保障制度诞生的标志。德国在实行市场经济体制时，把社会保障理解为向市场竞争中不幸失败或失去竞争能力的人提供基本生活保障并具有互助性质的安全制度，即德国的社会保障旨在为竞争失败的人提供基本的生活保障，并助其获得重新参与社会竞争的机会。

3) 美国

美国对社会保障的定义介于德国和英国之间，美国将社会保障视为社会的安全网。

美国的社会保障是根据社会保障法制定的社会保险计划,具体包括:对因年老、长期残疾、死亡或失业而失去工资收入者提供保障;对老年和残疾时期的医疗费提供保障;对由结婚、生育和死亡导致的特殊开支以及抚育子女提供保障体系。

4) 国际劳工组织

国际劳工组织对社会保障的定义也是一个不断发展的过程。

1942年,国际劳工组织将社会保障定义为:组织对其内部成员所面临的某种风险提供保障,包括为成员提供保险金、预防或治疗疾病、失业时帮助其找到工作。

1989年,国际劳工组织把社会保障定义为:社会通过一系列公共设施为其成员提供保护,以防止疾病、产期、工伤、失业、年老和死亡致使成员收入停止或大量减少造成的经济和社会困难,并提供医疗和为有子女的家庭提供补助金。

2. 我国对社会保障的界定

1986年,我国在第六届人大第四次会议上通过的第七个五年计划中,第一次使用"社会保障"一词。在学术界,不同学者从不同角度出发,对社会保障的概念进行了不同的诠释。

郑功成认为,社会保障是国家或社会依法建立的,具有经济福利性的、社会化的国民生活保障系统。[①]童星将社会保障定义为国家或社会通过立法和采取行政手段对国民收入进行再分配,以社会消费基金的形式,向由于年老、疾病、伤残、死亡、失业及其他不幸遭遇的发生而导致生存出现困难的社会成员给予一定的物质上的帮助,以保证其基本生活权利的措施、制度和活动的总称。[②]

尽管不同学者对社会保障概念有不同的界定,但就其所包含的要点而言,可以对社会保障做如下概括。

社会保障是以政府为责任主体,依据法律规定,通过国民收入再分配,对暂时或永久失去劳动能力以及由于各种原因而使生活发生困难的国民给予物质帮助,保障其基本生活的制度。这一概念包括以下几个要点。

(1) 社会保障的责任主体是政府和社会。只有政府和社会才有能力担当社会保障的重任。因为国家是对社会进行管理的最高权力体现,政府是执行国家权力的行政机构,对社会成员的基本生活实施保障是国家和政府不可推卸的职责。同时,社会保障的实施和监管又少不了社会各主体的参与。

(2) 社会保障的实施依据是国家立法。社会保障必须以健全、完备的法律体系为支撑,以法律形式规范国家、企业和个人在社会保障中的权利与义务,规范社会保障的行政管理和基金管理等事务,使社会保障制度的运行制度化、规范化。

(3) 社会保障的实施手段是对国民收入进行再分配。市场分配必然会导致财富和收入在社会成员之间的分配不公,造成两极分化,从而危及社会稳定,因而需要政府对

---

① 郑功成. 社会保障学[M]. 北京:中国劳动社会保障出版社,2005:7.

② 童星. 社会保障与管理[M]. 南京:南京大学出版社,2002:6.

市场分配的结果进行调节和修正。社会保障正是通过国民收入再分配的手段，从全社会筹集社会保障基金，对遭遇各种风险的社会成员提供基本生活保障，弥补市场分配的缺陷，从而缩小贫富差距，实现公平。

(4) 社会保障的对象是社会全体成员。完善的社会保障制度应该把全体社会成员纳入保障范围。社会保障应该使所有社会成员都成为受益者，因为社会保障制度的存在是以风险的存在为前提的，而风险是社会上每个人都无法回避的。特别是当社会成员因失业、疾病、残疾、年迈等以及因个人不可抗力而遭遇生活危机时，有权通过保障体系得到基本的生活保障。

(5) 社会保障的目标是满足公民的基本生活需要。社会保障是现代国家的一种安全制度，应使社会中的每个成员满足基本生活需要，维持生存所需的生活标准。它在宏观上以政府干预来消除因市场失灵而产生的社会不安定因素及由其所产生的社会风险，保证社会经济的协调稳定运行和发展；在微观上为全体社会成员的基本生活权利提供安全保护，以保障社会成员基本生活需求为目标，以确保社会成员不因遭遇风险或不可抗力的危机而陷入孤立无援的境地。

1.1.2　社会保障的特征

1. 社会性

社会保障是以政府和社会为主导，在全社会范围内统一实施的制度，其覆盖范围是全体国民。符合保障条件的公民，一旦遇到生存危机和社会风险时，原则上都应得到基本生活保障，以促进社会稳定和谐，实现社会公平的社会性目标。另外，社会保障的资金来自政府、企业、个人等渠道，实现了社会化的筹资，同时筹集的资金接受社会的监督和评价。社会保障的社会性具体体现在：社会保障以国家为主体组织实施，社会保障资金实行统筹和调剂，社会保障实行社会化管理，以及在全社会实行统一的社会保障制度，等等。

2. 强制性

社会保障作为国民收入再分配的一种形式，是国家通过立法来强制实施的。从法律角度看，社会保障及其所有项目都在国家立法范围内，因此具有一定的强制性。法律规定了社会保障的对象、内容、方式、方法，规定了国家、单位和个人的权利和义务。只有通过国家立法，强制执行，才能使遭受特殊困难的公民获得基本的生活保障。只有社会保障具有强制性，才能实现保障全社会成员基本生活的目标。

在社会保障产生之前，人类社会就已经存在各种保障形式，如商业保险和家庭保障等。但这些保障形式都带有较大的局限性，不可能将全体社会成员吸收进来，没有参加商业保险或家庭保障功能较弱的人，遇到各种风险时，很有可能陷入困境甚至绝境。所以，社会保障产生的原因及其宗旨要求它具有强制性。这一特征也是社会保障区别于商业保险及民间慈善事业的明显特征。

3. 公平性

社会保障的公平性体现在社会成员享受社会保障待遇的权利和机会是均等的，即保障范围的公平性。任何社会成员在其生活发生困难或生存面临风险时，都能均等地获得社会保障提供的权利和机会。社会保障的过程也体现着公平性，维护社会成员参与社会竞争的起点和过程也是公平的。此外，社会保障的实施是通过收入的再分配实现的，其收入再分配的实施缩小了社会成员的收入差距，使社会成员能够尽可能公平地享受社会、经济发展的成果。

4. 保障性

社会保障作为社会的安全网，适时有效地向社会成员提供物质帮助和服务，以保障其基本生活需要，因此具有保障性。社会保障保障国民的基本生活，主要表现在两个方面：一方面，社会保障的缴费要保持适当的水平，不能给企业、个人造成过重的负担，以免影响个人现时期的生活水平和企业的市场竞争力；另一方面，社会保障的待遇水平要能保障国民的基本生活，同时不给政府财政造成过重的压力，维持在本国经济可承受的范围内。《中华人民共和国宪法》(以下简称《宪法》)第四十四条、四十五条规定"退休人员的生活受到国家和社会的保障""中华人民共和国公民在年老、疾病或者丧失劳动能力的情况下，有从国家和社会获得物质帮助的权利。国家发展为公民享受这些权利所需要的社会保险、社会救济和医疗卫生事业""国家和社会帮助安排盲、聋、哑和其他有残疾的公民的劳动、生活和教育"等。

5. 福利性

社会保障的福利性表现为社会保障事业是一种社会福利事业，不以营利为目的。从社会保障实施的过程来看，其宗旨和目的是增进社会成员的福利，其保障的各个环节和项目均不以营利为目的。从保障结果来看，社会成员在年老、疾病、失业等劳动能力暂时中断或永久丧失的情况下，能够获得一定的物质帮助和经济保障，而且其保障的水平高于缴费水平，这体现了待遇的福利性。

6. 互济性

社会保障实行互助共济，按照大数法则，在整个社会范围内统一收集和调整使用资金，依靠全社会的力量分散风险。一般而言，社会保障费应由国家、用人单位、个人三方共同负担，并在广泛的范围内实现社会统筹与互济。这种互济功能包括横向和纵向两方面。横向的互济表现为贫富之间、健康者和疾病伤残者之间、在业者和失业者之间、地区和地区之间等的互济；纵向的互济表现为代际的收入转移以及个人生命周期内的收入转移等，都具有互助、互济的性质。

7. 层次性

现代社会保障体系一般由多个项目组成，各项目的地位和作用各不相同。其中，社会保险是社会保障体系的核心内容。因为社会保险保障的对象主要是社会成员中的劳动者，具体来讲就是工薪阶层。这部分人及其家属在社会群体中占有很大比重，社会保险对他们来说是保障其基本生活水平的第一道防线。社会救助是社会保障体系中最低层次的保障项目。因为社会保险不能完全涵盖所有社会成员，社会救助针对特定人群，如无收入、无生活来源、无家庭依靠并失去工作能力者，生活在国家的"贫困线"以下和生活在最低生活标准以下的家庭或个人，以及遭受自然灾害和不幸事故者，都需要通过社会救助，达到其最低生活标准。社会福利是社会保障体系的最高层次。由于各国的经济发展水平及基本国情不同，因此，社会福利的内容和覆盖面的差异很大。但从社会福利在社会保障体系中的地位来看，它属于增进国民福利、改善国民物质及其他生活条件的社会保障事业。

1.2 社会保障的体系结构

由于各国政治制度、社会背景、经济水平、文化观念及社会保障制度实施的时间长短不同，各国社会保障的构成体系存在很大差异。社会保障体系一般是指由各项社会保障项目、保障措施等构成的整体，各保障项目之间是互相独立又互相联系的。社会保障体系有广义和狭义之分。广义的社会保障体系是由政府承办的社会保障制度，即制度性社会保障及政府以外的主体提供的补充性保障形式，即非制度性社会保障，如慈善事业、社区服务、企业年金、商业保险、家庭保障等构成的综合体系；而狭义的社会保障体系是指由政府承办的正规性、制度性的社会保障，包括社会保险、社会救助、社会福利、社会优抚等部分。

1.2.1 社会保险

1. 社会保险的定义

国家通过立法建立，强制实施，为劳动者在遭受经济和社会风险，如年老、疾病、生育、失业、伤残等暂时或永久丧失劳动能力时提供物质帮助或收入补偿，从而保障其基本生活的社会保障制度。

无论是从保障对象还是从基金规模来看，社会保险都是社会保障的核心。这是因为社会保险的对象主要是劳动者，其群体的规模和数量都是人口中最大的，劳动者面临的风险也最多，因此需要保障劳动者在暂时或永久失去劳动能力的特殊情况下仍能够参与社会分配。另外，社会保险占用的资金也是社会保障基金中最大的部分。

2. 社会保险的构成及内容

社会保险的项目一般包括养老保险、医疗保险、失业保险、生育保险、工伤保险等，是社会保障中承担风险最多的保障内容。

1) 养老保险

养老保险是对法定范围内的劳动者或其他职员因年老而退出社会劳动领域后，能够获得满足其基本生活需要的、稳定可靠的经济来源的社会保险项目。这是社会保险中涉及面最为广泛的一种保险项目。在各个国家的社会保障体系中，养老保险一般都是最重要的项目，这是因为在养老保险中受保人享受保险的时间最久，其待遇给付的标准相对较高，尤其是在人口老龄化加剧的条件下，养老保险的重要性更是不言而喻。在制度实践中，养老保险必须切实贯彻保障老年人基本生活的原则，因此，退休水平不仅要适度而且要有能随着物价上升而不断调整的弹性，真正让退休的老年人继续分享社会经济发展的成果。

2) 医疗保险

医疗保险是对法定范围内的劳动者或者其他职员在患病或非因工受伤时提供医疗服务的保险制度。它既包括医疗费用的给付，又包括各种医疗服务。医疗保险的目的是恢复劳动者的劳动能力和补偿劳动者病假期间的生活开销。在各国的社会保险制度中，医疗保险是仅次于养老保险的又一重要的社会保险制度。不过，疾病津贴的发放也不是无限期的，超出规定期限则不能继续享受医疗保险待遇，而是转由社会救助系统来承担。

3) 失业保险

失业保险是对法定范围内的劳动者因失业而失去经济来源时，按法定时限保障其基本生活需要的社会保险。在现代市场经济条件下，失业不可避免。为了使失业者和其赡养的家人能维持生活，保护劳动力和维持劳动力再生产，满足社会经济发展的需要和维持社会安定，建立失业社会保险是非常必要的。但失业者享受保险待遇是有条件的，即失业前必须工作过或缴纳过一定时间的保险费；失业后立即到职业介绍机构登记，表示有劳动意愿等。领取失业保险金有一定期限，超过这个期限，就失去领取资格，否则不利于失业人员再就业。若失业人员到期仍未找到工作，则改领失业救助金，救助金的水平要低于失业保险。

4) 生育保险

生育保险是主要向妇女提供的，使其在怀孕、生产、哺乳期间能够获得基本生活需要的社会保险项目。生育活动有一定的周期，包括怀孕、临产、分娩、孕育等。因此，生育保险要贯彻产前产后一律给予保险待遇的原则，应包括妇女产前产后有一定时间的带薪假期，有时还包括生育补助费。有关产假工资的多少、产假的长短、补助费的数额，各国不尽相同。

5) 工伤保险

工伤保险是指向法定范围内的劳动者提供因职业伤病而造成经济损失的补偿费用，以及使其不致因职业伤病而降低收入水平的社会保险项目；也指向法定范围内的劳动者提供因不幸致残而需花费的治疗和康复的费用，以及在其致残后保证其基本生活需要的社会保险项目。与其他社会保险制度相比，工伤保险具有雇主赔偿的性质，工伤保险的缴费一般完全由雇主承担，政府在特殊情况下予以资助，而劳动者个人不承担缴费义务。在工伤责任认定方面，各国普遍采取"无过失补偿"原则，即不管导致工伤的责任在何方，只要不是劳动者的故意行为所致，遭受伤害的劳动者均有权享受工伤保险待遇。工伤保险的对象是从事经济活动的劳动者本人，但获取保险待遇的，往往不限于劳动者本人，还包括其家属。

6) 护理保险

德国、日本等发达国家由于进入了少子老龄化时期，还建立了专门的护理保险制度，即劳动者在劳动期间可以参加护理保险，待年老需要生活照料时，可以通过护理保险获得生活方面的保障。

3. 社会保险的特征

1) 预防性

预防性主要反映在社会保险基金的建立方面。通过多方筹措建立起来的社会保险基金，可由国家用在每个投保者身上，防范他们因发生社会保险立法规定范围内的风险而遭受损失，起到有备无患、未雨绸缪的作用。

2) 互济性

参加社会保险者定期缴纳社会保险费，建立社会保险基金，当其中有人因遭遇特定风险而受到损失时，可以按规定领取一定数量的保险金，从而达到分担风险、互助共济的目的。

3) 储备性

社会保险机构依法收取企业和个人的社会保险费，同时，也吸收来自国民收入的分配与再分配资金，并按立法规定进行积累，然后根据社会保险政策进行分配。只有积累社会保险基金，才能对丧失劳动能力或收入中断的劳动者及其供养的亲属提供必要的物质帮助，才能保证其基本生活需要。因此，社会保险资金在征集与管理过程中具有相应的储备性。

4) 责任分担

社会保险资金来自多种渠道，不仅由劳动者、企业单位或雇主缴纳，政府补贴，还有相应的投资收益等。三方共同筹资，不仅体现了社会保险责任的分担，而且保证了资金来源的可靠性。

5) 强制性

社会保险是由国家通过立法建立并实施的，规定符合条件的劳动者必须参加。

6) 权利与义务的对等性

社会保险的显著特点是强调权利与义务的对等性，与社会救助、社会福利相比，它是一种实行缴费制的社会保障制度，只有尽到缴纳保险费的义务，才有享受收入补偿的权利。

4. 社会保险与商业人身保险的区别

商业人身保险是保险企业经营的、以人的生命和身体为保险对象的一类险种，包括健康保险、生存保险、死亡保险、旅客意外伤害保险、团体人身保险等区别于财产类保险业务的总称。

社会保险与商业人身保险都有互济性的特点，都是运用大数法则，集聚众人的经济力量，在风险尚未发生时，根据风险的不确定性和发生损害的可能性建立基金以分散风险。虽然社会保险与商业人身保险都具有互助互济、分担风险、保障人民生活安定的功能，但两者在性质上有着根本的区别，具体表现在以下几个方面。

1) 保险目的和性质不同

社会保险是强制实施的、以保证社会安全为目的的社会保障制度，不以营利为目的，政府对保险财务负有最终责任，发生亏损则由国家财政拨款弥补，属于社会福利性质。商业人身保险是金融企业的经营活动，以营利为目的，以减少经济损失为前提，保险公司与投保人双方以契约规定各自的权利和义务，一旦契约履行完毕，保险责任即自行终止。保险公司独立核算，自负盈亏，国家财政不予补贴，完全属于经济行为。

2) 保险对象不同

社会保险的对象主要是劳动者及其供养的直系亲属，实行该保险的目的在于保障劳动者在老、弱、病、残和失业、生育时的基本生活。凡是在法律规定范围内的劳动者，以企业为单位都必须参加社会保险。商业人身保险以全体国民为对象，被保险人可以根据自己的生命不同阶段或根据可能出现的风险进行投保，实行任意投保的方法，保险公司与投保人双方均有自由选择的权利，按保险费缴纳的多少和事故发生的种类，给予被保险人一定的经济补偿。

3) 权利与义务的对等性含义不同

社会保险强调劳动者必须履行为社会贡献的劳动义务，只有缴纳社会保险费，才能获得享受社会保险待遇的权利。商业人身保险的保险金额取决于投保时缴纳保费的数量，以投保额决定补偿额，权利和义务体现"多投多保，少投少保，不投不保"的等价交换关系。

4) 管理体制和适用法律不同

社会保险属于国家主办的行政管理体制，由社会保险专门机构负责组织管理，其立法属于劳动立法的范畴。商业人身保险机构是金融企业，保险的经营主体是由国家有关部门审查批准的专门经营保险业的法人，保险公司作为相对独立的经济实体，经营灵活，属于财政金融体制，其立法属于经济立法范畴。

5) 保障水平不同

社会保险的出发点是保障劳动者的基本生活，保障水平要考虑劳动者原有的生活水平和社会平均消费水平。商业人身保险的保障水平完全以投保人缴纳保险费的多少为标准，要享受较高的保险水平，便需多缴纳相应的保险费和延长投保年限。

1.2.2　社会救助

1. 社会救助的定义

社会救助是国家通过国民收入的再分配，对因自然灾害或其他经济、社会原因而无法维持最低生活水平的社会成员予以补助，保障处于最低生活水平以下的社会成员得到救助，以保障其最低生活水平的制度。

社会救助虽然不像社会保险那样是社会保障体系中的核心部分，但也是非常重要的，它是保障社会安全的"最后一道防线"。社会救助的对象是社会保险这张"安全网"保护不了的人群，社会保险是需要缴费的，而无收入和低收入的人是没有能力缴费的，所以还需要社会救助对其生活加以保障。

2. 社会救助的内容

社会救助的内容大体包括以下三个方面。

(1) 自然灾害救助。自然灾害救助是公民在遭受自然灾害而陷入生活贫困时，由国家和社会紧急提供维持其最低生活水平的资金和物质的社会救助项目。

(2) 失业破产救助。失业破产救助是公民因企业破产或较长时间失业(超过失业社会保险期限)而陷入生活困难时，由国家和社会紧急提供维持其最低生活水平的资金和物质的社会救助项目。

(3) 孤寡病残救助。孤寡病残救助是指公民在因个人生理原因没有或丧失劳动能力而陷入生活困难时，由国家和社会紧急提供维持其最低生活水平的资金和物资的社会救助项目。

3. 社会救助的重要性

在现代社会保障体系中，社会救助处于必不可少的基础地位，其重要性表现在以下两个方面。

(1) 社会救助是最先形成的、历史最悠久的社会保障形式，众多国家的社会保障制度是在社会救助的基础上不断完善并逐步发展起来的，社会救助的主体地位到后来才逐步被社会保险和社会福利等其他保障形式所取代。尽管在绝大多数国家里，社会保险、社会福利已成为最重要的保障形式，但社会救助形式依然存在并且会永远存在。因为无论社会发展到什么程度，贫困现象会一直存在，孤、寡、残等需要帮助的弱势群体也会存在，所以社会救助形式在社会保障体系中的基础地位不可改变。甚至到现在，有些国家如澳大利亚和新西兰，它们的社会保障体系还是由一系列社会救助计划措施合并构成的。

(2) 社会救助是保证社会成员生存权利的"最后一道防线"。尽管社会保险为社会安全设置了一道防线，但仍会有一部分人因保障不足而生活十分困难。比如，一部分失业者在失业保险金给付期满后仍未找到工作，继而生活陷入极端困境，就需要通过社会救助向他们提供帮助。特别是在社会保险的覆盖面不广时，社会救助更是不可或缺的。因此，社会救助是社会保障制度的"最后一道防线"。

4. 社会救助的对象

1) "三无"人员

"三无"人员是指无劳动能力、无法定赡养或抚养人、无生活来源的人，主要包括孤儿、孤寡老人等。

2) 灾民、难民

灾民、难民是指有劳动能力，也有收入，但因意外灾害降临，遭受重大财产损失、人身损伤，一时生活困难的人。灾害主要包括自然灾害和社会灾害。自然灾害一般有旱灾、飓风、雹灾、森林火灾、泥石流、地震、火山喷发、虫灾等；社会灾害则是指生产和生活中对人身造成严重伤害的突发事件，如车祸、矿灾等。

3) 低保人员

低保人员是指有收入来源，但生活水平低于国家法定最低标准的个人和家庭。具体包括工资收入过低，不能使每个家庭成员达到法定最低生活标准的人；领取失业津贴，在享受津贴期满后仍未找到工作的失业者；有退休养老金，因要供养配偶和未成年子女或是因为长期患病而入不敷出的人；还有一部分残疾人也是此类社会救助的对象。

5. 社会救助的特征

与社会保障系统中的其他项目相比，社会救助的特征十分明显。

1) 保障对象的特殊性

社会救助的对象是社会成员中的一个特殊弱势群体。他们没有或者丧失了劳动能力(如孤儿、孤寡老人、残疾人等)并且没有收入，或者有劳动能力但由于各种原因(如自然灾害、意外事故或其他经济社会原因)而一时或在相当长时间内减少了或丧失了收入，他们是社会保险不能保障或不能完全保障的贫困人群，连最起码的生活水平都达不到。

2) 资金来源的单一性

社会救助的资金来源主要是国家财政预算拨款或特别捐税辅助。

3) 享受待遇的自愿性

社会救助的实施既要求被救助者提出申请，具有自愿性的特点，又要求按法定的工作程序对被救助者的实际经济情况作出确切调查，在得到有关部门审核批准后才能实施。

另外，社会救助强调国家及社会对社会救助对象的责任和义务。

1.2.3 社会福利

1. 社会福利的定义

社会福利的含义有广义和狭义两种理解。广义的社会福利实际上是广义的社会保障的同义语，是国家和社会对全体社会成员提供的全部物质和文化生活的保障和福利，除前述社会保险、社会救助外，还包括其他旨在改善与提高国民生活质量的物质福利，以及全部的公共文化、教育、卫生、体育设施和服务。狭义的社会福利，作为社会保障的从属概念，是与社会保险、社会救助并列的概念，是社会保障体系中日益重要的子系统。

2. 社会福利的内容

社会福利的内容主要包括以下几个方面。

1) 未成年人福利

未成年人泛指劳动年龄或学校毕业年龄以前的婴儿、幼儿、学前儿童、少年，若继续就读于职业高中、高等学校，年龄可一直延长到18岁或21岁。未成年人的福利包括：①未成年人普通福利。如国家和各部门举办的托幼事业、学前教育、儿童健康指导、娱乐活动、儿童少年营养、学生免费午餐、妇幼保健、优生咨询、免费体检、儿童卫生中心服务、早产儿照顾、家庭看护等。②不幸未成年人福利。如对领养未成年者的监护人员给予补贴、未成年死亡补助等。③对生活困难家庭的未成年子女给予补助。

2) 老年福利

老年福利的对象为属于老龄和长寿年龄的老人，不论其是否享有退休金。老人福利项目包括：老人优待旅行和娱乐、老人免费检查健康状况、敬老院和托老所的设立、老人电话服务、老人家庭服务、老人俱乐部服务、长寿老人补助等。

3) 残疾人福利

残疾人福利包括：向残疾人免费提供假肢、康复、就业训练，组织残疾人参与福利生产，创办盲童学校、聋哑学校等。

4) 劳动者福利

劳动者福利是指在业者和失业者享受的社会福利服务，如集体福利设施的营建和服务、农副产品补贴、困难生活补助、房租优待等。

5) 公共福利

公共福利是指国家或社会团体兴办的以全体人民为对象的公益性事业，如建立教育、科学、环境保护、文化、体育、卫生等设施。国民在享受这些福利事业的服务时，是免费或低费的。

从上述社会保障的基本内容看，社会救助是社会保障的最低目标，它仅仅保障社会成员最低的生存需要；社会保险是社会保障的基本目标，它保障社会成员的生活需要；社会福利是社会保障的最高目标，旨在改善和提高社会成员的生活质量。

3. 社会福利的特征

社会福利具有以下几个特点。

1) 保障对象的普遍性和特殊性相结合

社会福利的对象是全体社会成员，不论性别、年龄，也不分身份、地域和职业，所有社会成员都有享受社会福利的权利。同时，遵循"机会均等、利益共沾"的原则，国家应努力使每个社会成员公平地享有社会福利待遇。

2) 福利主体的多元化

社会福利的主体可以是国家，也可以是社会福利法人、民间团体和个人。社会福利的主体多元化特征，不仅促进了社会共同参与保障体系建立局面的形成，而且增加了社会福利基金的来源渠道。除政府要承担相当份额的费用外，公共团体、企业和个人的投资、资助及社会慈善募捐等，都可以成为社会福利的重要财源。

3) 福利服务化

社会福利与其他社会保障项目相比较，其不同之处更突出地表现为服务化。除提供各种福利性补贴外，社会福利还非常重视通过各种社会福利机构、社会福利设施以及专职和志愿人员，向社会成员提供全面的福利服务。福利服务内容广泛，涉及生、老、病、残、医、食、住、行等方面。

4. 社会保险、社会救助、社会福利的区别

社会保险、社会救助、社会福利都是社会保障的组成部分，它们之间既有联系，又有区别。

1) 社会保险与社会救助的区别

社会保险与社会救助的主要区别：①对象不同。社会保险的对象主要是过去或现在都属于劳动法律关系主体的劳动者；而社会救助的对象通常是那些没有固定收入、失去生活来源或无法维持最低生活水平的老、弱、病、残、鳏、寡、孤、独者。②资金来源不同。社会保险基金的来源主要是企业单位和劳动者按规定缴纳的保险费以及国家的财政补助；社会救助的资金主要来自国家的财政拨款、征收特别税捐补助、社会群体赞助等。社会救助对象必须提出申请，经有关方面审核合格后，根据规定标准，按期发给救济金。③管理机构不同。社会保险一般由社会保险专业机构负责管理；社会救助是一种非缴费行为，享受权利者不需缴费和履行责任，它由民政部门进行管理，并由救济机构具体负责发放救济金的工作。④目标不同。社会保险的目标是维持保险对象的基本生活水平；社会救助的目标则是保障救助对象的最低生活水平。社会救助属于社会保障的最低层次。

2) 社会保险与社会福利的区别

社会保险与社会福利都是社会保障的重要内容，但两者之间也有很大的差别，主要包括：①对象不同。社会保险是国家通过立法建立的旨在保证劳动者在暂时或永久失去劳动能力时，获得基本生活需要的一种制度，因此，社会保险的保障对象是具有活力和创造力的劳动者；社会福利则是指国家和社会为全社会成员提供物质帮助和福利服务的一项社会政策措施，社会福利的对象是全体社会成员，其中包括对鳏、寡、孤、独、盲、聋、哑、残、精神病人以及其他需要帮助和保护的公民提供物质帮助和福利服务。②资金来源不同。社会保险的资金来自单位和劳动者所缴纳的保险费和政府的资助等；而社会福利的资金来源是国家财政拨款。③目的不同。社会保险的目的是保障其对象的基本生活水平；而社会福利的目的是在保障基本生活水平的基础上提高生活质量，它属于社会保障的最高层次。

总之，就保障的目标和手段来划分，社会救助、社会保险和社会福利这三项基本的社会保障制度的功能和作用各异。其中，社会救助的目标是保障最低生活，其采用的是"选择性"的"须经家庭经济调查"的手段；社会保险的目标是保障基本生活，其采用的是"投入—返还"式的"与就业关联"的手段；社会福利的目标则是提高生活质量，

其采用的是"普遍性"的"按人头发放"的手段。

1.2.4　社会优抚

1. 社会优抚的定义

社会优抚是群众优待和国家抚恤的总称，是国家和社会依据法律规定，对那些为保护人民利益和保卫国家安全而做出贡献的人员及其家属，提供生活和工作上的优待、抚恤、照顾的制度。其中，军人保障是社会优抚的重要组成部分，包括对转业、复员、退伍军人给予妥善安置，对为国捐躯和伤残的军人家属给予精神上的慰藉和物质上的帮助等。做好社会优抚工作，对于鼓励社会正气、安定军心、维护国家安全和社会稳定，有着不可替代的作用。

在美国，社会保障体系设置军职人员退职及退休津贴、联邦和地方政府文职人员退休津贴等特殊项目。我国社会保障体系中专门设置了"优抚安置"这个特殊项目。它保障的对象是特殊的，是那些为保卫国家和人民生命财产安全作出贡献的、牺牲的或致残的人员，其具体的保障对象包括革命烈士家属，退伍、复员、转业军人，因公残疾的军、警、政人员，以及社会上见义勇为的人员和受伤致残人员等，他们虽有劳动力或有部分劳动力，有收入或部分有收入，但生活比较困难。具体项目有死亡抚恤、伤残抚恤、退伍安置、退休安置以及各种优待等。资金来源主要是国家财政预算拨款。社会优抚的实质是社会和国家对该类人员的一种褒扬和经济补偿，以帮助他们及其家属克服困难，维持一定的生活水平。这是一项兼具社会保险、社会救助、社会福利性质，综合性、有重大政治意义的特殊社会保障制度。

2. 社会优抚的内容及特征

1) 社会优抚的内容

社会优抚的内容大致包括以下4个方面：一是军人退伍安置；二是伤残人员或烈属抚恤；三是军烈属优待；四是社会优抚事业(开办疗养院、教养院、养老院、精神病院等)。在市场经济条件下，社会优抚的内容有所扩充和更新。例如，军人安置更重视就业保障；军人抚恤则根据因战、因公、因病三个层次分别实施；另外，军人社会保险和军人福利也被充实进来。

2) 社会优抚的特征

结合我国实际，社会优抚具有以下几个特点。

(1) 实行群众优待和国家抚恤并举的方针。群众优待主要是帮助优抚对象及时解决生活、生产中的各种问题。国家抚恤主要是维持优抚对象的基本生活水平。两者并举，可以保证优抚对象基本生活保障的落实。

(2) 制定保障标准应因国、因地、因人制宜。首先，必须根据本国的国情和国力制定保障标准，并使之随经济发展和国民收入的提高同步增长；其次，必须根据当地的经济发展水平和人民生活水平来制定，也就是要根据当地的实际情况来制定保障标准；最后，必须根据对国家的贡献大小和困难程度，确定优抚对象的保障标准。

(3) 提供物质保障与精神鼓励相结合。在社会优抚中，无论是群众待遇还是国家抚恤，都必须提供物质保障，保障费用基本由国家财政负担，并专款专用于优抚对象。与此同时，精神鼓励是社会优抚的一项重要内容，包括精神抚慰制度以及给予各种社会荣誉和奖励等。两者结合能够充分满足优抚对象的各种需要，有助于提高优抚对象的生活质量。

1.2.5 补充保障

在各国的社会保障体系中，除政府主导并由专门法律具体规范的基本社会生活保障制度外，往往还有一些非正式的社会保障措施同时存在并发挥相应的社会保障作用。例如，慈善事业、社区服务、企业年金、商业保险、家庭保障等在客观上均不同程度地发挥社会保障的作用。同时，它们也是现代社会保障体系的组成部分。

1. 慈善事业

慈善事业是建立在社会捐献基础之上的一种民办社会救助事业，它以社会成员的善爱之心为道德基础，以社会各界的自愿捐献为经济基础，以民间公益事业团体为组织基础，以大众参与为发展基础。在实践中，慈善机构根据捐献者的意愿，对需要帮助的社会成员进行物质帮助，慈善事业是现代社会保障体系中的特殊组成部分。

发达国家和地区的经验表明，发展慈善事业是当代社会化解诸多社会问题、促进社会良性发展的一条重要而有效的途径。许多慈善事业不仅能有效地弥补政府基本社会保障制度的不足，而且能够对处于困境且无力自行摆脱危难的社会弱势群体提供更多的来自社会的救助和关爱。因此可以说，慈善事业架起了沟通不同社会阶层的桥梁，有效地协调着社会关系，促进整个社会的安定、和谐发展。不仅如此，慈善事业还有利于弘扬社会道德，净化社会风气，从而有助于推动社会文明的进步。

2. 社区服务

社区服务是指在政府领导下，以社区组织为依托，在城乡一定层次的社区内以全体社区居民为对象，以特殊群体为重点，运用灵活多样的形式向他们提供福利性服务的一种社会化保障机制。20世纪30年代，国外就开始出现社区这种社会基层组织，并相应出现社区服务这种形式，发展到今天，它已成为社会保障体系的一项新内容。

社区服务属于社会服务范畴，但又不同于一般的社会服务，它是以社区为单位组织的社会服务，其特点主要包括：一是自主性。它不依赖政府、不等待外援，而是由社区从本社区居民的需要出发，自主筹办并自觉地为社区居民就近提供服务，是社区居民以自助、互助为特征的自我服务。二是社会性。社区服务的组织管理强调动员社区范围内的有关组织和个人广泛参与，这一模式既适应社会生活的需要，又是在社会共同关心下健康发展的，它是社会福利事业社会化的基础形式与重要途径。三是多样化。社区服务实行社会效益和经济效益并重的方针，针对不同对象实行有偿、低偿、无偿等不同的服务方式，以有偿服务为主，并在实践中获得自我生存、自我发展的能力，既不增加国家负担，又能长盛不衰地为国家分忧、为民解愁。

3. 企业年金

企业年金是指由企业建立的面向本企业职工的一项补充养老保险制度，是职业福利中日益重要的组成部分，是对政府主导的基本养老保险制度的重要补充。

由于企业年金具有调和劳资关系、改善劳动者福利和补充基本养老保险制度的多重功能，它一般能够得到政府的税收优惠，其费用通常可以列入企业成本，允许在规定的额度内实行税前开支。

4. 商业保险

商业保险是保险人与投保人或被保险人通过保险合同建立保险关系的一种商业交易行为，是由投保人或被投保人向保险人支付一定的保险费，将自己特定的风险转移给保险人，当约定的风险或事件发生后，由保险人依据保险合同支付赔款或保险金的一种风险管理机制。商业保险包括人寿保险、人身意外伤害保险、健康保险及各种财产保险、责任保险等。

需要指出的是，商业保险的发展，能够在一定程度上解除社会成员的后顾之忧并弥补基本社会保障制度的不足，但也需注意，商业保险毕竟是一种商业行为，追求利润是商业保险的根本目的。因此，无论商业保险多么发达，均不能替代社会保障。

5. 家庭保障

家庭保障虽然不是社会性保障机制，但对于亚洲国家尤其是对于中国而言，它又确实是国民可依靠且稳定的一种生活保障机制。家庭保障是指家庭成员之间相互提供包括经济保障、服务保障和精神慰藉等内容在内的生活保障机制，它在保障社会成员的生活方面通常与国家和社会负责的社会保障并驾齐驱。

最后，应该指出，补充保障的财源虽来自多个渠道，但它又是独立的，它的经营方式应尽可能贴近市场，政府主要提供政策支持和各种服务并勤于监督，必要时还应通过法律手段对其进行进一步规范，使之能够更加健康地发展。

1.3 社会保障的功能、原则及形式

1.3.1 社会保障的功能

1. 社会保障的分配功能

社会保障的分配功能是指社会保障可以改变国民收入格局，从而保证社会成员的基本生活需要或进一步提高国民的生活质量。社会保障的建立是通过收入再分配实现的，任何国家的社会保障都是通过改变国民收入的分配格局来实现的。

社会保障直接调节国民收入的分配与再分配。社会保障基金来自国民收入的分配和

再分配,体现了社会保障的分配属性。在社会保障制度健全的国家,这种调节功能更加显著,它通过社会保障资金的筹集与社会保障待遇的给付,在不同的受保对象之间横向调节收入分配,同时还在代际实现收入分配的纵向调节。社会保障基金的筹集,一般通过税收或"转移性支付"给予保证。一般而言,社会保障作为一个完整的体系,由社会保险、社会救助、社会福利、社会优抚4部分构成,这4部分都具有一定的分配功能。

1) 社会保险的分配功能

社会保险能改变国家、企业和劳动者之间的收入分配格局。这是因为,一方面,政府强制要求企业、个人参加社会保险,依法缴纳社会保险费;另一方面,财政又要补贴社会保险基金入不敷出的资金缺口。

(1) 社会保险能改变企业与劳动者之间的收入分配格局。这是因为参加社会保险的企业必须按企业职工工资总额的一定比例支付社会保险费,而由职工享受社会保险待遇。

(2) 社会保险能改变劳动者之间的分配关系。这是因为参加社会保险的劳动者都要按工资额的一定比例缴纳社会保险费,但由于风险分布不均,劳动者个人得到的保险金与缴纳的保险费并不一致。

(3) 社会保险能改变企业之间的收入分配格局。同样由于风险分布不均,企业职工得到的保险金与企业的缴费并不完全对应。

(4) 如果在全国范围内建立了统一的社会保险体系,社会保险将改变地区之间的收入分配关系。由于各地区经济发展不平衡,经济发达地区缴纳的保险费往往高于经济欠发达地区,而劳动者享受的社会保险待遇并未同等程度地表现出地区差异,这就相当于经济发达地区分摊了经济欠发达地区的部分保险费用。

(5) 国家通过筹集社会保险费或征收社会保险税的形式建立社会保险基金,最终要为劳动者提供保险服务,对劳动者而言改变了国民收入在时间上的分配格局。

2) 其他保障项目的分配功能

社会救助、社会福利和社会优抚主要是从横向角度实现国民收入再分配。这三个保障项目的资金来源主要是国家财政拨款,最终都是来自企业与个人缴纳的税款。税收的课征要依据个人的支付能力,纳税能力强者多纳税,纳税能力弱者少纳税,无纳税能力者不纳税,而社会救助和社会优抚的对象一般是无纳税能力或纳税能力弱的社会成员,因此在社会救助和社会优抚这两个项目的资金筹集和支付安排过程中必然改变国民收入分配格局。虽然社会福利的对象是全体社会成员,但老年福利、儿童福利、残疾人福利等福利项目仍具有改变国民收入分配格局的功能。

2. 社会保障的稳定功能

1) 对社会的稳定功能

在任何时代,社会经济的发展都离不开稳定的社会秩序和社会环境,而各种特殊事件的存在，又往往会给社会成员造成群体性的生存危机，如人口老龄化、自然灾害、工业事故与职业病、疾病及市场经济条件下的失业现象等，均不以人的主观意志为转移，且会导致一部分社会成员丧失收入甚至失去生活保障。如果国家不能妥善解决社会成员可能遭遇的这些问题，部分社会成员可能会因陷入生活危机而成为社会的不稳定因素，社会秩序可能因此而失去控制，整个社会经济也会因此难以正常发展。而社会保障能有效缓解市场经济带给社会的危机，从而促进社会的和谐发展，具体表现在以下两个方面。

(1) 社会保障的稳定作用。社会保障制度主要面对社会成员的生、老、病、死、残等问题，使社会成员幼有所护、老有所养、病有所医，使贫困者脱离生活窘境，使失业者生活得以安排或重新就业等。通过对暂时或永久丧失劳动能力者的物质帮助和服务，对生活在贫困线之下的贫困者给予救济或补贴，以清除或减少社会动乱和不安定因素。社会保障能够调节社会成员因收入分配不公而引起的贫富悬殊，消除社会不安定因素，消除市场经济的不完善对人们生活产生的不良影响，为社会经济发展创造一个稳定的社会环境，它的作用是其他经济手段难以代替的。

(2) 社会保障能够化解多种社会矛盾，具有"调节器"的功能。社会分配不公引起的矛盾，将会影响社会发展终极目标的实现。社会保障通过国民收入的分配和再分配，统一筹集社会保障基金，分配给不能维持基本生活的贫困者，使他们有稳定的基本生活来源。这种调节在一定程度上有利于缩小社会收入差距，对于调节社会经济关系，起到了积极的作用。

可见，社会保障能够防范与消化社会成员因生存危机而可能出现的对社会、对政府的反叛心理与反叛行为，能够保障社会成员在特定事件的影响下仍可以安居乐业，从而有效地缓解乃至消除引起社会震荡与失控的潜在风险，进而维系社会秩序的稳定，使社会正常、健康地运行。社会保障是通过预先防范和及时化解风险来发挥其稳定功能的，因此，它在许多国家被称为社会"稳定器"或"减震器"。

2) 对经济的稳定功能

在市场经济条件下，市场调节经济运行具有自发性、盲目性、滞后性的特征，经济的波动是难以避免的。社会保障可以消除或减轻经济波动，促进经济的稳定增长。作为经济的"自动稳定器"，社会保障在经济过热、需求过旺时，有自动增加基金收入、减少基金支出的倾向，从而可以在一定程度上抑制总需求；而在经济衰退时，社会保障有自动减少基金收入、增加基金支出的倾向，从而可以在一定程度上扩张总需求。

社会保障行政管理部门可以根据市场需求和供给的关系，来控制社会保障的支付水平。如果总需求大于总供给，当局可以有意识地提高社会保障费的征收标准，从而加大收入再分配力度，抑制企业和个人需求；同时严格确定给付条件，适当控制支付标准，减少国民通过社会保障渠道所获取的收入，进而抑制总需求。虽然社会保障支出的刚性十分明显，但并不是没有调节余地。同样道理，在总需求小于总供给时，当局可通过减收增支扩张需求。由于社会保障支出向低收入者倾斜，而低收入者的边际消费倾向较高，同时由于减收增支遇到的社会阻力较小，因此扩张需求的效果往往较明显。

3) 对政治的稳定功能

在政治上，社会保障既是各种利益集团相互较量的结果，也是调节不同利益集团、群体或社会阶层利益的必要手段，并在不同的社会制度下表现出不同的政治功能。在社会主义制度下，社会保障除具有一般的政治调节功能外，还特别强调社会成员在国家和社会生活中的主人翁地位；在资本主义制度下，社会保障亦强化了国民对现存制度的依赖意识和国家认同，同时对调节不同社会阶层的政治冲突和促进政治秩序的长期稳定并维持其整体正常运营发挥着特别重要的政治作用。现代社会保障制度在许多国家成为党派斗争和政党政治、民主竞选中的重要议题，正是社会保障具有不容忽视的、巨大的政治调节功能的体现。

3. 社会保障保障基本生活的功能

保障公民的基本生活是社会稳定和经济发展的前提，也是社会保障的核心功能之一。国家建立社会保障体系，保障社会成员的基本生活，免除劳动者的后顾之忧，不仅是经济发展和社会稳定的需要，也是人权保障的重要内容。

工业革命和社会化生产在削弱家庭保障功能的同时，加大了劳动者所面临的经济风险。劳动者一旦遭遇年老、疾病、工伤或自然灾害，将无力维持生存，这势必引起社会动荡和经济停滞。国家建立社会保障体系则可以确保劳动者的基本生活不受影响，免除其后顾之忧。如今，社会保障已成为国际公约和绝大多数国际法律明确规定的公民的一项基本权利。

4. 社会保障促进经济发展的功能

社会保障制度在参与国民收入分配的过程中，必然会对经济运行产生影响。社会保障基金的积累为经济发展储备了一定的后备资金，通过对社会保障基金的运用，可以为国家信贷工作提供强有力的资金支持，对于平衡信贷总量起到积极的作用。尤其在社会保障投资机制形成以后，国家通过银行金融杠杆和社会投资的利润杠杆，调整和控制经济发展的规模和速度，进而调整经济结构。另外，社会保障基金的长期积累和投资运营有助于促进资本市场的发展，从而促进经济的发展。

1.3.2 社会保障的原则

1. 机会均等、平等分配的原则

所谓机会均等，是指每个社会成员在生活发生困难时，都可以均等地获得社会保障的机会和权利，社会成员在社会保障面前人人平等，将普遍地、无一例外地获得生存的权利。所谓平等分配，是指根据部分社会成员生活上发生困难的程度和实际的基本生存需要，平等分配个人消费品。这种分配，或者与劳动贡献相联系，或者依据实际的基本需要，因而对于社会成员来说，机会基本上是平等的。这种平等，不是绝对的平均，而是体现为机会均等，体现为在基本生存需要面前人人平等。

社会保障贯彻机会均等、平等分配的原则，从而成为有效的社会调节机制和社会稳定机制。国家可以利用社会保障机制，对国民收入进行再分配，以缓解收入分配和生活水平过分悬殊的状况，调节各个阶层的物质利益关系和社会矛盾，为经济的平稳发展及社会的和谐稳定提供保证。

2. 与生产发展水平相适应，建立适度保障的原则

社会保障作为消费品的一种分配形式，取决于生产力的发展水平。社会保障项目和水平如果超过生产力的发展水平，就会影响生产发展，反而会使社会保障的发展因缺少可靠的物质基础而陷入困境。因此，社会保障必须与生产力发展水平相适应，保持适当的水平，这对于经济和社会保障的协调发展是至关重要的。

适度的社会保障，可以从以下三方面加以衡量：一是社会保障的水平要适度，要与生产力的发展水平及经济的发展速度相适应。一般来说，社会保障的增长应当低于经济发展的速度、低于劳动生产率的增长幅度。二是社会保障的投入占GDP的比重要适当。在发达的资本主义国家，社会保障支出占GDP的比重为10%～20%，个别国家超过20%或低于10%。目前，我国社会保障支出所占比例还不到10%，国家每年还在不断加大对社会保障的投入，但也要注意不能超出经济的承受能力，避免走福利国家保障水平过高、社会保障支出占GDP比重过大、给经济发展带来消极影响的老路。三是企业和单位的社会保险、福利支出与工资的比例关系要相适应。保险福利的增长要慢于工资的增长速度，保险福利在个人消费基金中所占的比重不能过大。

3. 贯彻公平与效率相统一的原则

公平与效率存在对立统一的关系，社会保障本身追求的目标应该是实现公平分配、缓和社会不公平、创造并维护社会公平，但它同时也是一种保证和促进生产力发展的辅助机制。完善的社会保障体系可以保证劳动者的身体健康和劳动力再生产的顺利进行，可以减轻劳动者的负担，解除职工的后顾之忧，有利于社会的安定团结，有利于调动劳动者的积极性，从而促进经济的发展和效率的提高。但如果社会保障体系的发展超出经济发展所允许的范围，其增长超过劳动生产率和工资的增长，项目发展得过多、水平过高，就会减弱工资对劳动者的刺激作用，影响效率。

因此，在社会保障体系的建设过程中，要处理好公平与效率的关系。一方面，社会保障要追求保障范围、保障待遇和保障过程的公平性；另一方面，社会保障的公平性需要以社会产品按生产要素分配为基础，而不是取代按劳分配或损害按劳分配，并且社会保障本身也要讲求效率。

4. 社会保障子系统和项目发展协调性原则

完备的社会保障体系，必须实现协调发展，具体包括：一是社会保障各个子系统与各个项目之间的发展水平应相互协调，不能畸高畸低，造成社会保障对象之间的对立。二是社会保障各个子系统与各个项目在分工负责的同时，还具有功能上的互补性。如失业保险与失业救助分属于两个不同的子系统，其水平有高低之别，但都是对失业者负

责，两者的有机结合与协调发展将有助于为劳动者的失业风险提供全面保障。三是要避免遗漏，即必须实行各社会保障项目与各子系统之间的协调发展。如城镇建立了医疗社会保险制度，农村还不具备建立医疗保险制度的条件，但如果没有相应的保障项目，则农村社会成员的疾病医疗问题将会成为激化城乡矛盾的社会问题，因此，需要建立相应的医疗保障项目。总之，社会保障项目之间、各子系统之间既分工负责又互相联系，完整的社会保障体系应能在水平、功能等方面实现协调发展。

5. 社会保障体系建设完整性原则

从现代社会的需要出发，只有完整的社会保障体系，才能真正全面解决各种需要国家和社会运用经济援助的手段来解决的现实社会问题。市场经济变化莫测，风险极大，需要有较为完备的社会保障体系来与之相适应。因此，保障项目应当齐全化，保障内容应当完整化，由若干个性质相近的社会保障项目构成一个完整的社会保障子系统，再由若干个社会保障子系统共同构成一个完整的社会保障体系。国际劳工组织公约所规定的九项内容(医疗津贴、疾病津贴、失业津贴、老龄津贴、工伤津贴、家庭津贴、生育津贴、残废津贴、遗属津贴)可以作为一个较完整的社会保障体系的最低要求。虽然，现在包括中国在内的发展中国家的社会保障体系并不一定具备完整性的特征，但应将其作为一个远期的发展目标。

1.3.3　社会保障的形式

社会保障的给付形式一般有以下几种。

1. 货币形式

社会保障中的各种津贴、养老保险等都是以货币形式发放的。

2. 服务形式

社会保障中的社会福利，特别是老人、残疾人等的照顾及康复，以及义务教育等福利都是通过服务的形式发放的。另外，失业保险的给付中也包含职业培训等服务形式。

3. 实物形式

为残疾人提供的假肢、助行器、助听工具，为老人提供的营养品及老年用品等保障都是通过实物形式发放的。

本章小结

社会保障是以政府为责任主体，依据法律规定，通过国民收入再分配，对暂时或永久失去劳动能力以及由于各种原因而生活发生困难的国民给予物质帮助，保障其基本生活的制度。

社会保障的特征包括社会性、强制性、公平性、保障性、福利性、互济性、层次性。

由于政治制度、社会背景、经济水平、文化观念及社会保障制度实施的时间长短不同，各国社会保障的构成体系存在很大差异。社会保障体系一般包括社会保险、社会救助、社会福利等部分。

社会保障的4个功能可以概括为分配功能、稳定功能、保障基本生活的功能、促进经济发展的功能。

案例分析

社会保障与社会福利

1. 常见的社会保障与社会福利界定

对于社会保障(Social Security)与社会福利(Social Welfare)常做出如下界定：①社会福利是社会保障的一个分支，与社会保险、社会救助和社会优抚并列；②社会福利是社会保障的同义语，一般国外习惯于用社会福利，中国习惯于用社会保障。持第二种说法者同时认为，社会福利有广义和狭义之分。在广义上，可以把社会福利看作社会保障的同义语，可以指一种制度模式。比如维伦斯基(Wilensky)和利比克斯(Lebeaux)在1958年出版的《工业社会与社会福利》中将福利制度分为"残补型"和"制度型"两种类型，还有艾斯平-安德森提出的三种福利体制的分类等。在狭义上，社会福利是社会保障的一部分，是与社会保险、社会救助和社会优抚并列的社会保障项目，内容包括：教育、卫生、住房、社会服务、残疾人福利、儿童福利、老人福利等。狭义上的社会福利没有制度模式的含义。

2. 关于社会保障与社会福利概念的讨论

近年来，一些学者试图用社会福利概念取代社会保障概念，认为社会福利概念的内涵比社会保障丰富，也便于国际交流，因此引发学界对社会保障与社会福利概念的讨论和争议，至今没有定论。讨论者注重概念内涵，主要从两种思路上试图理清这两个概念。一种思路是广泛寻找世界各国的既有界定，希望与世界接轨。结果发现，不同学者、不同国家和不同国际组织对"社会福利""社会保障""社会服务"等概念的用法并不统一，因而无所适从。另一种思路是希望从逻辑上说清社会保障与社会福利的区别，试图重新划分两者所辖范围，或者用一个概念取代另一个概念。结果发现，任何一种名词概念的内涵都是发展的、习惯成自然的，很难从根本上区分，并且至今想用"社会福利"取代"社会保障"概念的主张并不具有带动我国相关社会制度和政策做出实质性改变的意义，至多只可能影响我国政府部门之间的职能划分。

3. 重新定义社会保障与社会福利

可以尝试从概念外延说明社会保障和社会福利的区别，重新界定广义的社会福利概念，认为"社会保障"是政府主办的福利；而"社会福利"既包括政府主办的福利，也包括非政府组织主办的福利。

广义上，即在制度模式和制度目的的层面上，社会福利制度是指各种防范人身风险、减轻生活困难、提高国民生活水平的社会制度总和。既包括政府组织发起的，也包括非政府组织发起的；既包括营利的，也包括非营利的。

社会保障是社会福利的一个部分。社会福利包括政府福利和非政府福利，政府福利即社会保障；非政府福利包括民间救助、宗教慈善、企业福利和商业人身保险等。政府福利都是非营利的。非政府福利既有营利的，比如商业人身保险等；也有非营利的，比如由红十字会、狮子会和乐施会等民间组织提供的福利。社会福利和社会保障的内涵中都没有家庭保障，因为保障对象不同，家庭保障的对象是"家人"，社会福利保障的对象是"国民"。

狭义上，社会福利是社会保障的一部分。社会福利和社会保险、社会救助、社会优抚一样，是社会保障的子项目，此时的"社会福利"是"狭义的社会福利"或"小社会福利"。

这里对"社会福利"的界定在狭义上遵循了我国的习惯用法，从广义上扩展了社会福利的外延，有实质性意义。比如，能拓宽认识社会福利的眼界；引起全社会对非政府福利的重视；通过比较各国政府福利与非政府福利的比重，可以划分各国社会福利的模式，从中理解各国的社会制度等。

资料来源：潘锦棠.社会保障学概论[M].北京：北京师范大学出版社，2012：18-20.

分析：

(1) 社会保障与社会福利这两个概念有什么不同？

(2) 社会福利概念应该取代社会保障概念吗？

(3) 讨论社会福利与社会保障的概念有实质性意义吗？

第2章 社会保障的产生与发展

👤 **本章学习重点**

1. 了解社会保障产生的理论基础;
2. 理解社会保障制度产生的背景;
3. 掌握社会保障的建立和发展历程;
4. 掌握社会保障制度的基本模式;
5. 了解我国社会保障制度的建立与发展。

2.1 社会保障产生的理论基础

社会保障制度是社会化生产、市场经济发展的客观需要,也是工业化和社会化的产物。早期社会保障制度的出现更多地是以解决劳资纠纷、缓和劳资矛盾为出发点,提倡由国家实施社会保障。同时,社会对社会保障的客观需要也会以思想理论的形态表现出来。这些思想理论促成社会制度的建立,促进了社会保障制度的发展。对社会保障制度的建立和发展产生重要影响的理论有国家干预主义、福利经济学理论、凯恩斯主义、福利国家理论等。

2.1.1 国家干预主义

19世纪70年代,面对资本主义社会矛盾日益加剧、工人阶级反对资产阶级的斗争日益高涨的形势,社会改良思潮兴起。有些学者提出了在不改变资本主义生产关系的条件下,由政府通过立法,实行某些社会政策,提高工人的生活水平,以缓和阶级矛盾。其中具有代表性的学派是德国新历史学派(也叫讲坛社会主义),主要代表人物有施穆勒、布伦坦诺等人。德国新历史学派首先系统阐述了国家福利的社会保障思想,这对德国社会保障制度的建立和发展产生了深远影响。

德国新历史学派对传统的经济学理论进行了修正,反对国家不干预经济活动,强调国家在社会经济发展中的重要作用。该学派认为国家除了维护社会秩序和国家安全外,还应承担起文化建设和福利改善的职责。

德国新历史学派主张国家兴办一些公共事业来改善国民生活,提出了一系列增进社会福利、缓和劳资矛盾的政策主张:第一,国家应直接干预和控制经济生活,承担起经济管理的职能;第二,国家的法令、法规至上,决定经济发展的进程;第三,劳工问题是德国所面临的最严重的社会经济问题,要改革现有状态,提出增加社会福利,并通过工会组织调解劳资矛盾，主张国家制定劳动保险法、孤寡救济法等；第四，主张通过赋税政策实行财富再分配，改善工人的劳动条件和生活条件，促进经济发展。

由于新历史学派的出发点是解决当时德国的劳资矛盾，其主张涉及各个方面，并被俾斯麦政府所接受，从而成为德国率先实施社会保障制度的理论依据。

2.1.2 福利经济学理论

福利经济学理论产生于20世纪20年代，以英国经济学家庇古的著作《福利经济学》为代表，是社会保障制度的重要理论基础。1920年，英国剑桥学派的主要代表人物之一庇古的著作《福利经济学》问世，对福利的概念及政策进行了系统论述，从理论上论证了国家兴办社会福利的必要性。

庇古认为，经济政策的目标在于使社会福利总和最大化。国民收入的总量越大，社会福利就越多。在国民收入总量一定的条件下，国民收入的分配越接近均等化，社会福利也就越多。即一个人收入越多，货币的边际效用就越小；反之，收入越少，货币收入的边际效用就越大。他主张通过国家的累进税政策，把富人缴纳的一部分税款补贴给穷人，以增加社会福利。补贴方法包括建立各种社会服务设施、发放养老金、提供免费教育、提供失业保险和医疗保险、供给住房等。另外，还可采用间接性的补贴办法。如政府对穷人必需品的生产部门、住宅建筑行业、垄断性的公用事业等进行补贴，以降低这些商品的售价，使穷人受益。

庇古以边际效用价值为基础，主张通过国家干预达到收入分配均等化，缩小贫富差距，解决贫困人员的基本生活问题，从而提高整个社会的福利水平。庇古的《福利经济学》为福利国家实施福利政策提供了新的理论依据，为社会保障制度的建立奠定了理论基础。

2.1.3 凯恩斯主义[①]

20世纪30年代，世界经济陷入危机，传统的自由放任经济学陷入困境，凯恩斯的经济理论就是在这一历史背景下产生的。当时，经济危机使西方主要资本主义工业凋敝，失业加剧，大批贫民流落街头，社会矛盾异常尖锐。在严重的危机形势下，各国拉开了国家干预经济发展的序幕。"罗斯福新政"及"凯恩斯革命"使国家干预经济理论逐渐成为西方各国的主导经济学。

1. 三大基本心理规律

凯恩斯在1936年发表的《就业、利息和货币通论》中，提出了有效需求理论和国家干预经济的思想。凯恩斯有效需求是决定社会总就业量的关键因素，能否达到充分就业取决于有效需求的大小，有效需求的不足是引起经济危机和严重失业的根本原因。凯恩斯认为，有效需求不足是三大基本心理规律共同作用的结果，三大基本心理规律是指边际消费倾向递减规律、资本边际效率递减规律和流动偏好规律。

---

① 章晓懿. 社会保障概论[M]. 上海：上海交通大学出版社，2010：31-33.

1) 边际消费倾向递减规律

凯恩斯认为，随着收入的增加，消费也会增加，但消费增加的幅度总赶不上收入增加的幅度。也就是说，在收入增量中用来消费的部分所占的比例越来越小。边际消费倾向出现递减趋势，导致对消费品的需求不足。要弥补这一缺口，必须增加个人或家庭收入以刺激社会总消费。

2) 资本边际效率递减规律

凯恩斯认为，有效需求不足的另一个原因是投资量不足，而投资量不足是由资本边际效率和利息决定的。资本边际效率是指企业增加一笔投资，预期可以得到的利润率。凯恩斯认为，资本边际效率是随其投资的增加而递减的。一方面，生产增加后，产品量增加，价格下跌，其收益必然下降；另一方面，随着投资的增加，社会对机器设备等资本资产的需求增加，又会使其供给价格提高，企业重置成本上升。这两方面共同作用，必然导致资本边际效率呈递减趋势。这会抑制资本家投资的积极性，从而导致社会投资量不足。

3) 流动偏好规律

凯恩斯认为，资本边际效率递减是导致投资需求不足的一个重要因素，同时也与利息率存在密切联系。即使资本边际效率下降，即利润率下降，但只要资本边际效率还高于利息率，投资引诱仍然存在，投资也会增加。凯恩斯用流动偏好规律说明利息率的决定性作用及其不能无限降低的原因，论证了投资需求的不足。

所谓流动偏好是指人们愿意以货币形式持有收入或财产的心理动机。凯恩斯认为，首先，家庭和企业由于交易动机和投机动机而愿意持有货币，即货币需求量很大。这样一来，即使增加货币供给，也很难降低利息率。其次，当利息率降到一定水平时，就会出现流动偏好陷阱，即家庭和企业对货币的需求无限大。在这种情况下，不管中央银行增发多少货币，都会漏到陷阱中，而不会对利息率下降产生任何压力，利息率保持不变。

由于利息率的下降受到阻碍，企业会认为投资成本较高而不愿意投资。这样，由消费需求相对不足造成的缺口难以由企业的投资需求来弥补，于是造成有效需求的不足，进一步导致失业的加剧。

正是由于上述三大规律使消费需求和投资需求所构成的有效需求经常低于社会总供给水平，导致社会总就业量总是低于充分就业的水平。在这种情况下，市场机制的自发作用无法使社会总供给自动实现均衡。因此，要维持充分就业水平的有效需求、解决失业问题，就必须依靠国家的干预和调节。

2. 凯恩斯的政策主张

基于国家干预经济的理论，凯恩斯提出了一系列政策主张。凯恩斯认为，有效需求不足是产生失业和危机的根源，因此他把政府干预经济的重点放在了总需求方面，从而形成一套以需求管理为核心的政策措施。总而言之，凯恩斯提出的经济政策、措施基本上都是围绕扩大政府开支、弥补私人有效需求不足这个中心展开的，具体包括以下几方面。

(1) 国家应指导、鼓励和支持全体社会成员多消费，以扩大消费需求，促进经济繁荣。国家必须采用改变租税费体系、限定利率及其他办法来引导消费倾向。

(2) 实行投资社会化，以刺激投资需求。降低银行利率，增加私人投资，是弥补消费需求不足和私人需求不足的关键性措施。

(3) 政府应采取赤字政策，通过举债的办法来筹集资金。由于传统的收支平衡的财政政策不能起到创造就业机会和增加国民收入的作用，因此，应实行扩张性的财政政策。一方面，政府可以扩大公共福利支出，提高转移支付水平，如增加失业救济、养老金等福利支出，对特殊群体提高额外津贴，延长失业救济领取的期限等；另一方面，政府可以通过承建公共工程、增加政府购买等措施刺激需求增长，实现充分就业。

(4) 政府积极实行社会福利政策，主张通过累进税和社会福利等办法重新调整国民收入的分配。累进税可以缩小收入分配的差距，增加消费需求，提高就业水平。

由此可见，凯恩斯所主张的政府干预经济的理论和政策，是资本主义国家克服市场缺陷、应对经济危机、制定经济政策和建立社会保障制度的主要理论依据。第二次世界大战后，凯恩斯理论成为各国建立社会保障制度的重要理论基石之一，但由于该理论对社会保障制度的影响程度不同，造成各国社会保障制度的差异。

2.1.4　福利国家理论

第二次世界大战以后，福利国家理论开始在西方世界广泛流传。1941年，英国剑桥大学教授威廉·贝弗里奇受英国政府委托，负责起草有关战后福利制度重建的基本框架报告，并于1942年提出了一篇题为《社会保险及有关服务》的报告，即英国社会保障史上著名的《贝弗里奇报告》。该报告将不同改革者的愿望融进了一个框架中，并确立了英国福利体系的基本框架，这标志着福利思想开始由理论转变为现实。

《贝弗里奇报告》提出，英国的社会政策应该以消灭贫困、疾病、失业、无知(教育)和陋隘(住房和环境)五大"祸害"为目标，主张建立一个覆盖所有社会成员的社会保障制度，对每一个公民提供儿童补助、养老金制度、残疾津贴、失业救济、丧葬补助、妇女福利和贫困救济七个方面的生活保障。并且，这份报告还提出了三大原则：第一是普遍性原则，即社会保障的实施范围应该包括所有社会成员；第二是政府统一管理原则，即政府对所有社会保障项目实行集中统一管理；第三是全面保障原则，即根据公民需要建立一整套社会保障制度。总之，它提出了英国所有社会成员都能享受福利的"福利国家"的指导思想，设计出一整套"从摇篮到坟墓"的社会保障计划。贝弗里奇本人也因此获得了"福利国家之父"的称号。

贝弗里奇在报告中建议，社会保障计划应包括：满足居民基本需要的社会保险，满足居民特殊需要的社会救助，满足高收入群体较高需要的自愿保险。其中，社会保险是最重要的一项保障措施，但社会保险也需要社会救济和任意保险的补充。

贝弗里奇的社会保障模型在世界范围内得到了好评，被许多发达国家采纳，尤其对第二次世界大战后发达国家所盛行的福利国家政策产生了重大影响。可以说，20世纪50年代和20世纪60年代是"福利国家"发展的鼎盛时期。

2.2 社会保障的建立与发展历程

2.2.1 社会保障制度产生的背景

社会保障制度的产生不仅要有思想条件，还要有经济条件和社会条件。经济条件是指有一定的剩余产品可供扣除和储存；社会条件是指社会成员之间产生的对立和矛盾影响到社会稳定。同时，随着经济条件和社会条件的具备，社会保障思想应运而生。社会保障思想主张应由社会或国家承担起应对社会成员所面临的各种经济风险的责任。具体而言，社会保障的产生背景包括以下几个方面。

1. 生产的社会化

生产的社会化包括生产资料的社会化、生产过程的社会化、产品生产的社会化。生产的社会化带来了劳动方式、分配方式、交际方式等的变化，同时导致社会结构等发生一系列变化，引发诸多新的社会矛盾和社会问题。在生产的社会化过程中，由于机器代替手工及机械化程度的逐步提高，使职工的伤残、事故、职业病、失业等情况经常发生。这些情况的发生迫使劳动者退出生产领域，以至失去生活来源，这将最终导致一系列严重的社会问题。

2. 家庭功能的弱化

生产的社会化促使家庭的生产技能发生退化，并导致家庭结构发生变化，尤其是核心家庭越来越多。在手工业时代，劳动者的技艺主要在家庭中靠代际传承获得，劳动力生产和再生产的费用也由家庭负担。但工业化社会条件下的家庭，无法提供高质量的劳动力培养，并且其培养费用也是家庭负担不起的。另外，在核心家庭中，如果维持家计的主要劳动力收入中断，其家庭全员的生活就会陷入困境。因此，为了保证社会对劳动力的需要，不论劳动者在业、失业，还是遇到意外，劳动者的教育、卫生、维持基本生活的费用等都需要由社会给予保障。家庭由生产实体变为消费实体。

3. 市场经济的影响

随着市场经济的发展，社会成员之间在收入水平上的差距不断扩大。市场经济以竞争机制为基础，遵循优胜劣汰的规律进行资源分配。这种注重效率的资源分配势必会造成两极分化，使收入差距越来越大，从而产生社会不公，导致社会矛盾。为了维护社会稳定，政府必须采取政策对那些市场竞争中的失败者给予物质帮助，以满足他们的生存需要。另外，在市场经济的低速发展或停滞时期，会出现企业破产、大量工人失业的景象。失业的工人失去收入，生活来源中断，难以保证基本的生活，极易成为危及社会的不稳定因素。所以，为了保证这部分劳动力的基本生活，同时也为了稳定社会，使经济平稳运行，有必要实行社会保障。

4.社会保障思想的影响

社会保障思想早在社会保障产生之前就已存在。随着社会经济的发展，从直接维护社会稳定的需要出发，许多学者开始从理论角度探讨社会保障的相关问题。最初从慈善角度分析国家实行社会保障的必要性；后来从人权角度研究这一问题，认为国家有责任保证每个公民能够维持一定的生活水平，即实行社会保障是国家保障每个公民正常生活的一种责任。此后，随着社会经济的发展，其他社会保障思想也不断产生。正是这些社会保障思想的存在，才使社会保障制度得以产生和发展。

2.2.2 社会保障的萌芽阶段(1601—1882年)

社会保障制度萌芽于最早实现工业化的英国，是以社会救济的形式出现的。英国于16世纪开始了圈地运动，致使大量的自耕农和佃农失去了赖以生存的土地，许多人开始流入城市，并沦为城镇贫民和乞丐。同时，随着英国资本主义经济的发展和产业革命的进行，大批手工业者无法从事大机器生产而失去原有的工作，从而失去生活保障。为阻止劳动力流动，稳定社会秩序，消除失业、流浪和贫困现象，英国于1601年颁布并实施了《伊丽莎白济贫法》(又称旧《济贫法》)。

旧《济贫法》的主要内容包括：建立地方行政和征税机构；为有劳动能力的人提供劳动场所；资助老人、盲人等丧失劳动能力的人，为他们建立收容场所；组织穷人和儿童学艺；提倡父母和子女的社会责任；从比较富裕的地区征税补贴给贫困地区。

但随着农村圈地运动的深入和城镇产业革命的发展，旧《济贫法》已不适应当时的发展趋势，暴露出它的局限性，所以1834年英国颁布了新《济贫法》。新《济贫法》认为，保障公民的生存是国家的一项义务，救济不是消极行为，而是一项积极的福利措施，并由经过专门训练的社会工作人员从事此项工作。从这个意义上说，新《济贫法》的颁布和实施标志着英国社会救济的性质发生了质的变化，即加强了政府在社会救济中的作用。这种转变意味着英国社会救济的重点不再局限于济贫，防贫也是一项重要内容。

在这一阶段，包括英国在内的工业化欧洲国家在实行社会保障制度时，都确立了以国家为责任主体的政府社会救济原则；同时，政府在全国范围内普遍实行社会保障制度，从而在其实施对象上实现了普遍性。这样，以国家为责任主体、实施对象具有普遍性的生活保障制度从此开始在世界上被确立。

2.2.3 社会保障的形成阶段(1883—1944年)

旧《济贫法》及新《济贫法》在欧洲的颁布和实施，只是互助救济向社会救济转化、国家作为社会保障责任主体承担对全民的保障责任的开始，是建立现代社会保障的准备。现代意义的社会保障制度是伴随工业革命后生产社会化的发展和市场经济的建立而产生和发展起来的。

1. 社会保险制度的确立

社会保险制度的产生以德国于1883年颁布的《疾病社会保险法》为标志，其产生的原因有以下几个方面。

(1) 德国工人运动的迅速发展。到19世纪中叶，随着资本主义市场经济的发展，劳动条件和环境日益恶劣，工伤事故经常发生，工人收入微薄，对此工人非常不满，从而加深了劳资矛盾，导致工人运动时有发生。同时，随着马克思主义思想在工人中的广泛传播，工人运动迅速发展，阶级斗争十分尖锐，当时的德国已经成为欧洲的政治中心之一。德国的俾斯麦政权在镇压工人运动失败之后，转而采用"胡萝卜"的软化政策，以缓和劳资矛盾。

(2) 德国新历史学派的产生。当时，在德国，劳资矛盾已经成为最严重的社会经济问题，为了解决这个问题，德国新历史学派应运而生。它的基本思想是主张劳资双方合作和实行社会改良政策。它的具体政策主张是，国家直接干预经济生活，承担起"文明与福利"的责任，国家的法律和法规至上，由国家法律决定经济发展。在此基础上，该学派主张国家必须通过立法，实行包括社会保险在内的一系列社会政策，自上而下地实行经济与社会改革。但是，该学派同时又认为，包括劳资矛盾在内的经济问题必须同伦理道德联系起来才能解决。俾斯麦政权认同并采用了该学派的基本政策主张。

(3) 为了加快德国的工业化发展和对外扩张。1871年，德国实现了全国统一，并得到了普法战争中大量的战争赔款。在这种条件下，德国努力加快国内经济的发展，以谋求欧洲霸主地位。俾斯麦认为，要实现这个目标，首先需要圆满解决本国当时已非常尖锐的劳资矛盾，安抚好国内民众。

1883年，德国制定了世界上第一部社会保险法律，即《疾病社会保险法》；1884年，颁布了《工伤事故保险法》；1889年，又颁布了《老年残障社会保险法》。上述法令的颁布标志着世界上第一个最完整的社会保险体系的建立，世界上开始有社会保险制度。这一系列法律在德国的颁布和实施，对其他欧洲工业化国家产生了重大影响。

继德国之后，英国、瑞典、奥地利、匈牙利、丹麦、挪威、法国、卢森堡等国也先后实施了单项或多个项目的社会保险制度。

1917年，苏联作为世界上第一个社会主义国家，颁布了国家社会保险的相关法令，标志着社会主义国家的社会保障制度开始建立。

2.《社会保障法》的诞生

1929—1933年，资本主义世界爆发了空前严重的经济危机，给劳动者带来了巨大的灾难。伴随经济大萧条而来的不仅是失业、贫困的加剧，还有整个社会的危机。垄断资产阶级为了维护自己的统治，纷纷要求国家干预经济。英国经济学家凯恩斯提出了反危机理论——国家干预理论，主张扩大财政开支，降低利率，刺激需求，以解决社会就业问题。理论界提出了通过征税为失业者提供生活保障的理论，提供的生活保障包括退休金、医疗费和养老金等。凯恩斯提出的理论为大多数国家所采用，成为制定国家经济和社会政策的理论基础。1933年，美国通过"罗斯福新政"，由政府来干预经济活动。1935年，美国颁布了《社会保障法》，这是世界上第一部关于社会保障方面的法律，而且也是真正具有综合性质的社会保障法律。该法首次提出了社会保障的概念，并设立了老年社会保险、失业保险、盲人救济、老年救济以及未成年人救济5项内容，形成了比较完整的社会保障体系。美国以此作为应对危机的有效措施，促进了资本主义经济的复苏和繁荣。

2.2.4　社会保障的全面发展阶段(1945—1978年)

第二次世界大战以前，虽然社会保障在资本主义国家发展很快，但仍然是不完善的。这主要表现为社会保障项目少，支付标准相对较低。第二次世界大战以后，在资本主义国家，社会保障事业发展迅速，进入了一个崭新阶段，即全面发展阶段或黄金阶段。

1.社会保障制度全面发展的背景

1) 经济发展的黄金时期

第二次世界大战以后，资本主义国家的经济飞速发展，进入了一个所谓的"黄金阶段"。在这个阶段，资本主义国家把政策的重点由原来的"一切为了战争"转向恢复本国经济、治愈第二次世界大战所带来的创伤上。另外，战争结束后的和平也为各国大力发展国民经济创造了良好的环境。在这种形势下，在资本主义国家，包括农业生产在内的整个社会生产的社会化程度明显提高，整个国民经济持续、高速增长，国家财政收支状况得到了很大改善，国力大大增强。这种经济的高速增长，为社会保障的发展打下了坚实的物质基础。

2) 《贝弗里奇报告》的影响

1942年，贝弗里奇撰写了《贝弗里奇报告》，而此时的英国处于第二次世界大战期间，正忙于战争，因此，这份报告并没有立即发挥很大的作用。第二次世界大战结束后，由于这份报告对英国当时的社会保障制度提出了尖锐的批评，并提出了改革社会保障制度的基本理念，因此，对之后英国在完善社会保障制度方面产生了重大影响。

3) 苏联的影响

1917年，苏联成为世界上第一个社会主义国家，虽然其社会主义思想给资本主义世界带来了很大的冲击，但真正形成社会主义阵营并与资本主义阵营相对抗是在第二次世界大战结束以后。苏联是在生产资料公有制的基础上建立社会主义国家保障体系的。社会主义国家的生产目的是满足人民日益增长的物质和文化生活的需要，个人消费品贯彻按劳分配原则，又要防止出现贫富悬殊。苏联共产党和苏维埃政府中间的半个多世纪，先后颁布了九百多份有关老残恤金和各种生活补贴的文件，颁布并实施了《苏联国家老残恤金法》和《集体农庄老残恤金和补助费法》等多项保障劳动人民基本生活需要的有关法律,对生活保障制度加以完善。第二次世界大战以后建立起来的社会主义国家基本上参照苏联的做法建立了自己的社会保障体系。苏联所建立的社会保障制度为社会保障发展作出了不可磨灭的贡献。

2. 多种社会保障制度模式的形成

第二次世界大战后到20世纪70年代以前,社会保障制度进入了全面发展阶段,亚洲、非洲、拉丁美洲国家广泛建立起社会保障制度。社会保障制度无论是在广度还是在深度上,都取得了很大进展,从20世纪40年代后期到20世纪70年代初,形成了4种社会保障模式,即投保资助模式、福利国家型模式、强制储蓄模式和国家保险模式。

1) 投保资助模式

投保资助模式是最早出现的社会保障模式,因此也被称为传统型社会保障模式。美国、德国、日本等许多发达资本主义国家都采用此种模式。

俾斯麦创建的投保资助模式依据的理论是德国历史学派和德国政策协会提出的"国家干预主义"。19世纪70年代,新历史学派强调国家的超阶级性及其对社会经济的决定性作用,主张由国家通过立法进行自上而下的改良,实行"社会政策",诸如建立社会保障、缩短劳动时间、改善劳动条件,以缓和阶级矛盾。俾斯麦在内外交困的严峻形势下,采用了这种理论,颁布了三项社会保险法令。

这种模式的特点:对不同的社会成员选用不同的保险标准,并以劳动者为核心,建立社会保险制度,强调劳动者个人在社会保险方面的责任。社会保险费用由国家、雇主和劳动者三方负担,以劳动者和雇主的社会保险缴费为主,国家财政给予适当支持,即个人和雇主投保,国家资助,劳动者享受社会保险的权利与社会保险缴费的义务相联系,享有的社会保险待遇水平与社会保险缴费多少和个人收入情况相联系。社会保险缴费中只记录个人缴费情况,不建立以给付为目的的个人账户。社会保险基金在受保成员间调剂使用,充分体现互助互济、共担风险的原则。社会保险基金的筹集以现收现付为主;社会保险制度中的长期项目以代际转移方式运行,即长期项目当期所需资金主要由在职职工和雇主分摊缴纳。

这种模式重视社会保险中权利与义务的密切联系,强化自我保障意识,在一定程度上体现了效率原则。同时,保险基金在成员间统筹使用,符合大数法则,也体现了保险互助互济的宗旨。但采取现收现付方式筹集基金,费率受人口年龄结构与人口就业比例的影响很大,当人口老龄化、就业比例下降时,费率会过高,以致缴费人难以承受。因此,人口年龄结构不平衡、人口迅速老龄化的国家或地区,必须对不断上升的费率有所准备。

总之,投保资助模式既适应了工业社会的需要,又避免了福利国家的某些缺陷,因此受到多数国家的重视。

2) 福利国家型模式

福利国家型模式是在经济发达、整个社会物质生活水平提高的情况下实行的一种比较全面的保障形式，目标在于对每个公民由生到死的一切生活需求及危险，诸如疾病、灾害、年老、生育、死亡以及鳏、孤、独、残等给予安全保障。福利型社会保障理论的依据是"福利经济学"。

福利国家型模式及其所推行的政策主要有如下几个特征。

(1) 实行收入所得再分配，用累进税的办法使社会财富不集中于少数人手里。

(2) 实行充分就业，使人人都有就业机会，消灭各种导致失业的因素。

(3) 实行全方位的社会保障制度，保障对象为社会全体成员。各种保险制度的受益人，不仅限于被保险一人，还包括其家属。普遍性和全民性是福利型社会保障的原则，其目标不仅是使公民免受贫困、疾病、愚昧、肮脏和失业之苦，而且在于维持社会成员一定标准的生活质量，提升个人安全感。

(4) 依法实行社会保障制度，并设有多层次的社会保障法律监督体系。

(5) 个人不缴纳或低标准缴纳社会保障费，福利开支基本上由政府和企业负担。

(6) 保障项目齐全，一般包括"从摇篮到坟墓"的一切福利保障，标准也比较高。

这种模式以英国为典型代表。1941年，英国政府委托贝弗里奇负责制定战后实行社会保障的计划，并于1942年底以《社会保险及有关福利问题的报告》为题发表，提出在战胜德国法西斯后，英国将建立一套"从摇篮到坟墓"的社会福利制度。

战后，英国政府在贝弗里奇报告的基础上，先后颁布了一系列社会保障法案，成为当时拥有最先进的社会保障体制的国家，并于1948年正式宣布第一个建成"福利国家"。经过此后20年的改进和完善，英国的社会保障制度发展成为面向全体社会成员、高福利化、统一管理体制、为公民提供"一揽子"预防性保障的完整的社会保障体系，国家作为最后责任人承担最后责任。

所谓"福利国家"，就是使公民普遍地享受福利，由国家担负起保障公民福利的职责。英国的"福利国家"内容十分广泛，包括全民医疗、社会保险和社会服务。全民医疗覆盖农民群体和在英国居住一年以上的外国人，基本上由国家负担；社会保险和社会服务，主要包括发放退休金、失业救济和家庭补贴。退休金包括基本退休金、补助退休金；失业救济分失业救济、失业者额外津贴和额外补助三个部分；家庭补贴包括孕妇补贴、儿童补贴、低收入家庭补贴、寡妇补贴、住房补贴和圣诞节奖金等。英国的"福利国家"内容广泛而具体，十分复杂和烦琐。

目前，虽然"福利国家"模式招致诸多批评，有人认为它是造成公共福利开支不断上涨、税收负担加重、经济增长缓慢与国际竞争力下降的重要原因。包括英国和瑞典在内的许多欧洲国家也纷纷对福利制度进行了各种程度的改革，但总体而论，西欧与北欧国家依然是"福利国家"的这一基本格局尚未改变。

3) 强制储蓄模式

与"福利国家"模式和投保资助模式相比，区别较大的另一种社会保障模式是新加坡等国创设的中央公积金制度及后来演变的智利模式，它们实质上都是强制储蓄模式的社会保障。

(1) 新加坡的中央公积金制度。20世纪50年代，新加坡获得独立后即考虑建立自己的社会保障制度，但经过对工业化国家已有社会保障模式的全面考察与评价，新加坡放弃了简单模仿他国做法的想法，而是创设了公积金制度。

中央公积金制度是通过国家立法，强制所有雇主、雇员依法按工资收入的一定比例向中央公积金局缴纳公积金，由中央公积金局加上每月应付的利息，一并计入每个公积金会员的账户，专户储存。会员所享受的待遇，只在其账户的公积金额度以内支付。公积金最初只是一种简单的养老储蓄制度。后来，随着社会经济的发展和收入水平的提高，逐步发展成综合性的包括养老、住房、医疗在内的制度。会员除可在达到退休年龄时领取养老金之外，在退休前，还可在特准范围内将其用于购买住房，支付医疗、教育费用等。

新加坡的社会保障具有如下特点。

① 强调统一的个人储蓄而不是分散的个人储蓄。按政府政策的规定强制征收储蓄，支取方面不存在随意性，避免了代际转移带来的社会问题和人口老龄化所引起的支付危机。

② 资金的筹集全部由雇主和雇员按规定的比例缴费。随着经济的发展、工资收入的增加，公积金的提取比例既能随经济增长不断提高，也能随经济波动进行适当的调整。

③ 激励功能比较强。职工缴纳的公积金计入个人账户，透明度高，监督和约束机制强。

④ 公积金具有积累财富的功能，对促进经济发展、政府实施经济调控和完善资本市场起到积极的作用。

⑤ 公积金制度不具备再分配和互助调剂功能。

(2) 智利模式。另一个引起全世界广泛关注的强制储蓄保障模式是智利模式。智利是拉美国家中最早建立社会保险制度的国家。1981年，智利实施了举世瞩目的社会保险保险制度的重大改革，在养老保险领域建立以个人账户为基础、以私营化经营管理为特征的保险制度。智利新的养老保险制度规定，职工必须按工资收入的10%按月缴纳保险费，并存入个人退休账户，企业一般不缴费。不同于新加坡中央公积金制度，智利模式强调由相互竞争的养老基金公司负责管理个人账户基金，注重基金的投资运营和保值增值。保险金待遇主要取决于个人退休账户积累额及投资收益状况。十多年来，智利模式取得很大成就，受到国际货币基金组织和世界银行的高度重视。

智利在特有的政治、经济背景下，将传统的社会保险制度改为养老储蓄基金制度，从总体上说，这一改革是成功的。智利所采用的具体方法，其他国家不一定适用，但它的改革及成功确实体现了社会保障制度的发展前景，即在传统的以公平为主的保险领域中加入更多的效率机制；在传统的国家责任领域增加更多的个人责任；在传统的政府垄断性管理的领域加入竞争性经营等。该模式的最终目的是减轻政府负担，提高管理效率。

4) 国家保险模式

国家保险模式是由苏联创设的社会保障模式，后被其他社会主义国家仿效。国家保险模式是以公有制为基础、由计划经济国家实施的一种社会保障模式。由于该模式是由政府统一包揽的，因而又称政府统包型社会保障制度。

国家保险模式具有以下主要特征。

(1) 通过国家宪法将社会保障确定为国家制度，公民所享有的保障权利是由生产资料公有制保证的，并通过实施社会经济政策而取得。

(2) 社会保障支出由政府和企业承担，其资金来源由全社会的公共资金无偿提供，由于国家已预留和扣除社会保障费，个人不再另交保障费。

(3) 保障的对象是全体公民。《中华人民共和国宪法》规定，每一个有劳动能力的人都必须积极参加社会劳动，对无劳动能力的一切社会成员提供物质保障。

(4) 工会参与社会保障事业的决策与管理。

国家保险模式为社会主义国家普遍采用的保障模式，曾经造福于亿万人民，但由于这种保险模式超越了现阶段的承受力，经过半个多世纪的实践，随着苏联的解体与东欧国家的剧变而逐渐被摒弃。即使是仍然坚持社会主义的中国，也从20世纪80年代开始对这套制度加以改革，并代之以能够适应市场经济体制的社会化保障制度。

如果不以社会保障制度主体内容为依据，而是从社会保障制度的整体出发，那么，许多国家选择的或正在改革的社会保障制度，其实是福利保障与保险保障乃至储蓄保障并存、现收现付与部分积累乃至完全积累并存的混合型保障模式。例如，我国在摒弃了社会主义国家传统的国家保险模式后，经过二十多年的改革正在逐渐形成的是一种混合型社会保障制度，其中既有个别全民性福利，也有社会保险，还引进了个人账户制，社会救助亦因需要者众多而与社会保险制度具有几乎同等重要的地位，因此，保障模式只能是混合型保障模式。

2.2.5　社会保障的改革与调整阶段(1979年至今)

20世纪70年代的两次石油危机直接给主要的发达资本主义国家带来了经济危机，失业率急剧上升，支持失业保险的社会保障成了沉重的财政负担。在庞大的财政赤字面前，社会保障受到了极大的冲击，不仅成为很重的包袱，而且阻碍了企业的发展。一时间，社会保障成为众矢之的，各国开始反思和改革社会保障制度，社会保障走向改革完善期。

1. 改革背景

(1) 经济发展对社会保障制度的影响。20世纪70年代以前，发达国家经历了近二十年的经济高速增长，但20世纪70年代的两次石油危机直接给发达资本主义国家带来了经济危机，经济发展速度放缓，使国家财政收入增长趋缓，导致国家财政直接用于经济建设的资金减少，失业现象日趋严重。失业者的增多加重了社会保障的财务负担。

(2) 社会人口结构对社会保障制度的影响。随着经济的持续发展和医疗技术水平的提高，人口的预期寿命不断延长，发达国家的人口老龄化问题日趋严重。人口老龄化导致老年抚养比不断上升，使社会保障不堪重负，这也是导致各国进行社会保障制度改革的主要原因之一。另外，自20世纪70年代以来，单亲家庭数量不断上升，这也加重了社会保障的支付压力。

(3) 过高的福利支出造成了劳动者劳动积极性的下降。在全面发展阶段，社会保障制度的扩充使各国的保障项目和保障水平不断提高，在一定程度上助长了部分人的懒惰行为，具体表现为一部分人即使有劳动能力并能够找到工作，也要依赖社会保障制度。过于完善的社会保障制度使得现役劳动者不得不负担较重的社会保障费来养活一批懒汉，这种状况给现役劳动者带来了很大的负面影响，导致其劳动积极性下降。

(4) 社会保障制度自身的问题。一方面，随着社会保障项目的增加和社会保障覆盖范围的扩大，参与社会保障管理的人数也在不断增多，社会保障管理机构规模也日趋扩大，导致社会保障的管理费用迅速增长；另一方面，由于公共部门的运营效率低下，市政府管理的社会保障体系机构臃肿，服务质量欠佳，加剧了国民对社会保障制度的反感。

2. 社会保障在改革中的发展特征

在上述形势下，改革社会保障制度的呼声在整个资本主义世界日趋高涨，无论是政府官员、学者、专家，还是普通国民，都意识到社会保障制度已经到了非改不可的地步。因此，许多资本主义国家为了摆脱经济萧条，恢复公众对社会保障制度的信任，对社会保障制度和政策进行了调整与改革。在改革浪潮中，社会保障的发展具有以下几个特征。

(1) 强调社会保障水平要适应国民经济的发展。从17世纪社会保障制度诞生起，社会保障就处于一个较快的上升时期，这主要是由经济的发展、政治体制的变革以及价值观念的变化等因素所引起的。其中一个重要原因，就是经济发展所带来的国民生活水平的提高，对国家提出了保障每个公民更高生活水平的要求。但是，在社会保障制度发展的过程中，忽视了社会保障与经济发展之间存在一种互相依赖、互相促进的关系，尤其是忽略了社会保障对国民经济发展的阻碍作用，而仅仅偏重于社会保障对国民经济发展的促进功能以及国民经济发展对社会保障发展的促进作用。

(2) 强调国家、企业和个人三者负担，注重个人责任。关于国民的生活保障，在许多资本主义国家，过去比较偏重于国家责任，也就是说主张通过建立完善的社会保障制度，从国家财政中拨出大量的资金用于社会保障，从而保障每个公民的基本生活水平。正是基于这种认识，在许多资本主义国家，财政用于社会保障的资金，无论是从绝对份额还是从相对份额来看，都一直处于增长状态。但是，人们逐渐认识到，过高的社会保障水平会阻碍经济的发展，因此在改革社会保障制度时，更加注重个人在保障中的责任和作用，协调国家责任和个人责任的负担比例。

实际上，这一点也与国家财政在社会保障方面的负担过重、纠正社会保障水平超出社会发展水平紧密相关。为了减轻国家财政对社会保障的过重负担，必须注重个人责任，这样才能实现上述目标。因此，在降低国家财政对社会保障支出水平的同时，必须提高个人在社会保障方面的负担水平。具体措施有：提高个人的缴费比率或提高社会保障税率，减少国家财政支出，建立多层次的保障体系，降低社会保障的支付水平等。

(3) 着手解决社会保障基金收支失衡问题。一方面，在资本主义国家，人口老龄化程度比较高，随着人口的老龄化，社会保障支出额也在不断增加；另一方面，由于人们婚育观念的变化，出现了少子化现象，随着年轻人数量的减少，负担社会保障费用的人数也随之减少。结果，导致社会保障基金收支不平衡状况的出现。基于此，国家尽全力维持社会保障基金收支平衡，但最终导致国家财政在社会保障方面投入的不断增加。为了改变国家财政负担过重的状况，许多资本主义国家在改革社会保障制度时，都更加重视社会保障基金的收支平衡。

为了应对人口的老龄化和少子化，一些资本主义国家进一步进行人口预测，通过科学测算，制定分阶段提高社会保障费用征收比率的计划。并且，重新探讨社会保障基金模式，为了克服现收现付制和税收方式的弊端，开始重新实行部分积累制或完全积累制。同时，放宽征收社会保险费或社会保障税收入额的上、下限额，增加社会保障基金收入。另外，在基本养老保险制度改革中，废除长期以来执行的工资再评价制度，改为仅与物价挂钩，从而减轻基本养老保险基金的支出压力。

2.3 我国社会保障的建立与发展

1949年以后，我国建立和发展了适应计划经济体制的社会保障制度，并形成较为完整的体系，但保障的社会性差、运行机制僵化、保障程度低等弊病仍非常明显。改革开放以后，随着社会主义市场经济的发展，传统的社会保障制度越来越不适应新的体制。因此，20世纪80年代初，我国对社会保障制度进行了全面的改革。经过三十余年的摸索和实践并吸取国际经验，我国已初步建立了以社会保险、社会福利、社会救济制度为主体的社会保障体系。随着我国社会经济的发展，社会保障制度将逐步得到规范和完善。

2.3.1 我国社会保障的建立与形成(1949—1957年)

1949年4月1日，中国共产党宣布实行《东北公营企业战时暂行劳动保险条例》。中华人民共和国成立后，中央人民政府于1951年公布了《中华人民共和国劳动保险条例》。同时，以独立法规的形式，制定和实行了公共卫生保健、社会救济、社会福利等社会保障制度。此后，我国逐渐建立了适应计划经济体制的社会保障制度，并使其发挥了一定的作用。20世纪80年代初期，随着我国经济体制改革的不断深入，传统的社会保障制度越来越不能适应市场经济发展的需要，暴露的问题也越来越多，社会保障制度的改革成为必然。从20世纪90年代开始，我国社会保障制度的改革取得了实质性的进展。因此，总结60年来我国社会保障制度的形成和发展过程，大致可将其分为建立、调整、停滞、重建4个阶段。

从中华人民共和国成立初期到1957年，这是我国社会保障制度的创建阶段。

中国共产党早在革命根据地便已开始实行以为人民服务为宗旨的社会保障制度，并颁布了相应的条例法规。例如，1931年在中央苏区颁布了《中华苏维埃共和国劳动法》，1940年颁布《陕甘宁边区劳动保护条例》《苏皖边区劳动保护条例》《晋冀鲁豫劳动保护条例》，1948年在东北行政区颁布了《东北公营企业战时暂行劳动保险条例》等。

1949年中华人民共和国成立后，经济萧条、通货膨胀、工人失业等社会问题严重影响了社会的稳定和经济的发展。为保障职工生活，促进经济发展，政府在1951年2月颁布了《劳动保险条例》。作为中华人民共和国成立后的第一个社会保障法规，《劳动保险条例》创设了职工养老保险，职工疾病及医疗保健，职工因工致伤、致残、死亡保险，职工生育保险，职工供养直系亲属医疗及死亡保险等多种保险项目。具体规定了保险的实施范围为职工数量在100名以上的国营、公私合营、私营及合作经营的工厂、矿场及其附属单位与业务管理机关；铁路、航运、邮电的各企业单位与附属单位。《劳动保险条例》还具体规定了职工在疾病、伤残、死亡、生育以及养老等方面可以享受的保险待遇。规定职工享受劳动保险的各项费用，全部由实行劳动保险的各企业行政单位或资方负担，劳动保险费的缴纳由各级工会组织办理。中华全国总工会为全国劳动保险事业的最高领导机关，统一负责全国劳动保险事业。中央人民政府劳动部为全国劳动保险业务的最高监督机关，负责监督《劳动保险条例》的实施。

《劳动保险条例》的颁布实施，使我国形成了除失业保险以外的老年保险、工伤保险、疾病保险、生育保险、遗属保险等社会保险体系，标志着我国以社会统筹为特征的社会保险制度初步确立。

1953年1月，政务院根据当时国民经济恢复任务已基本完成、国家开始社会主义建设的情况，修订了《劳动保险条例》，劳动部又颁布了《劳动保险条例实施细则修正草案》。与1951年的《劳动保险条例》相比，修订后的条例和实施细则草案把实施范围扩大到一般工厂、厂矿和交通事业的基本建设单位、国营建筑公司；同时提高了部分劳动保险项目的待遇水平，如退休费的替代率由原来的35%～60%提高到60%～80%，因工死亡丧葬费由2个月的企业平均工资提高到3个月等；还规定合作社经营的工厂、矿场及其附属单位按国有企业办法，实施劳动保险待遇。1956年，企业社会保险的实施范围扩大到商业、外贸、粮食、供销合作社、金融、民航、石油、地质、水产、国有农场、造林等14个产业和部门，社会保险覆盖面达到了当时各类企业职工的94%。

在企业社会保险建立的同时，机关事业单位的社会保险也逐步建立起来。例如，1952年，政务院颁布的《关于对人民政府、党派、团体及所属事业单位的国家机关工作人员实行公费医疗预防措施的指示》；1955年，国务院颁布的《国家机关工作人员退休处理暂行办法》和《国家机关工作人员退职处理暂行办法》；1956年，颁布的有关女工保护条例等。这一系列法规条例的颁布，使养老、疾病、死亡、生育等主要社会保险项目基本建立起来。

此外，我国政府也逐步建立了社会救济、社会福利和优抚安置等保障制度。例如，

1950年，内务部公布的有关革命军烈属优抚工作的5个条例；1950年，颁布的《工会法》中对工会在改善职工福利方面的有关规定；1956年，全国总工会颁布的《职工生活困难补助办法》；1957年，国务院发出的《关于职工生活方面若干问题的指示》等。到1957年末，我国社会保障制度建设取得了重大进展，社会保险、社会救济、社会福利和优抚安置等一系列社会保障法规都基本建立起来，它对保障职工权益、稳定社会生活、促进经济发展起到了重要作用。

2.3.2 我国社会保障的修订与调整(1958—1965年)

1958—1965年，政府根据实施的情况，对社会保障制度做了一些调整。在养老保险方面，1958年，国务院通过了《关于工人、职员退休处理的暂行规定(草案)》和《关于工人、职员退职处理的暂行规定(草案)》，将原来企业与行政事业单位分设两套的退休、退职制度合并为一个，并对退休、退职的条件、待遇、标准也进行了修正。例如，增加了职工因身体衰弱可以经医生证明提前退休的规定；制定了职工因工作致残完全丧失劳动能力后退休的待遇；将退休所需满足的工龄年限减少为原来的一半；将有特殊贡献的职工的退休待遇提高5%；进一步使退休制度覆盖供销合作社和部队无军籍职工。

在医疗保险方面，针对企业劳动保险医疗和国家机关公费医疗中存在的浪费现象，1965年，中央批转了卫生部党委《关于把卫生工作的重点放到农村的报告》，卫生部和财政部发出了《关于改进公费医疗管理问题的通知》，劳动部和全国总工会发出了《关于改进企业职工劳保医疗制度几个问题的通知》，分别对公费和劳保医疗的整顿作出具体规定。新规定要求职工就医要收挂号费；营养滋补品除特批外一律自理；职工因工受伤或因职业病住院，本人承担1/3的膳费等。此外，1963年，国务院在批转劳动部的有关报告中，对硅肺病人的生活待遇和保险福利等也作出具体规定。

在精简下放职工的安置方面，1962年，国务院颁布了《关于精简职工安置办法的若干规定》和《关于精简退职老职工生活困难救济问题的通知》，规定凡精简下来的老弱残职工，符合退休条件的作退休安置，不符合退休条件的作退职处理。对家庭生活有依靠者，发给退职补助费；家庭生活无依靠的，由当地民政部门按月发给相当本人原工资40%的救济费。同时对大量在"大跃进"时期从农村招收的工人也采取精简回乡的措施，并落实相关待遇。

1960年7月，全国总工会制定颁布了《关于享受长期劳动保险待遇的异地支付试行办法》。该办法规定，凡享受退休金、因工致残恤金和非因工致残恤金的职工，以及享受遗属恤金的家属，若已迁移居住地点，可由本人提出申请，办理异地支付手续，并到新迁移地的工会组织领取劳动保险金。迁入居住地的职工患病，有权在新区指定的医疗机构就医，所需医疗费由支付保险待遇的工会组织报销。

在社会福利和社会救济、优抚方面，1962年，内务部和财政部颁布了《抚恤、救济费管理使用办法》，这对合理使用抚恤、救济费起了很大作用；1963年，国家提高了国家机关工作人员的福利费待遇；1965年，国务院发出通知，要求对精简回乡的职工做好生活困难解决工作；等等。

2.3.3 我国社会保障的停滞与倒退(1966—1977年)

这一时期，我国政治、经济、文化和社会生活受到严重破坏，社会保障事业处于停滞和倒退阶段，具体表现为：社会保险管理机构被撤销，如工会、劳动部、民政部、卫生部、人事部等长期处于瘫痪状态；中华人民共和国成立后建立的各种社会保障法律法规和制度实际被废止，社会保障工作无章可循；社会保障基金被停止提取，退休费用的社会统筹被取消。此外，社会保险变成了企业保险。1969年2月，财政部发出《关于国营企业财务工作中几项制度的改革意见(草案)》，规定"国有企业一律停止提取劳动保险金，企业的退休职工、长期病号工资和其他劳保开支，在营业外列支"。这一"改革"意见完全破坏了社会保障的统筹调剂作用，造成企业间负担失衡，也使积累基金调节人口老龄化负担高峰的职能完全丧失，成为当时面临的社会保障问题的根源。从此，逐步形成社会保障由企业自保的格局。

2.3.4 我国社会保障的重建(1978—1992年)

1978—1992年，随着社会主义市场经济的逐步建立，企业制度和劳动制度改革的不断深化，社会保障制度也被作为经济体制改革中的一项重要内容来研究和推进。此阶段的主要工作是根据新的情况，对原有制度进行修改和补充，具体包括以下几个方面。

(1) 在企业劳动保险方面，政府逐步颁布了有关劳动保险的通知，对手工业合作社职工的社会保险待遇、集体卫生人员的退休和退职等作出了规定。1980年3月14日，国家劳动总局、全国总工会联合发出《关于整顿与加强劳动保险工作的通知》，规定了整顿劳动保险的目的、内容、业务分工等问题。接着，在全国范围内开展了对国有企业劳动保险管理工作的整顿和修复工作，主要内容包括：对"十年动乱"期间各种不符合国家劳动保险政策规定的错误加以纠正；恢复和健全劳动保险的管理机构；对从事社会保险业务的工作者进行专业培训。

(2) 在职工退休、退职方面，1978年6月2日，国务院颁布了《关于安置老弱病残干部的暂行办法》和《关于工人退休、退职的暂行办法》，对老弱病残干部及工人的退休、退职后的安置、退休待遇等作出了明确的规定。

(3) 在死亡抚恤待遇方面，1979年1月8日，财政部、民政部联合发出《关于调整军人、机关工作人员、参战民兵民工牺牲、病故抚恤金标准的通知》。1980年6月4日，国务院颁布了《革命烈士褒扬条例》。

(4) 在社会福利方面，1976年以后，修改和增设了若干职工福利补贴制度，提高了职工福利补助起点标准，增加了福利基金的来源。

1984年起，部分地区开始探索养老保险制度改革，在国有企业和大部分城镇集体企业中推行养老社会统筹，确定实行职工个人缴费制度。一些地区还推行了社会统筹与个人账户相结合的制度。相关事业单位和部分农村也建立了养老保险制度改革的试点。

2.3.5　我国社会保障的改革(1993年至今)

党的十四大政府报告在第一次提出建立社会主义市场经济体制的同时，也第一次明确地把深化社会保障制度改革作为经济体制改革的重要环节之一。1994年，中国共产党第十四届中央委员会第三次全体会议通过了《中共中央关于建立社会主义市场经济体制若干问题的决定》(以下简称《决定》)，提出按资金筹集方式、保障目标分类，我国社会保障体系大致由三大部分构成，含13个项目，由国家、工作单位和个人共同负担。

第一部分主要是由国家财政支付的保障项目，包括社会救济、社会福利、优抚安置、社区服务4项。

第二部分主要是由法律规定强制实施的社会保险，包括养老、失业、医疗、工伤、生育和住房6项。这些项目涉及面广，直接影响人民生活的最基本方面，是我国社会保障制度的主体。

第三部分是以自愿为原则的商业保险，主要有个人投保、企业投保和互助性保险三项，可以满足社会各方面、各阶层的不同需求，是社会保障主体部分的一个补充，使我国社会保障更加灵活、有效、丰富多彩。

为了加强对社会保障工作的管理，国务院成立了劳动和社会保障部，逐步统一对社会保障基金的管理，从过去分别由各企业、各行业分头征集资金、提供保障的办法，逐步转向社会统筹与个人账户相结合的制度，以便与经济体制改革相适应，与劳动力跨行业流动扩大的情况相适应，与社会保障基金的需求日益增长的状况相适应。养老基金的管理模式从计划经济下的现收现付制转变为部分积累制。在全国许多地区的试点工作说明，采用这种新的管理模式是完全有必要的，但也存在许多需要进一步解决的问题。其中，最主要的就是由此引起的双重负担问题、扩大社会保障覆盖面的问题及社会保障基金的分摊问题。这些问题的解决涉及正确体现社会保障的劳动属性、分配属性、保障属性、互济属性。同时，还应当解决社会保障基金的来源的可靠性、保值与升值、基金的易分割性等问题，以便有效使用基金，使之发挥最大的效益，保证社会稳定，促进人民生活水平提高。

2.3.6　我国社会保障制度的总体情况

经过60多年来的改革与发展，我国的社会保障制度已经基本建立，社会保障的体系与格局也已经从计划经济时代的国家负责、单位(集体)包办、板块结构、单一层次、封闭运行转化为现在的政府主导、责任分担、社会化、多层次化，从长期试验性改革状态逐步走向成熟、定型状态。特别是改革开放以来，我国社会保障制度不断完善，各项社会保险覆盖范围继续扩大，参保人数和基金规模持续增长，具体表现在以下几个方面。

(1) 普遍性养老金制度得以建立。中华人民共和国成立以来，我国城镇企业职工养老保险采取现收现付制社会统筹办法，养老保险费全部由国家和企业承担，个人不缴费。1991年6月，《国务院关于企业职工养老保险制度改革的决定》提出，改变养老保险由国家和企业包揽的办法，实行国家、企业、个人三方共同负担。同时规定，企业和职工个人缴纳的基本养老保险费转入"养老保险基金账户"。1995年，国务院发出《关于深化企业职工养老保险制度改革的通知》，提出了企业职工养老保险制度改革的目标、原则，规定基本养老保险费由企业和个人共同负担，实行社会统筹和个人账户相结合的制度。1997年，国务院颁布了《关于建立统一的企业职工养老保险制度的决定》，要求各地现行的多种养老保险制度向全国统一的养老保险制度并轨，实行社会统筹与个人账户相结合的养老保险制度。

1978年，国务院颁布《关于安置老弱病残干部的暂行决定》和《关于工人退休、退职的暂行办法》，从此机关事业单位职工的退休制度单独分立，尽管一直不断改革，但改革仅限于部分地区并未铺开；2005年，人事部颁布《事业单位公开招聘人员暂行规定》，事业单位进行独立改革。2009年，人力资源和社会保障部正式下发了《事业单位养老保险制度改革试点方案》，实行社会统筹和个人账户相结合的制度。2015年1月14日，国务院发布《机关事业单位工作人员养老保险制度改革的决定》，实现了机关事业单位传统的退休金制度向社会养老保险制度转型，并与企业职工基本养老保险制度的原则、框架及内容保持一致，这一改革决定消除公职人员与企业职工养老金差距的"双轨"制根源，机关事业单位与城镇企业职工养老保险制度并轨形成城镇职工养老保险，对最终形成统一的城镇职工养老保险制度具有十分重大的意义。

在城乡居民的养老保险制度方面，国务院于2009年9月1日颁布《关于开展新型农村社会养老保险试点的指导意见》，正式开始在全国实行新型农村社会养老保险。以2009年启动并于2010年加速推进的农村居民养老保险试点为先导，2011年启动城镇居民社会养老保险试点，实行个人缴费和财政补贴的筹资模式，建立基础养老金和个人账户相结合的给付模式，到2012年年底实现基本养老保险制度城乡居民全覆盖。2014年2月21日，国务院下发《关于建立统一的城乡居民基本养老保险制度的意见》，在总结试点的基础上，将新型农村社会养老保险和城镇居民社会养老保险合并实施，建立全国统一的城乡居民基本养老保险制度。至此，我国普遍性养老保险制度全面建立，由职工基本养老保险和城乡居民基本养老保险制度组成，覆盖所有的城乡适龄人口。

(2) 全民医保体系基本建成。医疗保险是关乎全民切身利益的社会保障制度，是解决城乡居民后顾之忧的有力保障。针对我国传统劳保医疗、公费医疗制度的弊端，自1994年以来，经国务院批准，在镇江和九江市进行了医疗保险制度改革试点，许多大城市也积极开展医疗改革。在总结医疗改革经验的基础上，国务院于1998年12月颁布了《国务院关于建立城镇职工基本医疗保险制度的决定》，要求自1999年起，全国城镇所有用人单位及其职工都要参加基本医疗保险，实行属地管理；基本医疗费用用人单位、职工双方共同负担。自此，正式确立了基本医疗保险基金实行社会统筹和个人账户相结合的原则。

2002年，国务院颁布《关于进一步加强农村卫生工作的决定》。2003年，在全国进行试点，建立了以大病为主的新型农村合作医疗制度。2007年，国务院发布了《关于开展城镇居民基本医疗保险试点的指导意见》，从此城镇居民基本医疗保险试点工作开始起步，保障对象进一步扩大。2010—2015年，我国在继续推进职工基本医疗保险改革的同时，中央政府持续加大投入，全面推进城镇居民基本医疗保险制度建设与新型农村合作医疗发展。这三项基本医疗保险制度在"十二五"(2010—2015)期间覆盖了全国95%以上的人口，实现了基本医疗保险制度全覆盖的基本目标。此外，针对城乡居民重特大疾病缺乏保障并导致因病致贫等不良社会效应，2012年8月，国家发改委第六部委联合发出《关于开展城乡居民大病保险工作的指导意见》，推行大病保险试点；2015年年底，大病保险覆盖所有城乡居民基本医保参保人群，大病保险支付比例达到50%以上，这是对全民医疗保险制度的完善。全民医保体系的初步建立是向中国式福利国家迈进的关键性指标。

(3) 失业、工伤、生育保险不断完善。我国失业保险制度是在1999年1月国务院颁布《失业保险条例》之后开始建立的，在此之前，我国仅有国营企业职工待业保险，《失业保险条例》将参保范围扩大到所有类型的单位和企业的职工；1998年，通过《关于切实做好国有企业下岗职工基本生活保障和再就业工作的通知》(中发〔1998〕10号文)，确立了下岗职工的基本生活保障制度；2000年后，失业保险制度和下岗职工的基本生活保障制度开始并轨，使我国失业保险制度逐步完善。我国工伤保险制度改革始于1988年，目标是建立社会化工伤保险制度，扩大覆盖面，建立工伤保险基金，调整工伤报销待遇；2003年，《工伤保险条例》和《工伤认定办法》的相继颁布，以及2011年1月1日实施的《国务院关于修改〈工伤保险条例〉的决定》，大大完善了我国工伤保险制度。1994年，我国开始着手建立社会统筹的生育保险制度；1995年发布的《中国妇女发展纲要》明确提出要在2000年完成普遍建立生育保险制度的目标；2011年7月施行的《中华人民共和国社会保险法》第六章，专门规定了生育保险的覆盖范围、筹资和待遇项目；截至2016年底，全国生育保险参保人数达1.84亿人。

(4) 综合性社会救助制度基本形成。社会救助是整个社会保障体系的基础性制度安排，是由政府负责并以免除城乡居民生存危机为起码目标的社会机制。近年来，我国社会救助范围不断扩大，医疗救助、最低生活保障制度以及其他的救助制度逐步建立并得以完善，综合性的社会救助制度基本形成。1998年3月，国务院通过了机构改革方案，新组建了劳动和社会保障部。劳动和社会保障部的职责是全面制定、组织劳动和社会保障工作，形成了社会保险的统一管理体制，为提高管理效率和管理水平创造了条件。在城镇社会救助方面，1997年9月，国务院颁发了《关于建立城市居民最低生活保障制度的通知》，并要求在1999年底以前全国所有城市都要建立这一制度；2005年发布的《关于建立城市医疗救助制度试点工作的意见》，推动了城市医疗救助制度的制度化和规范化运行；2003年颁布的《城市生活无着的流浪乞讨人员救助管理办法》，进一步扩大社会救助覆盖人群。在农村社会救助方面，2003年，民政部、卫生部和财政部联合发布了《关于实施农村医疗救助的意见》，农村医疗救助试点工作从此开始；2006年实施的《农村五保户供养条例》，进一步完善了农村社会救助制度；2007年发布的《关于在全国建立农村最低生活保障制度的通知》(国发〔2007〕19号)，全面推进了农村最低生活保障制度的建设。

在以往改革的基础上，国务院于2014年2月21日公布、同年5月1日实施的《社会救助暂行办法》正式确立了中国综合型的社会救助制度。该办法将"托底线、救急难、可持续"作为社会救助工作的基本原则，明确了以最低生活保障与特困人员供养制度、受灾人员救助以及医疗救助制度、教育救助、住房救助、就业救助和临时救助为主体，以社会力量参与为补充的社会救助制度体系框架，并明确以民政部为主导。2015年，国务院又决定全面建立临时性的急难救助，使综合性社会救助制度进一步完善。在农村扶贫开发发展问题上，提高扶贫标准，实施精准扶贫战略，形成社会广泛参与、多元扶贫的格局。

(5) 社会福利事业稳步发展。社会福利是社会保障事业的重要组成部分，迄今，我国社会福利事业取得显著成就。在残疾人保障方面，1990年颁布的《中华人民共和国残疾人保障法》为残疾人提供法律保障；2008年修订的《中华人民共和国残疾人保障法》进一步完善和补充了残疾人福利和保障内容。在妇女儿童福利方面，1992年颁布的《中华人民共和国妇女权益保障法》和1991年颁布的《中华人民共和国未成年人保护法》对我国妇女儿童的福利提出了要求。在老年人福利方面，1996年颁布的《中华人民共和国残疾老年人权益保障法》，标志着我国老年福利事业的起步，大大促进了我国老年人福利事业的发展。

(6) 补充保障制度进一步完善。具体表现在：第一，继2013年7月发布的《关于鼓励社会团体、基金会和民办非企业单位建立企业年金有关问题的通知》，2013年12月发布的《关于企业年金、职业年金个人所得税有关问题的通知》等政策性文件后，国家在推进机关事业单位养老保险制度改革的同时，确立了职业年金制度的建立，并自2014年1月1日起实施企业年金、职业年金个人所得税递延纳税优惠政策，意味着补充层次的养老保险健康发展。第二，国务院于2014年12月28日发布《关于促进慈善事业发展的指导意见》，该意见肯定了改革开放以来慈善事业在灾害救助、贫困救济、扶老助残等公益事业领域所发挥的积极作用，并进一步提出鼓励和支持以扶贫经济为重点的慈善活动，培育和规范各类慈善组织，加强对慈善组织和慈善活动的监督管理和对慈善工作的组织领导。第三，国务院于2014年8月10日发布了《关于加快发展现代商业保险服务业的若干意见》。该意见肯定了改革开放以来我国保险业对促进社会经济发展和改善人民生活做出的重要贡献，为加快发展现代保险服务业提出了构筑保险民生保障网、完善多层次社会保障体系、发挥保险风险管理功能、完善保险经济补偿机制等9方面共29条措施，明确了保险业发展的总体要求、重点任务和政策措施，对建成与我国经济社会发展相适应的现代保险服务业、实现向保险强国转变具有重大意义。上述重大政策的颁布和实施，为各项补充保障的发展发出十分明确的政策信号，补充保障制度得以进一步完善。

本章小结

(1) 社会保障制度产生的指导思想包括国家干预主义、福利经济学理论、凯恩斯主义及福利国家理论等，它们为西方国家社会保障的发展和改革提供了坚实的理论基础。

(2) 有关社会保障制度产生的背景方面，主要从生产方式的变化、市场经济的发展、家庭功能的弱化以及社会保障思想的影响4个方面分析社会保障制度的产生背景和条件。

(3) 社会保障制度的建立和发展共分为萌芽、建立、全面发展和改革4个阶段。社会保障制度的萌芽始于1601年英国颁布的《伊丽莎白济贫法》，其核心内容是社会救济。社会保障制度的建立则是从德国实施社会保险制度开始的，第二次世界大战后进入了全面发展阶段，各国对社会福利的项目进行了大幅扩充，但由于"福利病"的出现，迫使社会保障制度进入改革阶段。

(4) 社会保障制度存在多种模式。根据国家、雇主和雇员承担责任的多少等，可以划分为四大模式，即投保资助模式、福利国家型模式、强制储蓄模式、国家保险模式。

(5) 我国社会保障制度的建立，是从1951年颁布《劳动保险条例》开始的，以此为开端逐步建立了企业职工的社会保险和机关事业单位工作人员的社会保险，其间经历过制度的调整与停滞、重建等阶段。

👤 思考题

1. 简述社会保障制度建立的背景。
2. 从社会保障制度的产生和发展历程看，各阶段的核心内容和标志是什么？
3. 四大社会保障模式的区别有哪些？
4. 社会保障制度产生的指导思想有哪些？

👤 案例分析

案例1：社会保障是民心的保障

民生关乎民心，社会保障更是重中之重。党的十八大以来，中国社会保障建设坚持以人民为中心的发展思想，落实全面深化改革的总要求，改制度、扩范围、提待遇、强服务，建立起世界上覆盖人群最多的社会保障安全网，夯实民生基础。保障好则民心稳、百业兴，一步步深化改革的扎实推进、一份份老百姓心中沉甸甸的"获得感"，成为这五年最暖心的民生成就之一。

社会保障制度改革有重大突破。遵循顶层设计改革逻辑，建立统一的城乡居民基本养老保险制度，打通了职工和居民两大基本养老保险制度的衔接通道；同时整合城乡居民基本医疗保险制度，维护城乡居民公平享有基本医疗保障的权益。全面推进机关事业单位养老保险制度改革，实现机关事业单位和企业的养老保险制度并轨。为维护流动就业人员的社会保障权益，完善了社会保险关系转移接续制度。推进医疗保险支付方式改革，进一步增强医保在深化医药卫生体制改革中的基础性作用。

社会保障水平逐年稳步提高。"退休收入高、看病自己花钱少"是人们普遍期待的两大社会保障关键问题。全国企业退休人员月均基本养老金从2012年至2016年平均增长8.8%。城乡居民基本养老保险基础养老金最低标准也在不断上调。综合施策破解"看病贵"难题，城乡居民基本医疗保险补助标准提高。职工医疗保险和居民医疗保险基金最高支付限额分别为当地职工年平均工资和当地居民年人均可支配收入的6倍。

经办服务水平明显提升。初步建成从中央到地方的五级社会保障管理组织体系和服务网络，社会保险转移接续更加顺畅。目前，已实现90%以上的地市接入国家异地就医结算系统平台，直接结算带来巨大便利。深入推进"多证合一"登记制度改革，推动社保经办业务与"互联网+"技术深度融合，优化服务圈就近办理，人民群众享受到了更加便捷的服务。

更加注重社会保障的可持续性。社会保障是以保障社会成员基本生活为目标的长期性制度安排，必须保证能够持续健康运行。国家制定了基本养老保险基金投资管理办法，在确保安全的前提下推进市场化、多元化投资运营，努力实现基金保值增值；又先后降低养老、失业、工伤、生育保险费率，减轻企业负担，增加企业主动缴保的积极性。社会保险基金规模不断扩大，安全性进一步提高，为社会保障的可持续发展奠定坚实基础。

在看到这些成绩的同时，我们要清醒地认识到，当前的社会保障工作仍然面临艰巨繁重的任务，还需要深入推进社会保障制度改革，不断提升公共服务能力水平，这些都是在未来全面深化改革中亟待解决的问题。民心是最大的政治，民心所盼就是努力的方向。今后更应保基本、兜底线、促公平，不断筑牢社会保障底线，奋力铸就大国民生新篇章。

资料来源：人民日报海外版. http://www.mohrss.gov.cn/SYrlzyhshbzb/dongtaixinwen/buneiyaowen/201710/t20171012_279021.html.

案例2：中国社保的荣誉时刻：全民社保助推中国梦

中国是世界第二大经济体。在这里，增长速度惊人的不仅仅是聚光灯下的GDP，还有惠及超过13亿中国人民的社会保障体系。

2010年至2015年，养老保险覆盖面从3.6亿人增加到8.6亿人，覆盖率超过80%。特别是全体农民和城镇超过60岁以上的居民直接纳入保障范围，实现了历史性的跨越。

2010年至2015年，医疗保险覆盖面从12.6亿人增加到超过13亿人，覆盖率从90%提高到95%。

2010年至2015年，工伤保险参保人数从1.6亿人增至2.1亿人；失业保险参保人数从1.3亿人增加至1.7亿人；生育保险参保人数从1.2亿人增至1.7亿人。

老有所养、病有所医，这是中国人自古以来向往的理想社会，也是今天中国社保正在实现的目标。

今天，中国政府提出到2020年全面实现小康社会，通过实施全民参保计划，将未覆盖人群纳入社会保障体系，努力使全中国人民人人享有社会保障。未来几年，越来越多的农民工及灵活就业人员等群体将成为这个计划的受益者。

全民参保计划，记录一生，保障一生，服务一生。

不忘初心，中国政府始终把中国人民的冷暖记在心上。人民对美好生活的向往，就是我们的奋斗目标。

全民社保，助推中国梦。

2016年11月17日，中国政府荣获ISSA "社会保障杰出成就奖"(2014—2016)，中国以自己的行动与成果为当代世界社会保障的发展做出巨大贡献。中国已经建立普遍性养老金制度、全民医保制度，而且持续多年不断提升养老金水平与医保水平，仅此两项基本制度安排就使全世界的社会保障覆盖人口与保障水平得以大幅度提升。中国创造了当今世界国民经济持续高速增长的奇迹，也正在创造社会保障快速发展的奇迹。

资料来源：张春红. 巴拿马全球大会中国社保的荣誉时刻[J]. 中国社会保障，2016(12)：20.

分析：

请结合以上两个案例，分析我国社会保障取得的成就。

1. 了解养老保险的含义和特征；

2. 掌握养老保险制度的框架和内容，重点掌握养老保险资金的筹集模式；

3. 掌握养老保险的制度模式及各模式的特征。

在现代社会里，人们解决养老问题的途径主要有两个：以自我养老、家庭养老、土地养老等为主要内容的非制度化养老保障方式，以养老保险为主要内容的制度化养老保障方式。随着人口老龄化、家庭结构小型化、城市化的加深，非制度化养老保障功能急剧弱化，国民对制度化、社会化养老保险的需求骤然增加。自从1889年制度化的养老保险在德国诞生以来，世界各国相继依据自身的政治、经济、文化等特点，建立了养老保险制度。目前，全球已有一百八十余个国家和地区建立了具有本国特色的养老保险制度。

3.1　养老保险概述

3.1.1　养老保险的含义

养老保险是国家依法建立、强制实施的，为满足劳动者因年老丧失劳动能力或达到法定的解除劳动义务的劳动年限后的基本生活需要的一项社会保险制度。

现代意义的养老保险制度最早是在德国建立的，以1889年颁布的《老年残障社会保险法》为标志，该法案是在俾斯麦政府的强力干预下推行的。

养老保险中一个至关重要的概念是退休年龄。"退休"是一项强制性的制度安排，用以确定劳动者在一定年龄和一定条件下可以退出劳动力队伍，并有权获得相应的经济收入保障。而"年龄"一般以日历年龄为基准。退休年龄的确定是一定的社会、经济、科技、教育和人口等因素共同作用的结果，并随这些条件的发展变化进行调整。由于世界各国社会经济的具体情况不同，劳动者退休的起始年龄也有所不同。例如，丹麦、德国、日本、瑞典、加拿大等国的退休年龄为65岁；赞比亚、印度、卢旺达等国的退休年龄为55岁。还有的国家规定的男性和女性的退休年龄不同。例如，英国、意大利、奥地利、阿根廷、波兰、智利等国规定男性退休年龄为65岁，女性为60岁；匈牙利、巴基斯坦等国规定男性退休年龄为60岁，女性为55岁等。我国目前规定的退休年龄是男职员、工人年满60周岁，女干部满55周岁、女职工年满50周岁，这是由20世纪50年代初建立的退休制度所规定的，相对于目前我国的人口平均预期寿命而言，退休年龄规定得略低。

👤 **知识链接**

延长退休年龄

由于经济增长和科技进步从客观上要求劳动者具有越来越高的科学文化素质，使得人们受教育时间延长，劳动者起始工作年龄逐渐后移。基于此，我国现行退休政策将造成个人实际劳动年限缩短。显然，这必将使劳动者消费期限增加、生产期限缩短，一方面，降低了劳动力的边际生产率，从某种意义上说属于人力资源的浪费；另一方面，养老保险缴费减少，养老保险金给付压力增大，这将降低养老保险金的积累率，削弱社会发展的经济基础。

延迟退休政策直接涉及每个人的切身利益，所以，在制定政策时，会非常谨慎地来把握。需要结合劳动力总量的变化情况和社会保障基金长期可持续发展的情况，继续深入研究，适时地推出这项政策。延迟退休方案出台后会有5年左右的过渡期，或到2022年正式实施。

1. 延迟退休方案：渐进式提高退休年龄

第一，小步慢走，渐进到位。坚持每年只延迟几个月，经过相当长一个时期逐步达到目标年龄。第二，区分对待，分步实施。不是对所有社会群体同时实行延迟退休，根据不同群体的退休年龄，分步实施。我们会选择现在退休年龄相对偏低的群体，从这部分群体开始逐步实施。第三，预先公告，做好公示。

具体的方案有以下几个。

中国社科院于2016年底发布一份报告，提出渐进式延迟退休的方案和建议：从2018年开始，女性退休年龄每3年延迟1岁，男性退休年龄每6年延迟1岁，至2045年，男性、女性退休年龄同步达到65岁。

清华大学的专家团队公布方案，建议从2015年开始实施有步骤的延迟退休计划，到2030年之前达成男、女职工和居民65岁领取养老金的目标。

中国人民大学劳动人事学院郑功成教授提出，延迟退休应女先男后或女快男慢，用30年实现男女65岁同龄退休。同时，延迟退休者应在养老金水平上得到补偿。郑功成也强调，延迟退休应坚持小步渐进而不是大步急进，即每年延长2～6个月的工作时间，经过30年左右的推进，实现男女65岁同龄退休。

2. 延迟退休的影响

(1) 延迟退休对就业岗位的挤占作用不大。首先，延迟退休占用的岗位和将来年轻人需要的岗位不存在简单的线性替代关系，经济发展和转型升级会带来新的就业机会。其次，由于我国实施渐进式延迟退休办法，一年延迟几个月，总体而言对就业影响有限，不会造成青年人就业难的困境。最后，劳动年龄人口减少的趋势对冲了实施渐进式延迟退休政策所产生的就业影响。但延迟退休对就业岗位的挤占作用不大，并不表明没有影响，在延迟退休的同时，应努力发展经济，为青年人增加更多的就业岗位，并做好就业培训、劳动保护，减少就业歧视。

(2) 延迟退休会使个人养老保险待遇有一定程度的提高。基础养老金的高低取决于缴费基数的大小和缴费时间的长短。从缴费基数来说，延迟退休后，工资上涨的概率大；从缴费时间来说，延迟退休后，缴费时间延长。因此，基础养老金数额自然是要增加的。

对于个人账户养老金，主要影响因素是个人缴存额及月除数(个人账户养老金计发月数)，推迟退休后，月除数将变小，个人账户养老金的数额就会增加。

此外，在目前的养老保险基金筹资渠道中，财政补助是一个重要方面。对于少数历史欠账较多、基金支付能力较弱的老工业基地省份，将继续加大中央财政补助力度。另外，五中全会的公报中提到要加大国有资本充实社保基金力度，养老金应该会有保障。

(3) 延迟退休对不同群体的影响不同。将受到延迟退休影响的人群包括：到2022年，小于等于50岁的女性工人(1972年以及以后出生的女性)；到2022年，小于等于55岁的女性干部和男性工人，主要是从事繁重体力劳动的工人(1967年以及以后出生的人)；到2022年，小于等于60岁的男性干部(1962年以及以后出生的男性)。而上述三类人群现行退休年龄的不一致，会造成延迟退休的先后、每年延迟月数的不一致。

受延迟退休方案影响较大是"70后"和"80后"，根据人社部方案将实行"渐进式"延迟退休，即每年延长几个月退休年龄，直到经过相当长时间达到新拟定的法定退休年龄。对于"90后"群体来说，将可能直接延迟到法定退休年龄。

资料来源：笔者整理.

3.1.2　养老保险的特征

养老保险是社会保险的组成部分，是社会保险的核心，与其他保险相比，具有以下特点。

1. 养老保险是参保人数最多的险种

从已覆盖人数来看，养老保险与其他保险相差不是很明显，但从实际享受的人数来看，养老保险是享受人数最多的险种。因为年老意味着人的劳动能力的丧失，由年老导致的劳动能力下降是一种确定的和无法避免的风险。其他社会保险如工伤、失业等的参保对象不一定会出现工伤或失业的状况，所以享受工伤或失业待遇的人数显然没有养老保险多。

2. 养老保险基金规模庞大

在所有社会保险中，养老保险的保险费率是最高的，养老保险的支出也是最高的，其收支规模往往达到其他保险的总和。在很多国家，养老金的支出是社会保障支出的主要份额。1979—1983年，美国和联邦德国的养老金支出占全部社会保障支出(包括养老金、医疗、工伤、失业保险和家庭补贴)的50.3%~55.1%，英国和法国占到41.3%，巴西占到53.7%~62.9%，马来西亚占到94.3%~95.9%。我国离退休人员的保险福利费占全国保险福利费的比重，1995年为65.3%，1996年为66.7%，1997年为68.0%。2010年，我国养老保险的基金收入占全部社会保险(不含新农保)基金收入的71%。[①]可见，随着人口老龄化的不断加剧，养老保险占社会保险乃至社会保障的比重将会快速上升。

3. 养老保险的承诺与兑现之间的间隔时间最长

养老保险的参保人员从参加工作起就要按照相关规定缴纳保险费，而兑现是在参保人员达到法定退休年龄以后，其间往往有几十年的时间差。相比之下，其他险种一般都可随时兑现。所以养老保险一般都是由政府出面组织，以保证较高的信誉度。

3.1.3 养老保险的原则

世界各国由于政治、经济和文化背景不同，养老保险制度实施的类型也有差异。但各国在制定这一制度的时候，通常都会考虑以下几项原则。

1. 广覆盖原则

相对于失业、疾病、伤残等不确定事件而言，年老是一个确定的、可以清晰预见的、人人都会遇到的事件，养老无疑是劳动者面临的最具普遍性的风险。养老保险的普遍需求特征决定了其覆盖面应该是最广的，应包括尽可能多的劳动者。

2. 权利和义务相对应的原则

目前，大多数国家在基本养老保险制度中都实行权利与义务相对应的原则，即要求参保人员只有履行规定的义务，才能享受规定的养老保险待遇。这些义务主要包括：依法参加基本养老保险；依法缴纳基本养老保险费并达到规定的最低缴费年限。基本养老保险待遇以养老保险缴费为条件，且待遇高低与缴费的时间长短和数额多少直接相关。

3. 保证基本生活水平的原则

基本养老保险的目的是对劳动者退出劳动领域后的基本生活予以保障，保障老年人在晚年有一个稳定、可靠的生活来源。这一原则更多地强调社会公平，有利于低收入阶层。一般而言，低收入人群基本养老金替代率(指养老金相当于在职时工资收入的比例)较高，而高收入人群的替代率则相对较低。由于老年人不是一次性领取养老金，往往采取终身、定期给付的形式，在给付期间不可避免会出现物价上涨或通货膨胀的情况。为保障退休者的实际生活水平与整个社会消费水平相适应，国家应根据物价或通货膨胀率的变动情况，按照一定的指数标准对养老金水平进行调整。当然，劳动者还可以通过参加补充养老保险(企业年金)和个人储蓄性养老保险，获得更高的养老收入。

---

① 孙光德，董克用. 社会保障概论[M]. 4版. 北京：中国人民大学出版社，2011：107.

4. 分享社会经济发展成果的原则

随着社会经济的发展，社会平均消费水平不断提高，在此情况下，退休人员的实际生活水平有可能相对下降。因此，有必要建立基本养老金调整机制，使退休人员的收入水平随着社会经济的发展和职工工资水平的提高而不断提高，以分享社会经济发展的成果。老一代人过去的努力为当前的经济发展奠定了基础，他们为当今的经济成果创造了条件、作出了贡献，因而，他们有理由分享经济发展成果。如果退休者与在业者之间的收入差距过于悬殊，就会产生大量的老年低收入人群，这将违背社会发展的公平原则。因此，老年人社会保障的标准应当随着经济的发展、社会的进步等不断提高。

5. 公平与效率兼顾的原则

自从养老保险机制创立以来，公平和效率一直是人们争论的焦点。公平原则就是通过养老保险制度实现收入的再分配，以体现社会公平。养老保险中的公平原则，一方面，体现在实际存在的代际抚养关系上；另一方面，许多国家实行的养老金随经济发展向上调整，以体现经济发展成果和社会保障政策、养老金与工资报酬关联的累退制等。效率原则是指制度的设计一定要符合成本最低的要求。成本既包括经济成本，也包括社会成本。养老保险的费用，无论其来源渠道如何复杂，都是劳动者创造的。一个有效率的养老保险制度，就是要用最低的经济成本实现已达成社会共识的养老保险制度的目标。达成社会共识的目标是降低社会成本，没有明确的目标就有可能引起政策的混乱，造成社会的不安定，需要付出昂贵的社会成本。在制度目标清晰的情况下，如果制度设计不当，也可能造成制度运行的经济成本过高，资源浪费严重。由于公平与效率在一定程度上是互相矛盾的，因此，在设计养老保险制度时要寻找社会公平与效率的平衡点，实现公平与效率的统一。

6. 管理服务的社会化原则

按照政事分开的原则，政府委托或设立社会机构管理养老保险事务和基金。要建立独立于企业、事业单位之外的养老保险制度，就必须对养老金实行社会化发放，并依托社区开展退休人员的管理服务工作。

7. 经济援助与服务相结合的原则

根据老年人的生理和身体特点，要想获得正常、健康的生活，不但需要有稳定的生活来源、一定的经济基础，更要有符合老年人需要的生活服务相配合。而各国养老保险金的水平都不能完全保证每个老年人有条件雇佣保姆或家政服务人员，因此，养老保险部门在向老年人提供经济帮助的同时，有必要向他们提供一些必需的服务项目。尤其是在全球老龄化问题日益严重，老龄化已经不是某一个或几个国家面临的问题时，这一点也就变得更加重要。养老保险能否结合经济和社会的发展而发展，将关系养老问题能否有效解决及养老保险实施效果的好坏。

3.2 养老保险的基本内容

3.2.1 养老保险的覆盖范围

养老保险的覆盖范围,是指法定的适用对象和适用人群。各国因经济社会发展水平不一和制度规定的差异,覆盖范围的宽窄也有差别。虽然社会保险是针对劳动者的一项社会制度,但在有的国家中,养老保险制度覆盖了全体国民,在西欧、北欧的福利国家中,瑞典就实行普遍保障模式;有些国家的养老保险只包括劳动者,实行选择性保障模式,如德国、美国和中国等。

3.2.2 养老保险的资金来源

资金是养老保险制度存在和发展的物质基础。从各国养老保险制度的实践来看,养老保险费用的分摊不外乎如下4种方式。

(1) 由雇主、雇员和国家三方共同负责的方式,如英国、德国和意大利等国家,这种方式运用得最为普遍。

(2) 由雇主和雇员双方分担,如法国、荷兰、葡萄牙、新加坡等。

(3) 由雇主和国家分担费用,如瑞典在2000年以前就采取这种方式。

(4) 完全由雇员个人负担,如智利。

总体来说,第一种方式属于多方分担,资金来源渠道多,保险系数较大,因此得到多数国家的青睐。值得一提的是,即使是采用同一方式的国家,费用的分摊比例也会有相当大的差异,这也是由各国国情不同所决定的。

3.2.3 养老保险基金的筹集模式

养老保险基金的筹集模式主要包括现收现付制、完全积累制和部分积累制。

1. 现收现付制

1) 现收现付制的含义

现收现付是指养老金从收缴到支付都在现期(通常为1~2年)完成,实现收支现期平衡。

现收现付制的基本原理:根据横向平衡的原则,在长期稳定的人口结构下,该体制的生产性劳动人口负担老年人口的退休费用,而现有生产性劳动人口的退休费用则由下一代生产性劳动人口负担。因而,现收现付制正常运行的一个基本条件是有长期稳定的人口结构,主要是要保持较稳定的退休者和生产者的比例。劳动者代际收入转移与收入再分配是其经济内涵,短期收支平衡是现收现付制的基本特征。

2) 现收现付制的优缺点

(1) 现收现付制的优点。第一,保险费的筹集采用弹性费率,通常在一年时间里完成收缴和支付,没有巨额资金的积累,可以避免因通货膨胀而导致基金贬值的风险,保障退休金的实际货币价值。第二,财务收支在短期内实现平衡,所以不必考虑利率因素及复杂的精算技术，简便易行，管理成本较低。第三，现收现付制互助共济功能较强。此模式采用代际收入转移的原理，具有代际收入正向再分配的功能，对工资收入低、寿命较长的参保人比较有利。第四，容易保证国民的生活水平，因为在确定现收现付制支付水平时通常会考虑当时国民的生活水平。

(2) 现收现付制的缺点。第一，受人口年龄结构变动的影响较大，所以难以应付人口老龄化的挑战。因为现收现付制是下一代人赡养上一代人的制度，其供养水平直接受两代人人口比例的影响。如果供养人的规模相对较小，被供养人的规模相对较大，就会导致供养人的平均负担过重。第二，容易造成国家财政负担加重，因为此种模式下，当出现社会保障基金入不敷出的情况时，往往最终由国家财政来承担责任。第三，由于缺乏资金的积累，抵御突发风险的能力较弱，会影响国民对社会保险的信心。

2. 完全积累制

1) 完全积累制的含义

完全积累制又称基金制或预筹积累制。这是一种以远期纵向收支平衡为指导原则的筹资模式。它首先对有关人口平均预期寿命和社会经济发展状况进行较长期的宏观预测，然后在此基础上预测社会成员在享受保险待遇期间所需支付的保险费用总量，将其按一定比例分摊到劳动者整个就业期间或投保期间。完全积累制强调劳动者个人不同生命周期的收入再分配，即将劳动者工作期间的部分收入转移到退休期间使用。

2) 完全积累制的优缺点

(1) 完全积累制模式的优点。第一，通过预提积累保险基金，有利于实现人口老龄化背景下对劳动者的经济保障。第二，具有很强的激励机制，透明度高。第三，强调劳动者个人不同生命周期收入的再分配，有利于缓和现收现付制所产生的代际矛盾。第四，有利于增加储蓄和资金积累，促进资本市场的发展，进而对经济发展具有重要的推动作用。

(2) 完全积累制模式的缺点。第一，由于积累制采用个人账户，要求具备较多的个人信息和复杂的信息处理系统，管理成本相对较高。第二，完全积累制缺乏代际收入再分配功能。第三，由于缴费与受益之间往往有较长的时间间隔(往往几十年)，其间难免会出现不可控制的风险，如通货膨胀。因此，在动态经济中要实现基金的保值与增值，具有相当大的难度。

3. 部分积累制

1) 部分积累制的含义

部分积累制模式是一种介于现收现付制和完全积累制之间的混合模式，是一种资金筹集的创新模式。在社会保险基金的筹集中，一部分采取现收现付制，保证当前的支出需要；另一部分采取完全积累制，满足未来支付需求的不断增长。

2) 部分积累制的优缺点

(1) 部分积累制的优点。从理论上看，第一，这种模式是在维持社会统筹现收现付制框架的基础上引进了个人账户制的形式，具有激励机制和监督机制，同时保持了社会统筹互济的机制，吸收现收现付制和完全积累制的长处，防止和克服了它们的缺点和可能出现的问题。第二，这种方式具有较强的灵活性，资金储备全面，不必完全筹足资金，可以根据具体情况而定。第三，缴纳的费(税)率也可以根据储备多少和实际需要进行调整，既避免了完全积累制可能带来的风险，又可以解决现收现付制存在的缺乏储备和负担不均等问题。

(2) 部分积累制的缺点。第一，具体操作难度较大，尤其是在各种费(税)率的掌握上，很难做到恰到好处。第二，如果各种标准和费率设置不当，不但达不到预期效果，反而会导致管理成本的大幅度提高。第三，在具体实施过程中，要实现新旧模式的平稳过渡，也是相当困难的事情。

在现收现付、完全积累和部分积累三种筹资模式中，各国选择的模式通常与本国的养老保险制度直接相关。从欧洲各国的养老保险实践来看，一般都始于积累模式，但随着时代的变迁，积累模式逐渐向现收现付模式演变，之后又因人口老龄化与养老保险基金支付的压力，开始考虑部分积累制。1937年，瑞典进行财政方式改革，开始同时使用积累模式和现收现付模式，实际上相当于部分积累制。而从诞生之日起就采用积累模式的德国于1967年将养老保险制度转向现收现付模式。目前，很多国家采用现收现付筹资模式，但为了适应人口老龄化的需要，积累制在部分国家开始"回归"，这是因为部分积累制在应对经济变化和实施宏观调控方面具有较多优势。

3.2.4　领取养老金的资格条件

世界上大多数国家根据年龄、投保年限等标准划分享受养老金的人群。但是，在具体操作中，领取养老金的条件应根据各国国情和经济条件来确定。

每个建立养老保险制度的国家都会对养老保险金的申领资格作出明确的规定，而且绝大多数国家规定的给付条件是复合型的，即要享受养老保险金必须满足两个或两个以上的资格条件。

1.年龄条件

在各国的给付条件中，达到规定的支付年龄往往是核心条件之一。在各国的养老保险制度中，享受领取养老金权益的年龄条件通常是法定的退休年龄。不过，由于人均预期寿命的差异等，各国的退休年龄并不相同，发达国家的退休年龄多为65岁甚至更高，而且男女退休年龄大多数相同；发展中国家的退休年龄显然要低一些，且存在男女退休年龄不一致的现象。

需要指出的是，在处理退休年龄与领取养老金的政策规定方面，亦存在两种现象：一方面，一些国家为了更好地适应和保障尚未达到法定支付年龄的老年人的需要和利益，先后建立了养老金提前支取制度。各国养老金提前支取制度的相似之处在于提前支取的年龄一般为60岁以上，例如，德国规定劳动者63岁(或60岁时，身体状况已不适合工作)并已参加保险35年可以提前退休；葡萄牙规定60岁后的失业人员可以提前退休，从事重体力劳动或有害身体健康的行业的劳动者55岁后可以提前退休；西班牙则规定那些从事艰苦的、有害(毒)的、危险的、不利于健康的工作的劳动者可以在65岁的法定退休年龄前退休。另一方面，为了减轻养老保障支出日益增加的压力，以及照顾那些虽年老但仍然精力充沛、业务经验丰富的老年人，一些国家(如西班牙、法国等国家)则制定了推迟退休的制度。在这些国家中，有的规定了退休年龄上限，如卢森堡最高至68岁，瑞典为70岁，英国男性70岁、女性65岁；有的则没有规定退休年龄上限，如德国、西班牙、奥地利、芬兰等国。各国退休年龄的确定和各国的人口预期寿命、劳动年龄人口的就业状况以及经济活动人口的老龄化程度等因素有关系。随着人口平均寿命的延长，提高退休年龄已成为许多国家在劳动就业和社会保障方面的重要调整举措。例如，美国在1983年就通过了一项法案，内容是从2000年开始，逐步提高退休年龄，到2027年，将可领取全额年金的退休年龄由现在的65岁逐步提高到67岁。

2. 缴费条件

缴费条件即参加养老保险的年限和缴纳养老保险费的年限。例如，德国规定享受养老金的条件是年满63岁且投保35年，或年满65岁且投保15年；法国规定享受养老金的条件为年满60岁且投保37.5年，如果未达到37.5年，则减发养老金；意大利则规定，被保险人若已缴纳保险费满35年，则无论退休与否，均可开始领取养老金。

3. 其他条件

其他条件如工龄条件、居留条件等。在工龄条件方面，苏联、北欧一些国家都有相关规定。例如，苏联规定的享受条件为男年满60岁且工龄满25年，女年满55岁且工龄满20年；瑞典的附加养老金也要求工龄满30年才有资格领取。在居留条件方面，即规定申领者满足一定的居住期限。例如，丹麦规定，养老金领取者必须为25~67岁且至少在丹麦居住了3年；瑞典规定，在瑞典居住不满40年的人，其养老金计算方法是每居住1年可得1/40的基础养老金，但至少要在瑞典居住3年才能拿到最低的基础养老金，即全部基础养老金的3/40。

3.2.5 养老保险的缴费与给付

1. 养老保险金的缴费模式

养老保险金的缴费模式包括给付确定模式和缴费确定模式。

(1) 所谓给付确定模式(Defined Benefit)，是先设定为保障一定的生活水平养老保险金需要达到的替代率，以此确定养老保险金的给付标准，再结合相关影响因素进行测算，来确定养老保险费的征缴比例。因此，这种模式实质上是"以支定收"模式。给付确定模式维持的是短期内的横向平衡，一般没有结余。这种模式总是和现收现付模式联系在一起。

(2) 所谓缴费确定模式(Defined Contribution)，是结合未来的养老负担、基金的保值增值、通货膨胀率、企业的合理负担、现行劳动力市场和工资水平等因素，经过预测，确定一个相当长时期内比较稳定的缴费比例或标准，再根据这个缴费标准来筹集养老保险基金，并完全或部分地存入劳动者的个人账户，当劳动者失去劳动能力后，以其个人账户中的金额作为养老保险金或养老保险金的一部分。因此，这种模式实质上是"以收定支"。缴费确定模式维持的是长期的纵向平衡。这种模式总是和完全积累模式或部分积累模式联系在一起。

2. 养老保险金的给付水平和确定模式

养老保险金的给付是指各国养老保险机构依据本国法律、法规的规定，确定养老金的给付范围、项目、标准等。具体的标准各不相同。在某些国家，养老保险金的给付对象包括被保险者本人和无收入的配偶、未成年子女及其他由被保险人抚养的直系亲属。例如，在瑞士、瑞典等国家，除了基本的养老金以外，养老保险金的给付还包括低收入补助、看护补助、超缴保险费期间的增发额、超龄退休补贴、配偶及未成年子女补贴等。

按养老保险金的给付标准是否与享有者工作期间的收入水平有关，可将养老保险划分为普遍生活保障模式和收入关联模式。

(1) 普遍生活保障模式强调对所有老年居民提供养老保险，养老保险金的标准是统一、均等的，水平高低与消费水平高低有关，与老年人是否是工薪阶层劳动者、退休前工资收入高低、职业是否稳定等没有关系，一般是保障基本生活水平。普遍生活保障模式的养老保险制度得以存续的基石是政府财政的有力支持。

(2) 收入关联模式强调社会保险费一般由雇主、雇员和国家三方共同负担，社会保险的缴费额度和养老保险金的给付标准都与劳动者退休前的工资收入有关。由于这是一种与收入水平有关联的制度模式，也就自然而然地将非工薪阶层，如农民排除在这种模式安排的养老保险制度之外。与普遍生活保障模式相比，收入关联模式更强调权利与义务的平衡。

3. 养老保险金的精算

精算科学是保险和社会保障事业建立和健康运作的数理基础，它以概率论和数理统计为基础，与社会、经济的有关科学相结合，对风险事件进行评价，对各种经济安全方案的未来财务收支和债务水平进行估计，使经济安全方案建立在稳定的财务基础上。精算科学也是养老保险制度建立和健康运作的基础。在现收现付制下，需要估计一定时期的给付支出，以便与收入相对应。为了避免人口老龄化引起制度成本迅速上升，需要预先筹集一定的积累基金，使计划在长期内实现收支平衡，这需要进行长期收支估计和长期精算平衡分析。

在积累制下，如果采取给付确定制，就需要根据承诺的给付水平和各年龄死亡率等风险因素，运用精算技术，对成本和债务水平进行定期估计，并使基金与债务相对应，保持养老保险的偿付能力。如果采取缴费确定制，在计划设计时，就需要根据一定的待遇目标和预定利率估计缴费水平；在计划运作中，需要根据投资组合的回报率来估计未来的基金积累水平。在养老保险制度从现收现付制向积累制转换时，需要估计过去隐藏在现收现付制下的养老金债务水平，并研究可能的债务分摊方法和不同分摊方法对新制度财务的影响，这些分析估计都需要运用精算技术。由此可见，精算是养老保险建立、转轨和保持长期稳定发展的数理分析基础，是养老保险的短期成本核算债务估计和长期财务预测分析的基础。

养老保险金的精算主要应考虑两个因素：人口年龄结构和经济发展状况。根据人口普查、人口登记等资料，统计分析得到总人口中各个年龄组人口所占的比重，从而推断出退休费用的负担变化情况。一般而言，在发展中国家，由于出生率、死亡率较高，平均寿命较短，人口年龄结构年轻化，劳动力人口比重大，因此，养老金支付额不高。在发达国家，由于出生率、死亡率较低，平均寿命较长，人口年龄结构老龄化比较严重，老年抚养需求比较高，因此，需要支付的养老金数额会越来越大。此外，经济发展状况会影响职工的收入、退休年龄、物价指数、银行利率等，这些都会对养老金的筹集和支付带来直接或间接的影响。

综合考虑以上各方面影响因素后，要将退休费用定量化，必须确定5个"基础率"，即预定死亡率(通过编制专用人口生命表测出)、预定退休率(由职工队伍的年龄结构和退休年龄标准决定)、预定新增就业率(由劳动力资源和就业需求决定)、预定工资率(由工资变化的趋势决定)、预定利率。之后，根据收支平衡的原则确定基金数额及其他。随着各国养老保险事业的发展，年金的精算作用日益显著，逐渐发展成为一门综合人口学、统计学、金融学和劳动经济学的边缘学科。

3.2.6　养老保险基金的管理

养老保险基金数额巨大，不仅直接关系退休人员的生活保障，而且会对整个经济生活产生一定的影响，更事关社会的稳定。因此，各国在管理养老保险基金的问题上都采取非常严格的限制手段。一般来说，养老保险基金的运营和管理需要注意安全性和收益性的结合。这就要求养老保险基金的管理必须按照国家法律、法规的规定，确保资金的保值，并且在此基础上做到资金增值。

关于养老保险基金的管理，世界各国并不统一。一些国家的养老保险基金由各种独立性基金会负责管理，管理机构通常由受保人、雇主和政府三方面组成的理事会领导。也有一些国家的养老保险由政府部门直接管理。例如，法国的养老保险基金管理机构为全国养老金保险基金会，它接受法国卫生社会保障部的全面监督；德国的养老保险基金管理机构为联邦薪金雇员保险局，它由德国联邦劳动和社会事务部全面监督；意大利的养老保险基金由全国社会保险协会管理，受劳工与社会福利部及财政部监督。

养老保险基金的投资模式往往和基金的筹资方式紧密联系在一起。例如，强制性完全积累型养老保障制度的投资运作主要有4种模式：第一，对于缴费确定型个人账户，由投资管理公司分散管理，代表国家为智利。在这种模式中，政府的责任是从保护雇员利益出发进行审慎监管，在必要时对受益人提供最低养老金担保。第二，通过个人缴费建立基金，由公共机构集中管理和投资，比较成功的案例有新加坡和马来西亚，其主要特征是由政府实施管理和投资运营。第三，强制性职业养老金，通常要求建立缴费确定型个人账户进行积累，典型国家如澳大利亚和瑞士。第四，社会保障信托基金，基本上是服务于待遇确定的现收现付型养老保障制度，很多国家都用社会保障信托基金来解决由于养老保险收支不平衡带来的尖锐债务问题。

养老保险管理体制的选择对于养老保险制度的运行起着非常重要的作用。从世界各国的实践来看，养老保险共有三种管理模式，即由政府部门直接管理、政府监督下的自治机构管理、由私营基金公司进行管理。

1. 由政府部门直接管理

养老保险事务由政府直接管理的典型国家有中国、英国、日本、加拿大、美国和瑞士等。政府直接管理养老保险事务，又可细分为两种：一是中央集权式的管理方式，如英国、日本等，这些国家相对来说更为强调中央集权化，统一化程度较高；二是分权式的管理方式，如加拿大、美国和瑞士，地方机构在养老保险管理中均扮演重要的角色。

2. 政府监督下的自治机构管理

采用这种管理模式的代表国家有新加坡、德国、瑞典等，政府主要承担监督责任，这三国分别由中央公积金局、各保险协会、就业委员会等机构负责管理养老保险。

3. 由私营基金公司进行管理

采用这种管理体制的代表性国家有智利、法国等。在智利，就是由个人年金基金管理公司负责管理个人资本化账户的。不过，即使采用这种管理模式，政府也无一例外地要承担相应的监管责任。

3.3 各国养老保险模式比较

养老风险的普遍性、养老保险的复杂性、多因素影响性，以及各国国情的差异性都决定了养老保险模式的多样性，但这并不妨碍我们在总结多国养老保险制度实践的基础上，按照一定的标准对养老保险进行分类。下面，我们将根据养老保险的责任承担机制对养老保险模式进行分类，并列举典型国家加以说明。

3.3.1 各国养老保险模式

1. 三方负担型养老保障模式

三方负担型养老保障模式是指通过社会保险机构为工薪劳动者建立退休收入保险计划，它强调缴费与收入、退休待遇相关联，并建立在严格的保险运行机制基础之上。德国、美国、日本等国家采取这种模式。这种模式的特点：在筹资方式上实施企业、个人和国家三方负担的财务机制，是社会保险筹资方式的典型形式，较好地体现了养老保险的社会政策目标；通过特定的技术机制，在某种程序上实现了高收入阶层向低收入阶层的收入转移，具有较强的互济性；实行集中统一管理，社会化程度很高。

1) 德国

德国的养老金主要来自投保者及其所在企业缴纳的保险金，小部分来自政府提供的财政补贴。德国的养老保险实行"多交费，多受益"的原则。在职时交保险费越多，退休后领取养老金也越多。因此，在计算养老金时两个因素最重要：工资高低和投保时间的长短。工资越高、投保时间越长，贡献就越大，到退休时领取的养老金也就越多。1992年改革后，养老金的支取较以前更灵活，除了允许提前支取外，还允许部分支取，即支取1/3、1/2或2/3。提前支取养老金的比例越小，支取者本人被允许继续参加工作的可能性就越大，其目的是鼓励人们延长工作时间，少领取养老金。

2) 美国

美国的养老金以4种形式出现：政府退休金、基本养老金、福利养老金和储蓄养老金。

(1) 政府退休金由政府向各级政府退休人员提供。这些人员只占美国65岁以上老年人口的8%。政府退休金较为丰厚，领取者大体上可维持其退休前的生活水平。

(2) 基本养老金是由政府向剩下的92%的65岁以上的美国老人提供的。这部分养老金的发放标准：如果退休者退休前的收入在平均水平以上，其退休后每月领取的基本养老金约为原收入的42%，可维持中低生活水平。基本养老金是通过征收社会保障税获取的。社会保障税率为雇员工资额的15.3%，其中雇员缴纳7.65%，另外的7.65%由雇主缴纳。私营业主和农民则要缴纳其收入的15.3%，因为他们既是雇主，又是雇员。

(3) 福利养老金由大企业的雇主向雇员提供，完全由雇主出资。

(4) 储蓄养老金由中小企业雇主向雇员提供，其原则是自愿参加，资金由雇主和雇员各出一半。

联邦政府的养老基金是通过征收社会保障税获取的。根据联邦社会保障法规定，凡是参加工作的人都要按其收入的一定比例缴纳社会保障税。1994年，社会保障税税率为15.3%，由雇员和雇主各负担7.65%。征收的办法是直接从个人工资中扣除。社会保障税率随着联邦平均工资的增长比例自动调整，一般是每四年调整三次，但需经国会批准。由于社会保障税来自工资，故一般也称为工资税。一般情况下，政府征收的社会保障税全部用于政府的社会保障项目，专款专用，结余结转下年继续使用；不足就提高税率和应纳税所得额，从而保证庞大的社会保障支出。

3) 日本

日本的养老金保险制度是社会保障制度的核心，它主要包括三方面的内容：退休金、伤病养老金和家属抚恤金。在现行的养老金保险制度体系中，既有政府承办的公共养老金，也有企业主办的企业养老金，还有个人自行投保的个人养老金。

公共养老金根据加入者的职业，可分为厚生养老金、国民养老金和共济养老金。

(1) 厚生养老金保险制度建立于1942年，目前与国民养老金一起构成日本养老金保险制度的重要组成部分。厚生养老金保险以日本政府为保险人。原则规定，凡长年雇佣从业人员(5人以上)的事务所和法人事务所均适用该项保险规定。由这类事务所雇佣的65岁以下的职工可成为该保险的被保险人。

(2) 国民养老金保险是根据1959年4月制定的《国民养老金法》设立的，它是指农民、自营者和其他公共年金未包括的人员，一般要缴纳保险费。1986年4月，日本将国民养老金改为向全体国民支付的基础养老金，对在国家及企事业单位供职的人则另外再实施厚生养老金制度，形成了以全体国民为对象的基础养老金制度。国民养老金保险以日本政府为保险人，被保险人共分三类：第一类为20岁以上、60岁以下的自营业者；第二类为厚生养老金保险的被保人；第三类为厚生养老金保险被保险人扶养的20岁以上、60岁以下的配偶。国民养老金保险的资金来源是政府的基础养老金拨款和被保险人的保险费。

(3) 共济养老金是以国家公务员、地方公务员、私立学校教职员和农林渔业团体职员等工资收入者为参加对象的共济组合养老金。在养老金基金的运用方面，根据有关法律规定，养老金基金必须全部委托给大藏省基金运用部，纳入国家财政投融资计划统一管理使用。养老金基金的运营收入是今后养老金支付的重要财源。

上述以自我保险为主、国家资助为辅的自保公助型的养老保险模式重视社会保险中权利与义务的密切联系，强化自我保障意识，在一定程度上体现了效率原则；同时，保险金在成员间的统筹使用，体现了保险互济的宗旨。由于这种模式层次较多，可以满足社会各个层次的需要，调动多方面的积极性，且丰富的养老保险金来源可以形成一笔数额巨大的保险基金，因此，各国为使这笔基金保值、增值，纷纷对其进行科学的管理，从而降低保险金的运营风险。

4) 瑞士

瑞士的社会保险由所谓的"三根支柱"支撑。这"三根支柱"即联邦社会保险、职业互助金、个人保险储金。

(1) 第一根支柱——联邦社会保险，亦称公共保险，即政府直接经营的全体成员必须参加的一种强制性的社会保险。联邦社会保险的责任主体是联邦政府、雇主、雇员和州政府。所有就业者都必须按政府规定的同一比例向联邦政府缴纳保险金。按同一比例缴纳保险金时，高收入者和低收入者缴纳的数额相差悬殊，但在领取养老金时，所有投保人得到的数额相等，带有"劫富济贫"的色彩，但有利于保证社会稳定。联邦社会保险的收支方式为现收现付式，即当年收入用于当年支出。收不抵支时，联邦政府一般要拿出财政收入的20%左右的资金来抵补。

(2) 第二根支柱——职业互助金，是联邦社会保险的补充，是所有雇主与雇员都必须遵守的一种强制性社会保险。它的功能是保证工薪人员在老、残等情况下，还能维持比基本生活更高一些的生活水平。职业互助金的保险对象是雇员，而保险金由雇主与雇员共同承担。雇主按政府规定的百分比(目前是6%)从雇员的工资中扣除，同时再替雇员上缴同样数额的资金，一并缴到指定的保险机构。实际上一半是雇主向雇员提供的保障，一半是个人在不知不觉中履行自我保险的责任。职业互助金实际上是一种养老和伤残补充保险。

(3) 第三根支柱——个人保险储金，是根据个人经济能力和意愿采取的非强制性的保险措施，是对上述"两根支柱"的补充。

瑞士社会保险的"三根支柱"模式具有鲜明的特色：一是在多主体的责任结构中强

化个人责任，将个人作为保险的最大主体；二是多方集资，具有多层次的保障。

采用这种模式的国家还有法国、韩国、巴西、墨西哥等大多数市场经济比较发达的国家。这种模式的主要特点：贯彻"选择性"原则，实施范围主要是劳动者；社会保险待遇与个人收入、缴费年限相联系，分配有利于低收入者；实行"自保公助"，社会保险费由个人、企业、政府三方或两方负担，强调个人缴费；缴费多少与退休后的养老金水平无关，养老待遇水平高低主要取决于本人在职时的工资水平和国家规定的养老金替代率水平的高低。

2. 国家、企业负担型养老保障模式

国家、企业负担型养老保障模式的最大特点是一切费用均由国家和企业负担，个人不缴纳保险费。苏联、蒙古、朝鲜等国及东欧一些国家均采取这种模式，改革开放前的中国也采用这种模式。

苏联的退休金分职工、集体农庄庄员、科学工作者和有特殊贡献者4类。职工退休金的数额按退休前月工资的比例计算，从50%到100%不等。工资越高，退休金占工资的比例越小；工资越低，退休金占工资的比例越大。从事危险、高温、有害健康和特别繁重工作的，其退休金比一般职工高5%。科学工作者的退休金为本人职务工资的40%。科学院院士、通信院士超过退休年龄而继续工作的，可领取全额退休金和部分职务工资。这种养老保障模式属于国家保险型养老保障制度，它是一种以生产资料公有制为基础的社会主义国家的养老保障制度，主要有以下几个特点。

(1) 国家宪法把包括养老保障在内的社会保障制度确定为社会主义国家的基本制度之一，老有所养、老后有保是公民应享受的权利，它是由生产资料公有制保证的。

(2) 养老保险受按劳分配原则的影响，其享受条件和待遇标准与工龄有直接关系。

(3) 养老保险的资金来自政府和企业两个方面，劳动者个人不负担任何社会保险费用。

(4) 通过人民代表机构对社会保障管理施加影响，人民代表机构参与养老保障制度的实施与管理。

随着各国政治、经济制度的变化和市场经济的发展，这种社会保险制度越来越不适应现实的需求。现在，各国都在探索改革的途径，逐步实行个人和单位缴费制度，引进激励机制。

3. 国家负担型养老保障模式

国家负担型养老保障模式是福利国家广泛采用的一种养老保险制度，它的思想来自英国《贝弗里奇报告》提出的全民保障方案。这种模式的主要特征：养老金支出由国家财政负担，公民个人不缴纳或缴纳低标准的养老保险费；贯彻"普遍性"原则，保险对象涵盖全体国民，保险项目多，包括"从摇篮到坟墓"的各种生活需要，保障水平也较高；保险费用主要来自国家税收，实行"现收现付"办法。英国、加拿大、澳大利亚、新西兰等国均采用此种养老保障模式，是实施范围较广的一种社会保险模式。

作为采用这种模式的典型代表，瑞典以贝弗里奇提出的福利普遍性理论为基础，强调"收入均等化，就业充分化，福利普遍化，福利设施体系化"，被人们誉为"老年人的天堂"。瑞典公民年满65岁即可领取全额基本养老金，年满63岁可以领取养老金的94%，而且无须缴纳任何费用，也无须经过收入情况调查，贫富一视同仁。雇工和雇员不需缴纳保险税，而雇主则要缴纳47%的工资税，政府负担基本养老金费用总额的55%。政府在这方面的开支来自税收。瑞典实行的是累进所得税制度，这一政策不仅为瑞典公民普遍提供了基本的保障，而且其中社会再分配的部分也明显高于其他西欧国家。

在瑞典，男女退休年龄均为65岁。65岁以上的老年人的收入来源，主要是养老金。瑞典的养老金由三部分组成，即基本养老金、补充养老金和部分养老金。

(1) 基本养老金向所有65岁以上的瑞典公民提供，根据瑞典全国退休金法案的规定，所有65岁以上的公民，均可按月从地方社会保险部门领取一定数额的养老金，而不论他们退休前的收入水平如何。

(2) 补充养老金向所有退休者提供。退休者退休前的工龄有长有短，收入有高有低，因而得到的附加养老金有多有少。一般是以过去30年中收入最高的15年进行评算。

(3) 部分养老金是指年满60岁的人可以要求减少工作时间，并能领取因工时缩短而减少的收入补贴。

上述三种养老金的支付都参照一个"基数"，即与物价升降挂钩，每年进行调整，基本上不受通货膨胀的影响。

瑞典的养老金目标替代率(养老金与平均工资之比)为60%，其中，基本养老保险替代率和补充养老保险替代率各占一半。无论是基本退休金还是补充退休金，主要来源都是每月从职工工资中扣除的保障税，企业主承担基本退休金和保障税，政府提供补贴，个人无须缴纳。几十年来，瑞典人在高福利制度的庇护下，不存在养老压力。然而，从20世纪90年代开始，瑞典现行的养老保险制度陷入了困境。由于多年的人口负增长，瑞典人口老龄化程度很高，截至1999年底，65岁以上的老年人口占总人口的16%，预计到2030年将达到23%。缴费的人少，享受的人多，导致养老金收支不平衡，政府财政状况恶化；个人缴纳与将来享受无明显关联，影响劳动者的积极性，这是高福利国家普遍面临的困境。

国家负担型养老保障模式是国家借助财政经济政策的调节作用，来保障老年人的生活安定，缓解社会矛盾的主要措施。虽然起到了保障生活的作用，但高福利、高消费也造成了福利费开支过大，使国家财政不堪重负、难以为继。因此，实行这种保险模式的各国政府正在进行积极的探索，以求解决人口老龄化给现行养老保险制度带来的冲击。

4. 企业、个人负担型养老保障模式

企业、个人负担型养老保障模式是指通过建立个人退休账户的方式积累养老保险基金，当劳动者达到法定退休年龄时，将个人账户积累的基金、利息及其他投资收入，一次性或逐月发还本人作为养老保险金。这种模式的特点是保险金来自企业和个人的缴费，国家不投保资助，仅仅给予一定的政策优惠。

这种模式主要在二十多个亚非国家和一些拉美国家推行，其中以新加坡的中央公积金制度和智利商业化管理的个人账户最为典型。公积金制度的典型代表是新加坡，它的特色不仅表现为雇主与雇员分担缴费责任等方面，也表现为由公营的中央公积金局统一管理并垄断经营，政府承担给予受保障者以固定收益回报的责任，其使用范围亦由养老扩展到医疗、住房开支等。也有学者指出，这种模式没有体现出社会保险的共济性和互助性原则，因而不能算作社会保险。而智利的个人账户只是国家强制实施的个人养老储蓄。

新加坡实行的中央公积金制度于1955年7月建立，它是一项为新加坡受薪人员设立的养老储蓄基金，是一项强制性的储蓄计划。它的主要目的是为职员提供足够的储蓄，以便使其在退休后或者丧失工作能力时有所依靠。但经过50年的时间，它已经发展成为一种全面的，可以满足人们退休、购房、医疗保健及教育等需要的社会保障制度。中央公积金面向所有公共部门和私人部门的雇员，雇主本人或者自雇者可以自行决定是否参加。目前，新加坡的中央公积金制度覆盖面很广，已经成为真正的社会化养老保险。在新加坡，每个就业者无论其受雇单位的性质如何，都有公积金户口，每月要向公积金户口缴纳一定比例的个人工资。目前，缴纳的基数上限是月工资6000新元，会员年满55岁或永远离开新加坡时，就可提走全部公积金存款，存款享有与市场利率挂钩的利息。新加坡的中央公积金有很大一部分来自企业，按照规定，凡是年龄在55岁以下的雇员，其公积金的征缴率为日工资的40%，55～59岁的征缴率为25%，60～64岁的征缴率为日工资的15%，65岁以上的征缴率为10%。在这些百分比中，雇主和雇员各承担一半，即20%、12.5%、7.5%、5%。

新加坡公积金实行全国统一管理。为此，新加坡建立了中央公积金局，统一管理和使用公积金储蓄，还制定了《中央公积金法》，以保护公积金会员的合法权益，规范管理、使用公积金储蓄的行为。雇主和雇员都必须按时缴纳公积金，雇员的公积金储蓄由雇主根据缴纳率扣除，连同雇主应缴纳的数额，一起存入公积金局的会员账户。中央公积金局将由社会成员缴费形成的基金投资于购买政府债券，结果大大增加了国家经济建设所需资金，促进了经济增长。

随着形势的不断变化，新加坡政府对公积金的内容不断加以补充和完善。例如，个人可以动用公积金储蓄来买房、看病和养老，从而使新加坡居民初步实现了老有所养、病有所医、居有其屋。虽然在运用公积金存款方面的限制逐步放宽，但政府仍然牢牢抓住公积金最终保障作用的核心。由于政府预见到人口迅速老龄化和平均寿命延长的趋势，从1987年开始实行公积金最低存款计划，规定会员在55岁领取公积金存款时，必须把一笔钱留在退休户口中，以保障晚年的生活。10年内，这笔最低存款的数额要逐步调高到8万新元。根据政府的测算，只有这样才可能在基本生活费不断上涨的情况下，保障会员在退休若干年后仍保持基本的生活水平。

新加坡实行的这种以储蓄基金制为主体的养老保障制度，节省了大量的财政开支，抑制了消费膨胀，增加了社会积累，有利于增强国家的经济实力，有利于企业开展平等竞争和调动职工的生产积极性。

新加坡的中央公积金制度取得了举世瞩目的成就，实现了无须国家财政拨款的养老保险，它是一种集中管理和强制性管制程度都非常高的社会保障制度。新加坡政府通过自身的高度社会控制力，强制人们为自己的各种保障进行预防性储蓄。可以说，中央公积金制度在新加坡取得巨大的成功，与新加坡政府对社会生活的强大控制力是分不开的，因此，它并不适合所有国家。另外，它自身也存在不足之处，比如保费较高；它所实行的积累制扩大了不同收入阶层之间原有的工资性收入再分配的差距，不能体现社会保险的公平性原则。

智利推出的也是一种纯个人养老账户制，由投保者个人投保，并逐渐积累，以供自己晚年养老，雇主不作投入，国家也不直接资助。它与新加坡中央公积金制度的最大不同之处在于，它由私人养老基金管理公司负责经营管理，不是由政府直接进行管理。这些机构是股份公司，其唯一的目的是管理养老保险基金，以及除了按法律规定支付和享受的待遇外、与养老保险制度有密切关系的其他业务。这些基金管理机构的业务主要包括征收养老保险费、管理个人账户、投资养老保险基金、经办残疾和遗属保险，以及经办养老保险制度范围内的各项业务。基金公司有权通过参保人缴纳佣金得到补偿，每个基金公司都可以自由设定这样的佣金，但是，对于同一个基金公司来说，所有参保人的佣金数量都是相同的。

在智利，每个参保人拥有一个个人账户，存放其养老保险缴费。一个参保者可以从政府指定的数个养老金基金管理公司中任选一家，托管自己的养老金个人账户。智利的养老金制度获得成功并引起各国的广泛关注。与其他国家实行集中管理养老金基金相比，智利的养老保险制度的私人管理模式具备了竞争的性质，是按照市场机制进行相关配置的，它提供了一个很高的收益率。

但是，也有一些针对智利模式的批评意见。有人认为，智利模式在再分配问题上是不公平的，它导致收入可能向着背离最贫困阶层的方向转移。另外，还有人认为，各家养老金基金管理公司之间的竞争能够降低管理费用没有根据，并认为智利模式在今后还将遭遇严峻的考验。

3.3.2　各国养老保险模式的特点及启示

各国养老保障制度的实施及运筹资金的方式各有特色，可借鉴之处有以下几点。

1. 实行多层次、多形式的养老保障制度

1) 第一层次
第一个层次是国家立法规定的，低有保证、高有限额的强制性基本保险。

2) 第二层次
第二个层次是各企业自定的企业年金。这种保险比政府规定灵活得多，形式多种多样，标准有高有低。例如，美国有相当多的企业实行补充养老金的私人养老金计划。据了解，美国有相当一部分退休人员的退休收入大部分来自私人养老金计划，私人养老金计划加上社会保障计划提供的养老金，大体上可以保证退休人员的生活不低于退休前的标准。因此，美国的私人养老金计划是劳资两利的举措，同时对活跃金融市场、促进经济发展也发挥了重要作用。英国有补充退休年金。英国的退休年金一般包括基本年金和补充年金两部分。也就是说，企业雇员除基本年金以外，还可以享受额外的补充退休年金。在英国2200万就业人口中，约有一半实行补充年金制度。瑞典有老年补充年金。雇员除享受基本养老年金外，还可享受补充养老年金，基金来自雇主按工资总额的12.25%缴纳的费用。补充养老年金从65岁起开始领取，如雇员在60岁时提前退休或推迟到70岁退休，退休金则在65岁全额补充年金的基础上相应减少或增加，其最高额可达基本养老金的48%。

(1) 实行补充养老金的意义。第一，实行补充养老保险，能提高养老保险水平，增强企业职工的凝聚力；第二，实行补充养老保险可以唤醒公民的社会保险意识与责任感；第三，可满足实行多层次保险制度的需要。

(2) 企业补充养老保险的特点。第一，国家颁布法规强制符合条件的企业实施补充养老保险，否则便是违法，这与实行国家统一的基本养老保险一样。实施强制补充保险的国家，一般都通过税收政策上的优惠对企业加以引导。第二，企业实行补充养老保险的条件是盈利，由于经营和盈利情况的不同，补充养老保险金的标准也千差万别。亏损和微利企业都不实行补充养老保险。因此，并不是全部企业都能实行补充养老保险。第三，补充养老保险不与物价挂钩。第四，企业补充养老金的给付，大多采用退休金率的计算方法。

(3) 企业雇员领取补充养老保险金的条件。第一，雇员要具有5～15年的连续工龄，达到退休年龄并退休(有的国家鼓励延长连续工龄，对超过规定的连续工龄的工龄，按较高的退休金率计发养老金)。第二，有的国家规定，中途退厂不发补充养老金。第三，参加投保并具有一定的投保年限，多数企业只由雇主投保，也有少数企业必须由雇主、雇员双方投保。

3) 第三个层次

第三个层次是个人养老金保险(在美国称"个人退休账户"制度，有的称"退休储蓄计划")。对于既未参加公务人员退休制度，又未参加私营企业退休计划的人员，每年可以从自己的收入中提取一定比例，一般为13%，存入"个人退休账户"，以备退休后使用，这笔钱在提取和动用时都是免税的。政府对企业、社会团体、私人创设的保险项目，只提供法律上的保护和财政上的支持。在美国，除了联邦政府创设全国性的保障项目外，还有各州政府根据联邦政府的有关规定创设的保障项目，以及各州和地方政府自己管理的项目。为了促使私人积蓄养老金，一些国家推行强制性养老储蓄，如新加坡从20世纪50年代中期开始实施职工自存自用的公积金制度，以强化人们的自我养老意识，以后随着社会经济的发展又引进社会保障机制，使其更加完善。多年来，新加坡推行的公积金制度既为个人储存了一大笔养老金，又支援了国家经济建设，它的优点还在于：一是具有很强的激励机制。谁想老年时生活得更好，年轻时就必须更勤奋地工作。二是避免了人口老龄化的困扰。新加坡国家财政虽为公积金支付提供担保，但实际上政府未出过钱。这样上一代人就不会给下一代人留下包袱，避免了代际转移的矛盾。当然，已经实行社会养老保险的国家，完全照搬新加坡的模式有困难。但是在改革现行养老保险制度时，增强个人养老意识、推行个人养老储蓄实属上策。

以上三个层次的养老保险各有特色。在管理方面，国家基本养老保险实行一体化原则，企业补充养老保险由企业内部决定，个人储蓄养老保险则遵循自愿原则。在基本模式方面，前者是部分积累筹资，后两者是完全积累筹资。

由于每一个层次的保障结构服务于不同的养老保险目标，各国政府可以根据本国的基本国情和自身发展条件，有效地组合或合理配合，发挥各个层次的长处，克服其不利之处，动员各种资源和力量，以解决日趋复杂的老年经济保障问题，共同度过老龄化危机。所以，实行多层次、多形式的养老保障制度，有望成为许多国家养老保险改革发展的目标。

2. 大多数养老金业务由各种半独立性的机构负责，但均受政府的监督

在一些国家，养老保障支出依法由政府集中安排，尽管具体管理养老保障项目的机构很多，既有政府机构(中央的和地方的)，也有民间团体和私人企业，但从总体倾向上看，养老保障是由政府集中管理的。尤其值得注意的是，实施养老保障制度的一切细节，从资金来源、运营方向到保障标准、收支程序，大都有明确的法律规定。养老保障基金的管理机构通常由受保人、企业或雇主和政府三方代表组成的理事会领导。

本章小结

养老保险是国家依法建立、强制实施的，为满足劳动者因年老丧失劳动能力或达到法定的解除劳动义务的劳动年限后的基本生活需要的一项社会保险制度。

养老保险是社会保险的组成部分，是社会保险的核心，与其他保险相比，具有参保人数最多、基金规模庞大、承诺与兑现之间的时间最长等特点。

由于世界各国政治、经济和文化背景不同，养老保险制度实施的类型也有差异。总体看来，国家在制定养老保险制度的时候，都会考虑广覆盖的原则、权利和义务相对应的原则、保证基本生活水平的原则、分享社会经济发展成果的原则、公平与效率兼顾的原则、管理服务的社会化原则、经济援助与服务相结合的原则。

养老保险的资金筹集模式主要有现收现付制、完全积累制和部分积累制。

各国养老保险模式可以概括为三方负担型养老保障模式，国家、企业负担型养老保障模式，国家负担型养老保障模式，企业、个人负担型养老保障模式。

思考题

1. 养老保险具有哪些基本特征？
2. 试比较养老保险的各种筹资模式。
3. 各国养老保险模式有哪些特点？带来哪些启示？

🔘 案例分析

案例1：养老保险"弃保"是个大问题

2012年下半年，李某从成都到北京工作，到新单位后本来打算办理社保转接，但最后转接社保变成了"弃保"。李某回忆，刚开始北京单位的人事部门称之前参加过社保可以办理异地转接，需要原参保地出具一份社保缴费对账单；但当李某向成都方面提出办理要求时，对方要求北京方面出具一份"转出函"，才能为李某出具对账单；而北京社保部门坚持办理程序时要先收到对账单才能发出"转出函"。

由于两个地方办理转出、转入的程序不同，当时僵持了很长时间，后来是李某自己不停地进行电话沟通，才终于说服成都方面先出具一张社保缴费对账单。然而，北京社保部门仍然无法办理转接，原因是两地社保改革的步调不一致，无法对接。李某为办理转接手续折腾了近两个月的时间，后来觉得太麻烦，索性放弃了在成都工作一年多的缴费期限。

李某的经历并非特例，文某在北京工作5年后去了上海，目前辞职在家。原来在北京交了5年城镇职工社会保险，现在转到上海，由于没有工作，属于上海市城镇居民，存在跨统筹地区和城镇职工、城镇居民社保接续两层问题，办理起来非常困难。

由于社保的异地转移接续手续不顺畅，导致就业流动性比较大的群体对社保不信任，不得不选择"弃保"，放弃养老保险的权益。

资料来源：龙玉其.社会保障案例评析[M].北京：经济管理出版社，2016：28-30.

分析：

"弃保"现象反映出我国养老保险制度存在哪些突出问题？试分析并给出解决对策。

案例2：从公积金到强积金：完全积累模式的差异

完全积累模式是相对于现收现付模式而言的一种养老保险财务机制，它通常以个人账户的面孔出现。在世界上，新加坡建立的公积金制度开创了社会保障个人账户与完全积累制的先河，接着是智利于1980年推行养老金私营化改革，然后是中国香港地区于2000年推行强积金制度。从公积金到强积金，新加坡、智利与中国香港地区选择的养老金制度，在制度模式上均强调个人负责，采取的都是强制性的个人账户形式，确立的都是完全积累型财务机制，且均与资本市场紧密结合，缺乏共济性是它们的共同缺陷，所有这些均表明了强制储蓄模式的共性。

然而，比较一下新加坡的公积金制度、智利的养老金私营化制度和中国香港地区的强积金制度，便可发现三者之间其实存在如下差异。

第一，在资金筹集方面，新加坡是雇主与劳动者个人按照等额原则共同分担缴费责任；智利是完全由劳动者自己承担缴费责任；而中国香港地区则借鉴了新加坡的做法。

第二，在基金管理方面，新加坡建立中央公积金管理局并由其负责管理公积金；智利与中国香港地区则均由私营机构管理养老基金。

第三，在基金投资方面，新加坡采取公营方式，由中央公积金局根据政府的主导集中投向房屋建设等公共领域，从而为改善国民的居住条件做出贡献；而智利和中国香港地区则由私营机构实行分散投资，完全参与资本市场的竞争。

第四，在待遇给付方面，新加坡的公积金除用于养老外，还可用于改善受保者的居住条件和医疗方面；而智利和中国香港地区均只能用于养老。

第五，在政府角色定位方面，新加坡选择公营方式并确保相应的投资收益率，政府扮演担保人的角色；而在智利和中国香港地区，政府主要扮演监督者的角色。在新加坡，参与公积金的劳动者无须承担投资失败和基金贬值的风险；而在智利和中国香港地区，个人须对基金投资风险负责，因为分散投资的决定权在个人账户所有者手中。

第六，在制度建立的基础方面，新加坡的公积金制度完全是新创建的，没有历史负担。而智利则是对原有的公共养老金的革命，从而需要政府承担转制成本并采取认购债券的方式来消化。在中国香港地区，建立强积金制度前已有部分企业或组织建立了相应的养老金制度，采取的办法是凡缴费水平高于强积金制度确定的缴费水平的，继续实施该组织原有的办法；凡未建立养老金或者已经建立的养老金缴费水平低于强积金制度规定的缴费水平的，则须按照强积金制度规定的标准参与进来。因此，中国香港地区建立强积金制度是在维护市民既得利益的条件下进一步增进其福利。

上述差异足以表明，社会保障模式进入了多样化发展阶段，即使是同一种类型的社会保障模式，也在不同的国家或地区发生了裂变。新加坡、智利、中国香港地区的养老金制度同样采取个人账户与完全积累制，却在具体实践中存在多方面的差异，起作用的是本国或本地区的发展情况。因此，社会保障制度改革的方向在相当长的时期内将不会越来越趋同，而是在尊重社会保障自身发展规律的同时还要充分尊重本国或本地区的发展情况，并在这种尊重中日益体现自己的个性。

资料来源：吴宏洛. 社会保障概论[M]. 武汉：武汉大学出版社，2011：65-67.

分析：

结合新加坡、智利和中国香港地区的养老保险模式，辨析"社会保障制度改革的方向在相当长的时期内将不是越来越趋同，而是在尊重社会保障自身发展规律的同时还要充分尊重本国或本地区的发展情况，并在这种尊重中日益体现自己的个性"这句话的含义。

第4章　我国养老保险制度体系

本章学习重点

1. 掌握我国养老保险制度体系的构成；

2. 掌握我国城镇职工基本养老保险制度、机关事业单位养老保险制度、城乡居民养老保险制度的发展及现状；

3. 把握并轨后机关事业单位养老保险的变化及存在的问题。

我国养老保险制度起步于1951年，经过六十余年的发展，整体上实现了从"国家—单位"保障模式向"国家—社会"保障模式的转型。在法律层面上，从国务院颁布的行政法规上升为国家的法律；在责任主体上，从国家、单位完全负责转变为国家、企业、个人三方负责。当前，我国基本养老保险制度由城镇职工养老保险制度与城乡居民养老保险制度两部分组成。城镇职工养老保险制度是由机关事业单位与城镇企业职工养老保险制度于2015年1月"并轨"形成的；城乡居民养老保险制度是由城镇居民养老保险与新型农村社会养老保险于2014年7月合并形成的，实现了养老保险的制度全覆盖，并逐步从制度全覆盖走向人群全覆盖。目前，我国的城乡二元养老保险制度逐步衔接与融合，这种动态的结构调整与我国城乡经济发展趋势相吻合，体现了我国基本养老保险制度的基本形态与发展趋势。截至2015年末，参加城镇职工基本养老保险人数比上年末增加1237万人；城乡居民基本养老保险参保人数为5.05亿人，比上年末增加365万人。在我国人口总数中，剔除16岁以下少年儿童和在校学生等群体，符合参保条件的人数约为10.5亿人，2015年末全国参加基本养老保险人数为8.59亿人，据此判断，目前职工和城乡居民基本养老保险总体覆盖率已超80%。这些成就的取得，为"十九大"报告提出的"按照兜底线、织密网、建机制的要求，全面建成覆盖全民、城乡统筹、权限清晰、保障适度、可持续的多层次社会保障体系。全面实施全民参保计划。完善城镇职工基本养老保险和城乡居民基本养老保险制度，尽快实现养老保险全国统筹"的实现奠定了基础、提供了保障。

4.1　我国城镇职工基本养老保险

4.1.1　城镇企业职工基本养老保险的发展历程

城镇职工养老保险制度从1951年创建至今，已有六十多年的发展历史，并且随着我国经济体制的转型和社会背景的变化，该保险制度也在不断地进行改革和调整。我国城镇企业职工养老保险制度的发展历程可划分为改革开放前和改革开放后两大阶段。改革开放前，城镇企业职工养老保险制度是在借鉴苏联经验的基础上建立起来的，主要以国家保险模式为主，个人不缴纳保险费，实行全国统筹；改革开放后，城镇企业职工养老保险制度逐步引入个人负担机制，开始尝试社会统筹与个人账户相结合，由国家保险模式向投保资助模式转变。

1. 改革开放前的城镇企业职工养老保险制度

改革开放前，我国城镇职工养老保险制度的发展基本经历了初建、修订以及停滞三个阶段。

1) 城镇企业职工养老保险制度的初建(1949—1952年)

中华人民共和国成立后，全国统一的社会养老保险政策的建立是以1951年2月由政务院颁布的《中华人民共和国劳动保险条例》(以下简称《劳动保险条例》)为标志，该条例对养老保险费的征收、支付标准、管理和监督等内容作出了明确的规定。随着我国第一部社会保障法规《劳动保险条例》的颁布，我国养老保险制度从此建立。

(1) 适用范围。该法规的适用范围包括雇佣工人与职员人数在一百人以上的国营、公私合营、私营及合作社经营的工厂、矿场及其附属单位与业务管理机关。

(2) 财政来源。所有财政来源均由企业负担，职工个人不缴费。企业每月缴纳职工工资总额的3%，其中70%由企业工会留存，形成劳动保险基金，用于支付本企业职工的养老、医疗、工伤等保险；另外30%转到中华全国总工会，作为劳动保险总基金，供全国范围内跨地区、跨行业、跨企业调剂使用。

(3) 享受条件。该条例规定，领取退休金需满足下列条件之一：第一，年满60岁(女50岁)，一般工龄满25年(女20年)，本企业工龄满10年以上者，可领取养老金；第二，井下矿工或高、低温工作场所或直接从事有害身体健康工作的工作者，年满55岁(女45岁)，均可享受养老金待遇。

(4) 支付标准。养老金的金额按职工在本企业工龄的长短计算，相当于本人工资的35%～60%。对于退休后的返聘职员，在享受100%的工资的同时，每月还可领取10%～20%的在职养老金。

2) 城镇企业职工养老保险制度的修订(1953—1965年)

(1) 1953年的修订。此次修订使适用范围扩大到交通、建筑单位，支付标准也有所提高，提高到职工本人工资的50%～70%。另外，还将原来规定的本企业工龄的10年降低到5年。

(2) 1958年的修订。1958年，国务院颁布了《关于工人、职员退休处理的暂行规定》，将职工养老保险与公务员养老保险进行了统一，并调整了养老金的支付标准。

中华人民共和国成立后建立的养老保险制度经过两次大的调整，使城镇企业职工养老保险与机关事业单位养老保险纳入到统一的养老保险制度中，原来的企业与国家干部这两套养老保险体系首次实现了统一。但自1966年开始，养老保险制度陷入了停滞状态。

3) 城镇企业职工养老保险制度的停滞阶段(1966—1977年)

1966年开始的"文化大革命",使已经平稳运行十几年的养老保险制度体系陷入了崩溃状态。可以说,这一时期我国养老保险制度步入了非正常的停滞阶段。养老保险的管理机构被撤销,失去了社会统筹功能,倒退为企业养老保险。

2. 改革开放后城镇企业职工养老保险制度的改革

1) 改革开放初期养老保险制度的恢复和重建

20世纪80年代是我国养老保险制度恢复和重建的探索阶段,本阶段以恢复和发展原有养老保险制度为主要任务。1978年,国务院颁布了《国务院关于工人退休、退职的暂行办法》,提高了养老金支付标准(如表4-1所示),降低了养老金的领取门槛,标志着我国的养老保险制度开始恢复。

表4-1 养老金的支付标准与工龄

参加工作开始时间	1937.7.7—1945.9.2	1945.9.3—1949.9.30	1949.10.1以后		
一般工龄	10年以上	10年以上	10～15年	15～20年	20年以上
养老金替代率	90%	80%	60%	70%	75%

1984年,养老保险社会统筹机制开始推行试点。首批试点定在四川自贡市、江苏泰州市、辽宁黑山县、广东东莞市等,开始对国有企业退休人员的退休费用进行社会统筹。

1986年,国家颁布了《国有企业职工劳动合同制暂行规定》《国有企业职工待业保险基金和退休养老基金预算管理问题的通知》等文件,规定养老金由企业按照工人工资总额的15%左右缴纳养老保险费,合同工按照不超过本人标准工资的3%缴纳养老保险费。此后,个人缴费制度逐步推广到"正式工",其保险范围也逐渐推广到全国。

2) 20世纪90年代养老保险制度的改革

(1) 国家、企业、个人三方缴费机制的确立。1991年,国务院颁布了《关于企业职工养老保险制度改革的决定》,实行国家、个人、企业三方共同负担机制,职工本人需要承担一定的费用。截至1992年底,全国2300个县市(约占县市总数的95%)实行了企业养老保险统筹。

(2) 统账结合模式的确立。为了解决20世纪90年代初期社会统筹存在的问题,1995年,国务院颁布《关于深化企业职工养老保险制度改革的通知》,提出了企业职工养老保险制度改革的目标和原则,第一次确立了社会统筹和个人账户相结合的养老保险制度模式。

1997年,国务院颁布了《关于建立统一的企业职工基本养老保险制度的决定》(以下简称《决定》),正式在全国范围内推广社会统筹与个人账户相结合的养老保险模式。《决定》规定,将个人账户规模统一为11%,企业缴费的最高限额为企业工资总额的20%。个人账户部分的缴费由职工个人和企业共同承担,按个人缴费工资的11%建立基本养老保险个人账户。个人缴纳基本养老保险费的比例,1997年不得低于本人缴费工资的4%,1998年起每两年提高一个百分点,达到本人缴费工资的8%。个人缴费部分全部计入个人账户，其余部分从企业缴费中划入。

3) 2000年以后养老保险制度的改革

由于受到外部社会经济环境和制度转型的双重制约，基本养老保险制度在运行中出现了以个人账户空账运行为核心的诸多问题。于是，2000年，国务院出台了《关于印发完善城镇社会保障体系试点方案的通知》，明确了企业和职工个人的缴费比例，调整了个人账户和社会统筹账户的比例，企业缴费全部进入统筹账户，不再支援个人账户，调整了养老金计发办法，并将养老保险个人账户的规模缩小到8%，做实个人账户，强调社会统筹基金和个人账户基金分开管理。决定试点于2001年在辽宁省全面展开，并于2004年将试点推广到黑龙江和吉林两省。

3. 2005年后的试点经验总结

2005年，国务院在总结东北三省试点改革经验的基础上，颁布了《关于完善企业职工基本养老保险制度的决定》(国发〔2005〕38号)，与东北三省试点方案相比，缩小了个人账户规模，改变了个人账户资金来源，逐步做实个人账户，调整了养老金的计发办法(如表4-2所示)，强调与缴费挂钩，同时扩大了保险范围，将个体工商户和灵活就业人员纳入养老保险范围，并在全国范围内实施企业缴费不再划入个人账户，即企业缴纳工资总额的20%完全划入社会统筹账户，个人缴纳工资的8%完全计入个人账户。

表4-2   2005年养老保险缴费与支付的改革

改革内容		1997年，《关于建立统一的企业职工基本养老保险制度的决定》(国发〔1997〕26号)	2005年，《关于完善企业职工基本养老保险制度的决定》(国发〔2005〕38号)
缴费比例	个人账户	工资的11%=职工缴纳本人工资的4%～8%+企业缴纳职工工资的7%～3%	工资的8%：完全由个人缴费形成
	社会统筹账户	工资的13%～17%=企业缴纳职工工资总额的20%-划入个人账户的3%～7%	工资的20%：完全由企业缴费形成
养老金计发办法	新人	基本养老金=基础养老金+个人账户养老金 基础养老金=退休时当地上年度月平均工资的20% 个人账户养老金=个人账户积累资金÷120	基本养老金=基础养老金+个人账户养老金 基础养老金=(退休时上年度在岗职工月平均工资+本人指数化月平均缴费工资)÷2×累计缴费年限×1% 个人账户养老金=个人账户总额÷计发月数
	中人	基本养老金=基础养老金+个人账户养老金+过渡性养老金 基础养老金与个人账户养老金的计发办法与"新人"相同 过渡性养老金采取指数化办法	已退休"中人"：按国家原来规定计发，同时执行养老金的调整办法； 未退休"中人"：基础养老金和个人账户养老金计发办法与"新人"相同，并在此基础上追加由各地区制定的过渡性养老金
	老人	按国家原来规定发放养老金，同时执行养老金的调整办法	按国家原来规定发放养老金，同时执行养老金的调整办法

2006年，国务院批复了天津、上海、山西、山东等八省市做实个人账户的试点实施

方案，全国做实个人账户的省份进一步增加。

2010年10月，《中华人民共和国社会保险法》对基本养老保险制度的相关内容进行了规定，基本养老保险制度进入定型、稳定和可持续发展阶段。

2014年5月15日，国务院颁布了《事业单位人事管理条例》，自2014年7月1日起施行，强调了事业单位及其工作人员依法参加社会保险，工作人员依法享受社会保险待遇。

2015年1月，国务院颁布了《关于机关事业单位工作人员养老保险制度改革的决定》，机关事业单位养老保险与企业职工养老保险正式"并轨"。"并轨"前城镇企业职工养老保险仍称为城镇企业职工养老保险；"并轨"后，城镇企业职工养老保险与机关事业单位养老保险统称为城镇职工养老保险。

4.1.2　城镇职工基本养老保险现行制度

我国现行的城镇职工基本养老保险制度是以《关于建立统一的企业职工基本养老保险制度的决定》(国发〔1997〕26号)、《关于完善企业职工基本养老保险制度的决定》(国发〔2005〕38号)和《中华人民共和国社会保险法》为法律依据建立并发展起来的。

1. 覆盖范围和参保对象

我国现行城镇职工基本养老保险的覆盖范围和对象包括城镇各类企业及其职工，个体工商户和灵活就业人员，机关事业单位工作人员。

参保对象具体可以划分为"老人""中人"及"新人"三种，这种划分方法是在我国养老保险制度从"老制度"向"新制度"转型过程中产生的。一般来说，"老人"是指国务院《关于建立统一的企业职工基本养老保险制度的决定》(1997年)实施以前的退休人员；"中人"是指国务院《关于建立统一的企业职工基本养老保险制度的决定》(1997年)实施以前已参加工作，实施后才退休的参保人员；"新人"是指国务院《关于建立统一的企业职工基本养老保险制度的决定》(1997年)实施以后的参保人员。但由于各地实施新养老保险制度的具体时间不同，所以以划分"老人""中人""新人"的时间点也有所不同，具体划分的时间点以各地实施新制度的开始时间为基准。

2. 保险缴费基数及缴费率

城镇各类企业及其职工的缴费方法与个体工商户及灵活就业人员不同。

城镇各类企业及其职工的缴费办法规定为：缴费基数为参保人上一年度的月平均工资，企业按照本企业职工上年度工资总额的20%计入统筹账户，职工个人按照本人上年度缴费基数的8%计入个人账户，即企业与职工个人的合计缴费率为职工工资总额的28%。

个体工商户和灵活就业人员的缴费办法规定为：以当地上一年度在岗职工平均工资为缴费基数，缴费比例为20%，全部由个人缴费，其中8%计入个人账户，其余12%计入社会统筹。

3. 领取资格

参保人享受养老保险待遇需要具备以下条件。

(1) 退休年龄。男60周岁，女55周岁。从事井下、高温、高空、特别繁重体力劳动或其他有害身体健康工作的，可提前退休，即男55周岁，女45周岁；因病或非因工致残的，男50周岁，女45周岁。

(2) 缴费年限。缴费满15年以上。个人缴费年限累计不满15年的，可按照以下方案实施：其一是退休后不享受基础养老金待遇，其个人账户养老金一次性支付给本人；其二是补缴至满15年，按月领取养老金；其三是可以转入城镇居民养老保险或新型农村社会养老保险，按照相关规定享受相应的养老保险待遇。

4. 待遇支付

退休时，基本养老金由基础养老金和个人账户养老金构成，计算公式为

$$基本养老金＝基础养老金＋个人账户养老金$$

基础养老金即由社会统筹账户支付的养老金，月支付标准以当地上年度在岗职工月平均工资和本人指数化月平均缴费工资的平均值为基数，缴费每满一年发1%；个人账户养老金，即由个人账户支付的养老金，月支付标准为个人账户储存总额除以计发月数，公式为

$$个人账户养老金＝个人账户总额÷计发月数$$

个人账户养老金的计发月数及退休年龄如表4-3所示。

表4-3　个人账户养老金的计发月数及退休年龄

退休年龄	40	41	42	43	44	45	46	47	48	49	50
计发月数	233	230	226	223	220	216	212	208	204	199	195
退休年龄	51	52	53	54	55	56	57	58	59	60	61
计发月数	190	185	180	175	170	164	158	152	145	139	132
退休年龄	62	63	64	65	66	67	68	69	70	—	—
计发月数	125	117	109	101	93	84	75	65	56	—	—

具体的计算公式为

基础养老金＝(退休时上年度在岗职工月平均工资＋本人指数化月平均缴费工资)÷2×累计缴费年限(含视同缴费年限)×1%

本人指数化月平均缴费工资＝职工本人的平均缴费工资指数×职工退休时上一年度当地职工社会月平均工资

$$本人的平均缴费工资指数＝(a_1/A_1＋a_2/A_2＋\cdots＋a_n/A_n)/N$$

式中：a_1，a_2，$\cdots$，a_n为参保人员退休前1年，2年，$\cdots$，n年本人缴费工资额；A_1，A_2，$\cdots$，A_n为参保人员退休前1年，2年$\cdots$，n年当地在岗职工平均工资；N为参保企业和职工实际缴纳基本养老保险费的年限。

视同缴费年限是指国务院《关于建立统一的企业职工基本养老保险制度的决定》(1997年)实施以前的工作年限，是对"中人"以前保险扣除的公平补偿。所以，"中人"基本养老金在基础养老金和个人账户养老金的基础上，又增加了过渡性养老金，公式为

$$过渡性养老金＝指数化月平均缴费工资×R×视同缴费年限$$

式中：R为计发系数，取值为1%～1.4%，由各地具体测算后确定。

5. 养老金调整机制

企业退休人员的退休金实行不定期调整，并且养老金标准与物价变动挂钩，如物价和工资水平呈现逐渐上升的趋势，养老金水平也应随之上调，以保证老年人的生活水平不至于出现大的滑坡。

4.1.3　城镇职工养老保险制度存在的问题

中华人民共和国成立至今，我国养老保险制度经过六十余年的改革和发展，逐渐从"国家保险"模式转向由国家、企业、个人三方负担的"投保资助"模式，从完全的现收现付制转向社会统筹与个人账户相结合的"统账结合"模式，基本确立了以"统账结合"为基本特征的基本养老保险制度。但转轨过程尚未完成，"统账结合"模式在实际运行过程中面临诸多问题和困难，具体表现在以下几个方面。

1. 城镇职工基本养老保险基金收不抵支的问题

从1991年开始，全国城镇职工基本养老保险基金的收支规模不断扩大，基金结余量也不断增长，但一些省市城镇职工基本养老保险基金收不抵支的失衡现象仍然存在。虽然从近十年的变化趋势来看，全国越来越多的省份摆脱了收不抵支的困境，亏损的省份从2002年的29个减少到2011年的14个，但亏损的总额却逐年扩大，由2002年的477亿元上升到2011年的767亿元。2015年，企业职工基本养老保险剔除财政补贴后，当期保险费亏损3023.87亿元，可见，收不抵支的现象日趋严重。

2. 城镇职工基本养老保险隐性债务问题

1) 隐性债务的含义

养老保险隐性债务源自现收现付制。现收现付制体现的是一种代际转移的关系，当期退休人员领取的养老金来自于同期在职职工的缴费。这些在职职工在缴费的同时，也为自己积累未来退休后领取养老金的权益。一般情况下，随着在职职工缴费记录的增加，他们所积累的养老金权益也在逐渐增加，这部分养老金权益就是养老保险制度对他们的负债。由于其不存在任何可见的借贷行为，而仅由国家的规定和强制力来保证实行，故称之为隐性债务[①]。

2) 我国养老保险隐性债务的规模

自我国养老保险制度从现收现付制向"统账结合"的部分积累制转轨以来，国内外许多学者和研究机构开始关注我国养老保险制度改革以及随之引发的一系列问题。

2004年，中国人民大学公共管理学院社会保障研究所开展了"划拨国有资产，偿还养老金隐性债务"的专题研究。该研究假设1997年改革之后在职职工的缴费不再用于偿还养老保险隐性债务，在这种情况下，测算需要多少资金来支付现有退休人员的养老金和在职职工未来退休时已经积累而应得的那部分养老金。结果是从1997年到2033年，我

---

① 申曙光，彭浩然. 中国养老保险隐性债务问题研究[M]. 广州：中山大学出版社，2009：20.

国政府需要支付的职工养老费用总额为8万亿元。

诸多研究结果表明：第一，如果养老保险计划终止，"中人"的养老保险隐性债务将远远高于于"老人"的养老保险隐性债务；第二，如果不考虑扩大覆盖面("新人"的贡献)，"中人"未来的缴费很难满足自身养老金支付的要求；第三，在工资增长率高于折现率的情形下，"新人"未来养老金收益的精算现值大于其缴费的精算现值，这意味着每年"扩面"的"新人"并不会为解决"老人"和"中人"的债务作贡献。由于很多"新人"在测算期内并没有退休，所以，考虑"扩面新人"的影响，社会统筹基金的收支状况在未来几十年中会有明显的改善，出现较大的盈余。但暂时的盈余并不能真正掩盖隐性债务的危机，所以应该研究解决养老保险隐性债务的办法。

3. 个人账户空账运转的问题

自从我国养老保险实行"统账结合"模式以来，作为"统账结合"模式的组成部分——个人账户也逐渐引起人们的重视。我国基本养老保险的财务可持续性不仅包括社会统筹基金的财务可持续性，也包括个人账户基金的财务可持续性。前者与养老保险隐性债务问题有关，后者与个人账户养老金计发办法密切相关。

按照1997年国务院颁布的《关于建立统一的企业职工基本养老保险制度的决定》的规定，改革后的养老保险，对已经退休的人员发放养老金可通过社会统筹资金来解决。但是由于现在的退休者没有或很少有个人账户资金，养老金又要按标准发放，且退休群体庞大，社会统筹资金远远无法满足支付需要。为了解决这个问题，国家规定企业的缴费率平均维持在20%，统筹资金不够支付时，可以向个人账户透支。实际上，这是用新收缴的和借用积累的个人账户资金发放退休金。而这些发放下去的资金，其实质实行的仍然是现收现付制。因为统筹资金和个人账户资金是放在一起管理的，这就为混用提供了方便，而这又是不得已而为之的。个人账户基金虽然有一定的剩余和积累，但其中很大一部分是名义上的空账，实际资金已经被用掉了。

2005年底，我国养老保险个人账户的"空账"规模已经达到8000多亿元；到2010年时，"空账"规模已超过10 000亿元，达到13 000亿元左右[1]；截至2013年，个人账户"空账"运行30 955亿元。从债务关系来说，养老金的空账运转是现在向未来的透支，是老一代向年轻一代的透支。改革要解决的养老金危机实际上并没有完全解决，长此下去必然隐含巨大的资金风险，也会降低改革后新制度的信誉，动摇新制度的根基。

个人账户如果不做实，那么我国养老保险制度在事实上还是现收现付，"统账结合"模式的改革也不会取得预期的效果。从国家政策来看，我国政府一直强调做实个人账户，但收效并不理想。我国养老保险个人账户产生"空账"的原因是未解决制度的转轨成本问题。因此，关键还是如何解决转轨问题。但无论是1997年国务院颁布的《关于建立统一的企业职工基本养老保险制度的决定》，还是2005年国务院颁布的《关于完善企业职工基本养老保险制度的决定》，都回避了转轨的成本问题。政府一方面通过扩大

---

① 孙光德，董克用. 社会保障概论[M]. 4版. 北京：中国人民大学出版社，2012：128.

覆盖面来缓解养老保险基金的支付压力，另一方面依靠财政收入被动地解决，这些都只是权宜之计。如何化解制度转轨成本、做实个人账户，是我国养老保险制度改革面临的难题。

4. 保险基金保值增值问题

影响我国养老保险制度建设的一个重要问题就是我国还没有建立起养老金保值增值的正常机制。如果养老金按目前我国企业的工资总额的20%提取，那么每年将形成1000多亿元的资金，经过一定时间的积累，必然形成一笔巨额基金，其管理和保值增值的工作是至关重要的。2015年年末，我国基本养老保险基金累计结余39 937亿元。这样一笔巨资的管理工作是纷繁复杂的，在制度或法制不健全的情况下，基金管理和运用很容易出现问题。国家明确规定，"基本养老保险基金实行收支两条线管理，要保证专款专用，全部用于职工养老保险，严禁挤占挪用和挥霍浪费。基金节余额，除预留相当于两个月的支付费用外，应全部购买国家债券和存入专户，严格禁止投入其他金融和经营性事业。要建立健全社会保险基金监督机构，财政、审计部门要依法加强监督，确保基金的安全"。但是，各地在实际执行过程中，资金挤占、挪用等违纪、违规情况时有发生。2006年，上海市违规拆借32亿元社保基金案就是一个典型案例。

5. 基础养老金统筹层次过低

截至2015年底，我国养老金真正实现省级统收统支的只有北京、上海、天津、陕西和福建五个省市，其他地区基本都是差额结算，停留在县(市)级统筹阶段。从养老保险的统筹层次来看，基础养老金的统筹层次也大多数停留在县(市)级统筹阶段，只有几个省份实现了省级统筹。基础养老金的统筹层次比较低，这直接关系制度的发展方向，较低的统筹层次不利于发挥基础养老金调剂余缺的功能，还会降低基金抵御风险的能力，阻碍人员流动和基金保值增值，而且不利于全省甚至全国统一政策的推行。

4.2　我国机关事业单位养老保险

2015年1月，机关事业单位与职工养老保险制度实现并轨，统称为城镇职工养老保险制度。但我国城镇职工养老保险制度体系仍保持"城镇企业职工养老保险制度"和"机关事业单位养老保险制度"两个不同的系统。首先，机关事业单位与企业在性质上有所不同；其次，机关事业单位基本养老保险基金单独建账，与企业职工基本养老保险基金分别管理使用。从机关事业单位的发展历程来看，我国机关事业单位工作人员，一直实行的是传统的完全由国家负担的离退休养老制度。这种制度源于中华人民共和国成立后的计划经济时期并在以后的发展中得到了巩固。在计划经济体制时期，这种传统的养老保障制度对于保障机关、事业单位离退休人员的基本生活，促进经济社会的稳定和发展发挥了重要的作用。"并轨"后，建立了社会统筹与个人账户相结合的缴费模式，强调了个人的责任。

4.2.1 机关事业单位养老保险制度的发展历程

以机关事业单位养老保险事业发展的重要转折为分界点，可将我国机关事业单位养老保险制度的演变过程划分为6个阶段。

1.机关事业单位养老保险制度的初创阶段(1949—1956年)

中华人民共和国的成立，为建立统一的机关事业单位养老保险制度奠定了坚实的基础。1949年到1956年，是机关事业单位养老保险制度的建立阶段。1951年颁布、1953年修订的《劳动保险条例》，对我国企业职工社会保险做了详细规定，但我国机关事业单位的养老保险由于受历史条件等限制，没有按照《劳动保险条例》的规定执行，而是根据单独的立法和条例逐步建立起来的。

1955年，政务院颁布了《国家机关工作人员退休、退职处理暂行办法》，标志着我国机关事业单位的养老保险制度基本建立，该办法对国家机关事业单位工作人员的养老保险待遇作出了规定：养老保险费用由国家机关行政经费和事业单位的事业经费直接支付，并由中华人民共和国人事部进行综合管理。

2.机关事业单位养老保险制度的调整阶段(1957—1966年)

1958年，国务院颁布了《关于工人、职员退休、退职处理的暂行规定》，将城镇企业职工和政府公务员的退休办法合并，从此，机关事业单位和企业职工的养老保险办法基本统一。该规定的出台，放宽了退职、退休的条件，提高了离退休待遇，解决了机关事业单位和企业养老保险待遇不一致的问题。

3.机关事业单位养老保险制度的倒退阶段(1966—1977年)

1966年5月到1976年10月，我国社会保险制度受到了严重的干扰和破坏。《劳动保险条例》被称为"腐蚀职工的修正主义条例"，遭到了否定。1969年，管理社会保险的内务部被撤销，中央政府主管民政工作的专门机构不复存在。

总体上，"文化大革命"期间，整个养老保险制度受到严重的干扰和破坏，这使机关事业单位的养老保险制度陷入停滞甚至是倒退时期。

4.机关事业单位养老保险制度的恢复阶段(1978—1992年)

自1978年实施改革开放以来，我国经济迅速发展，有关经济体制和劳动制度的改革全面展开，机关事业单位养老保险制度的地位与作用日益受到国家的重视。

1978年，国务院发布《关于安置老弱病残干部的暂行决定》和《关于工人退休、退职的暂行办法》，将1958年统一的企业职工与机关事业单位职工的退休制度重新分立，并对企业职工退休、退职条件，以及劳动模范和特殊贡献人员的退休问题做了明确规定。

1992年，人事部颁布了《关于机关事业单位养老保险制度改革有关问题的通知》，对机关事业单位职工养老保险制度改革提出了一些新的意见。但改革只局限于部分地区，并没有在全国范围内铺开。

5. 机关事业单位养老保险制度改革起步阶段(1993—2004年)

随着1993年《国家公务员暂行条例》的颁布,以养老保险制度为核心的公务员社会保障制度的改革作为公务员制度的配套工程,被提上了日程。同年,上海、辽宁、海南等地率先开展了公务员养老保险制度改革,尝试将城镇所有企业职工和机关事业单位员工的养老保险制度进行统一。

截至1997年,全国机关事业单位社会保险制度改革下达文件的省级政府有19个,推行试点的省市为27个,县市区为1700余个。但由于受诸多因素的影响,大部分地区的改革采取的是"部分铺开"的做法,而实行"一步到位"式改革的地方只有极少数。

6. 机关事业单位改革阶段(2005年至今)

2005年11月,人事部发布了《事业单位公开招聘人员暂行规定》,国家把事业单位分类改革推向了第二个高潮,对经营开发服务类事业单位首先进行"改企转制"推向市场,事业单位养老保险制度的建立以及与企业的养老保险制度的合理衔接成为推进事业单位改革的重要辅助保障。

2009年,国家人力资源和社会保障部正式下发了全国《事业单位养老保险制度改革试点方案》,要求山西、上海、浙江、广东、重庆5个试点省市认真做好启动准备工作,这一改革实行与企业职工养老保险相同的社会统筹与个人账户相结合的制度,缴费基数、缴费比例、计发办法等都与企业养老保险相同。实行改革的事业单位养老保险制度在筹资模式、计发办法等方面要与现阶段城镇企业职工基本养老保险制度模式相一致,以便不同群体间养老保险制度的衔接。

2015年1月,国务院颁布《关于机关事业单位工作人员养老保险制度改革的决定》,机关事业单位养老保险与企业职工养老保险正式"并轨"。

综上所述,我国机关事业单位养老保险制度改革因为受诸多因素的影响,长期内没能在全国范围内统一进行,远远落后于企业职工养老保险制度的改革。"并轨"前,真正意义上的机关事业单位养老保险制度并未建立起来,实行的是退休养老制度;"并轨"后,机关事业单位养老保险制度与职工养老保险制度之间依然存在一定的差异。因此,必须正确认识我国机关事业单位养老保险制度改革的紧迫性,加快改革进程,促进我国养老保险制度实质性的统一,促进行政人事制度的改革和统一性劳动市场的形成。

4.2.2　"并轨"前机关事业单位退休养老制度的内容

"并轨"前,未实行试点的机关事业单位工作人员,一直实行的是传统的完全由国家负担的离退休养老制度,具体的制度内容如下所述。

1. 资金筹集

"并轨"前,我国的事业单位养老保险制度是典型的国家养老保障模式。养老保障的事务完全由政府和单位包办,个人不缴纳保险费,也不承担任何责任。机关事业单位养老保险制度采用的是典型的财政预算支付制,资金来自国家税收,每年根据支付退休费的实际需要直接由各级财政预算安排。

2. 养老金支付标准

养老金的支付实行结业工资关联的原则，支付水平与工龄长短和工资水平挂钩。国家机关员工的工资基本包括4项内容：职务工资、级别工资、基础工资和工龄工资。事业单位员工的工资基本包括两项内容：基础工资和岗位工资。国家机关员工和事业单位员工的养老金构成不同，保险待遇也有很大区别。国家机关员工退休后，养老金由两部分构成：一部分是员工退休前的基础工资和工龄工资的100%，还有一部分是职务工资和级别工资总和的一定比例。而对于事业单位员工，则按照基础工资和岗位工资总和的一定比例给付养老金。国家机关和事业单位员工养老金支付标准，具体如表4-4所示。

表4-4 国家机关和事业单位员工养老金支付标准

国家机关员工养老金支付标准			事业单位员工养老金支付标准	
工龄	(基础工资+工龄工资)的替代率	(职务工资+级别工资)的替代率	工龄	(基础工资+岗位工资)的替代率
10年以下	100%	40%	10年以下	50%
10~20年	100%	60%	10~20年	70%
20~30年	100%	75%	20~30年	80%
30~35年	100%	82%	30~35年	85%
35年以上	100%	88%	35年以上	90%

3. 领取资格

机关事业单位养老保险制度隐含着职员在岗时对国家的贡献，因而其退休养老待遇与工作年限挂钩。机关事业单位工作人员达到国家规定的退出劳动领域的年龄界限，且工作年限满10年即可享受养老待遇。具体领取养老金的资格条件需满足两条：一是达到法定退休年龄；二是连续工龄满10年。关于一般员工的法定退休年龄规定为：男60周岁，女55周岁。省厅局长及其以上干部、少数高级专家可延长退休：中央及国家机关部长、省部长，省(自治区、直辖市)党委第一书记、书记，省政府省长、副省长，以及省(自治区、直辖市)纪律检查委员会和法院、检察院主要负责干部，正职一般不超过65岁，副职一般不超过60周岁。在党政机关、事业单位、群众团体工作的县(处)级女干部，凡能坚持正常工作、本人自愿的，其退(离)休年龄可延长到60周岁。

4. 离休待遇

离休是我国养老保险制度中对待革命老干部的一项特殊养老安排。离休不是一项独立的制度，它是包含在养老保险制度框架之内，在正常退休待遇的基础上，对离休者的特殊优惠政策。

要享受离休待遇，满足下列4项条件之一即可：第一，1949年10月1日前参加中国共产党领导的革命军队的；第二，在解放区参加革命工作并脱产享受供给制待遇的；第三，在敌占区从事地下革命工作的；第四，在东北和个别老解放区，1948年底以前享受当地人民政府制定的薪金制待遇的。

离休人员的离休金支付标准如表4-5所示。离休金按照本人离休前原工资的100%发放；抗日战争时期参加革命工作的，每年追加1～1.5个月的生活补贴，具体规定如下所述。

1937年7月7日至1942年12月31日，参加革命工作的老干部，按照本人离休前的标准工资，每年增发1.5个月的工资作为生活补贴。

1943年1月1日至1945年9月2日，参加革命工作的老干部，按照本人离休前的标准工资，每年增发1个月的工资作为生活补贴。

1945年9月3日至1949年9月30日，参加革命工作的老干部，不增发生活补贴。

表4-5 离休人员的离休金支付标准

参加革命时间	离休金标准	生活补贴标准
1937.7.7—1942.12.31	离休前原工资的100%	增发1.5个月工资
1943.1.1—1945.9.2	离休前原工资的100%	增发1个月工资
1945.9.3—1949.9.30	离休前原工资的100%	不增发补贴

5. 养老待遇调整机制

为体现对社会发展成果的分享，事业单位退休人员的退休金调整基本上是按同级在职职工工资增长率的100%来调整。

6. 管理体制

机关事业单位养老工作的主管部门是国家人事部门，各地方的主管部门为各级政府人事行政部门。在管理体制上，机关事业单位养老保险实行传统的单位管理模式，各单位设立专门机构，负责本单位离退休人员的管理工作。

4.2.3 "并轨"后机关事业单位养老保险制度的内容

2009年，国家人力资源和社会保障部正式下发全国《事业单位养老保险制度改革试点方案》，要求山西、上海、浙江、广东、重庆5个试点省市认真做好启动准备工作。

2014年5月，国务院发布《事业单位人事管理条例》，规定"事业单位及其工作人员依法参加社会保险，工作人员依法享受社会保险待遇"，标志着事业单位养老保险改革全面展开。2015年1月，《关于机关事业单位工作人员养老保险制度改革的决定》的颁布，标志着"双轨制"并轨，机关事业单位同企业一样，实行社会统筹和个人账户相结合的养老保险制度。

1. 实行社会统筹与个人账户相结合的基本养老保险制度

基本养老保险费由单位和个人共同负担，单位缴纳基本养老保险费的比例，一般不超过单位工资总额的20%，具体比例由省(市)人民政府确定。因退休人员较多、养老保险负担过重，确需超过工资总额20%的，应报人力资源和社会保障部、财政部审批。个人缴纳基本养老保险费的比例为本人缴费工资的8%，由单位代扣。个人工资超过当地在岗职工平均工资300%以上的部分，不计入个人缴费工资基数；低于当地在岗职工平均工资60%的，按当地在岗职工平均工资的60%计算个人缴费工资基数。

2. 基本养老金的计发办法

在《关于机关事业单位工作人员养老保险制度改革的决定》实施后参加工作、个人缴费年限(含视同缴费年限,视同缴费年限是指2014年10月1日以前参加机关事业单位的工作人员的工作年限,下同)累计满15年的人员,退休后按月发给基本养老金。基本养老金由基础养老金和个人账户养老金组成,退休时的基础养老金月标准以当地上年度在岗职工月平均工资和本人指数化月平均缴费工资的平均值为基数,缴费每满1年发给1%。个人账户养老金月标准为个人账户储存额除以计发月数,计发月数(与城镇企业职工养老保险计发月数相同)根据本人退休时城镇人口平均预期寿命、本人退休年龄、利息等因素确定。

方案实施前参加工作、实施后退休且个人缴费年限(含视同缴费年限)累计满15年的人员,按照合理衔接、平稳过渡的原则,在发给基础养老金和个人账户养老金的基础上,再发给过渡性养老金。具体标准由各省(市)人民政府确定,并报人力资源和社会保障部、财政部备案。

方案实施后达到退休年龄但个人缴费年限(含视同缴费年限)累计不满15年的人员,不发给基础养老金;个人账户储存额一次性支付给本人,终止基本养老保险关系。

方案实施前已经退休的人员,继续按照国家规定的原待遇标准发放基本养老金,参照国家统一的基本养老金调整。

3. 领取资格

男性满60岁,女性满55岁;缴费年限(含视同缴费年限)15年。

4. 基本养老金正常调整机制

为使机关事业单位退休人员享受经济社会发展成果,保障其退休后的基本生活,根据职工工资增长和物价变动等情况,国务院统筹考虑机关事业单位退休人员的基本养老金调整。

5. 职业年金制度

为建立多层次的养老保险体系,提高机关事业单位工作人员退休后的生活水平,增强机关事业单位的人才竞争能力,在参加基本养老保险的基础上,机关事业单位建立工作人员职业年金制度。单位按照本单位工资总额的8%缴费,个人按照本人缴费工资的4%缴费,工作人员领取职业年金条件的如下:工作人员在达到国家规定的退休条件并依法办理退休手续后,由本人选择领取职业年金待遇的方式。可一次性用于购买商业养老保险产品,依据保险契约领取待遇并享受相应的继承权;可选择按照本人退休时对应的计发月数计发职业年金月待遇标准,发完为止,同时职业年金个人账户余额享有继承权。本人选择任一领取方式后不再更改;出国(境)定居人员的职业年金个人账户资金,可根据本人要求一次性支付给本人;工作人员在职期间死亡的,其职业年金个人账户余额可以继承。未达到上述职业年金领取条件之一的,不得从个人账户中提前提取资金。

6. 转移接续

参保人员在同一统筹范围内的机关事业单位之间流动，只转移养老保险关系，不转移基金。参保人员跨统筹范围流动或在机关事业单位与企业之间流动，在转移养老保险关系的同时，基本养老保险个人账户储存额随同转移，并以本人改革后各年度实际缴费工资为基数，按12%的总和转移基金；参保缴费不足1年的，按实际缴费月数计算转移基金。转移后基本养老保险缴费年限(含视同缴费年限)、个人账户储存额累计计算。

4.2.4　城镇职工养老保险制度改革趋势

从各地方的改革情况来看，改革的主要变化及带来的启示有以下几点：第一，将机关事业单位员工纳入统一的职工基本养老保险制度，促进了公平；第二，建立了由基本养老保险、补充养老保险、个人储蓄养老保险组成的多层次养老保险体系；第三，借鉴职工养老保险改革中社会统筹与个人账户相结合的基本养老保险模式，建立了职工个人账户；第四，实行养老保险费由国家、单位、个人共同负担的原则。总体而言，改革取得了一些成绩，实现了退休制度向多方共同负担责任的养老保险制度的过渡。各地普遍采用社会统筹与个人账户相结合的制度模式，机关事业单位养老保险制度"并轨"在一定程度上促进了公平，为今后制度的衔接与统一奠定了基础。为更好地促进我国城镇职工养老保险制度的发展，在未来应着手解决以下几个问题。

1. 建立全国统一的基本养老制度

城镇职工养老保险分为企业养老保险和机关事业单位养老保险两种，覆盖公务员、事业单位工作人员、企业职工、农民工、个体户和灵活就业人员等不同人群。这些人群的保险费用来源不同、保障程度不一，彼此独立，缺乏有效衔接，具有明显的"碎片化"特征。"碎片化"的制度设计不利于彰显公平、公正，阻碍了不同职业群体间的人员流动，不能有效应对养老保险面临的财务困境。因此，建立全国统一的基本养老保险制度，是解决我国养老保障制度问题的根本之策。

2. 完善个人账户

一直以来，由于政府在养老保险制度改革时未解决好隐性债务和制度转轨的成本问题，造成社会统筹基金当期收不抵支。而为了保证养老金的发放，地方政府挪用个人账户资金来弥补社会统筹基金的缺口，导致个人账户的"空账"问题。

从2001年以来，政府一直在积极探索推动做实个人账户的试点工作，但并没有取得实质进展。党的十八届三中全会将"做实账户"的政策口径调整为"完善个人账户"，使得长期坚守的"做实账户政策"变得有些"模糊"，个人账户何去何从面临艰难的抉择。如何实现个人账户功能定位的重大改变，提高养老保险制度的可持续性，需要超越部门与地方的既得利益，拿出改革的勇气和睿智来解决现实困境，为完善个人账户谋求出路。

因此，应在对国家政府机关、事业单位人员养老金制度进行改革的基础上，对包括城镇企业职工、城乡居民、农民工与灵活就业人员、机关事业单位工作人员在内的社会养老保险制度进行整合，逐渐建立覆盖全体居民的、与社会主义市场经济相适应的、具有中国特色的养老金制度，实现各类人员养老金待遇的正常调整机制，使全民共享改革成果。

3. 大力发展企业(职业)年金

建立全国统一的养老保险制度，面临的突出难题就是养老金的标准问题。养老保险制度改革的目的显然不是降低养老金水平，因此，在无能力大幅增加国家基本养老保险比重的情况下，加强企业(职业)补充养老保险和个人储蓄性养老保险的作用，成为我国养老保险制度改革的趋势。就目前情况来看，我国"三支柱"养老保险体系的发展存在明显的结构失衡。其中，第一支柱所占的比例极高，几乎承担全部的养老责任，而第二支柱和第三支柱则要滞后得多，所谓的"三支柱"实在"有名无实"。特别是作为我国养老保障第二支柱的企业(职业)年金存在覆盖面过窄、积累的资产规模过小、退休收入替代率过低等问题，未能真正承担起第二支柱的职能。

因此，应大力调整"三支柱"在养老保障中承担的责任和比例，以此来提高养老保障的待遇水平，弥补目前较低的替代率。为了确保"并轨"后事业单位和企业职工基本养老保险待遇水平不至于降低，必须大力发展企业(职业)年金作为补充养老保险，加大企业(职业)年金的比重，强化其作用，使第二支柱真正成为我国养老保险体系强有力的支撑。

4.3 我国城乡居民基本养老保险制度

2014年2月21日，《国务院关于建立统一的城乡居民基本养老保险制度的意见》(国发〔2014〕8号)的颁布，标志着城乡居民基本养老保险制度的正式建立。同年，《城乡养老保险制度衔接暂行办法》颁布，自2014年7月1日开始实施。农村社会养老保险和城镇居民养老保险的统一，标志着我国基本养老保险的"碎片化"得以进一步整合。统一的城乡居民养老保险，有利于缩小城乡差距、适应经济发展水平、促进城乡协调发展等，在发挥财政优势和解决社会问题中具有重要作用。以下在阐述农村的新农保和城镇居民养老保险的合并过程的基础上，介绍城乡居民养老保险的制度现状。

4.3.1 农村社会养老保险的发展历程

根据制度内容和主管部门的不同，我国农村社会养老保险制度(以下简称为农保制度)大致可划分为四个发展阶段：第一个阶段是民政部主管的老农保制度阶段(1978—1998年)。第二个阶段是由原劳动与社会保障部主管的新农保探索阶段(1998—2008年)；第三个阶段是由人力资源与社会保障部主管的新农保实施阶段(2009—2014年)。自2009年10月开始实施新的农保制度，并导入中央财政负担的基础养老金，标志着面向农民的养老保障制度翻开了新的一页。第四个阶段是由人力资源与社会保障部主管的城乡居民养老保险阶段(2014年至今)。城乡居民养老保险是"新型农村社会养老保险"和"城镇居民社会养老保险"合并后的总称，在此阶段建立了统一的城乡居民养老保险制度，同时实现了与职工基本养老保险制度的衔接，在本书4.3.3章节中我们将详细介绍城乡居民基本养老保险的主要内容，在此不作赘述。

1. 民政部主管的"老农保"阶段及内容

1) 发展历程

随着农村经济体制改革的产生与发展，对农民社会养老保险的探索也相继开始。1978年，党的十一届三中全会通过的《农村人民公社条例(试行草案)》规定，对经济发达的地区可以实行养老金制度。而1984年后，随着农村家庭承包制的普遍实施，以及人民公社管理体制的解体，这种退休金制度无法全面展开，农民的社会养老保障再一次被提了出来。

1986年，民政部根据第七个"五年计划"的精神开始探索在农村建立社会养老保险制度，根据各地的经济发展情况，进行试点，逐步实行。在1991—1992年试点期间，成效显著，全国近600个县开展了大规模的试点工作并积累了丰富的经验。

1995年10月，《国务院办公厅转发民政部关于进一步做好农村社会养老保险工作的意见》指出："在农村，逐步建立农村社会养老保险制度。"为此，民政部先后下发了《加强农村社会养老保险基金风险管理的通知》和《县级农村社会养老保险管理规程(试行)》等一系列文件。1997年，全国有26个省相继颁布了开展农村社会养老保险工作的地方性法规和文件，有2100多个县不同程度地开展了农村社会养老保险工作，参保人数达8000多万人。

2) 老农保的基本内容

农村社会养老保险工作是根据国务院国发〔1991〕33号文件精神，按民政部《县级农村社会养老保险基本方案(试行)》(以下简称《基本方案》)试点并逐步推广的。1995年，国务院办公厅转发了民政部《关于进一步做好农村社会养老保险工作的意见的通知》(以下简称《通知》)。这两份文件成为农村社会养老保险工作实施的依据与准则。

老农保的基本原则是以保障老年人的基本生活为目的，坚持资金以个人缴纳为主，以集体补助为辅，国家予以政策扶持。保险对象是非城镇户口、不由国家供应商品粮的农村人口，包括村办和乡镇企业职工、私营企业、个体户、民办教师、外出务工人员等。在基金筹集上，主要由农民个人缴费，个人月缴费标准设2元、4元、6元、8元、10元、12元、14元、16元、18元、20元共10个档次，集体可给予一定的补助，并实行基金积累式个人账户制。农民达到一定年龄(一般为60周岁)时，可以领取养老金，养老金数额根据其个人账户积累额和平均预期寿命来确定。

老农保是由政府部门管理运作，农民自愿参保、缴费确定型的个人积累方式的养老金制度。虽然老农保由政府来运作，但很难把它定性为公共养老金制度。因为它不具备公共养老金应具备的诸如收入再分配、互助共济和强制参保等基本功能。从制度设计角度看，存在缺乏社会性和福利性、保障水平过低、受益范围过小等问题。因此，1999年国务院下发文件，决定对已有的业务进行清理整顿，停止接受新业务。一些地区停止业务以后，把农民缴纳的保费归还给农民。老农保基本上实行了6年左右就停止了，农民因此对这种法律效力低，没有可持续性、统一性的制度缺乏信心，持不信任态度。

2. 原劳动与社会保障部主管的新农保探索阶段

2002年10月，劳动和社会保障部向国务院递交了《关于整顿规范农村养老保险进展的报告》，提出农村社会养老保险工作要坚持在有条件的地区逐步实施，同时研究探索适合农民工、失地农民、小城镇农转非人员特点的养老保险办法。以此为标志，农村社会养老保险工作进入新的发展阶段。

基于政府的指导，各地方都以《基本方案》为基础，因地制宜地对制度的一部分内容进行调整，并制定适合当地的办法进行试点。各省市新农保模式虽然有些差别，但大体特征相似，即以个人缴费为主，集体补助、政府补贴相结合，但其中的政府的财政政策没有落实。

3. 由人力资源和社会保障部主管的新农保实施阶段(2009年至2014年)

2008年，原来的劳动与社会保障部和人力资源部合并为人力资源和社会保障部。而农保制度建设也在此时进入了突破性阶段。

2009年8月19日，全国新型农村社会养老保险试点工作会议闭幕。2009年9月1日，国务院发布了《国务院关于开展新型农村社会养老保险试点的指导意见》(以下称《指导意见》)(具体内容见表4-6)，确定从2009年起开展新型农村社会养老保险试点。2009年新农保的试点范围为全国10%的县(市、区、旗)，以后逐步扩大试点，到2020年前基本实现全覆盖。农民60岁以后都将享受到国家普惠式的养老金，参保后每月至少可领55元养老保险金。为此，亿万农民将和城市居民一样享有基本生活保障，农村沿袭几千年的"养儿防老"传统，将逐渐被具有基本性、公平性、普惠性的新农保制度所取代。

表4-6　《国务院关于开展新型农村社会养老保险试点的指导意见》的主要内容

基本原则	保基本、广覆盖、有弹性、可持续	
参保对象	年满16周岁(不含在校学生)、未参加城镇职工基本养老保险的农村居民，在户籍地自愿参加	
基金筹集	个人缴费	每年100元、200元、300元、400元、500元5个档次，自主选择
	集体补助	有条件的村集体应当给予补贴，并鼓励其他经济组织提供资助
	政府补贴	政府支付基础养老金，其中中央财政对中西部地区按中央确定的基础养老金标准给予全额补助，对东部地区给予50%的补助 地方政府补贴标准不低于每人每年30元，对选择较高档次标准缴费的，可给予适当鼓励 对农村重度残疾人等缴费困难群体，地方政府为其代缴部分或全部最低标准的养老保险费

（续表）

养老金待遇	基础养老金	中央确定的基础养老金标准为每人每月55元 地方政府可根据实际情况提高基础养老金，对于长期缴费的，可适当加发基础养老金
	个人账户养老金	个人缴费以及各项补贴全部计入个人账户 参考中国人民银行公布的金融机构人民币一年期存款利率计息 月计发标准：个人账户总额除以139(参保人死亡，个人账户中的余额除去政府补贴部分可以依法继承)
	领取条件	年满60周岁，未享受城镇职工养老保险待遇的农村居民 制度实施时已年满60岁的，不用缴费直接领取
	待遇调整	根据经济发展和物价变动等，适时调整基础养老金的最低标准
基金管理	管理	基金纳入社会保障基金财政专户，收支两条线管理，按有关规定实现保值增值 试点阶段，实行县级管理，逐步提高管理层次，有条件的可直接实行省级管理
	监督	各级人力资源社会保障部门、财政等共同确保基金安全 经办机构和村委会对参保人的缴费和待遇领取进行公示
经办管理	建立参保档案 建立全国统一的信息管理系统 新农保工作经费纳入统计财政预算	
制度衔接	对已参加老农保，未满60周岁且没有领取养老金的参保人，应将老农保个人账户资金并入新农保个人账户，按新农保的缴费标准继续缴费	

下面我们结合表4-6，对新农保进行分析与评价。

1) 参保范围

《指导意见》规定新农保的参保对象为年满16周岁(不含在校学生)、未参加城镇职工基本养老保险的农村居民，可以在户籍地自愿参加新农保。

关于参保对象，从各地的试点办法来看，有的地区规定为农村居民，有的地区已经把参保对象扩大到城乡居民，但主要的地区参保对象为纯农民。

2) 筹资模式和制度模式

新农保采取个人缴费、集体补助、政府补贴相结合的筹资方式和基础养老金与个人账户养老金相结合的基本模式。

(1) 个人缴费。个人缴费标准设为每年100元、200元、300元、400元、500元5个档次，地方可以根据实际情况增设缴费档次。参保人自主选择缴费档次，多缴多得。国家依据农村居民人均纯收入增长等情况适时调整缴费档次。

(2) 集体经济补贴。集体补助标准由村民委员会召开村民会议民主确定。鼓励其他经济组织、社会公益组织和个人为参保人缴费提供资助。

(3) 地方政府补贴。地方政府应当对参保人缴费给予补贴，补贴标准不低于每人每年30元；对选择较高档次标准缴费的，可给予适当鼓励，具体标准和办法由省(区、市)人民政府确定。对农村重度残疾人等缴费困难群体，地方政府为其代缴部分或全部最低标准的养老保险费。

3) 养老金待遇

养老金待遇由基础养老金和个人账户养老金组成,支付终身。基础养老金标准为每人每月55元。地方政府可以根据实际情况提高基础养老金标准,对于长期缴费的农村居民,可适当加发基础养老金,提高和加发部分的资金由地方政府支出。

个人账户养老金的月计发标准为个人账户全部储存额除以139(与现行城镇职工基本养老保险个人账户养老金计发系数相同)。参保人死亡,个人账户中的资金余额,除政府补贴外,可以依法继承,政府补贴余额用于继续支付其他参保人的养老金。

4) 养老金待遇领取条件

年满60周岁、未享受城镇职工基本养老保险待遇的农村有户籍的老年人,可以按月领取养老金。新农保制度实施时,已年满60周岁、未享受城镇职工基本养老保险待遇的,不用缴费,可以按月领取基础养老金,但其符合参保条件的子女应当参保缴费。距领取年龄不足15年的,应按年缴费,也允许补缴,累计缴费不超过15年;距领取年龄超过15年的,应按年缴费,累计缴费不少于15年。

5) 基金管理

新农保基金纳入社会保障基金财政专户,实行收支两条线管理,单独记账、核算,按有关规定实现保值增值。试点阶段,新农保基金暂实行县级管理,随着试点范围的扩大和普及,逐步提高管理层次,有条件的地方也可直接实行省级管理。

6) 经办管理服务

开展新农保试点的地区,要认真记录农村居民参保缴费和领取待遇情况,建立参保档案,长期妥善保存;建立全国统一的新农保信息管理系统,纳入社会保障信息管理系统("金保工程")建设,并与其他公民信息管理系统实现信息资源共享;要大力推行社会保障卡,方便参保人持卡缴费、领取待遇和查询本人参保信息。试点地区要按照精简效能原则,整合现有农村社会服务资源,加强新农保经办能力建设,运用现代管理方式和政府购买服务方式,降低行政成本,提高工作效率。新农保工作经费纳入同级财政预算,不得从新农保基金中开支。

7) 新农保的定位

新农保制度的定位是社会保险,而且试点的基本原则已经明确为"保基本、广覆盖、有弹性、可持续"。那么,在制度实施中就要检验是否真正做到了这一点。如果现行农保制度在实施过程中,偏离了这个方向,违背了这个原则,就要导致改革成本增加,进而付出很大的代价,最终将重蹈老农保的覆辙。关于新农保的定位,应注意以下两点。

(1) 基础养老金应该无条件发放。这样才能真正实现公共财政均等化、社会保险全覆盖的目标。尽量取消个人缴费和子女参保等捆绑式条件,否则会歪曲新农保的真正性质和价值。地方财政的补贴也应该做到均等化，用于激励机制的部分应尽量减少，应将其更多地用于给全体农民的支出，让农民能共同享受本地区经济发展的成果。通过中央和地方两级财政，解决地区之间和个人之间的差异。

(2) 要体现收入再分配和互助共济功能，尤其要重视收入低的农民。新农保政策的关注重点在于对老年农民最基本生活的保障，这对于贫困、家庭结构失衡、生活负担过重的农民最具吸引力，因为现实生活的窘迫使他们虽然渴望纳入新农保体系却无力加入。而现行新农保有偏重有能力缴费的群体的倾向。所以，在今后的工作中，要更关注低收入和没有能力缴费的群体。

4.3.2　城镇居民社会养老保险的发展历程

随着2011年6月国务院《关于开展城镇居民社会养老保险试点的指导意见》(以下简称《指导意见》)的颁布，我国城镇居民社会养老保险制度(以下简称城居保)正式建立，这使我国社会养老保险制度的最后一块盲区得到了覆盖，实现了养老保险制度全覆盖。

城居保按照加快建立覆盖城乡居民的社会保障体系的要求，根据2011年6月颁布的《指导意见》建立而成。城居保按照"社会统筹与个人账户相结合、政府主导与居民自愿相结合、个人缴费与政府补贴相结合、筹资标准和待遇水平与经济发展及各方面承受能力相适应"的原则，从2011年7月1日启动试点工作，到2012年基本实现城镇居民社会养老保险制度的全覆盖。试点阶段的城居保主要政策由中央政府确定，具体实施办法由地方确定，所以结合各省市的实施情况，可将城镇居民社会养老保险制度的现行内容总结为以下几个方面。

1. 参保范围和对象

《指导意见》规定其参保对象为"满16周岁(不含在校学生)、不符合职工基本养老保险参保条件的城镇非从业居民，可以在户籍地自愿参加城居保"。

对于城镇非从业居民目前没有统一的规定，从各省市城居保的实施情况来看，城镇非从业居民主要包括以下几类人群：第一，城镇失业居民；第二，城镇残疾居民；第三，城镇60周岁以上没有社会养老保险的城镇居民；第四，城镇就业不稳定人员；第五，城镇灵活就业人员。虽然灵活就业人员被纳入到企业职工养老保险的参保范围，但由于其收入不稳定，难以承担城镇职工养老保险的缴费负担，大部分灵活就业人员至今仍游离在社会养老保险制度之外。所以，对于缴费确有困难的城镇灵活就业人员，可以自愿参加城镇居民社会养老保险。

2. 基金筹集

城居保缴费主要由个人缴费和政府补贴构成。

1) 个人缴费

缴费标准目前设为每年100元到1000元不等的10个档次，各档差为100元，各地政府可以根据实际情况增设缴费档次。

部分省市根据本地的实际情况，在10档缴费标准的基础上，增设了几个档次。例如，西藏自治区增设了1100元和1200元两个档次，并且允许参保人选择高于1200元、档差为100元的标准缴费，但最高缴费标准不得超过3000元；上海市将缴费标准设定为500元到2300元不等的10个档次，每档差为200元；海南省在中央政府规定的缴费标准的基础上增设了1500元、2000元两个档次，并规定选定缴费档次当年不能变更，次年可自愿选择新缴费档次或保持不变；而北京市将最低缴费标准定为北京市上年度农村居民人均纯收入的9%，最高缴费标准不得超过本市上一年度城镇居民人均可支配收入的30%。

2) 政府补贴

《指导意见》规定："政府对符合待遇领取条件的参保人全额支付城居保基础养老金。中央政府确定的基础养老金目前为每人每月55元，中央财政对中西部地区按中央确定的基础养老金标准给予全额补助，对东部地区给予50%的补助。"

各地政府对参保人员的缴费补贴标准不低于每人每年30元，对选择较高档次标准缴费的，可适当提高补贴标准。但对于城镇重度残疾人等缴费困难群体，各地政府为其代缴部分或全部最低标准的养老保险费。

从政府的补贴来看既"补入口"又"补出口"。"补入口"是指对参保人员缴费进行补贴，包括对缴费困难群体的缴费补助和对普通参保人员的缴费补贴；"补出口"是指在养老金待遇的给付上给予补助，包括基础养老金的全额补助和对缴费年限达到一定标准的，各地政府加发的基础养老金。关于政府补贴的部分，各省市的做法差别较大，以下以西藏自治区、内蒙古自治区、广东省东莞市、上海市为例，分析城镇居民社会养老保险的政府补贴方式。

西藏自治区规定："政府在参保人缴费的基础上，对应参保人自愿选择的缴费档次每年分别给予30元到85元不等的12档次(每档差为5元)的缴费补贴。对于孤寡老人、重度残疾人、低保对象等人员，由自治区、市和县(区)财政按个人缴费和政府补贴的最低标准每年全额缴纳。补贴资金的财政负担，基础养老金高于中央承担的部分和政府补贴资金由自治区、市和县(区)三级财政按照8：1：1的比例进行分级承担，分别列入自治区、市和县(区)的财政预算。"

内蒙古自治区的政府补贴可分为对普通参保人员和重度残疾、低保户的补贴。对于普通居民的补贴与西藏自治区基本相同，对参保人实行的补贴最低标准为30元，缴费每提高一个档次，增加补贴5元，最高补贴为75元。对于重度残疾人和低保户的补贴，由政府按100元的标准为其代缴养老保险费并允许个人增加缴费。但内蒙古自治区在财政负担方式上与西藏不同，自治区、市、县三级财政分别负担补贴总额的2：1：1。

广东省东莞市根据2012年12月出台的《东莞市实施〈广东省城镇居民社会养老保险试点实施办法〉细则(试行)》规定："对年满60周岁、没有参加城乡一体化社会养老保险的东莞市户籍非从业人员，给予每人每月250元的政府补贴。政府出资建立基础养老金，除中央财政补贴外，其余资金由市财政承担40%，镇(街)和村(居)委会共承担60%，具体比例由镇(街)自行确定。"除了每人每月250元的基础养老金补贴外，政府还将向参保对象发放"终老待遇"，即参保人员死亡后发放终老待遇6180元，所需资金仍然由三级财政按照以上比例负担。

上海市政府对应10档的个人缴费，其政府的补贴标准分别为每年200元、250元、300元、350元、400元、425元、450元、475元、500元、525元。可见上海市的补贴标准明显高于其他地区。

3) 鼓励其他经济组织、社会组织和个人为参保人缴费提供资助

由于城镇居民没有新农保的"集体补助"筹资渠道，所以，作为辅助的筹资渠道，国家鼓励其他经济组织、社会组织和个人等提供资助。

3. 建立个人账户

国家为参保人员建立具有终身记录的养老保险个人账户，个人账户中的资金包括个人缴费、地方政府的缴费补贴及其他来源的缴费资助，进行"实账"管理和完全积累。参保人员死亡，个人账户中的资金除政府补贴外，可以依法继承。

4. 养老金待遇

养老金待遇由基础养老金和个人账户养老金构成，支付终身，计算公式为

养老金(月额)=基础养老金(每月至少55元)+个人账户储蓄额÷139

中央确定的基础养老金标准为每人每月55元。地方人民政府可以根据实际情况提高标准和加发基础养老金，所需资金由地方政府支出。

个人账户养老金每月计发标准是个人账户储存额除以139，与现行企业职工基本养老保险及新农保个人账户养老金计发系数相同。

从各省市城镇居民社会养老保险的实施情况来看，其基础养老金的水平一般高于中华人民共和国中央人民政府确定的每人每月55元的标准。西藏自治区规定的基础养老金标准为每人每月120元，并且缴费超过15年的每超过1年每月加发1%的基础养老金；广东省东莞市将基础养老金的标准定为每人每月250元；江苏省确定的基础养老金标准为每人每月最低60元，地方政府可根据当地实际情况适当提高基础养老金标准；北京市的基础养老金标准为每人每月280元；上海市规定的基础养老金标准是每月400元；海南省规定的基础养老金领取标准为每人每月130元，在实际缴费年限达到15年的前提下，缴费年限每增加一年，基础养老金每月增加4元。

5. 养老金待遇领取条件

参保居民，年满60周岁，可按月领取养老金。该制度实施时，已年满60周岁，未享受其他养老待遇的，不用缴费，可按月领取基础养老金。在城镇居民养老金的领取条件上，有部分省市将女性的领取年龄适当降低，即年满55周岁可领取城镇居民养老金。例如，北京市和江苏省55～60周岁的女性参保对象按照规定可领取城镇居民养老金。

6. 相关制度衔接

中央政府鼓励有条件的地方将城居保与新农保合并实施。从2013年开始，将城居保与新农保合并为"城乡居民社会养老保险"实施的省市逐渐增加。2014年，北京

市、天津市、重庆市、浙江省、河南省等地出台了全省(市)统一的城乡居民养老保险政策。

4.3.3　城乡居民基本养老保险现行制度

2014年2月21日，《国务院关于建立统一的城乡居民基本养老保险制度的意见》(国发〔2014〕8号)的颁布，标志着城乡居民基本养老保险制度的正式建立。城乡居民养老保险是"新型农村社会养老保险"和"城镇居民社会养老保险"合并后的总称，一方面，实现了新型农村社会养老保险和城镇居民养老保险的统一；另一方面，构建了城乡居民养老保险与职工基本养老保险的衔接制度。

城乡居民养老保险缴费档次在新农保和城镇居民养老保险的基础上，提高到12档，增设了1500元和2000元两个档次；取消了农村年满60周岁，未享受城镇职工基本养老保险待遇的，不缴费，按月领取基础养老金中"其符合参保条件的子女应当参保缴费"这一条件；全国城乡居民基础养老金最低标准由原来的55元/人/月增加到70元/人/月；增加了城乡居民之间、城乡居民与企业职工之间的制度转移接续。城乡居民养老保险具体包括以下内容。

1. 参保范围

年满16周岁(不含在校学生)，非国家机关和事业单位工作人员及不属于职工基本养老保险制度覆盖范围的城乡居民，可以在户籍地参加城乡居民养老保险。

2. 基金筹集

城乡居民养老保险基金由个人缴费、集体补助、政府补贴构成。

1) 个人缴费

参加城乡居民养老保险的人员应当按规定缴纳养老保险费。缴费标准目前设为每年100元、200元、300元、400元、500元、600元、700元、800元、900元、1000元、1500元、2000元12个档次，省(区、市)人民政府可以根据实际情况增设缴费档次，最高缴费档次标准原则上不超过当地灵活就业人员参加职工基本养老保险的年缴费额，并报人力资源社会保障部备案。人力资源社会保障部会同财政部依据城乡居民收入增长等情况适时调整缴费档次标准。参保人自主选择缴费档次，多缴多得。

2) 集体补助

有条件的村集体经济组织应当对参保人缴费给予补助，补助标准由村民委员会召开村民会议民主确定，鼓励有条件的社区将集体补助纳入社区公益事业资金筹集范围。鼓励其他社会经济组织、公益慈善组织、个人为参保人缴费提供资助。补助、资助金额不超过当地设定的最高缴费档次标准。

3) 政府补贴

政府对符合领取城乡居民养老保险待遇条件的参保人全额支付基础养老金。其中，中央财政对中西部地区按中央确定的基础养老金标准给予全额补助，对东部地区给予

50%的补助。

地方人民政府应当对参保人缴费给予补贴，对选择最低档次标准缴费的，补贴标准不低于每人每年30元；对选择较高档次标准缴费的，适当增加补贴金额；对选择500元及以上档次标准缴费的，补贴标准不低于每人每年60元，具体标准和办法由省(区、市)人民政府确定。对重度残疾人等缴费困难群体，地方人民政府为其代缴部分或全部最低标准的养老保险费。

3. 建立个人账户

国家为每个参保人员建立终身记录的养老保险个人账户，个人缴费、地方人民政府对参保人的缴费补贴、集体补助及其他社会经济组织、公益慈善组织、个人对参保人的缴费资助，全部计入个人账户。个人账户储存额按国家规定计息。

4. 养老保险待遇及调整

城乡居民养老保险待遇由基础养老金和个人账户养老金构成，支付终身。

(1) 基础养老金。中央确定基础养老金最低标准，建立基础养老金最低标准正常调整机制，根据经济发展和物价变动等情况，适时调整全国基础养老金最低标准。地方人民政府可以根据实际情况适当提高基础养老金标准；对长期缴费的，可适当加发基础养老金，提高和加发部分的资金由地方人民政府支出，具体办法由省(区、市)人民政府规定，并报人力资源社会保障部备案。

(2) 个人账户养老金。个人账户养老金的月计发标准，目前为个人账户全部储存额除以139(与现行职工基本养老保险个人账户养老金计发月数相同)。如参保人死亡，个人账户资金余额可以依法继承。

5. 养老保险待遇领取条件

参加城乡居民养老保险的个人，年满60周岁、累计缴费满15年，且未领取国家规定的基本养老保障待遇的，可以按月领取城乡居民养老保险待遇。

新农保或城居保制度实施时已年满60周岁，在本意见印发之日前未领取国家规定的基本养老保障待遇的，不用缴费，自本意见实施之月起，可以按月领取城乡居民养老保险基础养老金；距规定领取年龄不足15年的，应逐年缴费，也允许补缴，累计缴费不超过15年；距规定领取年龄超过15年的，应按年缴费，累计缴费不少于15年。

城乡居民养老保险待遇领取人员死亡的，从次月起停止支付其养老金。有条件的地方人民政府可以结合本地实际探索建立丧葬补助金制度。社会保险经办机构应每年对城乡居民养老保险待遇领取人员进行核对；村(居)民委员会要协助社会保险经办机构开展工作，在行政村(社区)范围内对参保人待遇领取资格进行公示，并与职工基本养老保险待遇等领取记录进行比对，确保不重、不漏、不错。

6. 转移接续与制度衔接

参加城乡居民养老保险的人员，在缴费期间户籍迁移、需要跨地区转移城乡居民养老保险关系的，可在迁入地申请转移养老保险关系，一次性转移个人账户全部储存额，并按迁入地规定继续参保缴费，缴费年限累计计算；已经按规定领取城乡居民养老保险待遇的，无论户籍是否迁移，其养老保险关系不转移。

城乡居民养老保险制度与职工基本养老保险、优抚安置、城乡居民最低生活保障、农村五保供养等社会保障制度以及农村部分计划生育家庭奖励扶助制度的衔接，按有关规定执行。

7. 基金管理和运营

将新农保基金和城居保基金合并为城乡居民养老保险基金，完善城乡居民养老保险基金财务会计制度和各项业务管理规章制度。城乡居民养老保险基金纳入社会保障基金财政专户，实行收支两条线管理，单独记账、独立核算，任何地区、部门、单位和个人均不得挤占挪用、虚报冒领。各地要在整合城乡居民养老保险制度的基础上，逐步推进城乡居民养老保险基金省级管理。

城乡居民养老保险基金按照国家统一规定投资运营，实现保值增值。

8. 基金监督

各级人力资源社会保障部门要会同有关部门认真履行监管职责，建立健全内控制度和基金稽核监督制度，对基金的筹集、上解、划拨、发放、存储、管理等进行监控和检查，并按规定披露信息，接受社会监督。财政部门、审计部门按各自职责，对基金的收支、管理和投资运营情况实施监督。对虚报冒领、挤占挪用、贪污浪费等违纪违法行为，有关部门按国家有关法律法规严肃处理。要积极探索有村(居)民代表参加的社会监督的有效方式，做到基金公开，制度透明。

4.3.4 城乡居民基本社会养老保险制度存在的问题及完善对策

1. 未实现养老保险制度的"人群全覆盖"

城乡居民养老保险制度是在我国企业职工养老保险和机关事业养老保险"并轨"前实施的合并，城乡居民养老保险制度的建立使"碎片化"的制度得到进一步整合。养老保险制度发展的下一步战略应从"制度全覆盖"迈向"人群全覆盖"。为了实现养老保险制度的"人群全覆盖"，需要将城乡居民养老保险的参保方式由自愿向强制转换。

首先，城乡居民养老保险属于社会保险的一种，而社会保险区别于社会救助、社会福利，因为其本质特征就是强制性，所以，按照社会保险制度的属性，城乡居民养老保险应该将参保方式由自愿向强制转换。

其次，由于目前城乡居民养老保险采取自愿参保的形式，16~44岁的中青年居民参保积极性不高，不愿尽早参保。大部分中青年居民对养老保险没有意识，不愿增加现阶段的生活负担，不参加城乡居民养老保险制度。如果采取强制的方式，在一定程度上可以维持参保意识的长期性，降低中途断保的可能性。

综上所述，为了提高城乡居民养老保险制度的参保率，使养老保险制度从"制度全覆盖"迈向"人群全覆盖"，应适时将城乡居民养老保险制度由自愿参保向强制参保转换。

2. 政策宣传不到位

由于城乡居民养老保险制度开展时间短，居民对其了解少。部分有保障需求且符合条件的居民，由于缺乏对制度内容的了解，对参保手续的办理等信息完全不清楚。即使已经参保的居民，大部分参保对象对制度详情以及将来的待遇等都不是十分了解，导致居民的参保积极性不高，覆盖率难以提升。造成居民参保不积极的原因之一是政府对制度的宣传不到位。一方面，由于基层政府对制度开展的重视程度不够，有些省市把开展城乡居民养老保险制度仅当作一项行政任务加以推行，忽略了制度的重要性；另一方面，由于我国企业职工养老保险处于不断调整和完善阶段，各地方也会根据当地情况对制度进行调整，导致居民对养老保险制度有所混淆。

另外，由于居民对社会保险等信息的接收渠道单一，尤其中老年居民只能通过电视了解国家养老保险的宏观政策，对当地的政策内容缺乏足够的了解而未能享受到保障的权益。因此，为了扩大城乡居民养老保险制度的覆盖面，维持居民参保的长期性，首先需要加大政策的宣传力度，让居民真切体会到参保的好处。

为了加大宣传力度，需要各级政府和基层组织充分利用电视、广播、报刊、网络等现代传播工具进行长期、广泛宣传；还应定期向居民公示保险的开展情况，到社区为居民提供咨询服务。

3. 保障水平偏低

从各省市城乡居民养老保险制度的实施情况来看，养老金的保障水平普遍偏低，难以保障居民的基本生活水平。

首先，从政府的补贴来看，标准偏低，导致基础养老金的水平过低，与企业职工养老保险的基础养老金水平差距加大。

中央确定的基础养老金标准为每人每月70元，这是一种以补贴形式发放的基础养老金。基础养老金标准主要参考了新型农村养老保险制度的基础养老金标准，是由国务院确定的。在社会保障构成体系中，社会保险的水平一般高于社会救助的水平，其保障目标是满足居民的基本生活。城乡居民养老保险属于社会保险的领域，其保障水平理应保障居民的基本生活，所以中央政府的基础养老金的补贴水平有待提高。另外，将城乡居民养老保险制度养老金与城镇企业职工养老保险制度养老金进行比较，其差距较大。2016年，调整后的企业退休人员月人均养老金标准为2362元；而城乡居民养老保险根据设立的缴费档次为100~2000元，共分12个档次，按照中央政府设立的最高缴费档次每人每年2000元来计算，其个人账户养老金为215元，加上基础养老金，能够领取的养老金合计为285元。可见城乡居民养老保险与职工养老保险待遇相差甚远，为了缩小差距，真正保障居民的基本生活，需要提高基础养老金的标准。

地方政府的补贴标准不低于每人每年30元，对选择较高档次标准缴费的，可给予适当鼓励。从各省市的实施情况来看，地方政府的补贴对参保人实行的补贴最低标准为30元，对选择500元及以上的，每人每年不低于60元。按照一般的补贴办法的最高补贴档次来计算，补贴15年后，每月能领取的个人账户中地方政府补贴的养老金不足10元，其补贴水平过低，对于保障居民基本生活而言，意义不大，也没有让居民享受到经济发展的成果。

其次，从居民的缴费情况来看，大部分居民选择较低标准的缴费档次，导致个人账户养老金的水平偏低。按照中央政府设立的最高缴费档次每人每年2000元来计算，积累15年，其个人账户养老金水平为每人每月215元左右，再加上中央政府和地方政府的补贴，其养老金还不足300元。而从城居保的实施情况来看，大部分居民选择较低标准的缴费档次，可想而知，其个人账户的养老金水平仅为100元左右，姑且不论能否保障基本生活水平，即使最低生活水平也难以维持。所以，城居保缴费档次的设置还需要进一步提高。

最后，从缴费年限来看，由于16~44岁的居民参保积极性不高，参保居民集中在45岁以上，所以其缴费年限普遍不长，导致个人账户的积累年限较短，个人账户养老金水平偏低。如前文所述，参保对象集中在45岁以上，导致其缴费年限在15年左右，个人账户积累时限偏短，个人账户养老金水平较低，影响年老后的基本生活。因此，需要调整政策，激励中青年群体尽早加入城居保，延长缴费年限，从而提高个人账户养老金水平。

4. 基础养老金缺乏正常的调整机制

新农保和城居保都规定国家根据经济发展和物价变动等情况适时调整基础养老金的最低标准，从2009年制度建立之初到2014年制度改革，中央财政支付的基础养老金部分没有随物价及时进行相应调整。2014年7月，国家决定提高城居保基础养老金的最低水平，由55元/月增加到70元/月，农村居民基础养老金平均每年提高3元，城镇居民基础养老金平均每年提高5元，这与我国的经济发展和物价变动情况极其不相适应。

5. 城乡居民养老保险缴费缺乏激励机制

首先，城乡居民养老保险与最低生活保障待遇相比，存在负向激励。截至2017年2月，全国城乡居民养老保险基础养老金月人均水平仅为105元；2016年，全国城乡月人均低保标准为494.6元，年人均标准为3744.0元。相比之下，城乡居民养老保险的最低待遇水平低于平均低保的最低待遇水平。相差悬殊的待遇水平，容易形成负向激励，不利于激励城乡居民缴纳养老保险费用，而是争先成为低保户，使本应缴纳养老保险的人退变为低保户。所以应适当提高城乡居民养老保险最低待遇，使其高于城乡最低生活保障水平。

其次，按照现行政策参保，参保人满足缴足15年并满60周岁后领取养老金的条件，领取的基础养老金均为每人每月70元，没有体现出参保时间的长短在基础养老金的领取数额上产生的区别，没有体现出"长缴多补"的激励性政策，这将可能导致16～40周岁的居民特别是35周岁以下的居民不愿尽早参保。所以，各地政府应对长期参保的居民适当加发基础养老金，以激励人们长期缴费。比如，可以对参保人缴费实行比例补贴，即按缴费金额的一定比例进行补贴，使政府补贴与缴费总额正相关，收益具有累进性，从而体现多缴多得的政策，以激发人们选择较高的缴费档次。

本章小结

我国养老保险制度起步于1951年，经过六十余年的发展，整体上实现了从"国家—单位"保障模式向"国家—社会"保障模式的转型，实现了国家、企业、个人三方负担机制下的个人账户和社会统筹相结合，最终形成了以城镇职工基本养老保险制度、城乡居民社会养老保险制度为核心的社会养老保险体系，实现了养老保险制度的全覆盖，并逐步从制度全覆盖转向人群全覆盖。

思考题

1. 我国城镇职工基本养老保险制度的基本内容有哪些？
2. 试分析我国养老保险制度存在的主要问题。
3. 进一步完善我国城乡居民养老保险制度应采取哪些措施？
4. 双轨制"并轨"后我国养老保险制度存在哪些问题？

案例分析

案例1：　灵活就业者转为职工参保后退休年龄该如何确定？

某女职工曾作为灵活就业人员参加城镇职工养老保险，后受聘至企业工作并按照企业职工身份参保缴费。那么这一部分人是按照灵活就业人员55岁退休还是按照企业女职工50岁退休？有无具体的政策依据？

资料来源：向春华.咨询热线[J].中国社会保障，2016(8)：56.

分析：

灵活就业者转为职工参保后退休年龄应如何确定？

案例2：　"并轨"后机关事业单位养老保险参保人员流动过程中，如何转移基本养老关系和职业年金？

随着机关事业单位养老保险制度的建立和完善，机关事业单位养老保险参保人员基本养老关系和职业年金转移接续工作也在不断推进。在人员流动过程中，越来越多的人面临转移接续问题。老李在机关事业单位养老保险改革前就已经在机关工作多年，目前由于工作需要调动到企业，对自己的养老保险关系如何转移接续，老李心中存在很多疑虑。

资料来源：李华鲁. 机保百事通[J]. 中国社会保障，2017(4)：50.

分析：

社保关系到底该如何转移？改革后机关事业单位养老保险建立了职业年金需要转移吗？改革前的机关工作经历是否会在退休待遇计发中体现？

第5章 医疗保险

1. 了解医疗保险的含义、特征及制度模式;

2. 掌握医疗保险制度的基本内容;

3. 了解我国医疗保险的发展历程;

4. 掌握我国医疗保险的制度内容。

5.1 医疗保险制度概述

5.1.1 医疗保险的含义

所谓医疗保险,就是国家和社会为补偿劳动者因疾病风险造成的经济损失、保障劳动者的身心健康,通过立法的形式建立的一项为劳动者提供一定的医疗费用和医疗技术服务的社会保险制度。它具有风险共担、损失补偿、互助共济等功能。

医疗保险是由德国俾斯麦政府于1883年最早设立的,当时称为疾病保险,指的是当保险人因疾病等失去劳动收入时,由保险机构按规定支付一定的医疗费用。

从医疗保险的范围来看,可将其分为广义的医疗保险和狭义的医疗保险。国际上又把医疗保险称做健康保险。显然,健康保险所包含的内容要比医疗保险广泛。发达国家的健康保险不仅包括补偿由于疾病给人们带来的直接经济损失(医疗费用),也包括补偿疾病带来的间接经济损失(如误工工资),对分娩、残疾、死亡也给予经济补偿,甚至支持疾病预防、健康维护等。因此,这是一种广义的医疗保险,将它称为健康保险是更为准确的。狭义的医疗保险按其字面含义,只针对医疗费用。本章介绍的医疗保险就属于狭义的社会保险的范畴。

5.1.2 医疗保险的特征

医疗保险具有社会保险制度的强制性、互济性、福利性、社会性等基本特征,但由于疾病风险和医疗服务需求与供给的特殊性,又使医疗保险在实践中表现出自身固有的一些特征。

1. 待遇的形式是提供医疗服务

与其他社会保险项目中强调保险金的现金给付不同,医疗保险虽然也是通过支付医疗费用进行经济补偿,但其待遇形式实际上是提供具有专门性、复杂性的医疗技术服务,即劳动者在非因工受伤和生病后能够得到及时和必要的医疗救治。因此,在医疗保险中,保险基金可以直接将保险金补偿给医疗机构,甚至可由政府和全社会直接利用保险基金来组织并向劳动者提供必要的医疗服务。

2. 待遇支付形式为非定额的费用补偿

医疗保险是一种医疗费用补偿机制,它通过为参加保险的人员提供相应的医疗服务来达到恢复患者健康的目的。这种费用补偿待遇与缴费多少无关而与医疗费用直接相关,即患者获得的费用补偿不取决于其缴过多少医疗保险费,而是取决于其疾病发生的频率以及实际需要。因此,医疗保险的待遇不同于养老、失业保险实行标准的定额支付,而是依据每个患者疾病的实际情况确定补偿限度。由于伤病本身的复杂性,保险金给付额在人与人之间有很大差别,加上医疗服务提供方的影响,费用控制非常困难。

3. 补偿期短,但受益时间长

由于疾病的发生具有随机性和不可预测性,医疗保险提供的补偿也具有不确定性,一次生病的时间通常不会太长,从而每次的补偿期较短;不过,由于人的一生中不可避免地要生病,医疗保险将伴随参加保险人员的一生,这一点显然与其他社会保险有很大区别。例如,养老保险是劳动者退休后才能享受,失业保险只在失业期间才能享受,工伤保险只在工伤事件发生后才能享受,生育保险享受待遇的次数也非常有限。从这个意义上讲,医疗保险不仅惠及所有参加保险的人员,而且自其参加保险之日起将伴随其一生,可以说是受益时间最长的社会保障项目。

4. 涉及主体多,结构复杂

其他几种社会保险制度往往只涉及投保和管理机构双方,而医疗保险项目的实施必须有第三方,即要有医疗方或医药方的共同参与方可实施。医疗保险涉及政府、用人单位、医疗机构、社会保险机构、医药机构和患者个人等多方之间复杂的权利义务关系,要处理好这样复杂的关系,必然需要兼顾各方主体的权益并使各利益主体间形成一种制衡机制。因此,医疗保险制度的有效性不仅取决于其本身的科学性、合理性,同时还与公共卫生资源的合理配置、医疗机构、医药流通体制等紧密相关。医疗保险制度的复杂性还表现为医疗方与患者之间的信息不对称,再加上由社会保险机构(第三方)付费,这就存在先天的约束不足。医疗保险的复杂性决定了制度实践的难度很大。为了确保医疗保险基金的合理使用和正常运转,必须对医疗社会保险设计相应的制度机制,对医疗服务的享受者和提供者的行为进行合理引导和控制,这在其他社会保险制度中是不常见的。

医疗保险的上述特征,是它作为一个独立的社会保险项目的本源特性,也是它区别于其他社会保险项目的基本特征。

5.1.3 医疗保险系统的主体及关系

1. 医疗保险系统的主体

医疗保险系统主要由被保险人、医疗保险机构、医疗服务提供机构等要素组成,是以规范医疗保险费用的筹集、医疗服务的提供、医疗费用的支付为功能的有机整体。

1) 被保险人

被保险人是医疗保险的需求者和医疗服务的需求者，他们按规定向医疗保险机构缴纳保险费并签订医疗保险合同。当保险责任发生时，他们有权向医疗保险机构获取医疗费用偿付。

2) 医疗保险机构

医疗保险机构是指在医疗保险工作中具体负责承办医疗保险费用的筹集、管理和支付医疗保险业务的机构，它是签订医疗保险合同的一方当事人，是收取医疗保险费用并按照合同规定，当保险责任发生时，负责偿付参保人医疗费用支出的法人。

3) 医疗服务机构

医疗服务机构是指为参保人员提供诊断治疗的医疗机构，包括定点医疗机构和定点零售药店。被保险人就诊后，医疗服务机构按照医疗保险合同规定的服务项目计算医疗费，并由医疗保险机构审议支付。

4) 政府

在医疗保险系统中，政府有责任对保险提供方、保险需求方和医疗服务提供方进行管理和控制。无论是医疗保险机构还是被保险人，都追求各自利益。由于医疗服务机构的专业性很强，医疗保险系统中存在信息不对称的问题，容易产生道德风险和逆向选择，因此需要政府参与管理和做好监督。

2. 医疗保险系统各主体的关系

在医疗保险系统中，各主体围绕着保险基金的筹集和医疗费用的补偿问题相互作用、相互影响，如图5-1所示，各主体之间的关系主要体现在以下几个方面。

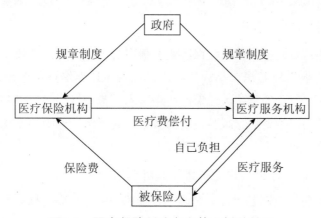

图5-1 医疗保险系统各主体之间的关系

1) 被保险人与医疗保险机构之间

在医疗保险系统中，被保险人向医疗保险机构缴纳保险费(税)，通过保险合同向保险机构要求获得保险服务，医疗保险机构以保险给付清单等形式提供保险服务。

2) 被保险人与医疗服务机构之间

在保险合同对病人与其所选择的服务提供者的行为进行约束的前提下，被保险人从医疗服务机构那里选择自己所需要的医疗服务，支付一定费用，接受医疗服务提供者所提供的服务。

3) 医疗保险机构与医疗服务机构之间

医疗保险机构为参保人确定医疗服务的范围，并通过一定的支付形式向医疗服务提供者支付医疗费用，同时还要对医疗服务质量进行监督。

4) 政府与各方之间

政府对保险方、被保险方和医疗服务提供者均起到管理和控制的作用。

5.1.4　医疗保险的建立原则

1. 社会共同分担风险原则

在现代社会，劳动者已不再是家庭劳动力，而是社会劳动力，社会化大生产中劳动力的修复，必须依靠社会力量，即依靠医疗保险来分担，因为仅靠个人的力量去抵抗疾病的风险是远远不够的。从企业的角度来看，各个企业的医疗费用负担也不平衡。实行医疗保险后，医疗费用负担在企业间共济互助，可为企业创造一种公平竞争的环境，这也正是现代企业制度所要求的。

2. 保障国民公平享有健康权利原则

医疗保险以保障人们平等的健康权利为目的。参加医疗保险的每个成员，不论缴费多少，都有权得到所规定的医疗服务。社会医疗保险是义务医疗保险，也是基本医疗保险。基本医疗是指基本用药、基本技术、基本服务、基本收费，具体地说，是医疗保险规定范围内的医疗服务。基本医疗保险只能提供基本的医疗保障，缴纳的医疗保险费只能维持基本医疗费用支出。

3. 公平与效率相结合原则

公平与效率相结合原则是指医疗保险既要体现公平，又要兼顾效率。公平性可以理解为无论是患"大病"还是患"小病"，无论按规定比例缴纳的医疗保险费金额是多少，无论什么职业，享受的基本医疗保险待遇基本上都一样。效率主要是指筹集医疗保险基金的效率和节约卫生资源、减少浪费的效率。我国医疗保险制度改革实行社会统筹与个人账户相结合，实现了公平与效率的有机结合。

4. 以支定收、量入为出、收支平衡、略有积累原则

征收医疗保险费的原则是"以支定收"。在确定医疗保险费标准时，应考虑以往的医疗费用实际支出，尤其是医疗费用的上涨速度。医疗保险基金的使用原则是"量入为出"，即医疗保险费标准一旦被确定下来后，只能量入为出。医疗保险机构一定要根据医疗保险基金的经济实力，决定偿付标准的高低。"收支平衡"是医疗保险基金运营的基本要求。"略有积累"是医疗保险未来发展的要求，积累部分资金，一是以备疾病大流行时使用，主要针对急性传染病；二是以备职工队伍年龄老化时使用，主要针对慢性病。

5.保险费用实行三方负担制原则

国家、单位、个人三方负担制原则包含两层意思：一是医疗保险基金由国家、单位、个人三方面共同筹资，改变公费医疗经费完全由财政支付、劳保医疗经费完全由企业支付的局面。二是医疗费用由国家、单位、个人三方面负担，有利于使劳动者的病伤得到及时、有效的医治，有利于消除或减轻劳动者及其家属由于患病或负伤而在经济或精神上产生的负担，有利于增强患者的费用意识和保证劳动者及其家庭的正常生活。

5.1.5　医疗保险的建立和发展

1.医疗保险的前身

18世纪末和19世纪初，欧洲出现了一些民间保险组织，如"友谊社""共济会"等，它们是由工人自发组织的，只要缴纳一定的互助金，看病时就可以得到相应的经济补助。此外，行会也会建立一些医疗会互助办法。1850年，商业健康保险在美国出现。这些都是现代医疗保险制度的前身。

2.医疗保险的确立和扩展

世界上第一个医疗保险制度是在德国建立的。1883年，德国俾斯麦政府颁布《疾病保险法》，标志着医疗保险制度的确立。该法律的出台要早于养老保险、工伤保险等其他相关法律。20世纪初，以英国为代表的福利国家实行全民医疗保险制度，政府财政全面负担医疗保险资金，并建立公立医疗服务机构，向全社会成员提供近乎免费的医疗服务，个人不用缴费即可享受所需的各种医疗服务。瑞典、芬兰、挪威等国家都普遍推行该制度。之后，医疗保险制度在一些发展中国家也逐步建立起来，如印度(1948年)、阿尔及利亚(1949年)、中国(1951年)、突尼斯(1960年)、古巴(1979年)等相继立法实施。这一时期，医疗保险普及全球，覆盖范围不断扩大，待遇水平等不断提高。

3.医疗保险的发展和改革

20世纪70年代后，随着西方经济衰退、人口老龄化和医疗高科技的应用，许多国家的医疗保险费用支出比例占GDP的比重越来越大，现有的医疗保险制度在实施中遇到很多问题。如医疗保险财政负担过重、医疗费用增长过快、医疗资源浪费严重、部分医疗需求得不到有效满足等，这些问题极大地影响了经济发展和医疗保险制度的建设。针对医疗保险中的问题，各国纷纷开始寻求改革之路。其中，控制医疗保险费用成为改革的重点和难点。

5.2　医疗保险的制度模式

由于各国历史背景不同，医疗保险模式也不同，但是迄今为止，还没有哪一个国家的医疗保险制度是完美无缺的，各个国家都在对医疗保险制度进行改革。根据各国医疗服务提供方式和医疗保险费用渠道等因素的不同，医疗保险制度主要分为国家医疗保险模式、社会医疗保险模式、集资医疗保险模式、储蓄医疗保险模式、商业医疗保险模式、混合医疗保险模式等。

5.2.1 国家医疗保险模式

国家医疗保险模式也称为全民医疗保险模式，是指政府直接兴办医疗保险事业，通过税收形式筹措医疗保险基金，采取预算拨款给公立医疗机构的形式，向全体公民提供免费或低收费的医疗服务模式。实行国家医疗保险模式的国家，均为公立医疗机构提供各种医疗服务。医疗服务的获得具有国家垄断性，在公立医疗机构工作的医务人员的工资由国家财政负担。英国、加拿大、瑞典、丹麦等国家所实行的资本主义福利型的全民医疗保险都属于此类。

国家医疗保险模式主要有以下几个特征。

(1) 医疗保险的对象是全体公民，医疗服务福利化。

(2) 医疗保险基金绝大部分来自国家财政预算。

(3) 医疗服务具有国家垄断性。

实行国家医疗保险模式的优点：大大降低了个人和企业的医疗负担，可以最大限度地确保公民的健康。缺点：一方面，供需双方因缺乏费用意识，使得医疗费用水平过高，医疗费用大幅度上升，医疗资源极大地浪费，政府财政不堪重负；另一方面，医疗机构的治疗服务出现了许多不尽如人意的地方，如服务质量差等。

5.2.2 社会医疗保险模式

社会医疗保险模式是国家通过立法形式强制实施的，由雇主和个人按一定比例缴纳医疗保险费用建立社会保险基金，用于支付雇员及其家属医疗费用的一种医疗保险制度。社会医疗保险基金的征集一般按“以支定收、以收定付、收支平衡”的原则进行，国家采取税前方式提供支持，必要时由国家或地方政府实行财政兜底。

目前，世界上有一百多个国家采用这种医疗保险模式，主要有以下几个特征。

(1) 社会医疗保险主要由雇主按单位职工总额和个人收入的相应比例共同缴纳，同时政府给予一定的补助。

(2) 医疗保险基金的筹措和支付实行“以支定收、以收定付、收支平衡”的原则。

社会医疗保险模式的优点：第一，互助互济，风险分担，实质上是高收入者的一部分收入向低收入者转移，健康者的一部分收入向多病者转移，也是个人收入的再分配，以实现社会的稳定与和谐为目标；第二，医疗保险机构与医疗机构建立了契约关系，能够促进医院提供优质的医疗服务。缺点：对医疗服务的供给和需求，双方缺乏有力的制度措施，导致医疗保险基金的收与支循环上升。

5.2.3 集资医疗保险模式

集资医疗保险模式又叫社区合作医疗模式，是指在各级政府的支持下，面向城市及农村人群按照参加者"风险分担，互助互济"的原则多方筹措资金，用以支持参保人及其家庭成员的医疗预防、保健等服务费用的一项综合性医疗保健模式。集资医疗保险以中国的合作医疗和泰国的健康保险卡制度为典型代表。

集资医疗保险模式具有如下几个特征。

(1) 城镇居民和农民、地方政府、中央政府三方共同出资建立统筹基金。

(2) 合作医疗补偿以大病住院费用为主，兼顾门诊费用。

(3) 居民或农民自愿参加，各地方政府结合各地实际，有针对性地选择适合各地的发展模式，采取不同的补偿模式及管理模式。

集资医疗保险模式的优点：居民或农民缴费少，易于动员其参加，有利于提高其互助互济的意识，鼓励参保居民或农民及时就医，具有较强的抗风险能力。缺点：资金有限，人群受益小，单纯的大病统筹补偿能力只覆盖3%～5%的患者。

5.2.4　储蓄医疗保险模式

储蓄医疗保险模式是强制性储蓄保险的一种形式，其筹集医疗保险基金的形式既不是强制性地纳税，也不是强制性地缴纳医疗保险费或自愿购买医疗保险，而是依据法律规定，强制劳方或劳资双方缴费，以雇员的名义建立保健储蓄账户，用于支付医疗费用。这种模式源于18世纪英国产业革命的"职业保障基金"，以后逐渐传播到英殖民地国家，如新加坡、马来西亚、印度、印度尼西亚等，其中以新加坡发展得最为成功。

储蓄医疗保险模式主要有如下几个特点。

(1) 强制储蓄。新加坡的保健储蓄是一项全国性、强制性的储蓄计划，其目的在于帮助新加坡的个人储蓄支付本人及家属的住院费用，为未来的医疗费用而储蓄。新加坡的医疗保健体制以个人责任为基础，政府分担部分费用，以保证基本医疗服务。他们认为，病人必须支付部分医疗费。因此，病人享受医疗服务的水平越高，付费也应该越多，这样既能鼓励储蓄者审慎地利用卫生资源，又可使其在必要时使用高等病房或者去私人医院，避免其陷入"免费"的泥潭。

(2) 费用支付限定。新加坡政府规定，保健储蓄账户的存款可以用作支付本人及家庭成员的住院治病和部分昂贵的门诊检查治疗项目的费用，同时规定了住院支付费用的限额。之所以这样规定，是为了防止个人保健储蓄者过早地用完保健储蓄金，也为了使病人在享受高级医疗服务时自己负担一部分，以助其增强费用意识。

(3) 纵向积累。由于这一模式要求每一代人解决自身的医疗保健需要，避免上一代人的医疗保健费用转移到下一代人身上，因此，这种以储蓄为基础的医疗保险具有纵向累积功能，能更好地解决老龄人口医疗保健需要的筹资问题。而且，由于医疗服务的费用承担并没有转嫁到第三方付款人身上，有利于提高个人责任感，激励人们审慎地享有医疗服务，也可避免医疗服务的浪费。

5.2.5　商业医疗保险模式

商业医疗保险模式是指由商业保险公司承办，以盈利为目的，把医疗保险和医疗服务作为商品投放到医疗保险市场和医疗服务市场，按市场机制自由经营的一种医疗保险模式。该模式的医疗保险基金的筹措不是强制性的，而是由投保人自愿选择保险项目，自愿缴纳相应的医疗保险费用。商业医疗保险的投保方既可以是个人、企业，也可以是民间团体或政府，提供方是民间团体或私人保险公司。目前，美国是发达国家中实施商业医疗保险的典型代表。

商业医疗保险模式主要有如下几个特征。

(1) 医疗保险是一种商品，其供求关系由市场调节，保险机构根据社会的多层次需求，以形式灵活、品种多样的保险产品与保险提供方式来满足不同人群的需求。

(2) 个人或企业自愿投保，共同分担意外事故所造成的经济损失。

(3) 保险与被保险双方签订合同，双方履行合同规定的权利和义务。

商业医疗保险模式的优点：能够满足不同社会阶层对医疗服务的需求；公民自由选择商业医疗保险机构，可促使其在价格和服务质量上相互竞争。缺点：保险覆盖面不广，商业保险公司以盈利为目的，对参保人的身体条件要求十分严格，老年人和体弱多病者往往被排除在外。

5.2.6　混合医疗保险模式

混合医疗保险模式可能具有多种医疗保险模式的特征，但又不完全等同于某一主要模式。比如，既有国家医疗保险模式为公民提供的免费性质的医疗服务，又有私立医院机构为公民提供的营利性质的医疗服务。从医疗保障的覆盖范围看，我国目前对城镇居民与农村居民分别提供水平差异很大的医疗保障，城市居民可以有比较完善的医疗保险，即城市居民可以享受公费医疗保险、劳保医疗保险和城镇居民医疗保险，而农村居民只能获得农村合作医疗保险在大病住院费用方面的帮助，这实际上就是混合医疗保险模式。

5.3　医疗保险的基本内容

5.3.1　医疗保险基金的筹集及负担方式

1. 政府全额负担

在实行全民免费医疗的国家，医疗保险基金主要来自联邦政府或地方政府的财政拨款，这些国家的公民就医时通常只支付少量的挂号费、门诊费与药费。在英国、俄罗斯、朝鲜、古巴、澳大利亚、加拿大等国家，都对全民实行免费医疗，以国家财政负担为主。在一些未实行全民免费医疗的国家，一部分特殊群体，如老人、低收入群体、儿童等的医疗费用也是由政府负担，其经费主要来自联邦政府的财政拨款。

2. 政府和个人负担

医疗费用由政府和个人负担，具体包括两种方式。一种方式是，政府负担居民在公立医院或公立医院保险机构的费用。例如，澳大利亚政府实行的是全民医疗保险制度，所有居民均可免费在公立医院得到基本的医疗服务，但是在私立医院就医时必须自费。购买私人医疗保险的公民既可以到私立医院看病，也可到公立医院以自费病人的身份就医，政府负责支付75%的费用。另一种方式是，个人缴纳部分医疗保险费，政府给予补助。例如，日本、韩国、泰国等国家对农民的医疗保险均采用这种方法。我国城镇居民基本医疗保险、新型农村合作医疗的筹资也是通过个人缴费与政府补助来实现的。

3. 政府、企业和个人负担

实行社会医疗保险的大多数国家都采用了这种方法，只是三方负担的比例有所不同。在医疗保险经费来源中，除了企业与个人按工资收入的一定比例缴纳外，不足的部分可由国家及政府财政补贴。1934年，日本颁布了《国民健康保险法》，要求所有国民必须加入国民健康保险。国民健康保险包括所有职工、从业人员和农民。有单位的从业人员的健康保险由政府、各大企业、个人三方负担。

4. 企业和个人负担

商业医疗保险基金主要来自参保者个人及其雇主缴纳的保险费，一般而言，政府财政不出资或不补贴。美国是实施商业医疗保险模式的典型代表，通常雇主为雇员及其家属购买医疗保险，雇员本人也要承担较少的一部分费用。

5. 个人全额负担

自营业者及其从业人员、自由职业者参加医疗保险时，基本是由个人全额负担保险费用。在一些国家，仍有居民自发组织医疗互助会，但他们得不到任何经费补贴。在日本就存在农民户主保险组合，它既不同于商业保险，也不同于政府举办的社会医疗保险，其资金由所有成员缴纳的会费及保险费构成。参加保险的人相互之间比较熟悉，他们缴纳的钱全部用在自己的身上，即通过彼此互助来减轻个人的就医负担。

5.3.2　医疗保险基金的缴纳方式

医疗保险基金的缴纳方式有多种：固定保险费金额；与工资挂钩(按工资的一定比例缴纳)；与收入挂钩(按工资和工资以外的全部收入的一定百分比缴纳)等。据目前世界各国的情况来看，医疗保险基金通常采用的缴费方式是与工资挂钩，即采用工资税的方式。这种方式的优点：考虑了每个人的支付能力，使参保人都支付得起医疗保险费；二是有利于控制医疗保险筹资与工资收入的相对水平，不至于过高或过低；三是有利于建立随工资水平变化而相应调整医疗保险筹资水平的自然调整机制；四是可以通过制定不同的税率进行收入再分配，防止社会人群收入水平差距过大。

医疗保险的缴费率可以通过以下公式计算

$$缴费率(CR) = \frac{支付待遇 + 管理费 + 必要的储备金}{被保险人工资总额}$$

在缴纳保险费用时,个人和用人单位可以按相同的比例缴费,也可以按不同的比例缴费。一般而言,用人单位缴纳的保费率比个人要高。

为了体现公平,各国都规定了医疗保险缴费工资的上下限,即当工资达到下限水平时,才开始计算应缴纳的保险费;而超过上限水平时,不再多收保险费。

5.3.3 医疗保险的支付方式

医疗保险支付是医疗保险运行体系中的一个重要环节,是指参保者缴纳保险费后,保险机构依据合同的规定或法律的规定,给付被保险人因患病而发生的医疗费用,或者直接补偿医疗服务提供者为参保者提供适宜服务所需的费用。

医疗费支付从原理上来说是保险机构对医院的支付,即所谓"第三方付费"。支付方式有多种,大体上可分为先付制和后付制。先付制是指医疗保险机构在保险期刚开始就预先支付全部费用,无论以后发生多少费用都由医院承担;后付制则是指医疗保险机构在保险期末根据医疗机构提供服务的实际情况如数支付费用。先付制能有效控制医院的医疗行为和医疗费用,但易导致服务质量降低,患者的医疗需求得不到有效满足;后付制有利于参保人自由地选择医疗服务项目,医疗服务需求能够更大限度地得到满足,但容易引发医院的过度提供和患者的过度需求,造成医疗资源的极大浪费。

在各国实践中,经常采用的支付方式有按服务项目付费、按人头付费、总额预算控制、按病种付费、工资制、定额付费制、按疾病诊断相关分组付费等。

1. 按服务项目付费

按服务项目付费是医疗保险最传统、应用最广泛的支付方式。它是指医疗保险机构根据医疗机构上报的医疗服务项目和服务量向医疗机构支付费用,它属于事后付费。在具体操作时,可以先由医疗单位付费后再与医疗保险机构结算,也可以先由患者垫付再由医疗保险机构报销部分或全部费用。这种付费方式具有实际操作方便、数量直接相关的特点,医疗机构因此具有提供过度服务甚至虚报的动机。同时,第三方付费的事实易使医患双方缺乏费用控制机制,从而容易造成医疗资源的浪费等。

2. 按人头付费

按人头付费是指医疗保险机构按合同规定的时间(如一年),根据接受医疗服务的被保险人人数和规定的收费标准,支付医疗服务费用的支付方式。在此期间(一年),医疗机构负责提供合同规定范围内的一切医疗服务,不再另行收费。按人头付费实际上就是一定时期、一定人数的医疗费用包干制。由于医疗机构的收入与被保险者的人数成正比,与提供的服务成反比,结余归自己,超支自付,这就产生了内在的成本制约机制,从而有利于控制医疗费用以及合理利用卫生资源。不过,这种付费方式也可能导致医疗机构因医疗费用较低而减少服务提供或降低服务质量的现象。为了保证医疗质量，防止医疗服务质量降低，一些国家甚至规定了每个医生最多照管病人的数量。在丹麦、荷兰、英国实行按人头付费的办法后，意大利、美国等国家也广泛采用这种方式来支付医疗费用。

3. 总额预算控制

总额预算控制是指医疗保险机构综合考察和测算服务地区的人口密度、人口死亡率，以及医院的规模、服务数量和质量、设备设施情况等因素，与医院协商合理确定当地年度医疗费用总额控制目标，并将总额控制目标细化分解到各级各类医疗机构的支付医疗费用的方式。这种付费方式的特点：医疗机构必须保证质量、规范诊疗，为前来就诊的被保险人提供合同规定的服务，自负盈亏。这种方式有利于控制医疗费用过快增长，最终提升医疗保险保障绩效，更好地保障患者的医疗权益。目前，英国、加拿大、澳大利亚等国家采用这种付费方式。

4. 按病种付费

按病种付费的方式是指根据国际疾病分类法，将住院病人的疾病分为若干组，每组又根据疾病的轻重程度及有无合并症、并发症分成若干级，同时将病人按诊断、年龄、性别等分为若干组，对每一组的不同级别分别制定价格标准，按照相应的价格对该组某级疾病治疗的全过程进行一次性支付。简单地讲，就是按诊断的住院病人的病种进行定额支付。该方式的优点：可以激励医院为获得利润而主动降低成本，缩短平均住院口，可以在一定程度上减缓和控制医疗费用上升的趋势。缺点：难以在不同的医院、服务项目、质量以及病例的组合中建立准确、恰当的分类系统；尤其是当诊断界限不明时，容易诱使医生将诊断升级，以获得较多的费用支付；而且该标准的制定过程复杂，调整频繁，管理成本较高。

5. 工资制

工资制是指社会保险机构根据全国医疗服务机构的医务人员所提供的服务向他们发工资，以补偿医疗机构的人力资源消耗。这种方式的优点：医疗保险机构能够较好地控制医院的总成本和人员开支，也使医务人员的收入有保障。缺点：由于医疗保险机构支付给医务人员的费用是固定的，与医务人员提供服务的数量和质量无关，所以难以形成激励机制，有可能导致医疗服务质量的下降。这种方式广泛应用于芬兰、瑞典、苏联、西班牙、葡萄牙、希腊、土耳其、印度、印度尼西亚、以色列以及拉美国家，英国、加拿大等公立医院里也实行这种方式。

6. 定额付费制

定额付费制也叫按服务单元付费，主要是指医疗保险机构将整个医疗服务过程划分为门诊人次、住院人次、住院床日等单元，根据历史资料和各种因素制定平均服务单元费用标准，然后根据医疗机构的服务单元量进行费用支付。该办法的主要缺陷：易诱导医院对患者进行选择，医院更愿意接受住院患者，且乐于延长患者住院日，过度提供服务；医院有可能产生分解患者诊疗次数以增加服务单元总数的动机，这将产生道德风险；还可能导致医院竞争意识减弱，服务质量下降。

7. 按疾病诊断相关分组付费

按疾病诊断相关分组(Diagnosis Related Groups，DRGs)，是一种基于疾病病种分类、组合的科学付费方法。它根据病人的年龄、性别、住院天数、临床诊断、病症、手术、疾病严重程度、合并症与并发症及转归等因素把病人分入500～600个诊断相关组，然后按照所分入的疾病相关组付账。DRGs与按病种付费都是以疾病诊断为基础的患者分类方案，但按病种付费只考虑疾病诊断，而DRGs同样关注病种间费用的比较，是主诊断相同且耗用资源相似的一个病例组合。这种付费方式存在的问题：医院在诊断过程中有向收费高的病种诊断攀升的倾向；有的医院因为收入减少而被迫取消某些社会需要但投资大的临床服务项目。

在实行过程中，上述结算方法各有利弊，为了更好地控制医院的行为和医疗费用支出，各国倾向于采用多元的结算办法，针对不同的保险群体以及不同的医疗服务采用不同的结算办法。完善结算办法及其组合是各国医疗保险制度改革的重要内容，目的是借此控制医院的行为，促进医疗资源的合理配置。

近年来，我国多采用以总额控制为主，按病种付费、按人头付费、定额付费相配套的组合结算办法。

知识链接

我国医疗保险支付方式的改革

一、国务院办公厅关于进一步深化基本医疗保险支付方式改革的指导意见(国办发〔2017〕55号)

医保支付是基本医保管理和深化医改的重要环节，是调节医疗服务行为、引导医疗资源配置的重要杠杆。新一轮医改以来，各地积极探索医保支付方式改革，在保障参保人员权益、控制医保基金不合理支出等方面取得积极成效，但医保对医疗服务供需双方特别是对供方的引导制约作用尚未得到有效发挥。为更好地保障参保人员权益、规范医疗服务行为、控制医疗费用不合理增长，充分发挥医保在医改中的基础性作用，经国务院同意，现就进一步深化基本医疗保险支付方式改革，改革的主要内容包括以下几方面。

1. 实行多元复合式医保支付方式

针对不同医疗服务特点，推进医保支付方式分类改革。对住院医疗服务，主要按病种、按疾病诊断相关分组付费，长期、慢性病住院医疗服务可按床日付费；对基层医疗服务，可按人头付费，积极探索将按人头付费与慢性病管理相结合；对不宜打包付费的复杂病例和门诊费用，可按项目付费。探索符合中医药服务特点的支付方式，鼓励提供和使用适宜的中医药服务。

2. 重点推行按病种付费

原则上对诊疗方案和出入院标准比较明确、诊疗技术比较成熟的疾病实行按病种付费。逐步将日间手术以及符合条件的中西医病种门诊治疗纳入医保基金病种付费范围。建立健全谈判协商机制，以既往费用数据和医保基金支付能力为基础，在保证疗效的基础上科学合理确定中西医病种付费标准，引导适宜技术，节约医疗费用。做好按病种收费、付费政策衔接，合理确定收费、付费标准，由医保基金和个人共同分担。加快制定医疗服务项目技术规范，实现全国范围内医疗服务项目名称和内涵的统一。逐步统一疾病分类编码(ICD—10)、手术与操作编码系统，明确病历及病案首页书写规范，制定完善符合基本医疗需求的临床路径等行业技术标准，为推行按病种付费打下良好基础。

3. 开展按疾病诊断相关分组付费试点

探索建立按疾病诊断相关分组付费体系。按疾病病情严重程度、治疗方法复杂程度和实际资源消耗水平等进行病种分组，坚持分组公开、分组逻辑公开、基础费率公开，结合实际确定和调整完善各组之间的相对比价关系。可以疾病诊断相关分组技术为支撑进行医疗机构诊疗成本与疗效测量评价，加强不同医疗机构同一病种组间的横向比较，利用评价结果完善医保付费机制，促进医疗机构提升绩效、控制费用。加快提升医保精细化管理水平，逐步将疾病诊断相关分组用于实际付费并扩大应用范围。疾病诊断相关分组收费、付费标准包括医保基金和个人付费在内的全部医疗费用。

4. 完善按人头付费、按床日付费等支付方式

支持分级诊疗模式和家庭医生签约服务制度建设，依托基层医疗卫生机构推行门诊统筹按人头付费，促进基层医疗卫生机构提供优质医疗服务。各统筹地区要明确按人头付费的基本医疗服务包范围，保障医保目录内药品、基本医疗服务费用和一般诊疗费的支付。逐步从糖尿病、高血压、慢性肾功能衰竭等治疗方案标准、评估指标明确的慢性病入手，开展特殊慢性病按人头付费，鼓励医疗机构做好健康管理。有条件的地区可探索将签约居民的门诊基金按人头支付给基层医疗卫生机构或家庭医生团队，患者向医院转诊的，由基层医疗卫生机构或家庭医生团队支付一定的转诊费用。对于精神病、安宁疗护、医疗康复等需要长期住院治疗且日均费用较稳定的疾病，可采取按床日付费的方式，同时加强对平均住院天数、日均费用以及治疗效果的考核评估。

5. 强化医保对医疗行为的监管

完善医保服务协议管理，将监管重点从医疗费用控制转向医疗费用和医疗质量双控制。根据各级各类医疗机构的功能定位和服务特点，分类完善科学合理的考核评价体系，将考核结果与医保基金支付挂钩。中医医疗机构考核指标应包括中医药服务提供比例。有条件的地方医保经办机构可以按协议约定向医疗机构预付一部分医保资金，缓解其资金运行压力。医保经办机构要全面推开医保智能监控工作，实现医保费用结算从部分审核向全面审核转变，从事后纠正向事前提示、事中监督转变，从单纯管制向监督、管理、服务相结合转变。不断完善医保信息系统，确保信息安全。积极探索将医保监管延伸到医务人员医疗服务行为的有效方式，探索将监管考核结果向社会公布，促进医疗机构强化医务人员管理。

二、天津市基本医疗保险支付方式改革

2013年以来，天津市按照"三个结合"的思路，积极推进多元复合式医保支付方式：结合预算管理全面实施了医保总额控制，结合住院医疗服务探索了按病种付费，结合门诊慢病管理探索了按人头付费。日前，天津市政府印发《关于进一步深化天津市基本医疗保险支付方式改革实施方案》(津政办函〔2017〕93号)，推出十项重大举措，深入推进医保支付方式改革，引导医疗机构提升服务效能，减轻参保人员负担，提高群众的就医诊疗满意度。到2020年，医保支付方式改革将覆盖所有医疗机构及医疗服务。

1. 实行复合式支付方式

在强化医保基金预算管理的基础上，针对不同医疗服务特点，推进医保支付方式分类改革。对住院医疗服务，主要推行按病种、按疾病诊断相关分组付费，对长期、慢性病住院医疗服务，可按床日付费；对门诊医疗服务，可按人头付费，积极探索将按人头付费与慢性病管理相结合；对不宜打包付费的复杂病例和门诊费用，可按项目付费。

2. 加强医保基金预算管理

按照以收定支、收支平衡、有所结余的原则，科学编制并严格执行医保基金收支预算，加快推进医保基金收支决算公开，接受社会监督。继续结合医保基金预算管理完善总额控制办法，提高总额控制指标的科学性、合理性。完善与总额控制相适应的考核评价体系和动态调整机制，对超总额控制指标的医疗机构合理增加的工作量，可根据全市医保基金预算执行情况和监管考核情况，按协议约定给予补偿。总额控制指标应向基层医疗卫生机构、儿童医疗机构等适当倾斜，制定过程按规定向医疗机构、相关部门和社会公开。

3. 加快推进按病种付费

全面总结110个住院病种按病种付费的有益经验，综合考虑参保人员发病情况，选择临床路径明确、技术成熟、质量可控且费用稳定的病种，兼顾儿童白血病、先天性心脏病等有重大社会影响的疾病，实行按病种付费，不断扩大按病种付费的病种和医疗机构范围。做好按病种收费、付费政策衔接，合理确定收费、付费标准，由医保基金和个人共同分担。逐步将日间手术病种以及符合开展条件的医疗机构，纳入按病种付费范围。参保人员选择日间手术方式治疗所发生的医疗费用，参照住院有关规定报销，且不设起付标准。

首批按病种改革试点涵盖老年白内障、冠状动脉搭桥术、鞘膜积液、卵巢囊肿、结节性甲状腺肿、急性阑尾炎、腰椎间盘突出症等常见的110个病种，包括外科病种46个、心脏科病种22个、骨科病种17个、妇科病种17个、眼科病种8个。

截至2017年8月底，全市累计完成按病种付费结算病例8400余例，发生医疗费用3.4亿元，患者人均负担比改革前降低30%以上，改革医院通过控制医疗成本实现例均结余近2千元，初步达到了患者负担减轻、医院降本增效、医保支出可控的改革效果。

4. 推广按人头付费

全面推广糖尿病按人头付费，将承担基本公共卫生糖尿病健康管理服务任务的二级及以下医疗机构，全部纳入实施范围。积极开展其他特殊慢性病按人头付费，从治疗方案标准、评估指标明确的门诊特定疾病、门诊慢性病入手，进一步扩大按人头付费改革范围，先试点再推开，成熟一个、推广一个。探索普通门诊按人头付费，积极支持分级诊疗模式和家庭医生签约服务制度建设，主要依托基层医疗卫生机构逐步推行普通门诊统筹按人头付费，促进基层医疗卫生机构提供优质医疗服务。确定按人头付费的基本医疗服务范围，保障医保目录内药品、基本医疗服务费用和一般诊疗费的支付。探索将签约居民的门诊基金按人头支付给签约基层医疗卫生机构或家庭医生团队，患者向医院转诊的，由签约基层医疗卫生机构或家庭医生团队支付一定的转诊费用。

2013年底以来，天津市在二级医疗基层医疗机构，开展了糖尿病按人头付费试点工作，通过患者定点就医、医院签约服务、医保按人头付费的"契约式"管理服务模式，以及结余留用、超支不补的激励约束机制，促进试点医院加强自我管理，提高糖尿病患者健康管理水平和医保基金使用效率。目前，试点工作覆盖33家医疗机构、1家医疗集团和近2万名糖尿病患者。通过改革，患者慢病健康管理得到有效保障，个人负担水平比改革前下降近5000元。

5. 探索其他支付方式

综合考虑疾病的多样性、复杂性，以及医疗机构的服务特色，积极探索其他形式的支付方式改革。对于精神病、安宁疗护、医疗康复等需要长期住院治疗且日均费用较稳定的疾病，探索采取按床日付费的方式，加强对平均住院天数、日均费用以及治疗效果的考核评估。在国家统一安排下，探索建立按疾病诊断相关分组付费体系，加快提升医保精细化管理水平，逐步将疾病诊断相关分组用于实际付费。探索将点数法与预算总额管理、按病种付费等相结合，优化支付方式管理。探索符合中医药服务、中西医门诊治疗特点的支付方式，鼓励提供和使用适宜的中医药服务。

6. 加强医保对医疗行为监管

医保经办机构要完善医保服务协议管理，将监管重点从医疗费用控制转向医疗费用和医疗质量双控制。全面实施医保智能监控，加强对医保费用的全面审核。医保监督检查机构要把握监管规律，着力从事后纠正向事前提示、事中监督转变，从单纯管制向监督、管理、服务相结合转变。将医保监管延伸到医务人员和参保人员的就医诊疗行为，依法严厉打击各种欺诈骗保等违法违规行为。

7. 完善考核评价体系

构建以参保人员个人负担程度和满意程度为核心的考核评价体系，强化对医疗机构工作量、参保人员满意度、参保人员个人负担率的考核，保证医保支付方式改革切实保障人民群众的实际利益。强化医保服务协议考核，对医疗机构执行医保服务协议情况进行考核评价。考核评价结果与医保基金支付挂钩。通过考核评价，防范减少服务内容、降低服务标准、推诿重症患者等行为。

8. 完善付费协商机制

健全医保经办机构与医疗机构之间的协商机制，促进医疗机构集体协商。充分考虑医疗机构服务能力、历史医疗费用状况、经济社会发展水平、医保基金支付能力等各种因素，合理确定医保支付标准和医疗服务内容，并根据实际情况适时调整，引导应用适宜技术，节约医疗费用。医保经办机构与医疗机构协商，要充分代表广大参保人员的利益，发挥集团购买优势，确保改革后参保人员负担总体不增加。

9.健全激励约束机制

以"结余留用、合理超支分担"为基础，根据不同支付方式的特点，进行调整完善，构建更加健全完善的激励约束机制，激励医疗机构加强自我管理，提高效率和质量。实行支付方式改革的医疗机构，实际发生费用低于约定支付标准的，结余部分原则上由医疗机构留用；实际发生费用超过约定支付标准的，超出部分原则上由医疗机构承担，对于合理超支部分，可在协商谈判的基础上，由医疗机构和医保基金分担。

10.完善医保支付政策

充分考虑医保基金支付能力、社会总体承受能力和参保人员个人负担，坚持基本保障和责任分担的原则，按照规定程序调整待遇政策，科学合理地确定药品和医疗服务项目的医保支付标准。按照国家改革部署要求，严格规范基本医保责任边界，基本医保重点保障符合"临床必需、安全有效、价格合理"原则的药品、医疗服务和基本服务设施的相关费用。公共卫生费用、与疾病治疗无直接关系的体育健身或养生保健消费等，不得纳入医保支付范围。

近年来，天津市推行了医保领域的一系列改革，创造了多个全国率先：率先实现了医保制度的城乡统筹、全市统一管理；率先建立了医保实时监控系统，实现了对就医诊疗行为的精准监管；率先实现了与国家医保异地就医结算平台的对接，为全国各地提供了示范和模板。医保支付方式改革，是全面推进医保改革的核心内容，是深化医药卫生体制改革的关键环节。率先出台深化医保支付方式改革的实施方案，核心是通过医保支付方式改革，促进医疗资源优化配置，提高医保基金使用效能，发挥好调节医疗服务行为、维护参保人员权益的杠杆作用。

经过多年的发展，天津市医疗保险制度基本成熟定型，并步入了精细化管理的新阶段。医保支付方式改革的不断深化，将为广大群众提供更加精细化、现代化、人本化的服务，让每一名参保人员享受到更加便捷、贴心的医疗保障。

资料来源：人力资源与社会保障部官网.http://www.mohrss.gov.cn/SYrlzyhshbzb/shehuibaozhang/gzdt/201706/t20170629_273315.html.

天津市人力资源与社会保障局官网.http://www.tj.lss.gov.cn/ecdomain/framework/tj/mciakmldehicbbodidnlmldmhkighpdn.jsp.

5.3.4 享受待遇的资格条件

由于医疗保险制度采用第三方付费方式，医疗保险机构、被保险者和医疗服务提供者三个行为主体由于经济利益的道德差异及信息不对称，致使道德风险严重。其中，以被保险人和医疗服务提供者的道德风险为甚。所以各国都对享受医疗保险的资格条件作出了严格的规定，只有满足这些条件才能享受到医疗保险待遇。

1. 参保和缴费

要享受医疗保险必须参加保险和缴费。医疗保险制度大多实行年度或每期收支平衡，根据权利和义务的对等性，每年或者每期履行了缴费义务之后才有资格享受医疗保险。例如，我国的新型农村合作医疗制度，每年12月进行保险费用的征缴工作，只有缴费的成员才能在下年度享受医疗保险服务；如果不缴纳保费，下年度的医疗费用就不能报销。

2. 符合"两定点三目录"和"逐级转诊"规定

对于参保患者，医疗保险制度规定了详细的"两定点三目录"的报销范围，只有符合规定的医疗花费才能报销。参保患者必须去医保机构指定的医疗机构和药店接受服务，否则费用自付。而且诊疗项目、用药以及使用的医疗器械，在规定范围内的可以报销，超出规定范围的则要自付。此外，患者必须按照逐级转诊转院制度接受医疗服务，不按逐级规定、没有转诊许可证明的花费不能享受保险待遇。

5.3.5　待遇支付水平

医疗保险待遇支付可以是独立的，比如规定门诊和住院分别用不同的账户支付，但待遇支付和待遇水平一般是合为一体的。医疗保险中的待遇水平由三方面体现，即起付线、封顶线和报销比例。让参保患者负担一部分医疗费用有助于控制保险经费。

1. 起付线

起付线方法又称扣除法，是指被保险人只有在支付一定数额的医疗服务费用之后，保险机构才负责支付部分或全部的医疗费用。这个规定的数额被称为起付线。

该方法要求个人看病时自己先拿出一部分钱，这样有利于产生费用意识，控制医疗服务消费行为。小额费用由被保险人个人承担，有利于集中有限财力，保障高费用风险的疾病治疗，实现风险分担。将大量的小额医疗费用剔除在社会保险支付范围之外，减少了医疗保险结算的工作量，有利于降低管理成本。

该方法的难点是起付线不好确定。起付线过低时，被保险人有可能过度使用医疗资源，产生道德风险，难以控制医疗费用；起付线过高时，会超过部分参保人的经济承受能力，抑制其正常的医疗需求，可能使部分参保人不能及时就医，小病拖成大病，反而增加了医疗费用。此外，过高的起付线，可能影响参保人参加社会医疗保险的积极性，缩小医疗保险覆盖面和受益面。

2. 封顶线

封顶线也称最高限额方式，是与起付线相反的费用分担方法。该方法是先规定一个医疗费用封顶线，社会医疗保险机构只偿付低于封顶线的医疗费用，超出封顶线的医疗费用由被保险人或由被保险人与其单位共同负担。

在社会经济发展水平和各方承受能力较低的情况下，设立封顶线有利于保障参保人享受费用比较低、各方都可以承受的一般医疗；有利于限制被保险人对高额医疗服务的过度需求，以及医疗服务提供者对高额医疗服务的过度提供；有利于鼓励被保险人重视自身的身心健康，提高被保险人的身体素质，防止小病不治酿成大病。

3. 报销比例

通常情况下，起付线和封顶线之间的部分由参保患者和医疗保险机构共担，也就是由医疗保险机构报销一定比例。报销比例会因医疗费用高低有所不同，一般来说，患者发生医疗费用越高，报销比例就越高。

5.4 我国城镇职工基本医疗保险制度

5.4.1 我国城镇职工基本医疗保险制度的建立与发展

我国传统的医疗保障制度始建于20世纪50年代，它是基于我国城乡长期二元分割状态，由面向城镇居民的公费医疗、劳保医疗和面向农村居民的合作医疗三种制度共同构成的。其中，公费医疗和劳保医疗是中华人民共和国成立后为了适应以高度集中的指令性计划为特征的产品经济模式，以工资收入者为主要对象并惠及其家属的制度安排；劳保医疗是根据1951年中央人民政务院发布的《中华人民共和国劳动保险条例》(以下简称《条例》)确立的。《条例》对劳保医疗作出若干规定。1953年，政务院又发布了修正后的《中华人民共和国劳动保险条例》，其中对劳保医疗作出更明确的规定。1964年4月，劳动部全国总工会颁布了《关于改进企业职工劳保制度几个问题的通知》，又对劳保医疗进行了修订。现行的公费医疗始于1952年6月中央人民政府政务院颁布的《关于全国人民政府、党派、团体及所属事业单位的国家工作人员实行公费医疗预防的指示》，规定对全国各级政府、党派、工青妇(工会、青年团、妇联)等团体，各种工作队以及文化教育、卫生、经济建设事业单位的国家工作人员和革命残疾军人实行公费医疗制度。

表5-1 劳保医疗和公费医疗基本特征比较

类别	资金来源	管理单位	覆盖范围	劳保或公费医疗支付	个人支付
劳保医疗	企业职工福利金	企业	企业职工及其直系亲属、离退休人员	治疗、医药、检查、手术；因工负伤住院的膳费和就医路费；特殊贡献者的住院膳费、假肢等	挂号费、出诊费、住院膳费、家属半价医疗、家属住院费
公费医疗	国家财政预算拨款	政府卫生部门	国家机关和事业单位的工作人员及退休人员、高校学生、复员回乡的二等以上伤残军人	治疗、医药、检查、手术；因工负伤的住院膳费和就医路费；特殊贡献者的住院膳费、假肢等	挂号费、出诊费、住院膳费

尽管劳保医疗和公费医疗的经费来源和管理单位不同，但医疗保险的基本内容大致

相同，经费由政府和企业负担，个人基本上不用缴费，实质上是福利型的职工医疗保险制度。在这种制度下，政府和企业承担"无限责任"，个人无须承担任何风险。

由公费医疗、劳保医疗、合作医疗构成的医疗保障体系，应当说，在一定的历史条件下，对保障我国劳动者身体健康，解除或减轻劳动者因患病、负伤和生育等增加的物质和精神上的负担，保证社会劳动力的再生产，特别是提高社会劳动者的身体素质，推动社会生产力的发展，都起到了良好的作用。全国人均预期寿命从中华人民共和国成立时的37岁提高到2000年的72岁，人口死亡率从当时的20‰下降到6‰左右，均体现了传统医疗保障制度的巨大贡献。

随着我国经济体制改革的不断深化，传统的医疗保障体制因丧失相应的经济基础与组织依托，再加上其自身存在的一些内在缺陷，不得不进入改革时代。尤其是国有企业改革，使得传统的福利性医疗保险制度越来越不适应改革和发展的需要，存在的问题日益显露出来，主要表现在以下几个方面。

(1) 缺乏社会统筹和互助共济，社会化程度低。劳保医疗和公费医疗仅包括全民、集体企业的职工和机关事业单位的职工，仅覆盖城镇20%～25%的人口。改革开放以后发展起来的外商投资企业、股份制企业、私营企业及其职工和个体工商户基本上没有被纳入医疗保险的范围。这种状况很不适应我国当时多种经济成分并存的经济格局，不利于人才流动和劳动力的优化配置。致使非公有制企业职工得不到应有的医疗保障，即使是国有企业职工也基本上是以企业保险为主。单位"自我保险"，造成医疗风险不能分担，无法体现医疗保险的互助共济功能，管理和服务的社会化程度低，抗风险能力弱。而农村的合作医疗统筹层次低，社会化程度更低。

(2) 由于医疗费用支出的不确定性及其趋势的无限制扩张，国家和企业已经不堪重负，尤其是国有企业，状况堪忧。传统的医疗保险制度规定，职工就医费用由国家财政和企事业单位负责，个人基本不缴费，职工缺乏节约医药费用的约束力，医疗费用增长的速度比较快。1978年，全国公费劳保医疗费用总支出27亿元，1992年达到372亿元。据有关部门统计，1980—1989年，全国公费医疗费用开支年平均增长率为21.3%，远远超过GDP的增长率。企业效益好的时候，医疗报销的财务管理较松，资金大量浪费；而企业效益差的时候，职工切实的医疗保障问题则无法得到解决，企业卡紧了报销关，也使职工人心不稳，间接损害了企业的经济效益。

(3) 对医患双方缺乏有效的制约机制，医疗服务成本高、效率低，浪费严重。一些医疗单位在利益的驱动下，开大处方、人情方，滥检查，乱收费。一些职工缺乏节约医疗费的意识，"小病大养""一人看病，全家吃药"的现象严重。据有关部门调查分析，不合理的医疗费用支出占全部医疗费用的20%～30%。

(4) 医疗保险资源分布不合理，费用负担"苦乐不均"。医疗保险制度板块结构的特点，使政府在分配医疗保险资源时受到很大限制，医疗卫生设施在部门间、行业间、城乡间的差别巨大。另外，由于医疗保险供给是由劳动者所处的经济组织的性质决定的，医疗费用主要由劳动者所在单位进行核算，而各单位在供款、职工年龄结构、身体素质、职业病发病概率等方面存在差异，导致单位或企业之间的医疗费用负担加重。

(5) 缺乏合理的医疗费用筹措机制和个人积累机制，医疗费用没有稳定来源，医疗费用紧缺，难以保证医疗质量。劳保医疗费由企业自提自用，实质上是"企业自我保险"。它牵扯了企业大量的财力和人力，严重影响了企业的生产经营活动，不利于企业转换经营机制和建立现代企业制度。就公费医疗而言，若将有限的经费再分配到各单位管理，从全社会的角度看，就无法通过社会机制对分散到各单位的医疗费用进行合理的分配和调剂，难以实现社会横向共济的目标，从而使全社会承担疾病风险的能力随着有限经费的再分配和分散而大大降低。

(6) 管理不规范，管理体系不健全，制度不统一。我国传统的医疗保险制度一直没有建立科学、规范的法律、法规，完全是靠行政命令公布施行；一直没有一个专门的机构进行统一管理、协调、监督，管理体系不健全；公费医疗和劳保医疗分属不同部门管理，致使政策不统一，各自为政，医疗资源的配置常常出现浪费严重的现象；参保对象因所在单位不同，待遇差别较大，容易产生社会矛盾，引发社会问题。

5.4.2 城镇职工基本医疗保险制度的改革

1. 20世纪80年代职工医疗保险制度改革的探索

由于原医疗保险制度的上述缺陷日益突出，从20世纪80年代起，国家制定了一系列政策对职工医疗保险进行改革尝试。1984年，卫生部、财政部发出《关于进一步加强公费医疗管理的通知》；1989年，两部又联合颁布了《公费医疗管理办法》；1992年，国务院办公厅发出《关于进一步做好职工大病医疗费用社会统筹的意见的通知》；1993年11月，在中国共产党十四届三中全会上所做的决定，以及在1996年3月中华人民共和国第八届全国人民代表大会第四次会议通过的《中华人民共和国国民经济和社会发展"九五"计划和2010年远景目标纲要》，都涉及有关职工医疗保险改革的规定，各地开始探索医疗费用与个人利益挂钩、医疗费用定额管理和大病医疗费用社会统筹等改革办法。这些改革措施对增强个人意识、抑制医疗费用过快增长起了一定的作用，但是没有从根本上解决原有问题。

2. 1994年开始的职工医疗保险制度改革试点

在总结各地改革探索经验的基础上，1994年4月，经国务院批准，国家体改委、财政部、劳动部、卫生部联合颁布了《关于职工医疗保险制度改革的试点意见》，先是在江苏省镇江市、江西省九江市进行试点，后又把试点扩大到四十多个城市。改革的目标是"建立社会统筹医疗基金与个人医疗账户相结合的社会保险制度"。各地医疗保险制度改革取得了初步成效，主要表现在三个方面：一是建立了合理的医疗保险基金筹措机制和医疗费用机制，保障了职工的基本医疗需求；二是抑制了医疗费用的过快增长；三是促进了医疗机构改革。但试点中也出现了一些问题，主要是"两低一高""两困难"，即统筹层次低、企业参保率低和筹资比例偏高，以及基金征缴困难、医疗费用支出控制困难。

3. 1998年以来的城镇职工医疗保险制度改革的全面推进

在对若干重大问题进行深入细致的调查研究和分析的基础上，1998年12月15日，国务院颁布了《国务院关于建立城镇职工基本医疗保险制度的决定》(以下简称《决定》)。这次改革的主要任务是建立城镇职工基本医疗保险制度，同时考虑其他医疗保险模式，如企业补充医疗保险和商业医疗保险等。职工基本医疗保险制度的主要内容包括以下几点。

(1) 基本医疗保险费由用人单位和职工共同缴纳。

(2) 建立医疗保险统筹基金和医疗保险个人账户，单位和职工缴纳的基本医疗保险费要分别建立统筹基金和个人账户。

(3) 加强医疗保险费用的支出管理。

(4) 推进医疗服务配套改革。

在1998年颁布《决定》的基础上，劳动和社会保障部又于1999年颁布了《城镇职工基本医疗定点零售药店管理暂行办法》《城镇职工基本医疗保险定点医疗机构管理暂行办法》《城镇职工基本医疗保险诊疗项目管理、医疗服务设施范围和支付标准意见》，对城镇职工基本医疗保险制度改革作出了更加具体的规定；2004年，颁布了《关于实行国家公务员医疗补助的意见》；2002年，颁布了《关于加强城镇职工基本医疗保险个人账户管理的通知》和《关于妥善解决医疗保险制度改革有关问题的指导意见》；2003年，又颁布了《关于进一步做好扩大城镇职工基本医疗保险覆盖范围工作的通知》《关于城镇灵活就业人员参加基本医疗保障的指导意见》；2004年，颁布了《关于推进混合所有制企业和非公有制经济组织从业人员参加医疗保险的意见》。这些法律、法规对医疗保险制度改革中的重要方面和问题的解决提供了指导，为深化改革、进一步扩大基本医疗保险制度覆盖范围指明了方向。

4. 基本医疗保险与原有的公费、劳保医疗制度的比较

(1) 保险形式不同。公费医疗、劳保医疗属于单位保险，基金缺乏互助共济功能；基本医疗保险是社会保险，通过建立社会统筹基金和个人账户，具有互助共济功能，体现权利与义务对等的公平原则。

(2) 筹资机制不同。公费医疗、劳保医疗制度中职工医疗费用全部由国家财政、企业包揽，对医疗机构和患者双方缺乏制约机制，容易造成医疗费用过度膨胀和资金的浪费；基本医疗保险制度建立了单位和个人共同缴费的医疗保险统筹机制，提高了参保人员的医疗保险意识和费用意识，对医疗机构和患者双方有了一定的制约，能有效抑制医疗费用的浪费。

(3) 保险水平不同。公费医疗、劳保医疗制度个人不缴纳或只缴纳少量医疗费用，但可以享受全部医疗待遇，保险水平相对较高；基本医疗保险制度只是保障参保职工的基本医疗需求，保险水平相对较低。

(4) 覆盖面不同。公费医疗、劳保医疗制度仅限于机关事业单位的职工和全民、集

体企业的职工；基本医疗保险制度覆盖的范围是城镇所有单位，包括企业(国有企业、集体企业、外商投资企业、私营企业)、机关、事业单位、社会团体、民办非企业单位及其职工，有些地区还包括乡镇企业及其职工、城镇个体经济组织业主及其从业人员、失业人员等。

(5) 管理体制不同。公费医疗由卫生部门管理，劳保医疗由劳动部门管理；基本医疗保险实行社会化管理和属地化管理。

5.4.3　城镇职工基本医疗保险现行制度

现行的城镇职工基本医疗保险制度是与我国当前经济发展水平相适应的一种社会保险制度，其指导思想是"基本水平、广泛覆盖、双方负担、统账结合"，即基本医疗保险的水平要与社会主义初级阶段生产力的发展水平相适应；城镇所有用人单位及其职工都要参加基本医疗保险，实行属地管理；基本医疗保险费由用人单位和职工双方共同负担；基本医疗保险基金实行社会统筹和个人账户相结合的模式。

1. 覆盖范围

现行城镇职工基本医疗保险制度覆盖城镇所有用人单位，包括企业(国有企业、集体企业、外商投资企业、私营企业等)、机关、事业单位、社会团体、民办非企业单位及职工。

另外，根据2009年颁布的《流动就业人员基本医疗保障关系转移接续暂行办法》的规定，农村户籍人员在城镇单位就业并有稳定劳动关系的，可参加就业地城镇职工基本医疗保险。其他流动就业的，可自愿选择参加户籍所在地新型农村合作医疗或就业地城镇基本医疗保险。城镇基本医疗保险参保人员跨统筹地区流动就业的，按当地规定参加城镇职工基本医疗保险或城镇居民基本医疗保险。参保人员流动就业时不得同时参加和重复享受待遇。2011年，人力资源和社会保障部发布的《关于领取失业保险金人员参加职工基本医疗保险有关问题的通知》规定，领取失业保险金期间的失业人员应按规定参加其失业前失业保险参保地的职工医保，由参保地失业保险经办机构统一办理职工医保参保缴费手续。

2. 资金筹集

资金主要来自单位和个人的共同缴费。筹资方式是单位缴费率为职工工资总额的6%左右，职工个人缴费率为本人工资收入的2%。我国医疗保险实行"社会统筹与个人账户相结合"的模式，社会统筹一般以地级以上行政区域为统筹地区。单位缴费分为两部分，其中70%左右划入社会统筹账户，另外30%左右和个人缴费一起计入个人账户。统筹账户的目的在于互助共济，个人账户能够约束参保人的医疗消费行为。

建立统账分开、范围明确的支付机制，统筹基金和个人账户划定各自的支付范围，分别核算，不得互相挤占。个人账户主要支付小额和门诊医疗费用；统筹基金主要支付大额和住院治疗费用，由医疗保险经办机构统筹调剂使用，按医疗费的一定比例支付。

领取失业保险金期间的失业人员参加职工医保应缴纳的基本医疗保险费从失业保险基金中扣除,个人不缴费。随着医疗保险制度的发展,各地对于个人账户这一改革难点也有不同方式的探索。以江苏省为例,当地实施稳定的个人账户资金筹集政策,如将在职参保人员工资性收入的2%、用人单位缴纳基本医疗保险费的30%左右及包括利息收入、转移收入和继承收入等其他收入一并计入个人账户。

3. 资格条件

要想享受医疗保险待遇,首先,必须参保缴费;其次,必须符合"两定点三目录"(两定点:定点医院、定点药店;三目录:药品目录、诊疗目录、医疗服务设施范围和支付标准目录)的规定;最后,转诊和转院必须符合相关转诊制度规定。

4. 支付办法

门诊费或小病(小额)医疗费,以及起付线以下的住院费用可以从个人账户中支付;住院费或大病(大额)医疗费则从统筹账户中支付。

👤 知识链接

职工基本医疗保险个人账户的支付范围

有关个人账户的使用问题一直是影响基本医疗保险保障水平的关键,各地也在进行不同方式的改革。其中,江苏省在扩大个人账户的支付范围方面进行了多项改革。

2008年,盐城市发布《关于市区职工基本医疗保险参保人员用个人医疗账户沉淀基金为其亲属缴纳居民基本医疗保险费的通知》,指出凡在市区参加职工基本医疗保险的人员,可以用个人医疗账户沉淀基金,为其参加市区居民基本医疗保险的亲属缴纳医疗保险费。2016年,杭州市《关于进一步调整完善职工基本医疗保险个人账户有关政策的通知》规定,个人账户历年结余资金可用于支付职工基本医疗保险参保人员配偶、子女、父母(即近亲属)的医疗保障费用,实现家庭成员之间的共济互助。实行个人账户家庭共济的近亲属为浙江省基本医疗保险参保人员,个人账户历年结余资金可授权一个或多个近亲属使用。

2013年,扬州市人力资源和社会保障局发布《关于调整职工医保个人账户使用范围的通知》,规定在现行职工医保个人账户使用范围的基础上,职工医保个人账户可用于:支付参保人员直系亲属在医保定点机构发生的相关费用;本人在定点零售药店和定点医疗机构购买有"国食健字号""卫食健字号"的保健品;医保个人账户结余额超过2000元的部分,按照个人自愿的原则,可支付本人以灵活就业人员参加职工医保缴纳的费用。同年,扬州市人力资源与社会保障局、财政局在《关于市区职工医保个人账户结余资金用于运动健身消费有关问题的通知》中规定,在确保职工医保基金安全、保障基本医疗需求的前提下,凡市区职工医疗保险参保人员个人账户结余额超过3000元的资金,可经本人自愿申请,将个人账户资金用于运动健身消费。

为了更好地发挥商业保险的保障作用,提高个人账户资金使用效率,提升参保人员的医疗保障水平，江苏省苏州市人力资源和社会保障局于2012年颁布的《关于城镇职工医疗保险个人账户用于购买商业健康保险的通知》允许个人账户购买商业保险。上海市政府印发的《上海市人民政府关于职工自愿使用医保个人账户历年结余资金购买商业医疗保险有关事项的通知》规定，从2017年1月1日起，上海市职工基本医疗保险的参保人可使用个人账户历年结余资金购买商业健康保险。此外，各地均出台补偿个人自付或自理的医疗费用的相关政策。

资料来源：盐城市人力资源和社会保障局. http://www.jsychrss.gov.cn/msg.php?id=16657.

杭州市人力资源和社会保障局. http://www.zjhz.lss.gov.cn/html/zcfg/zcfgk/ylbx2/76700.html.

扬州市人力资源和社会保障局. http://www.yangzhou.gov.cn/xxgkdesc/xxgk_desc.jsp?manuscriptid=3d1802 34bc174b6e9d093723b20b22a8&zt=.

苏州市人力资源和社会保障局. http://www.suzhou.gov.cn/asite/show.asp?ID=70348.

上海市人民政府. http://www.shanghai.gov.cn/nw2/nw2314/nw2319/nw12344/u26aw50774.html.

5. 保险水平

统筹账户实行费用分担的政策，并设立起付线和封顶线。起付标准为当地职工年平均工资的10%左右，封顶线为当地职工年平均工资的6倍左右。起付标准以下的医疗费用从个人账户中支付或由个人自付；起付标准以上、最高支付限额以下的医疗费用主要从统筹基金中支付，个人也要负担一定比例。统筹基金的具体起付标准、最高支付限额以及在起付标准以上和最高支付限额以下医疗费用的个人负担比例，由统筹地区根据以收定支、收支平衡的原则确定。2014年，城镇职工基本医疗保险的住院费用支付比例达到80%。

6. 代位补偿

医疗费用依法应当由第三人负担，第三人不支付或者无法确定第三人的，在由医疗保险基金先行支付后，医疗保险基金有权向第三人追偿。

7. 给付标准

城镇职工基本医疗保险建立统筹基金与个人账户相结合的管理模式，明确划分统筹基金和个人账户的支付范围、支付方法。个人账户的资金只能用于支付本人的医疗费。统筹基金主要用于支付大额和住院医疗费用，个人账户主要用于支付小额和门诊医疗费用。统筹基金支付时要按照"以收定支、收支平衡"的原则，根据各地的实际情况和基金的承受能力，确定起付标准和最高支付限额。统筹基金起付标准以下的医疗费用由个人账户支付，不足部分由个人支付；起付标准以上、最高支付限额以下的医疗费用，主要从统筹基金中支付，但个人也要负担一定的比例。超过最高支付限额以上的医疗费用，不再由统筹基金支付，而是通过大额医疗费用补助、企业补充医疗保险、公务员医疗补助、商业医疗保险等途径解决。

8. 统筹层次

基本医疗保险的系统层次原则上为地市级，确有困难的可以以县为统筹单位，京、津、沪、渝四市实行全市统筹。为了保证职工基本医疗保险基金的安全、完整，将其纳入单独的社会保障基金财政专户，实行收支两条线管理。

9. 医疗服务管理

建立能够起到有效制约作用的医疗服务管理机制，实行有效监管，具体包括：通过制定基本医疗保险药品目录、诊疗项目和医疗服务设施标准以及相应的管理办法，确定基本医疗服务的范围和标准；实行医、药分开核算，分别管理，对提供基本医疗服务的医疗机构和药店实行定点管理；对医疗机构进行调整、改革，规范医疗行为，减员增效，提高卫生资源的利用效率；积极发展社区卫生服务项目，可以将其中的基本医疗服务项目纳入基本医疗保险支付范围。2009年，中共中央国务院颁布的《中共中央、国务院关于深化医药卫生体制改革的意见》中要求：建立城市医院与社区卫生服务机构的分工协作机制。采取增强服务能力、降低收费标准、提高报销比例等综合措施，引导一般诊疗下沉到基层。以家庭医生签约服务为重要手段，鼓励各地结合实际推行多种形式的分级诊疗模式，推动形成基层首诊、双向转诊、急慢分治、上下联动的就医新秩序。2015年，我国全面实现统筹区域内和省内医疗费用异地即时结算，积极推广医疗保险就医"一卡通"。

10. 特殊人员的医疗待遇与基本医疗保险制度的衔接

离休人员、老红军、二等乙级以上革命伤残军人的医疗待遇不变，医疗费用由原渠道解决；退休人员不缴纳基本医疗保险费用，对退休人员个人账户的计入金额和个人负担医疗费的比例给予适当照顾；国家公务员享受医疗补助政策；允许特定行业的企业建立职工补充医疗保险；国有企业下岗职工的基本医疗保险费，由再就业服务中心以当地上年度职工平均工资的60%为基数缴纳。

●知识链接

病假津贴

病假津贴的支付标准依据劳动部发布的《中华人民共和国劳动保险条例实施细则修正草案》(实施日期：1953年1月26日)，具体包括以下方面。

工人职员疾病或者因公负伤停止工作连续医疗期间在6个月以内者：本企业工龄者不满2年者，为本人工资的60%；已满2年不满4年者，为本人工资的70%；已满4年不满6年者，为本人工资的80%；已满6年不满8年者，为本人工资的90%；已满8年及8年以上者，为本人工资的100%。

工人职员疾病或者因公负伤停止工作连续医疗时间超过6个月者：病伤假期工资停发，改由劳动保险基金项下按月付给疾病或非因工负伤救济费，其标准如下：本企业工龄不满1年者，为本人工资的40%；已满1年未满3年者，为本人工资的50%；3年及3年以上者，为本人工资的60%。此项救济费付至能工作或确定为残疾或死亡时止。

工人职员的本人工资低于该企业的平均工资者，领取疾病或非因公负伤救济费时，如其所得救济费数额低于该企业平均工资的40%，应按平均工资的40%发给，但不得高于本人工资。

50多年来，国家没有出台过新的标准，但各地实施的病假津贴标准已经有所不同。对于6个月以上的病假津贴，曾经由保险基金支付，1973年以后由用人单位支付。

资料来源：中华人民共和国劳动保险条例实施细则修正草案

5.5　我国城乡居民基本医疗保险制度

为促进城乡经济社会协调发展，全面建成小康社会，健全全民医保体系，建立更加公平、更可持续的社会保障制度和推进深化医药卫生体制改革全局，《国务院关于整合城乡居民基本医疗保险制度的意见》决定整合城乡居民基本医疗保险制度。整合城乡居民基本医疗保险制度，有利于解决城乡医保制度分割产生的待遇不均衡、政策不协调、管理效率低、基金共济能力弱等突出问题；有利于实现协调、共享发展，增进人民福祉，使城乡居民更加公平地享有基本医疗保障权益；有利于增强医保对医疗卫生服务的激励和制约作用，提升基金保障效能，更好地发挥医保对医改的基础性作用；有利于统筹运用和发挥社会保障制度和政策，在医保脱贫方面综合施策，为消除因病致贫、因病返贫提供制度保障。由于城乡居民基本医疗保险制度是由农村合作医疗和城镇居民医疗保险合并而成，以下将分别从这两个制度的发展开始介绍。

5.5.1　农村合作医疗的发展历程

农村合作医疗制度自20世纪50年代产生以来，先后走过20世纪70年代的辉煌阶段、20世纪80年代的衰退和重建失败阶段，如今进入新型农村合作医疗制度的试点与普及阶段。纵观其兴衰发展的历程，不难看出，其制度体系设计的合理程度与功能完善程度是决定其适用性与可持续性的关键。在60多年的时间里，我国农村合作医疗制度发生了多次变化，其目的就在于建立一个符合我国国情的农村合作医疗保障体系。

1. 农村合作医疗制度初创阶段(20世纪40年代初—50年代末)

农村合作医疗制度的最早雏形是20世纪40年代陕甘宁边区和抗日革命根据地兴办的由群众集股的医疗互助合作组织。

农村合作医疗制度的兴起是在20世纪50年代的农村合作化时期。1955年初，山西省高平市米山乡在农业生产合作社社保站中最早实行"医社结合"，采取社员群众出"保健费"和生产合作社公益金补助相结合的办法，使我国农村的合作医疗制度得到了肯定和推广。

农村合作医疗制度的正式确立是在1958年实行人民公社化以后。主要特点：第一，社员每年缴纳一定的保健费；第二，看病时只交药费或挂号费；第三，另由大队、公社的公益金补助一部分。此后，这一制度在广大农村地区逐步普及。

2. 农村合作医疗制度鼎盛阶段(20世纪60年代末—70年代末)

20世纪60年代初，毛泽东作出"组织城市高级医务人员下农村和为农村培养医生"

的指示及"把医疗卫生工作的重点放到农村去"的指示。这两项重要指示的贯彻落实使农村医疗卫生工作得到加强,合作医疗制度进一步在全国推广,合作医疗在强力行政的推动下覆盖面迅速扩大。

20世纪70年代,我国农村合作医疗制度与农村的县、乡、村三级医疗保健制度以及"赤脚医生"成为解决我国广大农村缺医少药、保障人民群众健康的农村医疗"三大法宝",农村合作医疗模式被世界卫生组织和世界银行盛赞为"以最少投入获得最大健康收益的模式"。1978年,第五届全国人大把合作医疗写入《中华人民共和国宪法》;至1978年,全国农村合作医疗覆盖率为80%～90%;到1980年,我国农村有90%的行政村、生产大队实行了合作医疗。

该阶段的农村合作医疗在一定时期内有效解决了我国广大农村缺医少药的问题,为广大农村提供了基本的医疗保障服务,提高了我国农村居民的健康水平,在客观上推动了我国农村合作医疗的迅速发展。

3. 农村合作医疗制度解体及恢复阶段(20世纪80年代初—21世纪初)

进入20世纪80年代,随着家庭联产承包责任制及统分结合的双层经营模式在全国农村的实行,以及人民公社的取消和生产大队的解体,农村集体经济迅速萎缩,合作医疗制度快速走向解体,绝大部分农村卫生室、合作医疗站变成乡村医生的私人诊所,农民缺医少药的现象重新出现。据1985年的调查统计,全国实行合作医疗的行政村由过去的90%降到了5%。20世纪90年代,我国政府推行"民办公助,自愿参加"政策,两度试图重建农村合作医疗,但在制度设计上没有明确社会保障中国家的主体责任,资金不到位,基础设施落后,企图恢复和建立的工作都没有收到预期的成效。

20世纪90年代以来,随着改革开放的不断深入,"三农"问题逐渐被人们所关注,农村合作医疗的发展迎来了一个春天。1994年,全国27个省14个县(市)开展"中国农村合作医疗制度改革"试点及跟踪研究工作。1996年,全国农村合作医疗的覆盖率为10%左右;1997年,发展到行政村的23.57%、农村人口的22.23%,但20世纪与70年代末的90%以上的合作医疗覆盖率相比仍有很大差距。

在这一阶段,建立在集体经济基础上的基金筹集、补偿分配、管理体制等与现实不相适应,合作医疗逐渐流于形式或自行解体。由于农村居民经济承受能力有限,绝大多数农民没有任何形式的医疗保险,无疑加大了农民的患病风险,"看病难、看病贵"日益普遍,"因病致贫、因病返贫"等问题日益突出,农民的健康状况有待得到进一步关注。

4. 新型农村合作医疗制度阶段

2003年1月,国务院办公厅转发卫生部、财政部、农业部《关于建立农村新型合作医疗制度的意见》,明确要求各省、自治区、直辖市从2003年起,至少要选择2～3个县、市先行试点,取得经验后逐步推广,由农民以家庭为单位自愿参加,所履行的缴费义务,不能视为增加农民负担。总体规划:到2006年,试点覆盖面扩大到全国县市、区数的40%；到2007年，达到60%；到2008年，覆盖率达到80%；到2010年，实现在全国建立基本覆盖农村居民的新型农村合作医疗制度的目标。随着试点覆盖面的不断扩大，2009年，我国已在农村地区全面建立起新型农村合作医疗制度，基本建立制度框架和运行机制，减轻了农村居民的医疗负担，提高了卫生服务利用率，从而大大缓解了因病致贫、因病返贫的状况。

5.5.2　新型农村合作医疗制度的内容

1. 覆盖范围

新型农村合作医疗由农民以家庭为单位自愿参加；乡镇企业职工参加与否由县级人民政府决定。新型农村合作医疗制度一般采取以县市为单位进行统筹。

2. 筹资标准

新型农村合作医疗制度实行个人缴费、集体扶持和政府资助相结合的筹资机制。

(1) 截至2016年，农民个人缴费标准已从最初的10元逐年提高，全国平均缴费水平原则上达到150元左右。新生儿出生当年，随父母自动获取参合资格并享受新农合待遇，自第二年起按规定缴纳参合费用。乡镇企业职工(不含以农民家庭为单位参加新型农村合作医疗的人员)是否参加新型农村合作医疗由县级人民政府决定。

(2) 有条件的乡村集体经济组织应对本地新型农村合作医疗制度给予适当扶持。扶持新型农村合作医疗的乡村集体经济组织类型、出资标准由县级人民政府确定，但集体出资部分不得向农民摊派。鼓励社会团体和个人资助新型农村合作医疗制度。

(3) 地方财政每年对参加新型农村合作医疗农民的资助金额按照规定逐年递增，具体的补助标准和分级负担比例由省级人民政府确定。经济较发达的东部地区，地方各级财政可适当增加投入。从2003年起，中央财政每年通过专项转移支付对中西部地区除市区以外的参加新型农村合作医疗的农民按人均10元安排补助资金。从2006年起，中央财政和地方财政对新型农村合作医疗资助分别提高到人均20元。2017年，各级财政对新型农村合作医疗的人均补助标准达到450元。其中，较上年新增部分由中央财政对西部地区补助80%，对中部地区补助60%，对东部地区按一定比例补助。

3. 待遇支付

农村合作医疗基金主要补助参加新型农村合作医疗农民的部分门诊费用及住院医疗费用。"十二五"期间，政策范围内的门诊和住院费用报销比例分别提高到了50%和75%。有条件的地方，可适当提高基层医疗机构的门诊补偿比例。门诊补偿比例和封顶线要与住院补偿起付线和补偿比例有效衔接。年底基金结余较多的地区，可以按照规定要求，开展二次补偿或健康体检工作，使农民充分受益。

4. 医疗服务

伴随深化医药卫生体制改革事业的进程，大力发展农村医疗卫生服务体系成为重点工作内容，要求进一步健全以县级医院为龙头、乡镇卫生院和村卫生室为基础的农村医疗卫生服务网络。2015年，我国90%的新型农村合作医疗统筹地区实现了省内异地就医即时结算；全面推广利用新型农村合作医疗基金购买大病保险工作；发挥新型农村合作医疗的杠杆和利益导向作用，引导形成基层首诊、双向转诊、急慢分治、上下联动的分级诊疗格局。

5.5.3　城镇居民基本医疗保险制度

1998年，我国开始建立城镇职工基本医疗保险制度，之后又启动了新型农村合作医疗制度试点，建立了城乡医疗救助制度。至2007年，没有医疗保障制度安排的主要是城镇非从业居民。为实现基本建立覆盖城乡全体居民的医疗保障体系的目标，国务院决定，从2007年起开展城镇居民基本医疗保险试点(以下简称试点)。2008年扩大试点，2009年全面推广城镇居民医疗保险制度，重视解决老人、残疾人和儿童的基本医疗保险问题。

1. 覆盖范围

不属于城镇职工基本医疗保险制度覆盖范围的大学生、中小学阶段的学生(包括职业高中、中专、技校学生)、少年儿童和其他非从业城镇居民都可自愿参加城镇居民基本医疗保险。

2. 缴费和补助

城镇居民基本医疗保险以家庭缴费为主，政府给予适当补助。参保居民按规定缴纳基本医疗保险费，享受相应的医疗保险待遇，有条件的用人单位可以对职工家属参保缴费给予补助。国家对个人缴费和单位补助资金制定税收鼓励政策。

对试点城市的参保居民，政府每年按不低于人均40元给予补助，其中，中央财政从2007年起每年通过专项转移支付，对中西部地区按人均20元给予补助。在此基础上，对属于"低保"对象或重度残疾的学生和儿童参保所需的家庭缴费部分，政府原则上每年再按不低于人均10元给予补助。其中，中央财政对中西部地区按人均5元给予补助；对其他"低保"对象、丧失劳动能力的重度残疾人、低收入家庭60周岁以上的老年人等困难居民参保所需家庭缴费部分，政府每年再按不低于人均60元给予补助。其中，中央财政对中西部地区按人均30元给予补助。经过城镇居民基本医疗保险的全面推广，2015年，我国城乡居民基本医保财政补助标准已提高到人均380元。经过城镇居民基本医疗保险的全面推广，2016年，我国城乡居民基本医疗保险财政补助标准已提高到人均420元。2017年，各级财政人均补助标准在2016年的基础上新增30元，平均每人每年达到450元。其中，中央财政对西部、中部地区分别按照80%、60%的比例给予补助，对东部地区各省分别按一定比例给予补助。城乡居民基本医疗保险人均个人缴费标准在2016年的基础上提高30元，平均每人每年达到180元。

3. 费用支付

城镇居民基本医疗保险基金重点用于参保居民的住院和门诊大病医疗支出,有条件的地区可以逐步试行门诊医疗费用统筹。2014年,城镇居民医疗保险住院费用的支付比例达到70%。

关于门诊医疗费用统筹,人力资源和社会保障部继《关于开展城镇居民基本医疗保险门诊统筹的指导意见》以后,2011年5月4日又发布了《关于普遍开展城镇居民基本医疗保险门诊统筹有关问题的意见》,要求2011年普遍开展居民医疗保险门诊统筹工作,对在基层医疗卫生机构发生的符合规定的医疗费用,支付比例原则上不低于50%;累计门诊医疗费较高的部分,可以适当提高支付比例。

4. 医疗服务

建立科学合理的分级诊疗制度是深化医药卫生体制改革的重点任务。坚持居民自愿、基层首诊、政策引导、创新机制,以家庭医生签约服务为重要手段,鼓励各地结合实际推行多种形式的分级诊疗模式,推动形成基层首诊、双向转诊、急慢分治、上下联动的就医新秩序。到2017年,分级诊疗政策体系逐步完善,85%以上的地市开展试点。建立健全家庭医生签约服务制度,通过提高基层服务能力、医保支付、价格调控、便民惠民等措施,鼓励城乡居民与基层医生或家庭医生团队签约。到2017年,家庭医生签约服务覆盖率超过30%,重点人群签约服务覆盖率超过60%。

5.5.4 建立统一的城乡居民基本医疗保险制度

为了推进医药卫生体制改革,实现城乡居民公平享有基本医疗保险权益,促进社会公平正义,增进人民福祉,促进城乡经济社会协调发展,全面建成小康社会,2016年,国务院颁布了《国务院关于整合城乡居民基本医疗保险制度的意见》(以下简称《意见》),要求按照"全覆盖、保基本、多层次、可持续"的方针,加强统筹协调与顶层设计,遵循"先易后难、循序渐进"的原则,从完善政策入手,推进城镇居民医疗保险和新型农村合作医疗制度整合,逐步在全国范围内建立起统一的城乡居民医疗保险制度,使保障更加公平、管理服务更加规范、医疗资源利用更加有效,从而促进全民医保体系持续健康发展。《意见》对城镇居民医疗保险和新型农村合作医疗两种制度提出了具体的整合要求,包括覆盖范围、筹资政策、保障待遇、医保目录、定点管理、基金管理六项内容。《意见》同时重视管理体制与服务效能方面的整合和改进,城乡居民医疗保险制度原则上实行市(地)级统筹,鼓励有条件的地区实行省级统筹。目前,各地已出台整合城乡居民基本医疗保险的具体实施意见与办法。以陕西省神木县为例,神木县城乡医疗保险整合在县康复办的统一领导和监督下,以统一的信息系统进行操作;城镇职工、城乡居民分别按照城镇职工和新型农村合作医疗政策缴纳保费,加上中央和省市政府的转移支付,建立了医疗保障基金;全体县属地管理的居民在国家统一的医疗保险三个目录内的全部医疗费用统一由医疗保险基金支付。至此,神木县实现了基于民生保障和公共财政建立的社会保障预算体系。

1. 统一覆盖范围

城乡居民医保制度覆盖范围包括现有城镇居民医保和新农合所有应参保(合)人员,即覆盖除职工基本医疗保险应参保人员以外的其他所有城乡居民。农民工和灵活就业人员依法参加职工基本医疗保险,有困难的可按照当地规定参加城乡居民医保。各地要完善参保方式,促进应保尽保,避免重复参保。

2. 统一筹资政策

坚持多渠道筹资,继续实行以个人缴费与政府补助相结合为主的筹资方式,鼓励集体、单位或其他社会经济组织给予扶持或资助。各地要统筹考虑城乡居民医保与大病保险保障需求,按照基金收支平衡的原则,合理确定城乡统一的筹资标准。现有城镇居民医保和新农合个人缴费标准差距较大的地区,可采取差别缴费的办法,利用2~3年时间逐步过渡。整合后的实际人均筹资和个人缴费不得低于现有水平。

此外,还应完善筹资动态调整机制。在精算平衡的基础上,逐步建立与经济社会发展水平、各方承受能力相适应的稳定筹资机制。逐步建立个人缴费标准与城乡居民人均可支配收入相衔接的机制。合理划分政府与个人的筹资责任,在提高政府补助标准的同时,适当增加个人缴费比重。

3. 统一保障待遇

遵循保障适度、收支平衡的原则,均衡城乡保障待遇,逐步统一保障范围和支付标准,为参保人员提供公平的基本医疗保障。妥善处理整合前的特殊保障政策,做好过渡与衔接。

城乡居民医保基金主要用于支付参保人员发生的住院和门诊医药费用。应稳定住院保障水平,政策范围内住院费用支付比例保持在75%左右。进一步完善门诊统筹,逐步提高门诊保障水平,逐步缩小政策范围内支付比例与实际支付比例间的差距。

4. 统一医保目录

统一城乡居民医保药品目录和医疗服务项目目录,明确药品和医疗服务支付范围。各省(区、市)要按照国家基本医保用药管理和基本药物制度有关规定,遵循临床必需、安全有效、价格合理、技术适宜、基金可承受的原则,在现有城镇居民医保和新农合目录的基础上,适当考虑参保人员需求变化进行调整,有增有减、有控有扩,做到种类基本齐全、结构总体合理。完善医保目录管理办法,实行分级管理、动态调整。

5. 统一定点管理

统一城乡居民医保定点机构管理办法,强化定点服务协议管理,建立健全考核评价机制和动态的准入退出机制。对非公立医疗机构与公立医疗机构实行同等的定点管理政策。原则上由统筹地区管理机构负责定点机构的准入、退出和监管,省级管理机构负责制定定点机构的准入原则和管理办法,并重点加强对统筹区域外的省、市级定点医疗机构的指导与监督。

6. 统一基金管理

城乡居民医保执行国家统一的基金财务制度、会计制度和基金预决算管理制度。城乡居民医保基金纳入财政专户，实行"收支两条线"管理。基金独立核算、专户管理，任何单位和个人不得挤占挪用，具体包括以下几方面。

(1) 结合基金预算管理全面推进付费总额控制。基金使用遵循以收定支、收支平衡、略有结余的原则，确保应支付费用及时足额拨付，合理控制基金当年结余率和累计结余率。建立健全基金运行风险预警机制，防范基金风险，提高使用效率。

(2) 城乡居民医保执行国家统一的基金财务制度、会计制度和基金预决算管理制度。城乡居民医保基金纳入财政专户，实行"收支两条线"管理。基金独立核算、专户管理，任何单位和个人不得挤占挪用。

(3) 强化基金内部审计和外部监督。坚持基金收支运行情况信息公开和参保人员就医结算信息公示制度，加强社会监督、民主监督和舆论监督。

5.6 补充医疗保险

补充医疗保险包括面向城镇职工的公务员补充医疗保险、大额医疗费用补助、企业补充医疗保险；面向城乡居民的大病保险、商业保险以及包括社会救助在内的多层次的医疗保障体系。经过二十多年的改革实践，医疗制度改革取得了重要进展，其主要标志就是确立了城镇职工基本医疗保险制度模式。

与此同时，针对基本医疗保险保障的不足，还逐步发展了各种形式的补充医疗保险和商业医疗保险。针对基本医疗保险制度的体制性缺陷，不少城市还建立了针对弱势群体的医疗救助制度。在制度层面上，已经初步形成以基本医疗保险制度为主体，以各种形式的补充医疗保险(公务员补充医疗保险、大额医疗费用补助、商业医疗保险和职工互助保险、城乡居民大病保险)为补充，以社会医疗救助为底线的多层次医疗保障体系的基本框架。

5.6.1 公务员医疗补助

公务员医疗补助主要是指公务员在参加城镇职工基本医疗保险的基础上实行医疗补助。补助的对象为符合《国家公务员暂行条例》和《国家公务员制度实施方案》规定的国家行政机关工作人员和退休人员；经人事部或省、自治区、直辖市人民政府批准列入依照国家公务员制度管理的事业单位的工作人员和退休人员；经中共中央组织部或省、自治区、直辖市党委批准列入参照国家公务员制度管理的党群机关，人大、政协机关，各民主党派和工商联机关以及列入参照国家公务员管理的其他单位机关工作人员和退休人员；审判机关、检察机关的工作人员和退休人员。医疗补助经费主要用于基本医疗保险统筹基金最高支付限额以上，符合基本医疗保险用药、诊疗范围和医疗服务设施标准的医疗费用补助；在基本医疗保险支付范围内，个人自付超过一定数额的医疗费用补助；中央和省级人民政府规定享受医疗照顾的人员，在就诊、住院时按规定补助的医疗费用。国家机关公务员的医疗补助经费全部由同级财政列入当年财政预算，具体筹资标准应根据原公费医疗的实际支出、基本医疗保险的筹资水平和财政承受能力等情况合理确定，由社会保险经办机构统一经办。

5.6.2　大额医疗费用补助

大额医疗费用补助的对象为参加基本医疗保险的用人单位及其职工和退休人员，实行国家公务员医疗补助办法的用人单位及其职工和退休人员除外。大额医疗费用补助是对基本医疗保险封顶线以上的医疗费用实行补助，大额医疗费用补助的资金来自用人单位及其职工和退休人员共同缴纳，目前为60～100元/年，基金由社会保险经办机构管理。大额医疗费用互助资金不足支付时，财政给予适当补贴。各地支付方法以自身收支确定，如2017年河南省省属单位的职工大额医疗费补充保险最高支付限额为每人40万元。

5.6.3　企业补充医疗保险

企业补充医疗保险是企业在参加基本医疗保险的基础上，由国家给予政策支持，由企业自主举办或参加的一种补充医疗保险形式。参加企业补充医疗保险需具备的条件：一是参加了基本医疗保险；二是具有持续的税后利润，有能力主办或参加企业补充医疗保险；三是需要经过一定的审批管理程序。企业补充医疗保险费由企业和个人共同缴纳，政府对于补充医疗保险缴费给予一定的税收优惠。企业补充医疗保险的形式多样，目前有大集团大企业自办、商业医疗保险机构举办、社会医疗保险机构经办等多种管理形式。

5.6.4　城乡居民大病保险

随着全民医保体系的初步建立，人民群众看病就医有了基本保障，但由于我国的基本医疗保障制度，特别是城镇居民基本医疗保险、新农合的保障水平还比较低，人民群众对大病医疗费用负担重的反映仍较强烈。城乡居民大病保险，是在基本医疗保障的基础上，对大病患者发生的高额医疗费用给予进一步保障的一项制度性安排，可进一步放大保障效用，是对基本医疗保障制度的拓展和延伸，也是对基本医疗保障的有益补充。

1. 保障对象

大病保险的保障对象为城镇居民医疗保险、新农合的参保(合)人。

2. 保障范围

大病保险的保障范围要与城镇居民医疗保险、新农合相衔接，城镇居民医疗保险、新农合应按政策规定提供基本医疗保障。在此基础上，大病保险主要在参保(合)人患大病发生高额医疗费用的情况下，对城镇居民医保、新农合补偿后需由个人负担的合规医疗费用给予保障。高额医疗费用，可以个人年度累计负担的合规医疗费用超过当地统计部门公布的上一年度城镇居民年人均可支配收入、农村居民年人均纯收入为判定标准，具体金额由地方政府确定。合规医疗费用，是指实际发生的、合理的医疗费用(可规定不予支付的事项)，具体由地方政府确定。此外，各地也可以从个人负担较重的疾病病种起步开展大病保险。

3. 筹资标准

各地可结合当地经济社会发展水平、医疗保险筹资能力、患大病发生高额医疗费用的情况、基本医疗保险补偿水平以及大病保险保障水平等因素确定大病保险的筹资标准。以湖北、广西为例，为实现城乡兼顾，当地规定的筹资标准都相对偏低。

4. 资金来源

从城镇居民医保基金、新农合基金中划出一定比例或额度作为大病保险资金。城镇居民医保和新农合基金有结余的地区，利用结余筹集大病保险资金；结余不足或没有结余的地区，在城镇居民医保、新农合年度提高筹资时统筹解决资金来源，逐步完善城镇居民医保、新农合多渠道筹资机制。

5. 统筹层次和范围

开展大病保险可以市(地)级统筹，也可以探索全省(区、市)统一政策，统一组织实施，以提高抗风险能力。有条件的地方可以探索建立覆盖职工、城镇居民、农村居民的统一的大病保险制度。

6. 保障水平

以力争避免城乡居民发生家庭灾难性医疗支出为目标，合理确定大病保险补偿政策，实际支付比例不低于50%；按医疗费用高低分段制定支付比例，原则上医疗费用越高、支付比例越高。随着筹资、管理和保障水平的不断提高，逐步提高大病报销比例，最大限度地减轻个人医疗费用负担。

5.6.5 重特大疾病医疗救助

2012年，民政部、财政部、人力资源和社会保障部、卫生部联合发布《关于开展重特大疾病医疗救助试点工作的意见》，明确了推动重特大疾病救助工作的总体目标。随着深化医药卫生体制改革工作的不断进步，各地在2015年将城市医疗救助制度和农村医疗救助制度整合为城乡医疗救助制度，并全面开展重特大疾病医疗救助工作。重特大疾病医疗的重点救助对象为最低生活保障家庭成员和特困供养人员。低收入家庭的老年人、未成年人、重度残疾人和重病患者等困难群众(以下统称低收入救助对象)，以及县级以上人民政府规定的其他特殊困难人员也会逐步纳入救助范围。各地通过综合考虑患病家庭负担能力、个人自负费用、当地筹资情况等因素，分类分段设置重特大疾病医疗救助比例和最高救助限额。适当拓展重特大疾病医疗救助对象范围，积极探索对发生高额医疗费用、超过家庭承受能力、基本生活出现严重困难家庭中的重病患者(以下称因病致贫家庭重病患者)实施救助。

综上所述，我国已经形成由城镇职工基本医疗保险、城镇居民基本医疗保险和新型农村合作医疗组成的医疗保险体系，并由其分别覆盖城乡不同群体。在此基础上建立了补充医疗保障，即公务员补充医疗保险、大额医疗费用补助、企业补充、城乡居民大病保险、医疗救助等制度。这一基本框架能够满足不同群体的需求，体现了鲜明的中国特色。

5.7　医药卫生体制改革中的问题及政策建议

当前，人民生活水平不断提高，健康需求日益增长，但我国卫生资源总量不足、结构不合理、分布不均衡、供给主体相对单一、基层服务能力薄弱等问题仍比较突出，维护和促进人民健康的制度体系仍需不断完善。在医疗保险方面，不仅存在制度城乡分割、地区分割等不公平问题，而且存在个人账户功能不清、医疗保险筹资责任失衡等效率低下的问题。特别是随着医改进入攻坚期和深水区，深层次体制机制矛盾的制约作用日益突显，利益格局调整更加复杂，改革的整体性、系统性和协同性明显增强，任务更为艰巨。同时，我国经济发展进入新常态，工业化、城镇化、人口老龄化进程加快，加之疾病谱的变化、生态环境和生活方式的变化、医药技术创新等，都对深化医改提出了更高要求。

5.7.1　医疗保险制度改革相关问题及建议

1. 制度分割与"碎片化"问题

在过去的二十余年间，全国各统筹地市医疗保险制度的总体推进路径是由城市到农村、由从业人员到非从业人员，依次建立城镇职工基本医疗保险、新型农村合作医疗、城镇居民基本医疗保险，从而形成"三元制"的社会医疗保险制度。由于参保人群在收入方面存在巨大差异，制度的缴费标准和筹资机制也各不相同，加之社会医疗保险"以收定支"的基本原则，相应地，职工、城乡居民的保障待遇也存在较大差异。以就业和户口性质来确定参保类型，将参保人群限制在不同制度下，不仅直接导致制度层面的不公平，而且没有赋予参保人通过多缴费从而享受更高水平基本医疗保险待遇的权利，在强化城乡二元结构的同时阻碍了劳动人口的自由流动。此外，由于全国各省份之间经济发展不平衡，东、中、西部地区差异显著，所以即使是同一项基本医疗保险制度，在不同统筹地市的筹资标准和待遇水平也存在较大差异，形成了社会医疗保险制度的"碎片化"现象。这在一定程度上进一步加剧了地区差异，也不利于医疗保险统筹层次的提高。

近年来，中央下达的文件已经明确提出构建城乡居民社会医疗保险体系的要求，而从全国范围来看，已经实施新型农村合作医疗与城镇居民基本医疗保险制度整合的省份也收获了良好的效果，为全国各统筹地市进行制度整合提供了宝贵的经验。为了实现基本医疗保险基金的共济性及基本医疗保险制度的公平性，应在整合新型农村合作医疗与城镇居民基本医疗保险之后，进行一系列的政策调整，着手整合城镇职工基本医疗保险制度与城乡居民基本医疗保险制度。制度整合将有利于大幅提高城乡居民的医疗保险待遇，缩小居民与职工的待遇差距。同时，城乡居民社会医疗保险基金的来源不够稳定，也缺乏有效的动态调整机制，运行风险较大，而两个制度整合之后，基本医疗保险基金将更为集中，收支情况也会相对稳定，运行风险相对较小，有利于实现基金长期动态平衡的目标。理想的方式是居民基本医疗保险的缴费机制向职工基本医疗保险的缴费机制靠拢。

2. "三大目录"的调整问题

基本医疗保险的"三大目录"包括基本医疗保险药品目录、诊疗项目目录、医疗服务设施范围和支付标准。国家及各省际层面针对"三大目录"的明文规定自1999年出台以来，在近二十年间几乎没有再进行调整和改革。早期"三大目录"的制定原则、依据、内容及范围都显然无法适应当前我国各地区、各级医疗机构的用药情况或诊疗过程，更加无法规范医生、医院在开展医疗服务过程中的很多行为，一方面导致参保人不得不自己承担较高的药费和诊疗费用，降低了基本医疗保险的实际保障水平；另一方面也助长了医疗卫生服务机构的逐利行为，最终加剧了"看病贵""看病难"问题。

在未来，国家需对医疗保险的"三大目录"进行全新的顶层设计，使之更加符合我国当前及未来城乡居民用药、治疗的实际情况，并将其作为"三医联动"(医疗、医保、医药改革联动)的一项重要举措，与医疗保险改革相互呼应。在此基础上，各省份应当结合自身实际情况，尤其是当地居民医疗服务需求、医疗费用的变化趋势，围绕"三大目录"调整的依据、频率、范围、幅度出台一系列配套措施，建立"三大目录"科学合理的动态调整机制。同时，应当公开化、透明化"三大目录"的内容及调整情况，同时引进专业的医疗、医药机构对目录开展定期评估。

3. 医疗保险结算方式问题

目前，我国大部分医疗保险管理部门结合各地市的实际情况多采用按服务项目支付、按服务单元支付、按人头支付、总额预付等常见的单一结算方式。然而，单一的结算方式往往会造成患者医疗服务需求无法得到充分的满足，或诱导医生为增加自身收入而开出"大处方"、分解患者的就诊次数或住院天数，或导致医疗保险经办机构核算复杂、难于监管等现象，始终无法同时较好地满足患者、医院、医疗保险三方的利益，降低了医疗服务质量，在很大程度上造成了医疗费用的不合理增长。

在制度整合的背景下，全国各统筹地市的基本医疗保险基金结算方式应该坚持以总量控制为基本原则，降低基金支出的风险。门诊费用的结算方式与住院费用的结算方式有所不同，比如，住院费用结算可以采用"总量控制、基金预拨、单病种付费与定额管理相结合"的方法，门诊费用结算可以采用"总量控制、人头付费、分期拨付、分类报销、结余共享"的方法。多元化的复合式支付方式是医疗费用支付方式发展的必然趋势。单一的支付方式各有特点和弊端，不存在任何一种单一的完美的支付方式。只有采取多元化的、不同支付方式组合的复合式支付方式才能够减少单一支付方式的缺点，又可以使复合式支付方式相互补充，综合发挥其积极作用。

5.7.2 医疗保险公平性问题

当前，城乡居民基本医疗保险的待遇水平明显低于城镇职工基本医疗保险的待遇水平，这在很大程度上抑制了城乡居民的有效医疗需求。同时，在城乡医疗服务资源配置不均衡的现实情况下，医疗保险待遇的公平性和医疗服务利用的公平性都还有待提高。与参保人的实际医疗服务需求相比，城镇居民基本医疗保险、新型农村合作医疗及城乡居民基本医疗保险的财政补贴力度不足。这三类基本医疗保险的参保人多为低收入的未成年人、在校学生、灵活就业人员、老年居民以及农民等社会弱势群体，相应的医疗服务需求往往较高，但由于财政补贴的力度有限，这类参保人的医疗服务需求无法得到基本医疗保险的全面保障。对于城镇职工基本医疗保险而言，《国务院关于建立城镇职工基本医疗保险制度的决定》规定，退休人员参加基本医疗保险，个人不缴纳基本医疗保险费，这大大降低了制度筹资能力，增加了在职职工及其单位缴费的压力。这也在一定程度上造成个体参保义务与权利的不对等，损害了在职职工参保的积极性。

为解决这一问题，需要强调政府的主导责任，适当引入市场机制；加大政府投入，确保医疗卫生事业的公益性；提高医疗卫生服务利用方面的公平性，扩大医疗保障制度的覆盖面；按照公平原则设计医疗保障筹资制度。

5.7.3 城乡居民大病保险规范性、可持续性问题

目前，城乡居民大病保险筹资渠道单一，抗风险能力较弱。只有一小部分省份出台了相关解决方法的文件，比如山西省提出可以采用社会捐赠来筹资，大部分省份没有出台行之有效的配套解决方法，影响制度的可持续发展。另外，城镇居民基本医疗保险的缴费较低，待遇较好，福利性明显，少数居民大病患者的待遇甚至超过职工大病患者，这对灵活就业人员、农民工参与城镇职工基本医疗保险的积极性有一定的影响，但各地还缺乏应对这种冲击的政策。对于城乡居民大病保险和城镇职工基本医疗保险的衔接还未考虑，也造成了一些实际问题。虽然现在各个省份都积极推行城乡居民大病保险，但是很多核心政策如合规费用、待遇设定、盈利率等在多部门协调中难以统一，地区间的政策也存在差异，而且差异较大。这样的差异对于各地区间的大病保险可持续发展会产生较大的影响。

医疗保险制度的可持续发展离不开统筹基金的收支平衡。要实现我国城乡居民大病医疗保险、城镇职工基本医疗保险及城乡居民基本医疗保险的可持续发展，各地应当建立风险储备金与相应的风险预警机制。不仅应当加强结余管理和基金的保值增值管理，还应当考虑建立医疗保险风险储备基金，在发生重大疾病流行和人口老龄化时，可以利用医疗保险风险储备金来减轻基金的财务压力，有助于基金的长期平衡。在建立风险储备金的同时，各地还应建立基金运行的评估指标体系和风险预警体系，监测全国各统筹地市过去几个社保年度中各项基本医疗保险制度的基金收入、支出、结余的具体情况，据此可以考察全国各统筹地市目前及未来是否会面临支付危机。

5.7.4 "三医联动"改革问题

由于全面深化医改的不到位，"三医联动"改革脱节，医疗保险改革受到严重的阻滞。特别是医疗保险、医疗服务和医药管理分属人力资源和社会保障部门、卫生计生部门与发改物价部门主管，难以实现联动改革。尽管我国自20世纪90年代以来的医疗体制改革就一直强调推进医疗、医保、医药联动，但是"三医联动"的主要抓手、三方改革措施的优先次序与匹配性，以及患者、医院和医药厂商利益关系的调整问题都存在模糊地带。

因此，应大力推动医院改革、医药改革，使其跟上"全民医保"的发展步伐，具体包括：全面推进医疗服务体系的建设，关键是让公立医院回归公益，同时发展私人医疗服务。有必要降低公立医院的份额，为私人医疗服务业的发展留出空间，以便调动社会资源投向医疗卫生和健康服务领域。完善医药领域的市场化政策，关键在于规范有序、公平竞争、严格监管。当前，放开医药价格管制，是医药领域进一步市场化的标志，但需要尽快完善医药市场的规制，确保其有序运行与公平竞争，因此，建立严格监管问责制势在必行。

本章小结

医疗保险是为了分担疾病风险带来的经济损失而设立的一项社会保险制度，它用于对因疾病风险所造成的经济损失，如对医疗费用进行补偿。具体来说，医疗保险是由国家立法，由国家、单位(雇主)和个人缴纳保险费进行筹资，建立医疗保险基金，当个人因病接受了医疗服务时，由社会医疗保险机构提供医疗保险费用补偿的一种社会保险制度。

医疗保险模式包括国家医疗保险模式、社会医疗保险模式、集资医疗保险模式、储蓄医疗保险模式、商业医疗保险模式等。

医疗保险基金主要来自用人单位和员工的缴费，还包括政府的财政补贴。确定合理的医疗保险费用结算方式对节约医疗费用开支具有重要的作用。

我国在计划经济时期实行"公费医疗"和"劳保医疗"制度，如今，该制度已经不适应社会发展的需要。因此，通过改革形成了城镇职工基本医疗保险制度、城镇居民基本医疗保险制度和新型农村合作医疗制度。

我国补充医疗保险包括公务员补充医疗保险、大额医疗费用补助、企业补充医疗保险、城乡居民大病保险、医疗救助等多种形式。

我国医疗保险制度改革在避免制度分割与"碎片化"、"三大目录"的调整、医疗保险结算方式、医疗保险的公平性、城乡居民大病保险的规范性等方面仍存在不足，需要进一步完善。

思考题

1. 医疗保险的基本特征有哪些？

2. 医疗保险的模式主要有哪些？各有什么特点？

3. 医疗保险费用的支付方式有哪些？对费用控制又有怎样的影响？

4. 基本医疗保险与公费医疗、劳保医疗有何不同？

5. 简述我国现行城镇职工基本医疗制度的框架和内容。

6. 我国对基本医疗保险基金中的统筹基金和个人账户的划分比例、起付标准及最高支付额是如何规定的？

案例分析

案例1：宁夏的"一站式"结算路径

宁夏回族自治区的城乡居民大病保险已在全区推广了3年，在政策实施过程中，大病保险结算报销方式也在不断创新。从2016年8月1日起，宁夏将商保公司大病保险联网医保信息系统，实现了全区城乡居民大病保险"一站式"即时结算，参保患者可在全区各市、县(市、区)的政务大厅和600余家乡镇一级及以上协议医疗机构享受便捷服务。据统计，大病保险即时结算系统上线一个多月，就为全区6952人次支付大病保险费用3634万元。

一、完善制度体系

宁夏回族自治区属于经济欠发达地区，目前建档立卡的贫困人口有58万多人。2016年，在全区实现基本医保和大病保险"两个全覆盖"的基础上，自治区要求人社部门提升基本医疗保险和大病保险扶贫济困精准度，加大医疗救助力度。因此，宁夏回族自治区建立了"三项机制"，完善大病保险制度体系。

1. 药品准入报销机制

在基本医疗保险"三项目录"的基础上，对制度建立之初的报销范围重新核定，制定出台了包含190种大病保险药品的符合规定的药品目录，由以前规定哪些药品不能报销、除此以外都能报销的"排除法"，改为明确哪些药品符合大病保险目录的"准入法"，统一规范了大病保险药品管理，便于督促承办的商保公司规范操作。

2. 筹资动态调控机制

大病保险政策惠及的是重病患者，宁夏回族自治区根据城乡居民人均收入标准建立了动态调控机制，人均筹资标准由制度建立初的25元调整为目前的32元，资金从城乡居民医保基金中划拨，参保人员个人不再缴费。

3. 建立风险共担机制

会同卫计、财政、保监等部门建立大病保险管理联动机制，加强部门间协调与沟通，加强风险预测和分析，共同监督管理和考核。建立大病保险资金风险共担机制，大病保险资金有结余的，支付商业保险机构盈利率后结转下年继续使用；超支的，由商业保险机构和医保经办机构共同承担。

二、畅通"一站式"

在结算方式上，大病保险由过去的商业保险公司人工结算改为城乡居民基本医保和大病保险费用"一站式"联网即时结算，方便快捷。

1. 加强信息网络保障

自治区人社厅、社保局与各市县医保经办机构、协议医疗机构、商保公司密切配合，及时完成了大病保险即时结算系统开发、医院信息系统改造安装等"一站式"结算的信息化保障工作，依托"社保云"建设和新医保待遇前端支付系统开发，将大病保险即时结算一并纳入新信息平台，确保参保患者基本医保与大病保险费用能够同步即时结算。

2. 建立社保与商保合署办公模式

出台《宁夏回族自治区城乡居民大病保险合署办公实施方案》，与商保公司建立合署办公机制，加强人员配备与培训，充分发挥专业管理优势和服务资源优势，降低运行成本。协调商保公司派驻工作人员到各市、县(市、区)协议医疗机构和政务大厅，设立大病保险经办服务窗口，参保患者可在协议医疗机构即时报销基本医保和大病保险费用，跨省异地就医患者可在政务大厅医保中心窗口、民政局窗口完成基本医保、大病保险、医疗救助"一站式"费用结算，实现"一站式服务"和"一条龙管理"，使群众"少跑腿"，信息"多跑路"，提高了服务和管理效率。

宁夏大病保险工作的惠民效果成效显著，主要体现在以下三方面。

首先就是便民高效。截至2016年8月，宁夏全区参加大病保险人数达到475万人，有213.9万参保人员居住在南部山区，占参保人数的45%，这部分人员出行极不方便，看病报销更是费时费力。现在，参保人员不用来回奔波于医疗机构和商业保险公司之间，直接在就诊的医疗机构和政务大厅便能实现"一站式"即时结算，大大缩短了报销结算的时间。而且按照以前的结算方式，从人工受理到结算完成至少需要20个工作日，而"一站式"服务实施后，参保人员通过刷卡结算实现了"零等待"。

其次是减负。通过"一站式"服务，参保患者只需支付个人自付医疗费用，大病保险所报销的资金由保险公司直接拨付医疗机构，减轻了患者垫付资金的压力，实现了精准扶贫的目标。

最后是规范公平。大病保险"一站式"结算，各项报销数据由计算机软件自动生成，避免了人为操作的责任风险，使经办过程更加透明，报销程序更加规范。而且参保患者都在同一个信息平台上结算，所有报销标准规范统一，可使政策执行和待遇审核更加公平。

资料来源：徐文强，刘燕，夏勇. 医保专题[J]. 中国社会保障，2016(12)：71.

分析：

"一站式"结算路径体现了哪些医药卫生体制改革方向？

案例2：退休职工实际缴费年限不符合地方要求，能否无条件享受医保待遇？

李先生于1970年在山西省一家国有企业参加工作，1997年调入威海工作，1998年7月首次在威海参加职工基本医疗保险，缴费至2014年5月。其中，2001年11月至2007年12月中断缴费，实际缴费年限为9年9个月。2014年6月，李先生办理退休手续，威海某区职工医疗保险事业处(以下简称医保处)根据《威海市职工基本医疗保险规定》中的"威海市建立医疗保险制度后，参保人员连续缴费或补足欠缴基本医疗保险费的，其医疗保险制度建立前符合国家和省有关规定的工龄，可计入基本医疗保险缴费年限"，要求李先生补缴中断期间的医疗保险费以享受退休医保待遇。李先生不同意补缴，医保处遂于2014年6月停止支付李先生退休人员基本医疗保险待遇。

资料来源：向春华. 医保专题[J]. 中国社会保障，2017(3)：68.

分析：

李先生能否继续享受退休人员基本医疗保险待遇？试说明理由。

案例3：东莞在全国率先实现公平医保不分户籍地域享受同等待遇

不分职业性质、城乡差异、就业状态、户籍地域，只要是工作和生活在东莞的居民，均可在同一个医保制度下同等参保缴费，同等享受财政补贴，同等享受医疗保障待遇。作为全国改革开放的先行区，东莞早在2006年就作出了勇敢的探索，进行了"三保合一"医疗保险制度的改革，实现医保的全民公平享有。东莞的尝试，为国家社会保障体系建设和长远发展提供了宝贵的经验。

1. 实现真正意义上的医保公平共享

"您的病没什么大碍，今天可以出院了。"近日，在东莞康华医院心内科病房里，在东莞打工多年的湖南籍女士刘翠花听到主治医生这句话，既高兴又担心，直到老伴办完报销手续回来，她才松了口气。"总费用122 249元，报销84 788元，自费37 461元。能报销这么多很满意，也很意外。"刘翠花脸上露出了笑容。她因为冠心病而安装了两个心脏支架。

住院花了十多万元，自己只需要承担一小部分费用，这是刘翠花以前想都不敢想的事情，如今正发生在东莞这座拥有数百万外来人口的沿海城市。

2013年，东莞以"全员覆盖、统筹安排、政府主导、机制创新"为原则重新构建社会基本医疗保险体系，补充医疗保险作为基本险的补充，完善了东莞市多层次医疗保障体系，像刘翠花这样的"新东莞人"参加的城镇职工基本医疗保险和数十万"老东莞人"参加的农(居)民基本医疗保险成功并轨后，大家享有的报销比例完全是一样的。这也意味着，东莞在全国率先实现了公平医保。

2016年3月1日，东莞医保再次扩大医保报销待遇范围，非东莞户籍职工子女在东莞读书，也可以参加社会基本医疗保险，待遇标准和东莞城乡居民一致。

如今，东莞医疗保险制度已经不分职业性质、城乡身份、就业状态、户籍地域。东莞市社会保障局介绍，只要工作和生活在东莞，所有机关企事业单位职工(包括异地务工人员)、城镇居民、农村农民、在校学生、自由职业(灵活就业)者等均可在"同一个制度"下同等参保缴费，同等享受财政补贴，同等享受医疗保障待遇，实现了医保的全民公平享有。

2. 建立更加公平的保障制度

2016年，东莞GDP达6827.67亿元，全市共有人口826.14万人，其中本市户籍人口200.94万人，市外户籍人口占了80.4%，迅速增长的农业转移人口市民化需求和医疗卫生等公共服务供给不足呈现出矛盾。

东莞市社保局介绍，东莞医保实施"三步走"战略，从户籍、身份、人群三个层面着手，逐步实现城乡统一的基本医疗保险制度。对制度重新整合，使国家机关、行政事业单位、国有企业等原来采用统账结合形式的医疗保险参保人，按照全市职工平均工资为基数进行缴费，彻底完成了不同人群的基本医疗保险制度的统一。在医保待遇上，打破待遇差距，建立公平的待遇标准，搭建多层次的保险体系，各用人单位和参保人员可自愿选择参加不同保障水平的补充医疗保险。

东莞医保的"基本险"采用"住院+门诊双统筹"的医保制度模式，属强制险，面向所有参保人；在此基础上，建立住院补充和医保个账的"补充险"，允许所有参保单位自愿选择；同时，利用基本险结余基金建立"大病险"，面向所有参保人。

"这种统一的模式在基本险层面实现了不分单位和人群，实现所有参保人同缴费、同保障，享受相同财政补贴。"东莞市社保局的工作人员介绍。

全民公平医保制度的改革，加上"低水平缴费、高标准享受待遇"的制度实践，提高了医保参保的吸引力，保证了制度的"低水平、广覆盖"。到2016年底，全市基本医疗保险参保人达574.57万人，从政策上覆盖了大部分常住人口。

3. 跨省异地就医直接结算

2017年6月19日起，东莞正式纳入国家异地就医联网平台，全市跨省异地安置退休人员是首批享受这一福利的人员。今后，这一人群还将逐步扩大到符合转诊规定人员、异地长期居住人员和常住异地工作人员。

来自广东省社保网上查询系统的数据表明，东莞市目前已有30家医院接入跨省结算平台，实现了全市跨省异地安置退休人员异地就医住院医疗费用的直接结算。

资料来源：南方都市报. http://dg.fzg360.com/news/201710/593709_1.html.

分析：
从东莞全民医疗保险体系的改革中，我们可以得出哪些启示？

第6章　失业保险

本章学习重点

1. 了解失业及失业保险的定义；
2. 了解失业保险的特征及功能；
3. 掌握失业保险的基本内容；
4. 了解我国失业保险的发展历程；
5. 掌握我国失业保险的现状。

6.1　失业保险概述

6.1.1　失业保险的相关概念

1. 失业

失业有广义和狭义之分。广义的失业是指劳动者和生产资料相分离的一种状态。在这种分离的状态下，劳动者的主观能动性和潜能无法发挥，不仅会造成社会资源的浪费，还会对经济的发展造成负面影响。狭义的失业是指具有劳动能力的处在法定劳动年龄阶段并有就业愿望的劳动者失去或没有得到有报酬的工作岗位的社会现象。在社会高度组织化、劳动社会化的社会经济环境中，失业同时还意味着失去了参与社会经济生活、获得社会归属感的主要机会，从而使自己的物质需求和精神需求得不到满足。因此，失业威胁着社会的安全稳定和经济的健康发展。

根据对失业的界定，失业主体必须具备三个条件：①本人无工作，没有从事有报酬的职业或自营职业；②本人当前具有劳动能力，即达到一定的就业年龄，具备就业的生理、心理条件；③本人正在采取各种方式寻找工作机会。

中华人民共和国劳动和社会保障部对"就业"与"失业"的概念做了新的界定。

"就业人员"是指在男性为16～60岁、女性为16～55岁的法定劳动年龄内，从事一定的社会经济活动，并取得合法劳动报酬或经营收入的人员。"失业人员"是指在法定劳动年龄内，有工作能力，无业且要求就业而未能就业的人员。虽然从事一定的社会劳动，但劳动报酬低于当地城市居民最低生活保障标准的，视同失业。

根据以上的界定，那些处于法定劳动年龄，但正在学校读书、在军队服役的，或没有就业意愿的无业者，不属于失业的范畴。

知识链接

失业的类型

1. 按照就业意愿

参照就业意愿，可将失业分为自愿性失业和非自愿性失业。

自愿性失业是指劳动者自动放弃就业机会，而没有找到新的工作岗位的情况。

非自愿性失业是指劳动者愿意接受现有的货币工资水平却仍找不到工作的情况。

2. 按照失业的程度

按照失业的程度，可将失业分为完全失业和部分失业(不充分就业)。

完全失业是指失业者有劳动能力但找不到合适的工作岗位。

部分失业或不充分就业是指有劳动能力的人，虽然有工作，但工作报酬达不到法定的工资标准，工作时间达不到正常工作时间的1/3。

3. 按照失业的表现形式

按照失业的表现形式，可将失业分为显性失业和隐性失业。

显性失业又称公开失业，一般以失业人员到职业介绍机构进行求职登记为准，一般用失业率来反映。

隐性失业是指未表现出来，但确实存在失业或就业不充分的现象，指实际生产率低于潜在的生产率，是一种劳动力资源未被充分利用的情况。

4. 按照失业原因

按照不同的失业原因，可将失业分为摩擦性失业、季节性失业、技术性失业、结构性失业、周期性失业和等待性失业。

摩擦性失业是指在劳动力流动过程中，由于信息不对称、时间滞差、信息成本和流动成本等原因引起的失业。这种失业主要是由劳动力市场自身的缺陷造成的，它反映了劳动力市场经常发生动态性变化，表明劳动者经常处于流动之中。

季节性失业是指由于季节变化或由于消费者季节购买的习惯等原因引起的失业。季节性失业具有规律性、行业性以及失业持续期的预知性等特点。

技术性失业是指由于技术进步、管理改善、生产方法改进等原因造成的失业。

结构性失业是指由于经济结构如产业结构、产品结构、地区结构的变动，引起的劳动力需求结构的变动，从而产生的部分劳动者成为失业者的情况。一般来说，技术性失业是结构性失业的先导，结构性失业是技术性失业的最大表现。

周期性失业是指由于周期性的经济波动而引发的失业现象。经济危机周期性地发生时，失业现象也会周期性地达到高潮。

等待性失业是指求职者因有更高的工作期望而产生的一种失业类型。失业者只有"等待"期望的工资水平可以被满足时，才愿意就业。

资料来源：章晓懿. 社会保障概论[M]. 上海：上海交通大学出版社，2012：204.

2. 失业率

失业率是反映一个国家或地区失业状况的主要指标。国际上通常以失业人数占在业人数与失业人数之和的比例来反映失业率，用公式表示为

$$失业率=失业人数÷(在业人数+失业人数)×100\%$$

我国使用的是城镇登记失业率，用公式表示为

$$城镇登记失业率=城镇登记失业人数÷(城镇在业人数+城镇登记失业人数)×100\%$$

失业率是反映失业情况的动态经济指标，也是国家调控现代宏观经济政策的指标之一。失业现象的存在威胁着社会的稳定，对人力资源造成极大的浪费，因此促使各国政府日益重视治理失业现象，并为失业者提供一系列保障措施。一般来说，失业保障包括失业预防、失业补救和失业保险三个方面的内容，目标在于促进就业、防止和治理失业。在这三部分内容中，失业预防主要是通过对企业解雇员工的约束和失业警戒线的建立，预防在职者失业及失业率的上升；失业补救主要是指通过实施就业培训、就业指导和就业创造，让失业者重新就业；失业保险则是失业保障制度的主体。

3. 失业保险

失业保险是指国家(或政府)通过立法实施，由社会各方筹资建立基金，对非自愿性失去工作、中断收入的劳动者，提供限定时期的基本生活保障和再就业服务的社会保险制度。失业保险具有保障基本生活和促进再就业的双重职能。

根据对失业保险概念的界定，其包含以下几层含义。

(1) 失业保险的帮助对象是劳动者。这就排除了不在就业范围内的社会成员。当依法参加失业保险的劳动者，在因失业而失去收入来源时，国家或社会保险机构会向其提供物资帮助，以保障失业者及其家属的基本生活。

(2) 失业保险的目标是提高劳动者抵御失业风险的能力。在市场经济社会中，每个劳动者都有可能在人生的某个阶段遭遇失业。而随着家庭所提供的保障功能越来越弱化，只有建立整个社会的风险共担机制，才能提高劳动者抵御失业风险的能力，采取的手段包括：通过失业保险向失业者提供失业保险金，以保障失业期间失业者及其家属的基本生活；通过再就业培训和就业指导，帮助失业者尽快实现再就业等。所有这些，都能保证当劳动者遭遇失业风险时，有较强的风险应对能力，从而保证了劳动者职业生涯的继续。

(3) 失业保险具有保障失业者基本生活和促进再就业的双重职能，所以失业保险主要对非自愿性的失业者提供期间限定的保障。

6.1.2 失业保险的特征

失业保险属于社会保险的范畴，除了具有与其他社会保险相同的特征，即强制性、互济性、预防性、补偿性等特征外，还具有自身的特点。

1.保障对象是失业劳动者

失业保险作为社会保险的子系统，只对有劳动能力的并有劳动意愿但无劳动岗位的人提供保险。也就是说，失业保险与其他社会保险项目的最大区别在于，失业保险对象是没有丧失劳动能力的劳动者，因丧失劳动能力而失去劳动机会的情况不包括在失业保险范围之内。

2.保障的风险主要是非自然因素造成的

通常来说，其他社会保障项目所涉及的风险往往与人的生理变异等自然因素有关，失业保险的风险所涉及的风险却不是由人的生理因素等自然因素所引起的，而是由一定时期的社会和经济因素所引起的，在一定程度上，它也与国家在一定时期的宏观经济政策相关。例如，人口、劳动力资源与经济增长的比例失调；产业结构的调整以及就业政策的变化等，都可能成为失业的原因。这和其他社会保险项目中的劳动危险事故的成因有着明显的区别。

3.保障形式和内容的多样性

失业保险不同于其他社会保障，失业保险既有保障失业者生理再生产的功能和目标，又有保障劳动力再生产的功能和目标，这两种功能和目标是同等重要的。因此，失业保险在保障形式和内容上具有自身的特殊性，它除了需要向受保者发放保险金、提供物质帮助，以保障其基本生活需要外，还需要通过就业培训等形式帮助失业者提高其文化素质和业务素质，以便其重新就业。

4.保障人数的动态变化性

与养老保险、医疗保险参保人数通常是增多减少、总体人数单向增加不同，失业保险因其保险金的无积累性，其参保人数会随着就业形势的变化呈现反复的趋势，并不是直线升或降的单向变化。

6.1.3　失业保险的功能

1.保障失业者的基本生活

在市场经济条件下，失业不可避免。对于整个社会来说，总有一部分人处于失业状态。在没有任何保护措施的情况下，失业对于劳动者个人而言，意味着生活来源的中断。失业保险的功能首先体现为对失业者的生活保障。由失业保险机构为符合条件的失业者提供一定期限的失业保险金，保障失业者在失业期间的基本生活，为劳动者的素质提高和劳动力再生产的顺利进行提供基本保障。

2.促进就业的功能

促进就业是失业保险的另一个重要功能。促进就业主要体现为对失业者的职业培训、职业介绍及就业信息的提供等方面。另外，失业社会保险制度的建立需要相应的社会管理和社会服务机构的设立，而这些机构的设立又会相应增加社会的就业机会。

3. 合理配置劳动力功能

合理配置劳动力功能主要体现在两方面：一是由于失业保险的存在，失业者在寻找新的就业岗位时获得了经济保障，免除了后顾之忧，为解决失业问题提供了一定的缓冲时间，失业者也就有条件寻找与自己的兴趣、能力尽可能相符合的工作岗位，从而有利于劳动力的合理配置；二是由于失业保险的存在，用人单位减轻了向外排除冗员的经济、社会两方面的压力，从而有利于单位制定理性的、合理的用人决策，进而有利于劳动力的合理配置。

4. 稳定功能

稳定功能一是体现为社会稳定功能；二是体现为经济稳定功能。一方面，由于失业保险通过发放失业保险金保障了失业人员的基本生活，使其有了一定的稳定收入，安定了个人及其家庭的生活，使家庭关系保持稳定，因此，缓解了失业对整个社会所带来的冲击和震动，从而有利于维护社会稳定和社会秩序井然。另一方面，它起到宏观经济的"稳定器"作用。宏观经济运行具有不确定性，当宏观经济处于繁荣或高涨时期，就业率较高，失业率较低，失业保险基金有积累，这笔资金从投资或消费领域提留出来，降低了经济的过快、过热发展；一旦宏观经济处于萧条时期，失业率大幅度上升，失业人员增加，可将这笔在经济繁荣时期积累起来的失业保险金支付给失业者消费，可帮助他们维持基本的生计，也有利于宏观经济走出萧条期。

6.2　失业保险的发展及制度模式

6.2.1　失业保险的产生与发展

失业保险制度的产生与工业化和市场经济的发展密切相关。失业保险自诞生之日起，在世界范围经历了一百多年的发展，其发展历程可以划分为三大阶段。

1. 建立阶段

从20世纪初到第二次世界大战以前，西方国家先后建立起失业保险制度。工业革命的发展及频发的经济危机使失业变得日益普遍和严重，导致大规模的工人运动，要求改善失业者困境的呼声日益高涨。在此背景下，法国于1905年颁布了专门的失业保险法，建立了非强制的失业保险制度，成为世界上最早建立失业保险制度的国家。法国法律规定，人们是否参加失业保险取决于个人意愿，参加保险，就必须根据失业保险法律规定接受管理，包括承担一定的义务和享受相应的权利。此后，挪威也于1906年建立了失业保险制度，当时属于任意参加性质。丹麦于1907年建立了类似法国的失业保险制度。

英国政府于1911年正式颁布了《国民保险条例》，这是世界上第一部全国性、强制性的失业保险法，开创了建立强制性失业保险制度的先河，后来被一些国家仿效，形成了世界失业保险制度的主流。此后，这一制度被包括意大利、奥地利、波兰、德国等在内的许多国家仿效，各国纷纷实行了强制性失业保险制度。

1920年，国际劳工组织召开了第一届大会，通过了《关于失业的建议》，这表明以制度化方式分散失业风险已在很大的范围内达成共识。美国在经历了1929—1933年的经济大危机后，于1935年通过了《社会保障法》，把失业保险的建立作为普遍福利政策的重点之一。

2. 发展阶段

第二次世界大战结束后，失业保险制度迅速延伸到一些新兴的工业化国家和发展中国家。在这一时期，国际劳工组织先后颁布了失业保险的相关法律，要求各国建立一种对非自愿性失业者提供失业补贴的制度，这种制度可以采取强制保险的形式，也可以采取自愿保险的形式。第二次世界大战后，经济发展迅速，西方各国失业率较低，失业周期短，所以政府针对失业人员采取的措施主要集中在临时性的工作安置和供需匹配等政策上，使失业者能够在短期内重新回到劳动力市场。与此同时，一些国家的失业津贴水平持续提高，失业者享受待遇的期限逐步延长，特别是西欧和北欧的福利国家，失业保险制度显得有些过分"慷慨"，这在一定程度上抑制了失业者寻找工作的积极性，使他们安于享受失业保险待遇，对生产力的发展产生了消极影响。

3. 改革完善阶段

失业保险制度在实际运行中，随着经济情况的变化，不可避免地出现诸多弊病。20世纪80年代以来，大部分西方国家都试图改革失业保险制度，使得失业保险的功能从传统上的以保障基本生活为主，拓展为保障失业人员基本生活、预防失业和促进就业等。通过附加严格的给付津贴条件促使失业人员积极寻找工作，同时使用部分保险基金以及公共财政补贴为失业者提供职业培训和就业服务，激活失业保险制度促进就业的功能。

自20世纪80年代以来，失业保险制度改革取得了明显成效，并在发达国家普遍实施。失业保险工作的重点从一般性的发放失业救济金、保障失业人员的基本生活，转移到大力促进就业、鼓励企业招用失业人员、对失业人员开展系统全面的专业领域培训等。据统计，截至1999年，全世界共有172个国家推行了不同类型的社会保障项目，其中实行失业保障的国家有69个，占实行社会保险项目国家总数的40%。

6.2.2　失业保险的制度模式

由于世界各国的社会制度、经济制度、政治制度和文化等的不同，世界各国所实施的失业社会保险制度的类型也存在较大的差别。按照国家、雇主、个人承担的责任和受益人享受的失业保险待遇，可将失业保险大致分为以下几种类型。

1. 强制型失业保险

强制型失业保险的保险基金主要由企业和个人负担，只有受保人可以享受待遇。这是失业保险中应用最多的一种形式，大约占建立失业保险制度的国家和地区的70%。强制型失业保险的特点：第一，相较于其他类型的失业保险制度，更加强调国家的强制性，要求雇主和个人不管愿意与否，不管个人认为是否存在失业风险，都必须履行缴纳失业保险费的义务。第二，强调雇主和个人的双方责任。失业保险费由雇主和个人双方负担，一般来说各负担一半。如德国，雇主和个人各负担单位工资总额的3.25%，但也有雇主负担得比个人多，如我国，用人单位负担单位工资总额的2%，个人负担本人工资的1%。第三，强调履行缴费义务和享受失业保险待遇的权利对等，不缴费就不能享受待遇。

2. 失业救济型失业保险

失业救济型失业保险是由政府承担全部费用，强调受益人必须满足一定条件的失业保险类型。这种类型的失业保险属于社会救助的范畴，采用此种模式的国家占建立失业保险制度的国家和地区的15%，如澳大利亚、新西兰、巴西等国家采用这种类型。失业救济型失业保险的优点：由政府直接承担责任，因而它的保障力度最强；强调普遍待遇原则，能够保障全体失业者，特别是能保障那些从来没有工作过的新生劳动力的失业者的基本生活。但它也存在明显的不足：一是增加了国家负担；二是弱化了劳动者的责任感，容易造成劳动者对失业保险的过分依赖。

3. 雇主责任制型失业保险

雇主责任制型失业保险又分为两种形式：一是由国家通过法律规定雇主责任，由雇主承担全部失业保险费用，由政府建立失业保险基金的形式。如美国就采取此种形式，在美国，只有雇主缴纳失业保险税，而雇员个人不必缴纳，失业保险基金由联邦和州政府统一运作管理。另一种雇主责任制是在企业内部建立失业保险基金，由雇主运作，强调雇主对雇员负有完全责任。实行这种形式的失业保险制度的国家是极个别的，如加纳。这是一种统筹层次极低的失业保险制度，国家和社会不参与基金的运行，社会化程度很低，基本上是由企业自己管理，不利于企业之间分担失业风险，其作用是极为有限的。

4. 个人储蓄型失业保险

个人储蓄型失业保险由国家建立制度，规定个人拿出工资的一定比例进行储蓄，以防范失业风险。据世界银行的有关资料显示，目前在世界上只有哥伦比亚、智利实行这种制度。

5. 混合型失业保险

混合型失业保险包括几种组合方式，有些国家实行社会保险加失业救济，有些国家实行雇主责任制加失业救济，有的国家实行自愿性失业保险加失业救济等。实行强制性失业保险加社会救助的国家较多，如德国、英国、法国等(不同国家失业保障的类型见表6-1)。这种类型的失业保险较好地将社会保险型和社会救助型结合起来，充分发挥了两者的优势，弥补了各自的不足，其作用是非常明显的。这种类型的失业救济的适用范围包括强制失业保险除外人员，以及虽参加失业保险但已无资格继续享受失业保险金的人员。法国、英国的规定也很类似，不能参加失业保险而能享受失业救济金的人员多为季节工和非全日制零工。

表6-1　不同国家失业保障的类型

国家(地区)	失业保障制度的类型
澳大利亚	失业救济
美国	强制性失业保险+企业补充失业津贴
韩国	强制性失业保险
丹麦	自愿保险制度
法国	强制性失业保险+失业救济
德国	强制性失业保险+失业救济
英国	强制性失业保险+失业救济
加拿大	强制性失业保险+特殊失业补助
日本	强制性失业保险+补贴性自愿保险制度

6.3　失业保险制度的主要内容

失业保险制度的主要内容包括失业保险的覆盖范围、失业保险基金的筹集、享受失业保险的资格条件、失业保险的给付等。

6.3.1　失业保险的覆盖范围

覆盖面是社会保险制度的根本问题之一，即对失业保险的保障范围的宽窄程度的界定。保障范围的宽窄除了体现一国对社会保险政策目标的选择，还反映了一国经济发展水平的高低，同时也是失业社会保险制度模式的重要分类指标。

失业保险制度是为那些遭遇失业风险、收入暂时中断的失业者提供的一种收入保障，是保障社会稳定的一张"安全网"。因此，从理论上说，它的覆盖范围应包括社会经济活动中的所有劳动者，因为在社会经济活动中，每一个劳动者都有可能成为失业者。实际情况是，尽管世界各国失业社会保险的发展很不平衡，但有一点是共通，即在失业社会保险制度建立的初期，覆盖范围仅限于"正规部门"的劳动者，而把在"非正规部门"就业的劳动者排除在外。所谓"正规部门"是指那些有一定规模、稳定性较强的企业；而那些规模很小、稳定性不强、人员流动性大的小规模经济被划入"非正规部门"，包括手工业、小商业及小农家庭经济等。

随着社会经济的发展以及世界各国对失业的理解的变化，失业保险的覆盖范围正在逐步扩大。失业保险覆盖范围最宽的是对所有劳动年龄的人口提供保障。失业保险覆盖范围的大小反映了一国经济发展水平的高低，一般来说，高收入国家的覆盖范围比较广；而绝大多数中低收入国家，由于经济发展水平较低，失业保险制度的覆盖范围则比较窄，说明这些国家还处于失业保险发展的初级阶段。

纵观世界各国，失业保险最初都是覆盖职业比较稳定的工薪阶层，随着经济的发展保障范围不断扩大。例如，美国失业保险的覆盖范围扩大到家庭雇工、农业部门雇员、非营利机构工作人员、公务员等多个领域，其覆盖面占劳动者失业总人数的90%；又如，日本失业保险覆盖一切行业和所有规模的企事业单位，但农、林、水产业暂时实行自愿加入的形式。

6.3.2　失业保险基金的筹集

失业保险基金是在国家法律或政府行政强制的保证下集中建立起来的，用于化解失业风险，给予符合领取条件的失业者物资补偿的资金。失业保险制度能否充分发挥其功能，能否获得长期、持续的发展，在很大程度上取决于失业保险基金的来源是否充足、稳定，失业保险基金的管理是否高效，失业保险基金的使用是否与失业保险的目标一致等。

1. 资金来源

一般来讲，失业保险基金来自4个方面：政府财政拨款、雇主缴纳的失业保险费、雇员缴纳的失业保险费、基金的运营和经营收入。但在不同国家，各方的负担比例是不同的，有的国家政府按照一定比例来提供失业保险基金支持，如日本政府负担失业保险待遇支出的25%、就业安置支出的10%及管理费用；有的国家只在失业保险基金入不敷出时，才用政府财政予以补贴，如中国。在世界范围内，政府在失业保险中承担责任的最常见方式是负担行政管理费和弥补失业保险基金赤字。雇主和雇员共同支付失业保险费是比较普遍的情况，虽然在少数国家实现的是政府和用人单位双方负责制，但权利义务对等、强调社会保险中的个人责任是当今社会保险的大势所趋。

在失业社会保险基金筹集的具体渠道和负担比例方面，各国存在很大的差异，按其来源渠道，一般可分为以下6种类型。

(1) 政府、企业和被保险人三方共同负担，其负担比例视本国的保险政策而定。实行这种类型的国家主要有德国、加拿大、日本、丹麦、瑞典等国。

(2) 由企业和被保险人双方负担。实行这种类型的国家主要有法国、荷兰、希腊等国。

(3) 由政府和企业双方共同负担。美国大部分州、意大利、埃及采用这种类型。如意大利规定，雇主按职工工资总额的1.6%缴纳保险费，政府负担管理费并给予补助。

(4) 由企业一方全部负担。印度尼西亚、阿根廷等国实行这种方式。阿根廷规定，由建筑业雇主为雇员缴纳工薪总额的4%，被保险人及政府不缴纳(阿根廷仅在建筑业推行失业保险)。

(5) 全部由政府负担。如英国、澳大利亚、智利等国。

(6) 全部由被保险人负担。

比较而言，这6种负担方式中，以三方负担方式最为流行，占实行失业保险制度国家总数的50%左右。

2. 筹资方法

筹资方法主要有三种：一是征收失业保险税，如美国全国平均失业保险税率为2.7%；二是按比例征收失业保险费，采用这种方法，一般设置收费起始标准和最高标准；三是按固定金额征收，即不论参保人的收入高低，一律按固定金额征收。一般来讲，失业保险的筹集办法与社会保险的筹资办法是一致的。

3. 缴费比例

确定缴费比例，首先要根据经济的周期性变化，对失业保险的压力、负担进行测算，确定每个劳动者的负担金额，再将金额在用人单位和劳动者之间进行分配，根据社会平均工资水平，折算成一定比例。由于失业保险的周期性特征，缴费比例应随着经济周期的变化作出相应的调整，以避免失业保险基金的收支出现赤字。目前，中国的缴费比例是企业按照工资总额的2%缴纳，劳动者按照个人工资的1%缴纳。其他国家关于缴费比例的规定存在很大差别，如瑞士的失业保险基金均由企业、劳动者按照1.5%缴纳，而俄罗斯的失业保险基金由企业单方以工资总额的2%支付等。

6.3.3　享受失业保险的资格条件

建立失业保险的根本目的是保障失业者的基本生活，促使其重新就业。为了避免在制度实施过程中人们产生逆选择行为，各国均严格规定了保险给付的标准，即享受失业保险待遇的资格条件。虽然各国规定不尽相同，但存在共同条件，可以归纳为以下几个方面。

1. 失业者达到法定的就业年龄

享受失业保险金的受保者必须达到国家法律规定的劳动年龄。通常来说，失业保险将不在法定就业年龄阶段的未成年人和老年人排除在失业保险的实施范围之外。因为他们不承担劳动义务，也不存在就业问题，因此不存在失业问题。失业保险只是专门为在法定就业年龄范围内的劳动者提供保障。

2. 失业者必须是非自愿失业的

失业者必须是非自愿失业的，即必须是非本人原因而引起的失业。关于非自愿失业的类型，一般可以划分为以下5种，即摩擦性失业、季节性失业、技术性失业、结构性失业及周期性失业。为了防止失业者养成懒惰的习惯及依赖的心理，各国均规定对于那些自愿失业者(自动离职者、拒绝胜任工作者、参加劳动纠纷罢工而失业等)，不给付失业保险金或者即使给付也要有一个较长时间的等待期。美国于1994年颁布的《劳动保障法案》规定，无正当理由而自动辞职，因不正当行为而被雇主辞退，因劳资纠纷而离职，拒绝接受适合的工作，没有采取合理的行动去谋职以及故意隐瞒或虚报事实等的失业者，不能领取失业保险金。

3. 失业者必须具有劳动能力和就业意愿

失业者的就业意愿主要体现在以下几方面。

(1) 失业后必须在指定期限内到职业介绍所或失业社会保险主管机构进行登记，要求重新就业，或有明确表示工作要求的行为。

(2) 失业期间须定期与失业保险机构联系并汇报个人情况，这样做是为了让政府部门及时掌握失业人员就业意愿的变化并能够及时地向失业者传递就业信息。

(3) 接受职业训练和合理的工作安置，若失业者予以拒绝，则认定其无再就业意愿，即可发放停止失业保险金。

4. 失业者必须达到法定的保险合格期限

为了贯彻社会保险权利与义务对等的基本原则，各国失业保险制度往往规定失业者须达到一定的就业年限或交足一定期限、数额的失业保险费，或在失业援助的国家居住达到一定的期限，方具有享受失业保险给付的资格条件。这些资格条件具体可分为以下三类。

(1) 就业期限条件。许多国家规定，失业者必须工作一定年限，才能享受失业保险待遇。这主要是考虑劳动者对社会作出的贡献和缴纳失业保险费所尽义务的多少。

(2) 缴纳保险费期限条件。世界上许多国家都规定了受保者个人及其雇主需要缴纳的失业保险费，而且把其是否按时、足额地履行了缴纳失业保险费的义务当作享受失业保险待遇的一个基本条件。

(3) 居住年限条件。由于在一国居住的年限能够反映受保者为本国的社会和经济发展作出的贡献，因此，绝大多数国家将在本国居住的年限作为是否享受失业保险待遇的依据和条件。

6.3.4 失业保险的给付

1. 失业保险的给付原则

失业保险金的给付水准一般取决于一个国家的社会经济发展水平和社会生活水准，在确定失业社会保险给付水平时应遵循以下原则。

(1) 给付标准的制定应能够保证失业者的基本生活。劳动者失业后，失业保险金是其主要的收入来源。因此，失业者及其家属的生活水平也由失业保险金给付水平决定。为维持失业者的正常生存，保护劳动力，失业保险应向其提供基本的生活保障。

(2) 给付标准不高于失业者原有的工资水平。为促进失业者尽快重新就业，避免出现失业保险中的逆选择行为，失业保险金的给付标准必须低于失业者在职时的收入水平，并且只在一定期限内给付。超出期限者，则会进一步降低到社会救济的水平给付待遇。只有这样，才有利于失业者积极寻找工作、重新就业。

(3) 权利和义务基本对等的原则。从体现社会保险权利与义务基本对等的原则出发，失业保险金应与被保险人的工龄、缴费年限和原工资收入相联系。在确定待遇水平时，应该使工龄长、缴费年限多、原工资收入较高的失业者，获得较多的失业保险金，一般做法是提高计算百分比或延长给付期限。

2. 失业保险金的给付期限和标准

在具体确定失业保险金的给付时，要考虑三方面内容：一是等待期；二是给付期限；三是给付标准。

1) 失业保险等待期

失业保险等待期是指合格失业者登记后并不能马上获得失业津贴，而是需要等待7～10天才开始领取失业津贴。实际上，各国等待期长短不一，如瑞士2天、英国3天、芬兰5天、澳大利亚7天、加拿大14天、加纳30天等。设置等待期的理由：等待期较短，一般不会影响失业者的基本生活；便于核实以减少骗保可能；可以免去许多小额支付，节省管理成本，因为有许多失业者可能不到3天又重新找到工作。当然也有一些国家不设等待期，如丹麦、法国、德国、中国等，失业时间及津贴从登记之日起开始计算。

2) 失业保险金的给付期限

失业的暂时性和阶段性，决定了失业保险不可能像养老、工伤保险那样进行无期限或长期限的支付，而是根据失业者的平均失业时间确定一个给付期限。

关于失业保险金的给付期，国际劳工组织综合各国失业情况和工人生活状况，规定失业保险金给付期上限为156个工作日，下限为78个工作日。实际上，各国的给付期存在很大的差别。如美国多数州的给付期为26～36周，日本的给付期通常为90～100天；瑞典的给付期较长，最高给付期为300天；不少国家的给付期为13～20周。在确定给付期长短时，各国又有两类做法：一是把失业保险金给付期长短与保险期长短联系起来。失业保险期越长，失业保险金给付期就越长；反之，给付期就越短。如西班牙规定，失业保险期为6～12个月，失业保险金给付期为3个月；保险期为12～18个月，保险金给付期为6个月；保险期为42～48个月，保险金给付期为21个月。二是把失业保险金给付期同失业期联系起来。如德国在20世纪70年代规定，失业期长达12个月的失业者，有权领取4个月的失业保险金；失业期为18个月、24个月、30个月和36个月的失业者，可分别领取6个月、8个月、10个月和12个月的失业保险金。

但在少数国家，并不规定给付期限，也就是说，失业保险金无期限限制，失业者可无限期地享受，如澳大利亚、比利时和毛里求斯等国。

3) 失业保险金的给付标准

关于失业保险金的给付标准，国际劳工组织曾组织各国劳工组织代表进行充分讨论，并通过以下三条建议：第一，失业保险金的制定，或以失业者在业期间的工资为依据，或以失业者的投保费为依据，视各国的具体情况而定；第二，失业保险金应有上限、下限之分；第三，失业保险金不低于失业者原有工资的60%，如日本的失业保险金规定为原有工资的60%～80%，智利为75%，加拿大为60%，荷兰为80%。

3. 失业保险金的计算和给付方法

失业保险金的给付标准取决于失业保险金的给付方法。由于各国实行的失业保险制度不同，因此，失业保险金的支付方法有很大的差异。例如，从给付时间来看，有按星期来支付的,有按月来支付的;从给付机构来看,有由政府机构或雇主发给一次性失业救济金的,还有由政府规定,由雇主发给一次性解雇费的。由于失业保险金的给付时间不同,失业保险金的计算和给付方法也有很大差别,具体来说,有以下几种情况。

(1) 统一平均给付制。采用这种给付制的国家通常不分失业者的家庭状况,而采取统一平均的支付方法来给付失业保险金。对符合条件的失业者,一律按相同的绝对额给付失业保险金,不与失业前的工资收入挂钩。

(2) 按工资比例给付制。包括两种:第一,按近期社会平均工资的一定比例计发,即以最近一个时期内的全社会平均工资水平为基数,乘一定的计发比例。采用这种计算方法,失业者所得的失业保险金取决于两个因素,即社会平均工资和计发比例。但在这两个因素中,社会平均工资水平的高低是最重要的。第二,按工资等级比例或定额给付。实行这种给付方法的国家,一般是给低收入者确定的比例或定额要高些,以体现收入分配的公平性。

(3) 混合制给付。部分国家发放失业保险金时,一部分统一按平均工资水平支付,另一部分按工资比例发给,并将两者相结合。

4. 失业保险待遇停止支付的各种情况

失业者不可能永远享受失业保险待遇,各国都规定了失业保险待遇停止支付的各种情况。除了因领取期限已满,自动停止支付失业保险金外,在另外一些情况下,也有可能停止支付失业保险金。例如,失业者不愿接受或故意失去职业介绍机构介绍的工作,或拒绝接受就业机构提供的再就业所必需的职业培训,已经或正企图骗取失业保险金等。目前我国在这方面的规定是,有下列情况之一的,将停止支付失业保险金,其他失业保险待遇也停止支付:重新就业的;应征服兵役的;移居境外的;享受基本养老保险待遇的;无正当理由,拒不接受当地人民政府指定的部门或者机构介绍的工作的;有法律、行政法规规定的其他情形的。

6.4 我国失业保险

6.4.1 我国失业保险的建立与发展

中华人民共和国成立后,在失业救助方面制定了一系列政策,建立了相关的制度,使失业保险制度不断发展和完善。

1. 失业保险制度的空白阶段

中华人民共和国建立初期到1986年,我国一直没有建立严格意义上的失业保险制度,在我国传统的计划经济体制下,劳动就业体制实行"统包统配、安置就业"的劳动用工制度,企业缺少用人的自主权,劳动者缺乏自由择业权,实行的是"铁工资、铁饭碗、铁交椅"制度。因此,失业保险也就没有存在的必要。

2. 失业保险制度的建立阶段

1986年，由国务院发布的《国有企业职工待业保险暂行规定》确立了失业保险的雏形，标志着我国失业保险制度的初步建立。有必要强调的是，由于在理论上对失业问题仍然存在争议，当时用"待业"来表述实际的失业问题。

从历史上看，《国有企业职工待业保险暂行规定》的覆盖范围是非常有限的，它只适用于城市国有企业中的小部分职工，即宣告破产的国有企业职工，濒临破产的国有企业在法定整顿期间被精简的职工，国有企业终止、解除劳动合同的工人，国有企业辞退的职工。此外，它在基金筹集、发放及管理等各个环节上还非常不完善，明显带有"暂行"的性质。当时将保险待遇定义为待业救济金，同时规定了领取救济金的资格条件和待遇水平。当时的待业救济金标准若以实际工资计算，替代率大约为40%，人均待业救济金约为40元。

3. 失业保险的调整阶段

1986年以后，我国开始对建立完善的失业保险制度进行积极的探索。截至1992年底，全国参与失业保险的企业为47.6万个，覆盖职工总人数达到7440万人，各级失业保险管理机构为2100多个。截至1993年初，我国相继发布了近10项失业保险的相关法令，在制度建设上也积累了一些积极的成果。

经过近7年的探索，1993年4月12日，国务院重新发布《国有企业职工待业保险规定》，取代了1986年颁布的《国有企业职工待业保险暂行规定》，在已经明确建立市场经济体制的前提下，保险的实行仍然局限于国有企业，并继续采用"待业保险"的名称，但在保险的覆盖范围、资金筹集、保险水平及组织管理模式等方面做了相应的调整，这一规定的发布和实施标志着我国失业保险制度进入正当运行时期。到1994年，全国就有194万人享受了失业保险待遇，超过1986—1993年的总和，失业保险制度开始发挥作用。

近几年来，一些地方根据本地情况，扩大失业保险的覆盖范围，将乡镇集体企业、外商投资企业、私营企业及其职工，部分机关、社会团体和事业单位及其职工也纳入失业保险的范围。为增强失业保险基金承受能力，部分省市实行个人缴费。到1998年底，参加失业保险人数为7928万人，全年享受失业保险待遇的人数为158万人。

知识链接

失业与下岗的区别联系

按照《中国劳动统计年鉴》的解释，下岗职工是指由于用人单位的生产和经营状况等原因，已经离开本人的生产或工作岗位，并已不在本单位从事其他工作，但仍与用人单位保留劳动关系的职工。下岗职工一般包括放长假、下岗待工、退出岗位休养等职工。下岗和失业的共同点在于劳动者都是失去了工作岗位，但两者也有区别。

第一，从劳动关系上看，失业人员已与企业解除劳动关系，档案已转入户口所在地的劳动和社会保障部门;而下岗职工虽然无业,但未和原企业解除劳动关系,档案关系仍在原企业。

第二,从领取的待遇来看,失业人员领取的是失业保险金;下岗人员从企业的再就业服务中心领取基本生活费,并且企业为下岗人员代缴养老、医疗等社会保险费。

第三,下岗人员在一定的条件下转为失业。下岗职工在再就业服务中心领取基本生活费的期限一般不超过三年,三年期满仍未再就业的,应与企业解除劳动关系,按有关规定享受失业救济或社会救济。

4. 失业保险进入法制化轨道

1999年1月12日,国务院颁布《中华人民共和国失业保险条例》(以下简称《失业保险条例》),它的出台标志着我国失业保险制度的基本确立。《失业保险条例》吸收了以往失业保险制度建立和发展中的实践经验,在许多方面做了重大调整和突破,如实施范围不再限于国有企业而是扩展到机关事业单位及非国有企业,有关保险基金的筹集、使用等均有相应的调整。与此同时,国务院还颁布了《社会保险费征缴暂行条例》,主管部委下发了关于失业保险金申领发放和失业保险统计制度,以及事业单位参加失业保险和调整基金支出结构等有关规章,我国的失业保险制度开始走向规范化。2001年1月1日,劳动和社会保障部又颁布了《失业保险金申领发放办法》。

依据《失业保险条例》等相关法规,全国大多数省、自治区、直辖市及新疆建设兵团陆续建立了结合地方实际情况的失业保险制度。参加失业保险的人数大幅度增加,失业保险基金征缴规模扩大,越来越多的失业人员的基本生活因失业保险制度而得到了基本保障。自此,相对规范的失业保险制度开始在全国范围内推行。

6.4.2 我国现行失业保险制度

我国现行失业保险制度的法律依据主要是1999年1月国务院颁布的《失业保险条例》和2011年7月1日施行的《中华人民共和国社会保险法》(以下简称《社会保险法》),基本内容包括以下几个方面。

1. 覆盖范围

城镇企事业单位及其职工,城镇企事业单位包括国有企业、城镇集体企业、外商投资企业、城镇私营企业以及其他城镇企业、事业单位的所有劳动者。

2. 保险缴费

《失业保险条例》规定,城镇企事业单位的缴费率为企业职工工资总额的2%,职工按照本人工资的1%缴纳失业保险费。城镇企事业单位招用的农民合同制工人本人不缴纳失业保险费。2015年2月25日,国务院常务会议确定将失业保险费率由现行条例规定的3%统一降至2%,单位和个人的缴纳比例由各地方政府在充分考虑提高失业保险待遇、促进失业人员再就业、落实失业保险稳岗补贴政策等因素的基础上确定,实践中各地的失业保险总费率缴纳范围为1.5%～2%。从2017年1月1日起(人社部发〔2017〕14号文)，失业保险总费率为1.5%的省(区、市)，可以将总费率降至1%，降低费率的期限执行至2018年4月30日。在省(区、市)行政区域内，单位及个人的缴费率应当统一，个人缴费率不得超过单位缴费率，具体方案由各省(区、市)研究决定。失业保险总费率已经降至1%的省份仍按照《人力资源社会保障部 财政部关于阶段性降低社会保险费率的通知》(人社部发〔2016〕36号)执行。

3. 支付条件

具备下列条件的失业人员，可以领取失业保险金：①按照规定参加失业保险，所在单位和本人已按照规定履行缴费义务满一年的；②非因本人意愿中断就业的；③已办理失业登记，并有求职要求的。

失业人员有下列情形之一的，失业待遇停止发放：①重新就业的；②应征服兵役的；③移居境外的；④享受基本养老保险待遇的；⑤无正当理由，拒不接受当地人民政府指定部门或者机构介绍的适当工作或者提供的培训的。

知识链接

非因本人意愿中断就业的形式

非因本人意愿中断就业主要包括下列情形：①劳动(聘用)合同到期终止；②被用人单位解除劳动(聘用)合同；③用人单位提出，协商一致解除劳动(聘用)合同；④被用人单位辞退；⑤被用人单位除名或开除；⑥因用人单位管理人员违章指挥、强令冒险作业与用人单位解除劳动合同；⑦符合法律、法规或市政府有关规定的其他情形。

因辞职、自动离职等本人意愿中断就业的失业人员，没找到工作的应届大学毕业生不能享受失业保险待遇。

资料来源：参照《失业保险金申领发放办法》编写.

4. 保险支付期限

失业保险经办机构根据失业人员的累计缴费时间核定失业保险金的领取期限。缴费时间按照两个原则予以确定：其一，实行个人缴纳失业保险费前，按国家规定计算的工龄(视同缴费时间)，与《失业保险条例》发布后缴纳失业保险费的时间合并计算；其二，失业人员在领取失业保险金期间重新就业后再次失业的，缴费时间重新计算。

城镇职工和农民合同制工人的失业保险支付期限不同。对于城镇职工，失业保险支付期限长短与缴费时间长短挂钩，最长支付期限为24个月。失业人员失业前累计缴费满1年不足5年的，领取失业保险金的期限最长为12个月；累计缴费满5年不足10年的，领取期限最长为18个月；累计缴费10年以上的，领取期限为24个月。重新就业后，再次失业的，缴费时间重新计算，领取失业保险金的期限可以与前次失业应领取而尚未领取的失业保险金的期限合并计算，但是最长不得超过24个月。

对于单位招用的农民合同制工人,连续工作满1年,本单位并已缴纳失业保险费,劳动合同期满未续订或者提前解除劳动合同的,由社会保险经办机构根据其工作时间长短,对其支付一次性生活补助。

5. 保险待遇

失业保险的待遇包括:失业保险金、丧葬补助金、抚恤金、职业培训和职业介绍补贴等,具体标准由省、自治区、直辖市人民政府确定,不得低于城市居民最低生活保障标准。

失业人员在领取失业保险金期间应按照规定参加其失业前失业保险参保地的职工医保,由参保地失业保险经办机构统一办理职工医保参保缴费手续,应缴纳的医保费从失业保险基金中支付,个人不缴费。领取失业保险金的人员自参加职工医保当月起按规定享受相应的住院和门诊医疗保险待遇,享受待遇期间与领取失业保险金期间相一致。

失业人员在领取失业金期间死亡的,参照当地对在岗职工的规定,向其遗属发给一次性丧葬补助金和抚恤金,所需资金从失业保险基金中支付。

6. 失业保险转移接续及与城市最低生活保障衔接

失业保险实行属地管理,企业事业单位应参加单位所在地的失业保险统筹。失业人员的失业保险关系跨省、自治区、直辖市转迁的,迁出地经办机构应为其开具转迁证明,将所需费用随失业保险关系一并划转至迁入地经办机构,失业人员到迁入地经办机构领取失业保险金。划转的费用包括:失业保险金、医疗补助金和职业培训、职业介绍补贴。其中,医疗补助金、职业培训和职业介绍补贴按失业人员应享受失业保险金总额的一半计算。在省、自治区范围内跨统筹地区转迁的,失业保险费用的处理由省级劳动保障行政部门规定。

失业保险支付期满,失业人员仍然处于失业状态,且失业人员符合城市最低生活保障条件的,按照规定享受城市居民最低生活保障待遇。

6.4.3 我国就业保障制度

2007年8月30日,中华人民共和国第十届全国人民代表大会常务委员会第二十九届会议通过了《中华人民共和国就业促进法》(以下简称《就业促进法》),《就业促进法》于2008年1月1日起实施,共九章六十九条,内容主要包括:政策支持;公平就业、反对就业歧视;设立公共就业服务机构,免费提供相关就业服务和管理;积极开展职业教育和培训;政府健全就业援助制度,建立促进就业的目标责任制度和相关的考核监督等。该法规的绝大部分内容涉及政府责任和法律对失业的补救。国务院于2008年9月18日颁布并实施的《中华人民共和国劳动合同法实施条例》(以下简称《劳动合同法实施条例》)规定了解除劳动合同的条件等,是我国的保障就业或失业预防措施。2014年2月21日发布的《社会救助暂行办法》(国务院令第649号)单独设置了"就业救助"一章,分5个方面强调和补充了我国就业救助或援助的内容。

《失业保险条例》《就业促进法》《劳动合同法实施条例》和《社会救助暂行办法》等一系列法规构建了我国的就业保障制度。

以促进就业为导向的就业保障制度，就是将消极的救助变为积极的保障，是十分必要的。第一，从国际上看，以促进就业为导向的就业保障制度体系顺应国际发展趋势。20世纪90年代以来，日本、加拿大等发达国家把消极的单纯保留特定工作岗位、维持雇佣的措施转化成积极的预防失业和促进就业的措施，开始由消极的失业保险向积极的抑制失业和促进再就业的就业保障方向转变，实现了收入支持和鼓励就业的双重作用，具有预防失业和促进就业的作用。第二，以促进就业为导向的就业保障制度体系有利于解决我国的长期就业压力。我国就业压力大并且会延续很长时间，促进就业是我国政府长期的任务，而设计就业保障制度就是以促进就业和预防失业为目的，有效应对我国巨大的就业需求问题。第三，就业保障制度能够较好地适应市场经济要求，积极应对多种就业形式。失业保险制度从创立至今已有30多年的时间，需要建立以促进就业为导向的就业保障制度；以适应现代市场经济的发展与改革，提高就业者的就业能力与就业技能，改变就业者技能单一、能力匮乏的局面，积极应对市场经济条件下的多种就业形势。

2014年，人力资源社会保障部发布了《关于失业保险支持企业稳定岗位有关问题的通知》(人社部发〔2014〕76号)，将失业保险基金用于实施兼并重组、化解产能严重过剩、淘汰落后产能等的企业稳定就业岗位。2015年，国务院《关于进一步做好新形势下就业创业工作的意见》，将支持企业稳定岗位政策的范围扩大到符合条件的所有企业。随着政策在各地的贯彻落实，失业保险基金有效用于符合条件的企业职工生活补助、缴纳社会保险费、转岗培训和技能提升培训等相关支出，发挥了稳定就业岗位的积极作用。2016年，失业保险基金支出961亿元，其中，防失业、促就业支出545.8亿元，占56.8%。失业保险防失业、促就业的功能明显增强。

2017年，国务院发布《国务院关于做好当前和今后一段时期就业创业工作的意见》(国发〔2017〕28号)，提出关于从失业保险基金中列支参保职工技能提升补贴的政策要求。人力资源社会保障部、财政部共同印发《关于失业保险支持参保职工提升职业技能有关问题的通知》，使用失业保险基金支持参保职工提升职业技能，有效帮助广大职工适应经济转型升级的要求，预防失业、稳定就业，有利于全面发挥就业保障功能。

就业保障以促进就业为导向，增强了失业保险保障失业人员基本生活的保障功能。将失业保险基金更多用于帮助参保职工提升职业技能，以适应产业升级和岗位技能要求。同时扩大了失业保险基金在促进就业方面的支出范围并提高支出比例，进而预防失业、稳定就业，积极主动地治理失业、促进就业。就业保障整合了政府就业促进机构与职业保险经办机构的职能，在保障失业者基本生活的基础上，强调了就业促进与就业预防，覆盖人群更广泛、保障措施更积极。

本章小结

失业是指具有劳动能力的处在法定劳动年龄阶段并有就业愿望的劳动者失去或没有得到有报酬的工作岗位的一种不可避免的社会现象。

失业率是反映一个国家或地区失业状况的主要指标。国际上通常以失业人数占在业人数与失业人数之和的比例来反映失业率。

失业保险是指国家(或政府)通过立法实施,由社会各方筹资建立基金,对非自愿性失去工作、中断收入的劳动者,提供限定时期的基本生活保障和再就业服务的社会保险制度。

失业保险的特征包括:保障对象是失业劳动者、保障人数的动态变化性、保障形式和内容的多样性、保障的风险主要是非自然因素造成的等。

失业保险具有保障失业者的基本生活、促进就业、合理配置劳动力、稳定社会等功能。

失业保险的制度模式包括强制失业保险型失业保险、失业救济型失业保险、雇主责任制型失业保险、个人储蓄型失业保险、混合型失业保险等。

失业保险制度,一般包括失业保险的覆盖范围、失业保险基金的筹集、享受失业保险的资格条件、失业保险的给付等内容。

中华人民共和国成立后,在失业救助方面制定了一系列政策,从1986年开始建立了相关的制度,其发展历程可概括为失业保险制度的空白阶段、建立阶段、调整阶段以及法制化阶段。

思考题

1. 什么是失业和失业保险?
2. 失业保险的特征及功能有哪些?
3. 失业保险制度都包括哪些基本内容?
4. 我国现行失业保险制度包括哪些内容?

案例分析

案例1:失业保险金领取期限是否可以合并计算?

赵某1990年时41岁,失业,开始领取失业保险金,本来可以领取24个月,但只领取了6个月,就开始重新工作。2007年,赵某所在企业因环境污染被迫关闭,赵某再次失业。这次经办机构核定发给赵某24个月的失业保险金,但赵某认为领取期限应为24个月再加上上次未领取的18个月。

分析:

赵某的要求是否合理?说明判定依据。

案例2：农民工和临时工应该参加失业保险吗？

城镇企业事业单位招用的农民合同制工人本人不缴纳失业保险费，合同期满不再续订或提前解除劳动合同的，由社会保险经办机构根据用人单位为其连续缴费的时间，支付一次性生活补助。每满1年发给1个月生活补助，最长不得超过12个月。

《中华人民共和国劳动合同法》规定，已建立劳动关系，未同时订立书面劳动合同的，应当自用工之日起一个月内订立书面劳动合同。所以自2008年1月1日起，临时工的用工形式已不复存在。对新入职的企业职工，单位都应该办理社会保险；对原临时工的转移接续办法，则由各地社会保障部门按本地区规定执行。

资料来源：北京市失业保险规定实施办法．

分析：

农民工、临时工失业保险的缴费和待遇享受方面与城镇企业职工存在哪些差异？

案例3：没找到工作的大学毕业生可以领取失业保险吗？

有大学毕业生询问，经过努力未找到工作，没有收入来源，可以领取失业保险吗？记者从广州市高校毕业生就业指导中心获悉，因应届毕业生未参保失业保险从而并不能享受失业保险待遇，但毕业生经过努力超过半年未找到工作的，可以申请生活补贴。

(1) 未参加失业保险不能领取失业金。学工商管理专业的小张是一名应届毕业生，前段时间一直忙于各类考试，"还没毕业的时候，就一心想考公务员，耽误了找工作"。如今离开学校已经有两三个月之久的小张仍然没有找到工作。"失业了，听说有失业金领。我现在也是处于失业状态，是否也能领取失业金？"他向记者咨询是否可领失业金。广州市人力资源与社会保障局的工作人员介绍，要领取失业保险待遇应同时具备以下条件：参加过失业保险，所在单位和本人已按照规定履行缴费义务满1年的；非因本人意愿中断就业的；已办理失业登记，并有求职要求的。应届毕业生从未参保，因此不能领取失业金。

(2) 失业半年或可领生活补贴。"每个月都有二十几个毕业生来办理未就业登记。"广州市高校毕业生指导中心的有关负责人告诉记者，像小张这种情况并不是个例，尤其是遭遇金融危机影响的2009年和2010年就更多了。据悉，2010年，为了应对金融危机造成的就业难，广州市曾出台相关政策，毕业生办理未就业登记超过6个月的，可以领取临时生活补贴，金额为最低工资的80%。"当时出台的文件时效性到2010年12月底，但临时生活补贴在实际操作中对未就业的大学生有一定作用，而且国家和省份都有相关政策给予半年以上未就业的大学生生活补贴。"目前，广州市正在制定相关文件报政府审批，申请对办理未就业登记半年以上的大学生给予临时生活补贴。待相关文件下发后，办理未就业登记半年以上的大学生就可领取生活补贴。

资料来源：南方财富网．http://www.southmoney.com/touzilicai/baoxian/551827.html．

分析：

如何为大学生建立失业保险制度？

案例4：失业人员领取失业保险金期间死亡的相关问题

失业人员在领取失业保险金期间死亡的(不含违法犯罪和交通事故死亡)，其当月未领取的失业保险金仍可发放。直系亲属可持死亡证明、死者生前的"失业保险金领取证"和领取人的户口簿、身份证，到街道、镇劳动和社会保障部门申领丧葬补助金。丧葬补助金按照本市在职职工丧葬费的标准，一次性发给。

有供养直系亲属的，按死者生前当月领取失业保险金的标准和供养人数给予一次性抚恤金。供养1人的，给付6个月；供养2人的，给付9个月；供养3人以上的，给付12个月。

资料来源：北京市失业保险规定实施办法.

分析：

失业人员领取失业保险期间死亡，其直系亲属可享受哪些待遇？

第7章 工伤保险

1. 理解工伤保险的含义；

2. 了解工伤保险的历史演变；

3. 掌握工伤保险制度的构成要素；

4. 掌握我国现行的工伤保险制度。

工伤社会保险是社会保险的重要组成部分，它是社会保险较早产生的种类之一。现代工伤保险制度经历了受害工人个人负责制、雇主过失赔偿制、雇主责任保险以及工伤社会保险等若干个发展阶段。而经过一系列发展，现在的工伤保险制度已不再是单纯的工伤事故的事后经济补偿，而是将工伤预防、工伤赔偿和工伤康复作为工伤保险制度的三个组成部分。

7.1 工伤保险概述

工业化以前的社会，劳动者日出而作、日落而息，几乎全靠体力与手工从事经济活动，生产节奏缓慢，因工负伤、中毒、致残的可能性很小。进入工业社会后，情况完全发生变化。矿山的开发和利用，大机器的使用，冶炼、化工、石油、建筑、交通等行业的发展，一方面使劳动者为企业、为社会创造了大量的物质财富，另一方面也增加了劳动者自身的职业危险性。劳动者用自己的智慧和双手制造的机器及其他先进的产品随时有可能无情地夺取他们的肢体、器官甚至生命。从资本原始积累时期到现代工业社会，劳动者的职业风险始终存在于生产劳动过程之中。

7.1.1 工伤及工伤保险的含义

工伤是随着工业生产的发展而日益突出的职业灾害，主要包括工作中的突发性意外伤害事故和持续性职业疾病。

1. 工伤

有关"工伤"的界定，各国不尽相同，且随着社会的发展不断变化。对"工伤"一词较为规范的界定出现在1921年国际劳工大会提出的公约中。当时的《国际劳工公约》将工伤定义为"由于工作直接或间接引起的事故"。最初，这一定义并不包括职业病，随着时间的推移，各国逐渐开始将职业病也纳入工伤的范畴，并最终以国际公约的形式确定了现在的工伤概念。1964年，第48届国际劳工大会通过的《工伤事业津贴公约》指出："实施工伤保险的目的，是为受雇人员发生事故时，提供医疗护理及现金津贴，进行职业康复；为残废者安排适当职业，采取措施防止工伤事故和职业病。"此外，还规定工伤补偿应将职业病和上下班交通事故包括在内。

《中国职业安全卫生百科全书》将工伤定义为："企业职工在生产岗位上，从事与生产劳动有关的工作中，发生的人身伤害事故、急性中毒事故。但是职工即使不是在生产劳动岗位上，而是由于企业设施不安全或劳动条件、作业环境不良而引起的人身伤害事故，也属于工伤。"从这一定义中我们可以看出，职业病也包括在工伤范围内。

2. 职业病

职业病是指劳动者在生产劳动及其他职业活动中，接触职业性有害因素而引起的所有疾病。如工业毒害、生物因素、不良的气象条件、不合理的劳动组织、恶劣的卫生条件等，当这些职业性有害因素作用于人体并造成人体功能性或器官性病变时所引起的疾病，称为职业病。职业病的范围是由国家有关部门明文规定的，即工伤保险范围内的职业病是国家认定的法定职业病。随着新的生产技术和新的生产工艺的使用，会不断产生一些新职业病，同时也会使一些老职业病的严重性不断减弱并可能被最终消除，这就要求立法机构根据实际情况及时调整职业病的范围。我国现行法规规定的职业病共有十大类、115种。

根据上文，工伤可以概括为两类：一是在工作中因意外事故而导致的人体器官及其生理机能受损；二是因职业性质和工作环境因素引起的职业性疾病。可见，工伤是与职业有关的对人体的伤害，因此，它也被人们称为职业性伤害。这种伤害从其病理角度加以区分又有三种情况：第一种是因工负伤，发生工伤事故后经过治疗可以痊愈；第二种是工伤伤残，发生工伤事故后虽然经过长期治疗仍难以痊愈，形成无法恢复的永久性人体残损；第三种情况是因长期工作在有害的职业环境中，或者长期从事有职业性毒害的工作而引起的职业性疾病。

工伤将会带来严重的经济损失和人员伤亡。经济损失通过一段时间的恢复生产，是可以弥补的；而人员伤亡所造成的后果，却无法消除。工伤已经成为严重的劳动问题和社会问题，引起各国政府的重视。各国均在安全生产、文明生产、预防事故发生和提供工伤补偿等方面不断加强立法，以求完善工伤保险制度。

3. 工伤保险

所谓工伤保险，是指劳动者在生产经营活动中或在规定的某些特殊情况下所遭受的意外伤害、职业病以及因这两种情况造成死亡、暂时或永久丧失劳动能力时，劳动者及其遗属能够从国家、社会得到的必要的物质补偿，以保障劳动者或其遗属的基本生活，以及为受伤劳动者提供必要的医疗救助和康复服务的一种社会制度。这种补偿既包括医疗、康复所需，也包括生活保障所需。随着社会的发展，工伤保险的职能也在不断地扩展，功能也在不断地完善。现代意义上的工伤保险除上述内容外，还包括以下功能：

通过预防促进企业安全生产，减少事故发生；通过康复工作，使受害者尽快恢复劳动能力，促进受害者与社会的整合。工伤预防、工伤救治与补偿、工伤康复，已经成为现代工伤保险的"三大支柱"。

工伤保险是社会保险制度的重要组成部分，是世界上产生最早的社会保险项目，从1884年德国制定《工伤事故保险法》开始，迄今已有一百多年的历史。到20世纪90年代初期，全世界已有155个国家和地区实行工伤保险制度，占163个有社会保险制度国家和地区总数的95%，其普及率比养老保险还高。

7.1.2　工伤保险的原则

1. 个人不缴费原则

工伤保险费由企业(雇主)一方缴纳、负担，职工个人不缴费、不负担，这是工伤保险区别于其他社会保险项目的一个重要标志，也是长期以来国际上各国通行的惯例和准则。工伤保险费只由企业负担而职工个人不负担，是因为工伤事故是职工在生产过程中为企业创造物质产品和财富时发生的，职工因工作付出了鲜血或生命，因此应完全由企业一方负担，这是完全必要和合理的，也符合工伤风险是职业风险的原则。此外，工伤保险费只由企业一方负担，也有利于促使企业更好地关心企业的安全生产，以减少工伤事故和了解职业病的发生，更好地保证职工的安全和健康。这一原则与工伤保险实行无责任补偿原则也是密切相关的。

2. 无责任补偿原则

无责任补偿原则亦称补偿不究过失原则，即工伤事故发生后，不论事故的责任在雇主还是在第三者，或是职工本人，均应给予劳动者经济补偿。补偿不究过失原则首创于德国，1884年7月16日，德国公布了世界上第一部《工伤事故保险法》，规定雇主无论对于工伤事故有无责任，均应依法赔偿工人损失。过去一般多采用雇主过失责任赔偿制，即只有当雇主对于工伤事故有过失责任时，才给予赔偿，否则企业主不负赔偿责任，其损失完全由工人自负。目前，无责任补偿原则已成为各国工伤保障普遍遵守的原则。实行补偿不究过失原则能够保证劳动者在因工负伤时，无条件地得到经济补偿，不会因责任问题而影响本人及其家属的正常经济生活。需要说明的是，劳动者负伤后，虽然不问过失在谁，都要给予工伤补偿，但是并不表明不用去调查和弄清楚事故发生原因、查明事故真相，相反，为了总结经验教训，事故发生以后，应认真调查事故原因，追究事故责任。行政责任追究与经济补偿是一个问题的两个方面，而工伤保险制度则研究的是受伤者的经济补偿问题。

3. 补偿与预防、康复相结合原则

工伤保险首要的、直接的任务是进行工伤补偿，但这不是它唯一的任务。工伤保险还有其他的任务，就是在工伤事故发生前要积极地进行事故预防，做好安全生产、职业卫生工作，预防职业病的发生。而在事故发生后，则要积极做好医疗康复和职业康复

方面的工作。虽然社会保险机构不具体从事预防和康复工作,但是应当配合劳动行政部门督促企业贯彻落实国家的职业安全卫生法律法规和标准,采取宣传、教育、检查和奖惩等措施,并支持工伤和职业病预防的科学研究工作,以促进企业改善劳动条件,加强安全生产管理,教育职工严格遵守劳动安全卫生操作规程,减少伤亡事故和职业病的发生,这是最积极有效的保障。

4. 一次性补偿与长期补偿相结合原则

对因工而部分或完全永久丧失劳动能力的职工或是因工死亡的职工,受伤害职工或遗属在得到补偿时,工伤保险机构一般一次性支付补偿金项目。此外,对一些伤残者及工亡职工所供养的遗属,有长期支付项目,直到其失去供养条件为止。这种补偿原则,已为世界上越来越多的国家所接受。

5. 确定伤残和职业病等级原则

工伤保险待遇是根据伤残和职业病等级的分类确定的。各国在制定工伤保险制度时,都制定了伤残和职业病等级,并通过专门的鉴定机构和人员,对受职业伤害职工的受伤害程度予以确定,从而区别不同的伤残和职业病状况,给予不同标准的待遇。

6. 保险缴费实行行业差别和浮动费率

为了体现公平收费,工伤保险制度一般实行差别费率和浮动费率。

差别费率是指根据不同行业工伤风险程度确定行业的基准费率,风险程度较高的行业适用较高的基准费率,风险程度较低的行业适用较低的基准费率。此外,根据工伤保险基金使用、工伤发生率等情况,再在每个行业内确定若干费率档次。

浮动费率是指在差别费率的基础上,国家根据企业在一定时期内的安全生产状况和工伤保险费用支出情况,在评估的基础上,定期调整企业缴费率的做法。浮动费率与企业的生产经营状况成反比,生产经营状况好的企业下浮费率,生产经营状况差的企业上浮费率。因此,企业为了节约工伤保险费用支出,会主动采取措施抓好安全生产,以减少工伤事故的发生。

7.1.3　工伤保险的发展历程

由于工伤给当事人及其家属带来了极大的不幸与灾难,因而不同的国家都以各种形式对工伤给予补偿。但现代意义上的工伤保险,实际上是职业伤害保险,既包括工伤事故所致人身伤害,也包括法定职业病导致的各类疾患及死亡。工伤保险制度的建立,经过了从雇主责任保险向社会保险发展的历程。

1. 第一阶段:工伤民事索赔

在前工业化社会,在手工作坊式的小工厂里,对于因工作而发生的伤亡,其事故的预防、处理和赔偿是在公民之间私下进行的。

在欧洲工业化早期，劳动灾害(或职业灾害)，特别是恶性工伤事故及急性职业中毒事故时有发生，但并未引起足够的重视。英国著名经济学家亚当·斯密在他的"风险承担理论"中曾这样认为，给工人规定的工资标准中，已包含对工作岗位危险性的补偿，而工人既然自愿与雇主签订了合同，就意味着他们自愿接受了风险，接受了补偿这种风险的收入。因而，工人理应负担其在工作过程中因发生工伤事故而蒙受的一切损失。这一理论风行于早期资本主义时代，成为雇主推卸工伤责任的理论依据。

2. 第二阶段：强调雇主有过失才赔偿

随着资本主义经济的发展，大机器所导致的工伤事故日益增多，工人运动也蓬勃发展。工伤事故，特别是恶性工伤事故及急性职业中毒事故，往往会引发工人要求政府及雇主改善劳动条件的运动，严重者甚至成为反抗政府的导火线。因而到欧洲工业化早期，工人受到职业伤害便可得到一定的赔偿，雇主过失赔偿原则的实施，标志着这一斗争取得初步胜利。但是这种赔偿并不是源于独立的工伤保险，而是依据民事法典中"归责原则"的规定，受伤害工人在法庭上必须有足够的证据证明自己所受的伤害是由"他人过失"造成的，法庭才会裁定过失方给予赔偿。这种完全由法院审理、裁定工伤赔偿的方式，有时要拖很长时间，不仅不能适应工伤事故日益增多的需要，也使工伤受害者得不到及时、合理的赔偿。因此，按照民法的规定和程序，很难使受害者得到应有的赔偿，也很难合理地解决工伤事故所引发的社会问题。

3. 第三阶段：强调工伤"补偿不究过失"

19世纪末，法国、德国、英国等普遍认同"职业危险"原则，认为凡是利用机器或雇员体力从事经济活动的雇主或机构，就有可能使雇员受到来自职业方面的伤害；一旦发生意外事故，无论是由于雇主的疏忽还是由于受害者的同事的粗心大意，甚至根本不存在过失，雇主都应该进行赔偿；雇主支付的职业伤害赔偿金是一笔日常开支，就像支付维修设备的维修费和付给职工的工资一样；赔偿金应该是企业所承担的一部分管理费用。这是工人斗争的结果，也是人们对工伤不断加深认识的结果。这种"补偿不究过失"制度，最初也称为"工人损失赔偿制"。根据这项原则，国家立法强制要求雇主对工伤受害人提供赔偿金，职业伤害保险进入雇主责任保险阶段。

补偿不究过失原则应用于工业伤害领域，代表雇主责任制的开始。1884年，德国首创"无责任赔偿"的工伤保险法，工人因受到工业伤害而受伤、致残、死亡，不管过失出自哪里，雇主均有义务赔偿工人的经济损失。其后，奥地利、捷克、斯洛伐克、挪威、芬兰、英国、爱尔兰、法国、西班牙、丹麦、瑞典等发达国家都迅速制定了无责任补偿的工伤保险法。从此，"补偿不究过失"原则盛行开来，成为现行工伤保险制度的一项基本原则。

在现代化大生产条件下，新技术的广泛应用增加了劳动者的职业危险性，工伤事故不仅随时有可能发生，而且事故的严重度也在提高。不论是发达国家还是发展中国家，都纷纷建立了工伤保险制度。部分国家首次工伤保险立法时间如表7-1所示。

表7-1　部分国家首次工伤保险立法时间

国别	时间/年	国别	时间/年
德国	1884	中国	1951
英国	1897	日本	1911
意大利	1898	泰国	1956
法国	1898	印度	1923
瑞典	1901	新加坡	1929
美国	1908	韩国	1953
加拿大	1908	埃及	1936
澳大利亚	1902	南非	1914
俄罗斯	1903	智利	1916

资料来源：美国社会保障署. 全球社会保障[M]. 北京：华夏出版社，1996.

7.1.4　工伤保险的制度模式

从各国的情况看，工伤保险制度主要有三种模式，即社会保险模式、雇主责任模式、混合模式。

1. 社会保险模式

社会保险模式是工伤保险制度实施的主要类型。目前，在全世界实行工伤保险制度的国家中，大约有110个国家实行此种模式，大约占总数的70%。

社会保险模式主要有以下几个特点：第一，由国家强制实行，规定范围内的用人单位必须依法参保；第二，建立公共基金，用人单位按照约定的缴费比例定期缴纳工伤保险金，形成独立的、专有的基金，承担工伤的赔偿责任；第三，长期、短期待遇相结合，从保障工伤职工生活的角度出发，既保障工伤职工当前的医疗、康复需求，又有计划地保障伤残职工及工亡职工遗属的长期生活。

2. 雇主责任模式

目前，有二十多个国家实行雇主责任保险，基本上分布在发展中国家。雇主责任保险要求雇主必须根据法律规定，对其受伤雇员或其遗属支付相应的伤残或工亡待遇。

雇主责任有自保和向商业保险公司投保两种形式。一是伤残者或遗属直接向雇主要求索赔，而雇主对职业伤害的赔偿，有些是由雇主个人来承担，也有些是由雇主群体(如雇主协会或雇主联合会等)来承担。如果工伤还涉及其他方面，一旦出现争议，法庭或国家有关机构将出面解决。二是雇主为雇员的职业伤害风险购买保险。雇主向私人保险公司投保，这类保险公司征收保费，保费通常根据各企业或各产业的工伤事故发生情况及工作风险程度而定，差别很大。

雇主责任模式是由雇主承担全部工伤赔偿责任，这一模式也存在一定的问题。第一，雇主的负担比较重，容易影响正常生产活动，有些中小企业更是难以承受巨额的经济赔偿责任；第二，受伤雇员的利益难以保障或赔偿数额较低，影响雇员及家庭的正常生活；第三，雇主和雇员之间的纠纷较多，为此付出的时间、精力较多，经济成本较高。

3. 混合模式

部分国家采取雇主责任和社会保险混合模式，允许各用人单位在雇主责任或社会保险之间进行选择。有的国家规定，达到一定规模的企业可以选择自我保险模式，达不到一定规模的企业必须参加工伤社会保险；也有的国家对某一类人群实行雇主责任或社会保险。

7.2 工伤保险制度的框架及内容

工伤社会保险的主要内容包括工伤保险的范围、工伤保险基金的筹集、劳动能力鉴定和工伤保险待遇给付等几方面。

7.2.1 工伤保险的范围

工伤保险的范围包括两方面内容：一是工伤事故和职业病的范围；二是受保人的范围。

1. 工伤事故和职业病的范围

工伤即职业伤害，并非单指工作中的意外事故，也包括因工作而导致的身体慢性损害，即职业病。国际劳工组织于1952年制定的《社会保险(最低标准)公约》(第102号)确定的职业伤害的范围：身体处于疾病状态者；由于职业伤害丧失劳动能力而造成工资收入中断者；由于永久或暂时失去劳动能力而完全失去生活费来源者。

工伤保险建立的初期，只包括工业生产中的意外事故，后来纳入由于工作原因造成的职业病等内容，许多国家还把一些非工作原因导致的事故也纳入职业伤害的范围，如上下班途中发生的意外事故。现在，许多国家又进一步扩大工伤保险的范围，如红十字救援和其他救援人员、消防灭火人员、协助警察工作人员、从事工会活动人员和就业培训人员，在工作中出现意外事故和为保卫国家安全而负伤致残人员，均包括在工伤范围之内。

职业病源于劳动者所从事的职业本身，特别是在劳动中接触某种有害物质。虽然人们从事任何性质的工作，都会或多或少地对身体造成一些不良影响，但是，职业病是由国家立法规定的，指那些因从事职业而所直接带来的、对身体造成较大损害的疾病。

2. 受保人的范围

工伤保险制度建立初期，受保人的范围仅包括那些靠工资收入、从事有危险工作的工人。从整个劳动者群体看，这部分收入有限、工作环境危险性大的工人群体，确实最需要受到社会的保护。有些国家的工伤保险的受保人至今仍然限制在面临最危险工作的工人范围内。工伤保险制度对小企业工人的限制也是很常见的，特别是在许多发展中国家，小企业的工人只能从雇主责任保险中得到赔偿。有些发展中国家，把一些非体力劳动者或者一些工资超过一定数额的人排斥在工伤保险制度之外。这种做法反映了社会保险领域中的一种观念，即工资高的人大多数从事一些几乎没有职业危害的工作，即使他们遇到危险，也有足够的能力为自己及家庭提供保障。这种认识是与社会保险互助互济的精神相抵触的，然而，要想改变这一现状，必须克服重重困难，包括消除社会、文化和心理的障碍。典型的心理障碍，如高薪者不愿意与低收入者列在同一保险制度中，认为这样会降低他们的社会身份。

从总的发展趋势来看，工伤保险受保人的范围不断扩大，从体力工作扩大到非体力工作，从工人扩大到所有劳动者。在发达国家，正在把保姆、家庭教师、家庭工人等纳入工伤保险范围。一些发达国家还把从事非经济活动的人纳入工伤保险范围，如奥地利、德国、法国、挪威、瑞典，在工伤保险立法中包括学生和教师；奥地利、丹麦、德国、芬兰、日本、挪威、瑞典、突尼斯把个体经营者包括在工伤保险之中；奥地利和苏联等国把消防人员、救援人员和国家安全人员包括在工伤保险之中。

7.2.2　工伤保险基金的筹集

相较于其他社会保险，工伤保险在待遇水平、保险项目上要优厚得多，这是由职业伤害的特点所决定的。要保证工伤保险制度的顺利实施，必须有一个稳定的基金制度作保障，使任何用人单位发生工伤事故甚至工伤致残、致死事故后都不至于因工伤给付过多而陷入困境，使其能够及时获得社会的帮助，伤残者以及死亡者遗属也可及时获得工伤补偿和抚恤。

1. 工伤保险基金来源

建立工伤保险基金，必须一方面考虑职业伤害补偿和抚恤的必要，另一方面考虑基金建立所需资金的提取渠道和水平。这已成为全球性的问题。雇主责任制发展到今天，成为现代工伤社会保险制度，但有些原则如解决职业伤害费用问题的原则，则大部分得到了保留。在雇主责任制下，雇主规定了由商业保险承保人来承担强制性的保险，使其习惯于根据经济活动的特点来确定各自不同的保险费率，其结果是影响了工伤社会保险中确定缴费额的方法。这里的缴费额被作为工资总额的一部分。

工伤保险基金的收入来源主要由以下几个部分组成。

1) 缴费单位所缴纳的工伤保险费

缴费单位所缴纳的工伤保险费是工伤保险基金的主要来源，由企业根据本企业职工工资总额的一定比例缴纳，个人不缴纳任何费用。

按照国际惯例，工伤保险费率主要有统一费率、差别费率和浮动费率三种。

统一费率即根据法定统筹范围内的预测开支需求，与相同范围内企业的工资总额的比例，求出总的工伤保险费率，所有企业都按照这一比例缴费。这种方式是在最大可能的范围内平均分散工伤保险，不考虑行业与企业工伤实际风险的类别。世界上已实行工伤保险的国家中大概有30%采用此制度，如以色列、埃及、巴西等国。

企业差别费率，就是根据企业的伤亡事故风险和主要危害程度划分职业伤害风险等级，并据此制定不同的收费率。确定企业差别费率的影响因素主要是企业规模和所从事行业的风险程度。

浮动费率，是建立在差别费率基础上的费率，即工伤保险管理部门每年对企业的安全状况和工伤保险费用的支出情况进行评估，根据评估结果，适当提高或降低费率的制度。这种机制，一方面突出了企业自身的风险特征(主要是通过直接费率部分)；另一方面，对安全工作做得好的企业可以降低缴费比例，对事故发生率较高的企业可提高缴费费率。也就是说，如果雇主致力于安全预防工作，降低了事故发生率和职业病发生率，其费率可在行业费率的基础上向下浮动；当企业违反安全法规而造成严重后果，要征收惩罚性费率，将该企业费率上调。

2) 工伤保险基金利息收入

工伤保险基金利息收入是指用工伤保险基金购买国家债券或存入银行所取得的利息收入。

3) 财政补贴收入

财政补贴是指在发生工伤保险基金支付困难时，由财政给予的基金补助。

4) 滞纳金以及其他收入

滞纳金是指用人单位因拖欠工伤保险费而按规定缴纳的惩罚性的费用。其他收入是指法律、法规规定的其他工伤保险基金收入。

2. 工伤保险基金筹集模式

工伤保险基金筹集模式直接影响工伤保险费率的高低。不同的基金筹集模式对保险基金的需求量不同，因而费率也有区别。工伤保险基金筹集模式主要有以下三种。

(1) 当年平衡式。当年平衡式的筹集模式是根据当年所需要支付的工伤保险费来筹集保险基金，达到当年收支平衡，国内又称为现收现付制。这种方式理论上较为合理，但实施起来比较困难，因为当年支出情况很难事先精确测算，为了实现当年收支平衡需要相当数量的工伤保险储备金，每年要根据需要调整缴费费率，稳定性差，因而只在社会保险经验丰富、保险精算较为科学精确、制度较为成熟的国家使用。

(2) 阶段平衡式。阶段平衡式的筹集模式是以一个阶段为期，求得工伤保险待遇费用收支平衡。这一平衡期可为5年或10年。以平衡期间中间一年的应交率作为此平衡期内的平均应交率，以前半期收大于支的储备，弥补后半期支大于收的不足，使整个阶段内的基金收支达到平衡。这种方式的费率会比当年平衡式略高，但可以适当储备，具有一定的灵活性。这种方式也称部分积累式，我国亦可采取这种工伤保险率。

(3) 总体平衡式。总体平衡式的筹集模式是根据历年发生的工伤死亡次数，预测今后数年享受工伤待遇的各类人员(死亡、伤残及遗属)人数和整个待遇享受期间所需支付的费用总额，根据需要的费用规模筹足资金，逐年支付，以达到收支总体平衡。采用此种征集方式对所需资金有充分的保证，增加了储蓄，可以应付较严重的意外事故，但保险费率较高。

7.2.3　劳动能力鉴定

职工发生工伤事故，经治疗伤情相对稳定后，存在残疾、影响劳动能力情况的，应当进行劳动能力鉴定。劳动能力鉴定是指针对劳动功能障碍程度和生活自理障碍程度的等级鉴定。

劳动能力鉴定工作是工伤保险制度不可缺少的组成部分，是给予受伤害职工保险待遇的基础和前提条件，也是工伤保险管理工作的重要内容。职工在工伤或疾病医疗期内治愈，或者伤情、病情处于相对稳定状态，或者医疗期满仍不能工作的，都要通过医学检查对其伤残后丧失劳动能力的程度给出判定结论。劳动能力鉴定制度是合理确定社会保险待遇的基础，是正确审批职工因工、因病致残，完全或全部丧失劳动能力而退休、退职的依据，也是决定伤病职工休假、复工、调换工作的依据。通过劳动能力鉴定制度，可以准确评定伤残、病残程度，有利于加强企业对伤病职工的管理，有利于切实保障伤残、病残职工的合法权益，也为正确处理这方面的争议提供客观依据。

工伤保险制度中有关劳动能力的鉴定，主要是鉴定受伤者丧失劳动能力的程度。所谓"丧失劳动能力"，是指个人因身体或精神受到伤害而导致本人工作能力严重减弱的状况。丧失劳动能力可能是暂时的，也可能是永久的；可能是部分丧失，也有可能是完全丧失；可能是先天的，可能是职业原因造成的，也有可能是非先天、非职业病的其他疾病或身体机能失常等原因引起的。工伤保险制度中所讨论的"劳动能力鉴定"是指由工伤造成的丧失工作能力的鉴定。

按丧失劳动能力的程度划分，一般有三种：人身能力丧失；职业能力丧失；一般劳动能力丧失。

人身能力丧失是指因工伤而使个人的适应性受到损害。人身适应性损害是参照同年龄、同性别的正常、健康的人的状况来鉴定的。在人身能力鉴定中，只考虑损害程度，不考虑人身能力受到损害后所带来的可能的经济或职业后果。职业伤害保险实行的项目按照失能等级支付待遇，而不考虑实际收入的丧失情况。例如，一个手工业者和一个技巧要求低的机械工遭遇同样的手指伤，前者可能永远失去原职业，而后者可能重返原岗位。

职业能力丧失是指因工伤而丧失从事职业的能力。这种鉴定以受伤者能否胜任受伤前所从事的工作为依据，职业能力丧失的鉴定通常是通过个别工作或集体工作的证明人评定职业病或意外事故的方式进行的。继续使用失能人员的工作范围常包括本人受伤的原单位、某个企业团体或某一类职业。但是如果失能鉴定以能否胜任受伤前所从事的工作为依据而局限于某一范围内的工作，那么再就业的范围就太狭窄了，这样也就丧失了鉴定的基本目的。因此，只纯粹考虑职业能力丧失的补偿项目目前已经很少见了，取而代之的是一些普通的项目。职业能力丧失鉴定应以鉴定损害为标准，而不是以鉴定在一般劳务市场上获取收入能力的丧失为标准。

一般劳动能力丧失是指发生工伤后丧失重新寻找工作和获取与过去相当的收入水平的能力。它是以获取新工作的可能性即以个人剩余的获取收入的能力为理论基础。丧失工作能力的鉴定不是以具体的职业为依据进行衡量，而是以个人取得工作并获取收入的机会为依据进行衡量。这种方法考虑了个人受伤的严重性、基本特征、年龄、受伤前的工作情况及以后求职的可能。

大多数国家在确定工伤残废等级的过程中，都综合考虑了上述三种情况。有关残废等级的标准各国规定不同，例如，日本的工伤残废等级表中，分眼、耳、鼻、口、神经系统、头面、颈部、胸腹部与内脏、躯干、上肢、下肢等十几个部位，规定了14个残废等级。英国的残废等级采用百分制的办法，依据身体损害对劳动能力影响的百分比(1%～100%)，规定了55个等级。有些国家不规定具体的残废等级，在劳动者发生工伤事故后，由专家组成评残小组，根据一定的评残原则，通过考察残废者丧失劳动能力的程度，结合其从事的职业工种、目前的培训情况和康复的可能性以及今后的发展前景等讨论评定。

7.2.4　工伤保险待遇给付

相较于其他类型的保险，如养老保险、失业保险、医疗保险等，工伤保险待遇优厚。工伤保险待遇主要包括：治疗工伤的医疗费用和康复费用；住院伙食补助费；就医交通食宿费；伤残辅助器具安装配置费用；生活不能自理者的生活护理费；一次性伤残补助金和按月领取的伤残津贴；因工死亡的，其遗属领取的丧葬补助金；供养亲属抚恤金和因工死亡补助金；劳动能力鉴定费；治疗工伤期间的工资福利等。下面主要介绍工伤保险的医疗给付、暂时失能补助金、永久性伤残年金和一次性伤残补助金、遗属津贴等内容。

1. 工伤保险的医疗给付

医疗给付是指受伤者发生工伤事故后的一系列治疗过程和措施。1952年，第35届国际劳工大会通过的《社会保障(最低标准)公约》(第102号)规定：应向受伤人员提供各种类型的医疗照顾，包括矫形器具的供给和维修、配镜和牙科治疗；对受伤人员提供的医疗照顾不应受时间的限制，并且不向个人收取费用。1964年，第48届国际劳工大会通过《工伤津贴公约》(第121号)，考虑到有些国家的医疗保险制度中个人负担费用的情况，认为在一定情况下可以由个人负担部分费用。不过，从各国工伤保险实施现状看，绝大部分国家的工伤医疗费用均由雇主承担，少数国家由政府补贴。

2. 暂时失能补助金

暂时失能补助金是指治疗期间支付给受伤人员的保险费用，有的国家称为工伤津贴。所有国家的补贴标准为发生事故前若干时间内本人平均工资的一定比例。1952年的国际劳工大会第102号公约规定的补助金标准为工伤者原工资的50%，1964年的121号公约规定为60%。大多数国家的发放比例为本人原工资的60%、65%和75%。

有些国家，如比利时、英国规定，在劳动者丧失劳动能力的最初几个星期内，由雇主支付待遇，然后才由工伤保险的专门机构支付。许多国家还规定了在支付暂时失能补助金前，要有几天的等待期。1952年国际劳工大会1952年第102号公约规定，等待期不能超过3天。1964年的第121号公约修改了这项规定，要求从丧失劳动能力的第一天起就支付暂时失能补助金，不应有任何等待期。目前，大多数国家的做法与国际劳工大会的主张基本一致。日本虽然规定了3天等待期，但同时又规定这3天的暂时失能补助金由雇主直接支付给本人。

关于工伤治疗期，许多国家规定为6～12个月，日本规定为一年半。但这一规定是可以灵活掌握的，因为对有些工伤来讲，一年左右的时间并不能保证病情稳定。所以许多国家还规定医疗期满如需再治疗，可以延期。

3. 永久性伤残年金和一次性伤残补助金

永久性伤残年金和一次性残废补助金是指在伤情稳定、医疗终结后，根据专门的评残委员会评定的残废等级予以支付。完全丧失劳动能力者，如双目失明、截瘫等，发给永久性伤残待遇，以年金形式定期支付。国际公约规定的待遇标准为原工资的60%，多数国家规定为本人过去工资收入的66%～75%。部分丧失劳动能力者，视伤残等级等因素，发给长期的或一次性的伤残补助金。对伤残程度在10%、15%或20%以上的，一般发给长期伤残待遇；对于伤残程度在10%、15%或20%以下的，给予一次性补助金，也有的国家不给补助金。

在有些国家，不论是全部丧失劳动能力还是部分丧失劳动能力，都发给一次性待遇。一次性待遇标准，一般不少于本人5年工资的总和。对于全部丧失劳动能力和大部分丧失劳动能力而需要人照顾的，大多数国家都支付一定数额的护理费。

4. 工伤保险的遗属津贴

家庭成员因工伤死亡，特别是那些家庭主要收入来源的成员死亡，对其遗属而言无疑是一场巨大的灾难，会带来精神及经济上的巨大损失。因此，大多数国家都有向遗属支付津贴的规定。

(1) 因工死亡者的遗属比非因工死亡者的遗属待遇高，条件也比较宽。一般来讲，遗孀获得遗属补助金是没有附加条件的，即不管她是否具有工作能力和是否需要抚养子女，也不管她的年龄有多大，都可以获取遗属补助。鳏夫要想得到此项待遇则必须是残疾人，缺乏完整的工作能力。给孩子发放津贴的条件是他们必须不满16岁或者18岁，如果18岁后他们继续接受教育或本人是残疾人，年龄也可以适当延长。除此之外，遗属津贴也可以支付给过去一直由死者赡养的父母。在有些国家，死者未成年的兄弟姐妹也可以享受遗属津贴。

(2) 遗属津贴大多数是以年金的形式支付的。1952年国际劳工大会第102号公约规定的遗属补助金标准为死者工资的40%，1964年又将这个标准修改为50%。目前的一般规定：遗孀抚恤金为死者工资的30%～50%，子女为15%～20%(如果子女在一个以上，每个子女为15%，孤儿为20%)。遗孀和子女的待遇之和不超过死者生前工资的75%。美国政府规定的遗属抚恤金：供养一口人的，一年发153天的死者日平均工资；供养两口人的，一年发193天死者日平均工资；供养三口人的，一年发212天的死者日平均工资；供养四口人的，一年发230天死者日平均工资；供养五口人的，一年发245天的死者日平均工资。英国实行"均一制"，遗孀每人每周发39.25英镑(最初的26周每周发54.2英镑)，子女每人每周发8.05英镑。

(3) 雇主责任制的遗属责任津贴费实行一次性支付。有些实行社会保险的国家也采取一次性支付待遇的办法，抚恤金额度一般为死者几年的工资总和。如新加坡规定，一次性发给遗属相当于死者4～9年的工资，但最高不超过4.5万新元，最低不少于1.5万新元。

🔵 知识链接

工伤保险与人身意外伤害保险的区别

(1) 性质不同。劳动者发生工伤后，不必缴纳任何费用，就能够从国家、社会和企业处得到必要的补偿；而人身意外伤害保险是以盈利为目的，由商业保险公司与投保人以契约的形式确定各自的权利和义务。

(2) 对象不同。工伤保险以劳动者及其供养的直系亲属为对象；人身意外伤害保险以投保者为保障对象。

(3) 待遇不同。工伤保险待遇以满足劳动者的基本生活需要为标准；而人身意外伤害保险因投保金额不同享受不同待遇。

(4) 范畴不同。工伤保险属于社会保险法调整的范围；而人身意外伤害保险属于经济合同法调整的范围。

(5) 实施主体不同。工伤保险是政府行为，由国家授权的部门负责实施；而人身意外伤害保险是商业行为，由商业保险公司负责实施。

资料来源：吕学静. 现代社会保障概论[M]. 3版. 北京：首都经济贸易大学出版社，2012：136.

7.2.5　工伤预防与康复

工伤保险制度除了提供上述待遇的补偿外，还包括工伤事故发生前的工伤预防和事故发生后的工伤康复。

1. 工伤预防

工伤预防是指事先防范职业伤亡事故以及职业病的发生，以减少事故及职业病的隐患，改善和创造有利于健康的、安全的生产环境和工作条件，保护劳动者在生产、工作环境中的安全和健康的制度。

工伤预防是工伤保险制度三个环节(预防、补偿、康复)的第一个环节，其目的是最大限度地减轻工伤事故，从而减轻工伤赔偿和工伤康复的压力，最终减少企业的事故损失，降低事故风险，消除职工及其家庭的痛苦，维护社会稳定，促进经济发展。因此，工伤预防是工伤保险的第一项任务，也是关系全局的首要任务。

工伤保险制度介入预防工伤事故和职业病的领域，可促使雇主加强劳动安全意识，改善劳动条件，已经得到实施工伤保险国家的普遍认同。国际劳工组织在多次会议与公约中要求将预防和工伤保险结合起来，并敦促各国具体实施。工伤预防的内容主要包括：一是事故预防，即对外力造成的伤害的预防；二是职业病预防，即对有毒、有害劳动环境造成的机体伤害的预防。各国的工伤预防手段多样，通常有宣传、培训、教育、开展相关科研活动等。

2. 工伤康复

世界卫生组织对工伤康复所下的定义是：综合协调地应用医学的、教育的、职业的、社会的和其他一切措施，对残疾者进行治疗、训练，运用一切辅助手段，以达到尽可能补偿、提高或者恢复其已丧失或削弱的功能，增强其能力，促使其适应或重新适应社会生活。

工伤康复是工伤保险制度的第三个环节，其目的是通过工伤康复使残疾者恢复或者提高其身体功能，使其重新适应社会生活，恢复重新就业的能力，包括心理上和体力上的恢复。

工伤康复包括的内容较广泛，但总体上有4项主要内容：一是医疗康复，利用各种临床诊疗和康复治疗的手段，改善和提高工伤职工的身体功能和生活自理能力；二是心理康复，是对经历工伤事故的职工进行心理干预的一种手段；三是职业康复，为保存一定劳动能力的伤残职工进行有针对性的职业训练；四是社会康复，为伤残职工回归社会提供适宜的条件和环境。

7.2.6　工伤保险的管理方式

各国工伤保险的管理方式依国家政治性质、经济条件和历史传统等的不同而有所差异，总体而言，管理方式包括以下三种。

1. 政府直接管理

政府直接管理的代表国家有日本、韩国、英国等。日本由厚生劳动省集中监督管理，通过都、道、府、劳动基准局监察实施。英国是由卫生与社会保障部门负责，通过地方办事机构管理工伤保险费和补助金，通过国民卫生系统提供医疗补助。

2. 政府监督，协会管理

这种方式是指由政府进行监督，由基金会、理事会、联合会等自治的协会进行管理，代表国家有法国、意大利、德国等。法国是由互助和社会团结部颁布法规，进行一般监督，由全国疾病基金会在全国范围内管理工伤补助法案，由疾病基金会支付补助金，由联合征收机构征集保险费。意大利由劳工社会福利部进行一般监督，由全国事故保险协会通过办事处宏观管理工伤保险，由受保的人员、雇主和政府三方组成理事会联合监督实施，由国民健康服务部门对工伤保险进行事务性的具体操作，另外由基金会单独管理特殊工程的保险方案。德国是由联邦劳动和社会部进行监督管理，由事故保险基金会具体处理工伤保险业务。

3.政府立法，工会管理

这种方式是指由政府通过立法对工伤保险进行监督，由工会进行管理，代表国家有匈牙利、保加利亚等。匈牙利委托中央工会理事会社会保险总署，通过地方分支机构管理工伤抚恤金和其他补偿金，并征收保险费，而医疗服务则会同公共卫生部门共同管理。

7.3 我国工伤保险的发展历程

我国的工伤保险制度建立于20世纪50年代初，原属于劳动保险制度的一项内容，并与劳保医疗、生育待遇混合在一起，由单位负责组织实施，是典型的单位保障模式。改革开放后，我国对这一制度进行了改革探索。2003年4月27日，国务院颁布《工伤保险条例》，并于2004年1月1日起实施。2010年，国务院第136次常务会议通过了《国务院关于修订〈工伤保险条例〉的决定》，并于2011年1月1日起实施新修改的《工伤保险条例》。

7.3.1 计划经济时期的职工工伤待遇

1.制度建立阶段

中华人民共和国成立后，面临经济落后，生产萎缩，失业严重，因工致病、致伤、致残人群庞大等一系列社会问题，以及生产条件恶劣等生产安全问题。1951年2月25日，中央人民政府政务院颁布了全国统一的《劳动保险条例》。这是我国第一部包括工伤、死亡遗属等社会保险在内的全国性统一法规，标志着社会保险制度开始在我国实施。与此同时，国家机关、事业单位的社会保险制度也以单项法规的形式逐步建立。1950年12月11日，内务部公布了《革命工作人员伤亡抚恤暂行条例》，规定了伤残死亡待遇。

随着我国工业生产的发展，职业病伤害变得尤为突出。为了加强对职工职业病伤害的保障，1957年2月23日，卫生部制定和颁布了《职业病范围和职业病患者处置办法的规定》，确定了将严重危害工人、职员健康，严重影响生产、职业性比较明显的职业中毒、尘肺病等14种与职业活动有关的疾病正式列入职业病范围，同时首次将职业病列入工伤保险的保障范畴。

2.从社会统筹到企业保险阶段

1966—1976年的"文化大革命"期间，工伤保险和整个社会保险体系遭到严重的破坏，企业停止提取劳动保险金，工伤保险待遇改在营业外列支，工伤保险由"国家保险"退化为"企业保险"。1978年12月，党的十一届三中全会之后，我国进入了以经济建设为中心的新的历史时期，社会保险制度的重建工作也被提上议事日程。

7.3.2 经济体制转变中的工伤保险制度改革

1. 改革背景

改革开放给中国带来了飞速发展的机遇，同时，也使其面临极大的挑战。在这一阶段的中国不仅处于经济转型与社会变革时期，同时也处于大规模的工业化、城市化进程中。在这样的特定时代背景下，一方面，原有产业结构与劳动就业格局被打破，城镇劳动者面临转换工作环境与就业岗位的压力以及新的职业风险，原有的劳动保护制度也不可避免地要遇到许多新问题；另一方面，工业化的发展进程必然促使乡村劳动者大规模地向非农产业转化，新的劳动环境、劳动工具与劳动方式，同样不可避免地会带来新的劳动风险。这些新问题与新风险的出现，决定了我国需要有健全的、科学的劳动保护与社会保障制度。

在经济改革与社会转型的背景下，工业化与城市化进程加快，劳动和社会保障制度尚处在重新构建之中，这种特定的时代背景导致劳动者的职业风险急剧增长，不仅表现在显性的工伤事故方面，也表现在具有迟发性的各种职业病方面；加之隐瞒不报或者漏报，实际情况可能更为严重。可见，我国现阶段的安全生产形式十分严峻。

20世纪50年代，我国《劳动保险条例》规定的工伤保险制度的实施，对当时计划经济时期确保劳动者的合法权益、稳定社会及促进生产发展曾起过积极的作用，但其后的"企业保险"及我国社会经济的重大变化，表明该制度已不能适应社会与经济的变革。

2. 工伤保险的试点阶段

1988年，劳动部主持研究社会保险改革方案，形成了工伤保险改革框架，即调整工伤保险待遇，建立工伤保险待遇随物价变化相应调整的制度；适度提高丧葬费、抚恤费并建立一次性抚恤制度；建立工伤保险基金，逐步实现基金的社会化管理；工伤保险基金遵循"以支定收，留有储备"的原则；确定费率差别，定期调整。

1989年以来，各地先后开展了工伤保险试点改革，并取得初步成果，具体包括：扩大了保险覆盖面；适当调整工伤保险待遇，实行差别费率；建立工伤保险基金，由政府组织工伤保险事业，逐步变"企业保险"为社会保险；工伤保险与工伤预防相结合；政府立法，依法行事，各试点地区政府都出台了工伤保险规定。

3. 实行社会统筹阶段

1996年，劳动部颁布了《企业职工工伤保险试行办法》，于同年10月1日起在全国试行。1996年还发布了《职工工伤与职业病致残程度鉴定》。至此，工伤保险改革在全国铺开，具体做法包括：其一，建立工伤保险基金制度；其二，实行差别费率；其三，覆盖范围逐步扩大；其四，改革待遇计发基数和提高各项待遇标准水平。

《企业职工工伤保险试行办法》是我国第一部关于工伤保险的专项立法，有力推动了我国工伤保险制度的改革，但是仍然存在立法层次较低、强制力度不够、基金统筹层次过低、互助互济功能没有充分发挥等问题，使得大多数城镇集体企业、外资企业和私营企业仍然没有参加保险。

4. 2003年《工伤保险条例》颁布

国务院于2003年4月颁布了《工伤保险条例》，该条例是对我国长期以来工伤保险制度改革工作的总结和提高，适应了社会主义市场经济条件下更好地保障职工合法权益、加快经济建设和深化企业改革的要求。该条例的颁布扩大了工伤保险的范围，将境内各类企业和有雇工的个体工商户纳入其中；明确了用人单位和职工的责任，规范了相关标准和工作程序。因此，《工伤保险条例》的颁布标志着我国新型工伤保险制度的基本确立。

5. 2011年《工伤保险条例》的修订

《工伤保险条例》自2004年实施以来，对维护工伤职工的合法权益、分散用人单位的工伤风险、规范和推进工伤保险工作发挥了积极作用。但随着社会经济的发展，工伤保险制度面临一些新的问题，如事业单位、社会团体等组织的职工工伤保险政策不明确，工伤认定范围不够合理，工伤认定、鉴定和争议处理程序复杂、时间较长，伤残补助标准较低等，这些问题急需解决和完善。

2010年，国务院第136次常务会议通过了《国务院关于修订〈工伤保险条例〉的决定》，并决定从2011年起正式施行。新修订的《工伤保险条例》的内容的改变主要包括以下几个方面：第一，扩大了工伤保险的适用范围；第二，调整了工伤认定范围；第三，简化了由用人单位支付的待遇项目，增加了由工伤保险基金支付的待遇项目；第四，简化了工伤认定、鉴定和争议处理程序；第五，提高了部分工伤待遇标准。

7.4 我国现行工伤保险制度

我国现行工伤保险制度主要以2011年1月1日起施行的《工伤保险条例》(修订版)和2011年7月1日起施行的《社会保险法》为法律依据，主要内容包括以下几个方面。

7.4.1 我国工伤保险的范围和对象

我国境内的各类企业、事业单位、社会团体、民办非企业单位、基金会、律师事务所、会计师事务所等组织和有雇工的个体工商户(以下称为用人单位)，应当依照相关规定参加工伤保险，为本单位全部职工或者雇工缴纳工伤保险费。

各类企业的职工和个体工商户的雇工，均有享受工伤保险待遇的权利。"职工"是指与用人单位存在劳动关系(包括事实劳动关系)的各种用工形式、各种用工期限的劳动者，既包括与用人单位签订了劳动合同的职工，也包括虽然没有签订劳动合同、但已经存在事实上的劳动关系的职工，还包括农民工以及灵活就业人群。

7.4.2　我国工伤保险的资金来源

1. 缴费主体

用人单位缴纳工伤保险费，职工个人不缴纳工伤保险费。

2. 费率实行行业差别费率和浮动费率相结合的制度

工伤保险费的缴费基数为本单位职工工资总额。用人单位一般以本单位职工上年度月平均工资总额为缴费基数。用人单位缴纳工伤保险费的数额为本单位职工工资总额与单位缴费费率之积。

用人单位上年度月平均工资低于统筹地区上年度社会月平均工资的60%时，按照社会月平均工资的60%缴费；当用人单位上年度月平均工资高于统筹地区社会月平均工资的300%时，月平均工资的300%就是用人单位本年度的缴费工资。

工伤保险费根据以支定收、收支平衡的原则确定费率。工伤保险费率实行行业差别费率和浮动费率相结合的制度。国家根据不同行业的工伤风险程度确定行业的差别费率，并根据工伤保险费使用、工伤发生率等情况在每个行业内确定若干费率档次(浮动费率)。行业差别费率及行业内费率档次由国务院劳动保障行政部门会同国务院财政部门、卫生行政部门、安全生产监督管理部门制定。统筹地区经办机构根据用人单位工伤保险费使用情况、工伤发生率情况等，适用所属行业内相应的费率档次确定单位缴费费率。

1) 行业差别费率

目前，我国将行业划分为三个层级：一类为风险较小的行业(如银行业)；二类为中等风险行业(如房地产业)；三类为风险较高的行业(如石油加工业)。在将总体平均缴费率控制在职工工资总额1%左右的基础上，将上述三类行业的基准费率控制在0.5%、1.0%、2.0%左右，具体由各统筹地区根据工伤事故发生次数、因工负伤总人数、因工伤残死亡总人数、工伤事故频率以及工伤死亡率等指标决定。

2) 浮动费率

在我国，用人单位属一类行业的，按行业基准费率缴费，不实行费率浮动。用人单位属于二类、三类行业的，费率实行浮动。用人单位的初次缴费率，按行业基准费率确定；以后由统筹地区社会保险经办机构根据用人单位工伤保险费使用情况、工伤发生率、职业病危害程度等因素，每1～3年浮动一次。在行业基准费率的基础上，可上下浮动两档：上浮第一档到本行业基准费率的120%，上浮第二档到本行业基准费率的150%；下浮第一档到本行业基准费率的80%，下浮第二档到本行业基准费率的50%。

🅐 **知识链接**

中国工伤保险的行业风险评级和缴费率

根据2003年《关于工伤保险缴费率问题的通知》(劳社部发29号)，将全国行业划分为三个类别：一类为风险较小行业；二类为中等风险行业；三类为风险较大行业。具体的行业及缴费率如表7-2所示。

表7-2 中国工伤保险的行业风险评级和缴费率

类别	行业	费率/%
一类	银行业，证券业，保险业，其他金融活动业，居民服务业，其他服务业，租赁业，商务服务业，住宿业，餐饮业，批发业，零售业，仓储业，邮政业，电信和其他传输服务业，计算机服务业，软件业，卫生行业，社会保障业，社会福利业，新闻出版业，广播、电视、电影和音像业，文化艺术业，教育、研究与实验发展行业，专业技术类行业，科技交流和推广服务业，城市公共交通业	0.5
二类	房地产业，体育行业，娱乐业，水利管理业，环境管理业，公共设施管理业，农副食品加工业，食品制造业，饮食制造业，烟草制品业，纺织业，纺织服装鞋帽制造业，皮革毛皮羽绒及其制品业，林业，农业，畜牧业，渔业，农、林、牧、渔服务业，木材加工及木、竹、藤、棕、草制品业，家具制造业，造纸及纸制品业，印刷业和记录媒介的复制，文教体育用品制造业，化学纤维制造业，医药制造业，通用设备制造业，专用设备制造业，交通运输设备制造业，电气机械及器材制造业，仪器仪表及文化、办公用机械制造业，非金属矿物制品业，金属制品业，橡胶制品业，塑料制品业，通信设备、计算机及其他电子设备制造业，工艺品及其他制造业，废弃资源和废旧材料回收加工业，电力、热力的生产和供应业，燃气生产和供应业，水的生产和供应业，房屋和土木工程建筑业，建筑安装业，建筑装饰业，其他建筑业，地质勘查业，铁路运输业，公路运输业，水上运输业，航空运输业，管道运输业，装卸搬运和其他运输服务业	1.0
三类	石油加工、炼焦及核能燃料加工业，化学原料及化学制品制造业，黑色金属冶炼及压延加工业，有色金属冶炼及压延加工业，石油和天然气开采业，黑色金属矿采选业，有色金属矿采选业，非金属矿采选业，煤炭开采和洗选业，其他采矿业	2.0

资料来源：潘锦棠.社会保障学概论[N].北京：北京师范大学出版社，2012：141.

7.4.3 我国工伤保险的资格条件

获得工伤保险的条件主要有两个：所在单位参保缴费和被认定为工伤。下面，我们将详细介绍后者。

工伤认定是指劳动行政部门依据法律的授权对职工因事故伤害(或者患职业病)是否属于工伤或者视同工伤给予定性的行政确认的行为。不是所有的人身伤害都是职业伤害，不是所有的疾病都是因工作造成的职业病，并且在有些情形下，是因工负伤还是非因工负伤或致残还很难确定。由于两者在适用法律和待遇上有很大的差异，所以在核定工伤保险待遇之前首先要明确受伤或患病是否是工伤。根据我国《工伤保险条例》(修订版)的规定，工伤认定分为应当认定为工伤、视同工伤、不得认定为工伤或视同工伤三种情形。

1. 应当认定工伤的情形

(1) 在工作时间和工作场所内，因工作原因受到事故伤害的。

(2) 工作时间前后在工作场所内，从事与工作有关的预备性或者收尾性工作受到事故伤害的。

(3) 在工作时间和工作场所内,因履行工作职责受到暴力等意外伤害的。

(4) 患职业病的。职业病是指企业、事业单位和个体经济组织的劳动者在职业活动中,因接触粉尘、放射性物质和其他有毒、有害物质等因素而引发的疾病。

(5) 因工外出期间,由于工作原因受到伤害或者发生事故下落不明的;与上述第三种情形类似,只要没有证据否定职工因工外出期间受到的伤害与工作之间的必然联系的,在排除其他非工作原因后,应当认定为工作原因。

(6) 在上下班途中,受到非本人主要责任的交通事故或者城市轨道交通、客运轮船、火车事故伤害的。

(7) 法律、行政法规规定应当认定为工伤的其他情形。

2. 视同工伤的情形

在有些情形下,职工受伤或死亡与工作没有直接或间接的关系,但为国家和社会作出突出贡献的,可以视同为工伤。视同工伤在待遇上应当与认定为工伤的待遇基本一致。职工有下列情形之一的,视同工伤。

(1) 在工作时间和工作岗位,突发疾病死亡或者在48小时内经抢救无效死亡的。

(2) 在抢险救灾等维护国家利益、公共利益活动中受到伤害的。

(3) 职工原在军队服役,因战、因公负伤致残,已取得革命伤残军人证,到用人单位后旧伤复发的。

3. 不得认定为工伤或者视同工伤的情形

(1) 故意犯罪的。因犯罪或者违反治安管理伤亡的,即使是在工作时间、工作地点发生的,也不得按工伤对待。

(2) 醉酒或者吸毒的。醉酒和吸毒是一种个人行为,与工作没有必然联系,当事人在工作时间内因醉酒或吸毒导致行为失控而对自己造成伤害的,不属于工伤。

(3) 自残或者自杀的。因自残或自杀导致死亡的,按照保险的基本原则不能予以赔付。

职工发生事故伤害或鉴定为职业病,所在单位应当自事故发生之日或被鉴定为职业病之日起30日内,向统筹地区劳动保障部门提出工伤认定申请。

7.4.4　我国工伤保险的劳动能力鉴定

在确定属于工伤之后还要确定工伤的程度,即进行劳动能力鉴定。

劳动能力鉴定是指劳动功能障碍程度和生活自理障碍程度的等级鉴定,它是确定职工工伤待遇标准的基本依据。

劳动能力鉴定包括劳动功能障碍鉴定和生活自理障碍鉴定两个部门。我国进行劳动能力鉴定的主要依据是2007年5月1日正式实施的《劳动能力鉴定职工工伤与职业病致残等级分级》。该标准依据工伤致残者的器官损伤、功能障碍及其对医疗与护理的依赖程度,适当考虑由于伤残而引起的对社会心理因素的影响,对伤残程度进行综合判定评级。其中，劳动功能障碍分为十个伤残等级：一级至四级为全部丧失劳动能力；五级至六级为大部分丧失劳动能力；七级至十级为部分丧失劳动能力(见表7-3)。

生活自理障碍分为三个等级：生活完全不能自理、生活大部分不能自理和生活部分不能自理。

表7-3 职工工伤与职业病致残程度分级

级别	级别综合判定依据
一级	器官缺失或功能完全丧失，其他器官不能代偿，需特殊医疗依赖，完全或大部分生活不能自理
二级	器官严重缺损或畸形，有严重功能障碍或并发症，存在特殊医疗依赖，或大部分生活不能自理
三级	器官严重缺损或畸形，有严重功能障碍或并发症，需特殊医疗依赖，或生活部分不能自理
四级	器官严重缺损或畸形，有严重功能障碍或并发症，需特殊医疗依赖，生活可以自理
五级	器官大部分缺损或明显畸形，有较重功能障碍或并发症，需一般医疗依赖，生活可以自理
六级	器官大部分缺损或明显畸形，有中等功能障碍或并发症，需一般医疗依赖，生活可以自理
七级	器官大部分缺损或畸形，有轻度功能障碍或并发症，需一般医疗依赖，生活能自理
八级	器官部分缺损，形态异常，轻度功能障碍，有医疗依赖，生活能自理
九级	器官部分缺损，形态异常，轻度功能障碍，无医疗依赖，生活能自理
十级	器官部分缺损，形态异常，无功能障碍，无医疗依赖，生活能自理

资料来源：潘锦棠.社会保障学概论[M].北京：北京师范大学出版社，2012：144-145.

7.4.5 我国工伤保险的待遇标准

1. 我国工伤保险待遇

在我国，工伤保险待遇包括4个部分：工伤医疗待遇、停工留薪期待遇、因工致残待遇和因工死亡待遇。

1) 工伤医疗待遇

职工因工负伤或者患职业病进行治疗必要的费用开支，包括挂号费、诊疗费、治疗费、医药费、住院费等，符合规定的应当给予全额报销。

治疗工伤所需费用符合工伤保险诊疗项目目录、工伤保险药品目录、工伤保险住院服务标准的，从工伤保险基金支付。工伤保险诊疗项目目录、工伤保险药品目录、工伤保险住院服务标准，由国务院劳动保障行政部门会同国务院卫生行政部门、药品监督管理部门等规定。

职工住院治疗工伤的，由工伤保险基金提供住院伙食补助费；经过规定手续到统筹地区以外就医的，由工伤保险基金提供交通、食宿费用(《工伤保险条例》修改前由所在单位支付)。

工伤职工因日常或就业需要，经劳动能力鉴定委员会确认，可以安装矫形器、义肢等辅助器具，所需费用按照国家规定的标准从工伤保险基金支付。

配置辅助器具是帮助工伤职工恢复或提高身体机能的，在允许配置的规定内所购置的费用不需要工伤职工个人负担。工伤职工因日常生活或者就业需要，经劳动能力鉴定委员会确认，可以安装假肢、矫形器、假眼、假牙和配置轮椅等辅助器具，所需费用按照国家规定的标准从工伤保险基金支付。但应当指出，这项待遇不能以现金支付给工伤职工，是以配置器具作为补偿的一项待遇。

职工治疗工伤应当在签订服务协议的医疗机构就医，情况紧急时可以先到就近的医疗机构急救。工伤职工治疗非工伤引发的疾病，不享受工伤医疗待遇，按照基本医疗保险办法处理。

2) 停工留薪期待遇

停工留薪期待遇是指职工因工作遭受事故伤害或者患职业病需要暂停工作、接受工伤医疗的，在停工留薪期内，原工资福利待遇不变，由所在单位按月支付。

停工留薪期一般不超过12个月。伤情严重或者情况特殊，经社区的市级劳动能力鉴定委员会确认，可以适当延长，但延长不得超过12个月。工伤职工评定伤残等级后，停发原待遇，按照本章的有关规定享受伤残待遇。工伤职工在停工留薪期满后仍需治疗的，继续享受工伤医疗待遇。生活不能自理的工伤职工在停工留薪期间需要生活护理的，由所在单位负责。

3) 因工伤残待遇

因工伤残待遇包括一次性伤残补助金待遇、伤残津贴待遇、生活护理费待遇、配置辅助器具待遇和一次性工伤医疗补助金和伤残就业补助金待遇，下面重点介绍前三项。

(1) 一次性伤残补助金待遇。职工因工致残经劳动能力鉴定委员会鉴定为一级至四级伤残的，保留劳动关系，退出工作岗位，从工伤保险基金按伤残等级支付一次性伤残补助金，标准为：一级伤残为27个月的本人工资，二级伤残为25个月的本人工资，三级伤残为23个月的本人工资，四级伤残为21个月的本人工资。职工因工致残被鉴定为五级、六级伤残的，从工伤保险基金按伤残等级支付一次性伤残补助金，标准为：五级伤残为18个月的本人工资，六级伤残为16个月的本人工资。职工因工致残被鉴定为七级至十级伤残的，从工伤保险基金按伤残等级支付一次性伤残补助金，标准为：七级伤残为13个月的本人工资，八级伤残为11个月的本人工资，九级伤残为9个月的本人工资，十级伤残为7个月的本人工资。

(2) 伤残津贴待遇。所谓伤残津贴待遇，是指工伤职工完全丧失劳动能力或是大部分丧失劳动能力时，由社会保险机构或用人单位为保障其基本生活，按月支付的保障待遇，这项待遇支付到退休年龄或未到退休年龄而死亡时止。

职工经劳动能力鉴定委员会鉴定伤残达到一至四级的，属于完全丧失劳动能力，用人单位应当与其保留劳动关系，使其能够按月享受伤残津贴待遇。待遇标准为：一级伤残为本人工资的90%，二级伤残为本人工资的85%，三级伤残为本人工资的80%，四级伤残为本人工资的75%。伤残津贴实际金额低于当地最低工资标准的，由工伤保险基金补足差额。

职工经劳动能力鉴定委员会鉴定伤残达到五至六级的，属于大部分丧失劳动能力，保留与用人单位的劳动关系，由用人单位安排适当工作。难以安排工作的，由用人单位按月发给伤残津贴，标准为：五级伤残为本人工资的70%，六级伤残为本人工资的60%，并由用人单位按照规定为其缴纳应缴纳的各项社会保险费。伤残津贴实际金额低于当地最低工资标准的，由用人单位补足差额。经工伤职工本人提出，该职工可以与用人单位解除或者终止劳动关系，由用人单位支付一次性工伤医疗补助金和伤残就业补助金，具体标准由省、自治区、直辖市人民政府规定。七级至十级的没有按月发放的伤残津贴，劳动合同期满终止，或者职工本人提出解除劳动合同的，由用人单位支付一次性医疗补助金和伤残就业补助金，具体标准由省、自治区、直辖市人民政府规定。

工伤职工达到退休年龄并办理退休手续后，停发伤残津贴，享受基本养老保险待遇。基本养老保险待遇低于伤残津贴的，由工伤保险基金补足差额。

(3) 生活护理费待遇。生活护理费待遇是对工伤职工已完全丧失劳动能力、生活长期不能自理、需要别人护理所给予的一种补偿。工伤职工已经评定伤残等级并经劳动能力鉴定委员会确认需要生活护理的，从工伤保险基金按月支付生活护理费。

生活护理费按照生活完全不能自理、生活大部分不能自理或者生活部分不能自理三个不同等级支付，其标准分别为统筹地区上年度职工月平均工资的50%、40%或者30%。

4) 因工死亡待遇

职工因工死亡，其直系亲属按照下列规定从工伤保险基金领取丧葬补助金、一次性工亡补助金和供养亲属抚恤金。

(1) 丧葬补助金。因工死亡职工的丧葬费标准高于一般职工死亡的丧葬费。因工死亡职工的丧葬补助金为6个月的统筹地区上年度职工月平均工资。

(2) 一次性工亡补助金待遇。一次性工亡补助金与一次性伤残补助金待遇相类似，都是一次性支付的待遇。一次性工亡补助金标准为上年度全国城镇居民人均可支配收入的20倍。

(3) 供养亲属抚恤金。职工因工死亡，包括鉴定为伤残为一至四级的工伤职工死亡，其直系亲属符合享受条件的，应当享受供养亲属抚恤金待遇。供养亲属抚恤金按照职工本人工资的一定比例发给由因工死亡职工生前提供主要生活来源、无劳动能力的亲属。标准为：配偶每月40%，其他亲属每人每月30%，孤寡老人或者孤儿每人每月在上述标准的基础上增加10%。核定的各供养亲属的抚恤金之和不应高于因工死亡职工生前的工资。

对于因工死亡职工的供养亲属，主要是指该职工的配偶、子女、父母、祖父母、外祖父母、孙子女、外孙子女、兄弟姐妹。这些人员必须是依靠工亡职工生前提供主要生活来源的亲属。

伤残津贴、供养亲属抚恤金、生活护理费由统筹地区劳动保障行政部门根据职工平均工资和生活费用变化等情况适时调整，调整办法由省、自治区、直辖市人民政府规定。

2. 特定待遇的支付

以上工伤保险待遇的支付是对于一般性和普遍性的问题而言的，而对于特性的问题是不适应的，还必须按照特殊情况进行特殊处理。

1) 再次发生工伤者的待遇支付

职工再次发生工伤，根据规定应当享受伤残津贴的，按照新认定的伤残等级享受伤残津贴待遇。

2) 工伤保险责任变更情形下的待遇支付

用人单位分立、合并、转让的，承继单位应当承担原用人单位的工伤保险责任；

用人单位实行承包经营的，工伤保险责任由职工劳动关系所在单位承担；

职工被借调期间受到工伤事故伤害的，由原用人单位承担工伤保险责任，但原用人单位与借调单位可以约定补偿办法；

企业破产的，在破产清算时，优先支付依法应由单位支付的工伤保险待遇费用。

3) 在两个或两个以上用人单位同时就业发生工伤事故

2011年试行的《中华人民共和国社会保险法》规定，在两个或两个以上用人单位同时就业的，依法应当由用人单位承担的工伤保险待遇，由发生工伤事故时工作的单位支付；发生工伤事故时工作单位不确定的，由各工作单位共同负担。

4) 经营或非法雇佣情形下的待遇支付

如果用人单位是非法主体，既未取得工商行政管理部门核发的营业执照，又未经依法登记、备案，或被依法吊销营业执照，撤销登记、备案，其职工受到事故伤害或者患职业病的，由该单位向伤残职工或死亡职工的直系亲属给予一次性赔偿，赔偿标准不得低于《工伤保险条例》规定的工伤保险待遇；或虽属于合法单位主体，但雇佣了不满16周岁的童工从事生产经营，一旦发生人身伤害或患职业病，雇主应当承担赔偿责任，赔偿标准不得低于《工伤保险条例》规定的工伤保险待遇。

5) 在境外工作者的待遇支付

职工被派遣出境工作，依据前往国家或者地区的法律应当参加当地工伤保险的，参加当地工伤保险，在被派往境外工作期间发生工伤的，在国外享受工伤保险待遇；不能参加当地工伤保险的，其国内工伤保险关系不中止，在被派往境外工作期间发生工伤的，回国后享受工伤保险待遇，但在境外发生的工伤医疗费用由用人单位负责处理。

6) 商业保险者的待遇支付

如果用人单位既为职工缴纳了工伤保险费，又为职工缴纳了意外事故商业保险，当职工发生工伤后，对于工伤医疗费用，只能在社会保险或商业保险一方报销，不能重复支付；但对于工伤职工的其他待遇，只有意外伤害险的赔付是可以兼得的。

3. 代位补偿

职工所在用人单位未依法缴纳工伤保险费、发生工伤事故的，由用人单位支付工伤保险待遇。用人单位不支付的，从工伤保险基金中先行支付。从工伤保险基金中先行支付的工伤保险待遇应当由用人单位偿还。用人单位不偿还的，社会保险经办机构可以依法追偿。

由于第三人的原因造成工伤，第三人不支付工伤医疗费用或者无法确定第三人的，由工伤保险基金先行支付。工伤保险基金先行支付后，有权向第三人追偿。

4. 停止享受工伤保险待遇的情形

工伤职工的工伤保险待遇并不是终身制的，工伤职工有下列情形之一的，停止享受工伤保险待遇。

1) 丧失享受待遇条件的

工伤保险制度保护的对象是一个特定的人群，当职工丧失享受条件后，就应该终止享受待遇。比如，工伤职工的伤残等级发生变化，不再具备享受伤残津贴的伤残等级，就要停止享受伤残津贴待遇；又如，因工死亡人员供养的子女年满18周岁，就丧失了享受工亡补贴的条件。

2) 拒不接受劳动能力鉴定的

一般情况下，工伤治疗伤情相对稳定或停工留薪期满，应当进行劳动能力鉴定；如在劳动能力鉴定后，伤情逐渐减轻，也应当进行劳动能力鉴定。工伤职工没有正当理由，拒绝接受劳动能力鉴定的，享受停工留薪期待遇或享受伤残津贴待遇的，应当停止支付待遇。

3) 拒绝治疗的

如工伤职工无正当理由拒绝接受医疗机构对其受伤部位所实施的治疗方案，工伤保险基金将停止向其支付工伤医疗待遇。所以，工伤职工有享受工伤医疗的权利，同时也有积极配合医疗救治的义务。

4) 被判刑正在收监执行的

工伤职工因违法被判刑、正在收监执行的，也要停止向其支付工伤保险待遇，但劳动教养或监外执行的，属于未被收监，可以继续享受工伤保险待遇。

7.4.6　我国工伤保险制度存在的问题及对策

1. 工伤保险制度存在的问题

1) 参保率低，覆盖面窄

在实际生产工作中，被列入工伤保险范围的部分私营、涉外、乡镇企业及有雇工的个体经营户，为了降低成本以种种理由拒绝参加工伤保险，致使工伤保险覆盖面主要集中在国有和集体企业，大量的没有稳定劳动关系或没有劳动关系的灵活就业人员、自由职业者等仍未被工伤保险覆盖，工伤保险的参保率低、覆盖面过于狭窄。

2) 工伤预防机制不完善，工伤康复功能薄弱

工伤保险在事故预防上乏力，安全生产与工伤保险跨部门管理，工伤保险管理部门没有安全生产技术支撑条件，缺少工伤险的自我能动功能，工伤保险与工伤预防存在脱节现象。现行工伤保险制度在工伤预防上只有务虚的法律表述，仅仅提出了工伤保险与事故预防、职业康复相结合的要求，可操作性不强。我国职业康复制度尚未成熟，工伤职业康复管理模式尚未统一，缺乏重新就业帮扶政策。在目前的工伤保险工作中，有重工伤认定、待遇支付，轻工伤预防和工伤康复的倾向，工伤保险工作只是被动地受理工伤认定、支付伤亡待遇，工伤的预防和康复尚未较好地开展。

3) 工伤认定争议多，调查取证难度大，职业病赔付不及时

工伤认定是指劳动保障行政部门根据国家的法律、法规、政策的规定，确定劳动者伤亡或患职业病是因工造成还是非因工造成的事实，是开展工伤保险工作的关键，也是工伤职工享受保险待遇的前提。在工伤认定方面，我国工伤保险起步较晚，对职业病的相关认定都不健全，法律规定的制度相对落后，在执行上还存在不少困难。工伤事故发生后，绝大多数用人单位能够按照《工伤保险条例》规定的要求和程序办理。但部分没有参加工伤保险的企业和有雇工的个体经营者，往往以职工违章操作为由不为工伤职工申报工伤认定。职工个人申报工伤认定时，有的由于没有与用人单位签订劳动合同，又提供不出有效证据，就要靠工伤认定工作人员去调查取证。但工作人员在调查取证中可谓困难重重，某些用人单位拒不配合，还恐吓现场证人不准为工伤职工作证。有些个人申请的工伤，即便劳动部门排除重重困难认定为工伤，用人单位也会利用行政复议和行政诉讼恶意地拖延时间，拒绝及时向职工支付待遇，导致工伤保险制度落实困难。

4) 人员素质良莠不齐，管理缺乏效率

人员素质问题导致工伤保险工作管理粗糙，系统性、连续性差，难以实现科学、规范的管理。国内的工伤保险是政府机构管、办一体化，这与一些发达国家和地区的雇主责任制所奉行的管、办分离的原则，以及政府只承担依法管理与监督的职责相比，既缺乏有效的灵活性，也缺乏相应的竞争与监督机制。

5) 企业对工伤预防认识不到位

有些企业以为，只要参加了工伤保险，便可万事大吉，对工伤预防工作不再重视。其实不然，即使参加了工伤保险，企业仍要承担一部分责任。对工伤预防认识不到位，导致企业对工伤预防和控制的重视程度降低。

2. 完善工伤保险制度的对策与建议

1) 加强工伤保险的制度管理

制度管理是做好工伤保险工作的保证。首先，应加强对工伤和职业病定点医院的管理，建立对医院的制约机制。政府有关部门和工伤保险机构要定期对指定医院进行评估和资格认证，对不能通过认证者，取消其指定医院的资格。其次，工伤保险机构应配备称职的专业技术人员，尽量将具有医学背景的专业人员充实到工伤保险机构中来，发挥其专业优势，对入院、治疗、用药、检查、转院及出院严格把关，既保证工伤职

工正常的医疗需求，又能控制过度浪费。再次，应加强对工伤保险经办机构的监督管理，制定严格的、科学的工伤管理办法、管理程序和管理措施，不断提高工伤保险工作人员的业务素质和职业道德。最后，加强对企业的管理与培训，使企业承担起在工伤保险中的责任与义务，强化工伤保险全程把控，在工伤预防、工伤补偿方面发挥积极作用。

2) 重视职业康复

劳动和社会保障部门鼓励有条件的地区逐步兴办工伤职业康复事业，建立工伤康复中心，帮助工伤残疾人员恢复或者补偿功能，所需资金、费用可以从工伤保险基金的职业康复费用中支付。借鉴发达国家把工伤保险与工伤预防、职业康复一体化的经验，通过工伤保险机构给付的资金，与相关医院，如职业病院、疗养院等联合或兴办专门的职业康复中心来开展此项工作，争取在职业康复方面与国际同步。

3) 工伤保险与工伤预防相结合

在我国，工伤保险机构目前尚无专职的安全监察队伍，也没有类似的从事工伤预防工作的人员，但是配备这样的人员，可以督促企业执行安全生产法律法规，并向企业提出消除安全隐患的建议，使工伤保险更加完善。现阶段，工伤保险机构可利用资金优势与安全卫生检测监察机构或其他具备条件的中介机构合作，开展工伤预防工作。同时，工伤保险机构也要提取一定的基金用于安全知识的宣传普及和预防科研工作，防止由于无知或蛮干造成的事故。总之，工伤保险与工伤预防相结合是工伤保险事业发展的趋势，应逐步配备专业人员，积极开展工伤预防及科研工作。只有工伤预防工作做好了，才能更有效地保障职工的安全和健康，发挥工伤保险应有的作用。

4) 构建我的社会保障体制，加快制定《工伤保险法》

社会保障法律是社会发展的稳压器，而工伤保险又是社会保险体系当中一个重要的组成部分。应该将《社会保险法》作为基本法，构建我国的社会保障体制；制定《工伤保险法》作为特别法，专门对工伤保险相关事务进行规制。只有建立社会保障法律法规体系，才能达到分散风险、促进工伤预防和职业康复、保护劳动者、维护社会公平和正义的目的，从而保证工伤保险待遇的有效调节，进而实现社会的和谐发展。

5) 建立全国工伤保险储备金制度

《工伤保险条例》第十三条规定："工伤保险基金应当留有一定比例的储备金，用于统筹地区重大事故的工伤保险待遇支付，储备金不足的，由统筹地区的人民政府垫付。"目前，我国各地区经济发展不均衡，全国工伤保险储备金制度有利于实现工伤保险基金的全国统筹互济，使地区重大事故的处理更有保障，有效缓解个别省份基金紧张的状况。

7.4.7　我国工伤保险制度改革方向

从目前工伤保险制度的发展来看，预防以及康复工作已成为工伤保险制度非常重要的组成部分，一些发达国家在20世纪60年代就出台了相关法律条文、规章制度等对工伤预防和康复工作作出了规定，并建立了事故预防和康复工作体系。我国各地区的经济社会发展十分不平衡，针对经济社会发展水平较落后的地区，强调以工伤赔偿作为制度设计的主要内容是无可非议的，但对于一些经济社会发展水平较高的城市和地区，应该强调工伤保险制度的完整性，并及早实现与国际社会保障制度的接轨。因此，我国工伤保险制度还不能仅仅停留在工伤赔偿的层面，而应该实现工伤预防、赔偿以及康复工作的全面发展，真正保障劳动者的合法权益，促进劳动力的持续发展。具体来说，应做到以下几点：第一，应继续扩大工伤保险的实施范围，建立广泛适用社会化的工伤保险制度；第二，加快费率征缴机制改革，认真严格执行差别费率制，高风险、多缴费，低风险、少缴费；第三，加快法制步伐，加大监管力度，使工伤保险可依法具有更高的权威性和强制力；第四，完善"预防—保险(补偿)—康复"相结合的工伤保险体系。工伤保险制度改革将是一个长期的、复杂的过程，因此，国家层面和地区层面都要做出相应的改进和完善。

本章小结

工伤保险，是指劳动者在生产经营活动中或在规定的某些特殊情况下所遭受的意外伤害、职业病以及因这两种情况造成死亡、暂时或永久丧失劳动能力时，劳动者及其遗属能够从国家、社会得到的必要的物质补偿，以保障劳动者或其遗属的基本生活，以及为受伤劳动者提供必要的医疗救助和康复服务的一种社会制度。

工伤保险的原则包括个人不缴费原则，无责任补偿原则，补偿与预防、康复相结合原则，一次性补偿与长期补偿相结合原则，确定伤残和职业病等级原则，保险缴费实行行业差别费率和浮动费率相结合原则等。

工伤保险的发展历程可以概括为三个阶段。第一阶段：工伤民事索赔；第二阶段：强调雇主有过失才赔偿；第三阶段：强调工伤"补偿不究过失"。

工伤社会保险的主要内容包括工伤保险的范围、工伤保险基金的筹集、劳动能力鉴定和工伤保险待遇等几方面。

我国工伤保险的范围：境内的各类企业、事业单位、社会团体、民办非企业单位、基金会、律师事务所、会计师事务所等组织和有雇工的个体工商户(以下称为用人单位)。上述用人单位应当依照相关规定参加工伤保险，为本单位全部职工或者雇工缴纳工伤保险费。

我国工伤保险费根据以支定收、收支平衡的原则确定费率，并实行行业差别费率和浮动费率相结合的制度。

我国工伤保险制度规定，享受工伤保险待遇的资格条件主要有两个：所在单位参保缴费，被认定为工伤。工伤的认定包括应当认定工伤的7种情形和视同工伤的3种情形。

我国工伤保险待遇包括4个部分：工伤医疗待遇、停工留薪期待遇、因工致残待遇和因工死亡待遇。

🧑 思考题

1. 工伤保险的基本原则有哪些？
2. 工伤保险制度在世界范围内经历了哪些发展阶段？
3. 简述应当认定为工伤、视同工伤、不得认定为工伤或视同工伤的情形。
4. 我国工伤保险待遇有哪些？待遇标准如何？
5. 我国劳动能力鉴定包括哪些内容？

🧑 案例分析

案例1：违章操作负伤能否认定为工伤

王某是某造纸厂的车间操作工。一次，他在工作中由于违章操作，右手手指被严重损伤，在治疗过程中他代付了医药费两万余元。康复后，王某要求公司报销医药费及支付工伤待遇，公司却以"王某系违反操作规程，并且给公司造成一定的经济损失"为由，不给予任何赔偿，还要根据公司制度予以处罚。

资料来源：潘锦棠.社会保险原理与实务[M].北京：中国人民大学出版社，2011：121.

分析：
王某的情况是否属于工伤保险的保障范围？

案例2：工伤职工的哪些费用由工伤保险基金支出？

赵先生系包装公司职工，2010年11月2日下午，公司领导指派其帮助搬运机器设备，搬运中扭伤腰部，当时只觉得腰部酸痛，同事帮其按摩几下，感觉无碍，便没有向公司报告就下班回家了。第二天早晨，赵先生起床时感觉腰、臂、腿、足痹痛，行动困难，到医院检查诊断为脊椎损伤，并住院治疗。11月7日，赵先生向公司提出工伤待遇申请，经公司研究同意上报，市劳动保障局社会保险处调查属实，认定赵先生受伤为工伤。

资料来源：http://033115569.blog.163.com/blog/static/4331254200702385041923/

分析：
工伤保险基金将为赵先生支付哪些项目的费用？

案例3："过劳死"是否应当认定为工伤？

王某因家境贫困到北京务工，在一家副食加工工厂工作。为了赶工，他每天从早上连续工作到次日凌晨，四天累计工作时间近54个小时。之后，王某因过度疲劳，无法继续工作，于第五天晚上9点请假回出租屋休息，11点猝死于出租屋内。王某的亲属认为，王某是由于工作强度大导致"过劳死"，属于工伤，要求工厂进行赔偿。

分析：

"过劳死"是否应当认定为工伤？

案例4：一至四级伤残职工在停工留薪期满后死亡，
其近亲属可以享受哪些工伤死亡待遇？

李某于2000年受雇于四川某机械电器有限责任公司，并与该公司签订期限为10年的劳动合同。2010年8月3日，李某在上班时手臂被冲床轧断，后在某医院(签订服务协议的医疗机构)进行右上臂的截肢手术，住院治疗20天。该医院提出意见，李某的停工留薪期为3个月并出具证明。于是，四川某机械电器公司据此确认李某的停工留薪期为3个月。2010年11月25日，经市人力资源和社会保障局认定，李某为三级伤残。2011年1月10日，李某伤情突然恶化，医治无效死亡。

李某生前与王某育有一子一女，王某一直有病，子女尚在读初中，一家生活主要靠李某维持。某机械电器有限公司所在城市2010年度月平均工资为1800元。李某遭受事故伤害前12个月的月平均工资为2000元。

分析：

李某的妻子王某及其子女能够享受哪些工伤保险待遇？

案例5：工伤康复

31岁的叶才威是广东河源人，2011年，他在佛山一家生产床上用品的工厂出货时，被压到腰，伤了神经，导致腰部以下失去知觉。他在佛山当地一家医院做手术，住了一个多月院便因床位紧张被"请"了出去，当时的他连坐都坐不起来。出院后，他在佛山市工伤康复中心接受治疗，依然需要护工照顾日常起居。"(我)连转床都不会，当时觉得一辈子就这样了。"

2012年5月，他被转到广东省工伤康复医院，从最基本的作业治疗和物理治疗开始。半年后，医院甚至"残忍"地取消随身护工，鼓励他凡事亲力亲为。如今在叶才威的病房中，物品摆放整齐，卫生间挂着他亲手洗的衣服，如厕、出行也不需要人照料。除此之外，叶才威参加了医院职业康复科开设的"双转移"办公软件培训班，学习文档、制表等电脑技术。他还报名参加了医院与喜士多便利店的合作项目，担任副店长或店员，学习收银、进货、理货、做报表等门店管理知识，打算以后回家开个便利店。

在广东省工伤康复中心，像叶才威一样的工伤患者还有600余名，他们大都身受1~2级重伤，生活、工作能力严重受损，每个人的背后都有一段不同寻常的故事。

在运动治疗大厅里，随处可见在治疗师的帮助下做牵引、推拉、握举、伸展运动的患者，靠近大门处有一排直立的病床，病人被固定其上，保持站姿。有一名病人正在使用医疗学步车，锻炼腰腿的行走力量。正常人看到这些训练会觉得太简单了，而他们就像"新生的婴儿"，虽心智上成熟，但行动上一切要从头学起。

工伤康复的第一步，是尽可能地帮他们重获生活自理能力。工伤康复的最终目标，则是让工伤者就业返工。

在汽车方向盘前，胡立传(化名)镇定自若，他熟练地左转、右转，时不时踩下油门、加速前进，或是启动刹车、避开路障。这是职业康复治疗大厅驾驶工作站的寻常景象，工作站模拟驾驶室的操作环境，电脑屏幕里变幻路况场景，工伤康复者在这里就可以练习驾驶技能，帮助他们在未来重返司机岗位。

"康复治疗不仅是肉体上、行动上的，更是精神上、能力上的。"广东省工伤康复医院职业康复科副主任卢讯文告诉记者："职业康复是帮助工伤者重新就业、回归社会最后的、也是最重要的一环。"

资料来源：南方日报，http://epaper.southcn.com/nfdaily/html/2013-08/23/content_7219665.htm.

分析：

我国应如何完善工伤康复制度？

第8章　生育保险

本章学习重点

1. 掌握生育保险的含义及特点；
2. 了解生育保险制度的框架结构和主要内容；
3. 了解我国生育保险的历史演变；
4. 理解我国现行生育保险制度体系及内容。

8.1　生育保险概述

在社会保险体系中，生育保险就基金规模而言属于"小险"，就支付期限而言属于"短期保险"，但其肩负着劳动力简单再生产和扩大再生产正常进行的使命，为保障妇女生育权、促进妇女就业发挥了重要的作用。

8.1.1　生育保险的含义

生育保险是国家通过立法，对怀孕、分娩而无法从事正常的生产劳动，中断经济来源的女职工给予医疗保健服务、生活保障和物质帮助的一项社会保障制度。生育保险的宗旨在于通过向职业妇女提供生育津贴、医疗服务和产假，帮助她们恢复劳动能力，重返工作岗位，这主要是通过现金补助及实物供给的形式来实现的。

生育保险的内容一般包括以下几个方面。

1. 生育津贴

生育津贴是指在法定的生育休假期间对生育者的工资收入损失给予的经济补偿。根据国际劳工公约第103号《保护生育公约》的规定，最低补偿标准为本人工资的67%，即原工资的2/3。

2. 医疗护理

承担与生育有关的医护费用，包括产前检查、分娩接生、生育期间必要药物的供应和住院治疗等费用。

3. 生育补助

生育补助是指对生育对象及其家属的生育费用给予经济补助，又叫育儿津贴。

4. 生育休假

生育休假是指为保障生育保险对象在生育期间的健康所提供的假期，包括产假、父亲育儿假以及育儿假(母亲产假后父母双亲任何一方的育儿休假)。各国生育保险制度的具体内容因国情与政策的不同而有所不同,如育儿津贴和父亲育儿假等在欧盟一些国家比较常见。

8.1.2 生育保险的特征

生育保险和医疗保险相比,虽然都为参保者提供医疗保险、手术、药品等服务项目,但又存在诸多不同点。

1.享受待遇人群的特定性

生育保险享受待遇人群比较窄,享受时间一般为育龄期,相对比较集中。随着社会的进步和经济的发展,有些地区允许在女职工生育后,给予配偶一定假期以照顾妻子,并发给假期工资;还有些地区为男职工的配偶提供经济补助。而医疗保险享受人群范围比较广,没有性别的要求,在享受年龄段上也没有限制。

2.生育期间的医疗服务范围的确定性

与医疗保险提供的医疗服务以治疗为主有所不同,生育期间的医疗服务侧重指导孕妇处理好工作与休养、保健与锻炼的关系,使女职工能顺利度过生育期。产前检查以及分娩时的接生和助产,则是通过医疗手段帮助女职工顺利生产。

3.生育保险的给付项目较多

生育保险的给付项目包括生育假期、生育收入补偿、生育医疗保健和子女补助金等。在我国,生育保险还配合国家的人口控制政策,对实行晚婚、晚育的生育妇女制定一些奖励政策。

4.生育保险待遇有一定的福利性,给付标准较高

妇女生育履行繁衍人类的重要天职,为了保证新一代劳动力有较高的先天素质,同时保护妇女的身体健康,大多数国家的生育保险待遇的给付标准比较高,妇女生育所得补偿一般相当于被保险人生育前基本工资的100%,明显高于养老、医疗、失业保险的给付标准。另外,我国职工个人不缴纳生育保险费,而是由参保单位按照职工工资总额的一定比例缴纳。

8.1.3 生育保险建立的意义

1.生育保险有利于保障母婴健康

生育关系人类自身繁衍,妇女承担主要角色。生育有可能给母婴健康甚至生命造成损害。享受生育保险,由社会保险机构支付生产就医费用,可使妇女毫无顾虑地去正规医院生产,保证妇女能够足时休养,不会因为经济原因在产后提早工作,影响身体健康。

2.生育保险有利于保障女性劳动力的恢复与再生产

保障产妇健康也是保障女性劳动力的恢复与再生产。女性通过生育为社会发展和劳动力的更替提供了保障,社会的发展,归根结底是人的发展。如果没有生育保险,劳动力的更替和社会的发展将受到严重的挑战。

3. 生育保险保障家庭正常生活水平

生育保险可以避免女性因生育行为造成暂时的劳动能力和劳动机会丧失而导致家庭和本人生活水平的突然下降，本来添人进口就会增加家庭负担，如果没有生育保险，还要减少原来的经济收入，贫困家庭就会增多。由于现代女性已经大规模参与经济活动，其经济收入对于大多数家庭来说已经不再是无足轻重，且占整个家庭收入的比重越来越大，一旦女性劳动力因为生育而减少收入，必然影响家庭的生活水平和质量。因此可以说，生育保险保障了女性及其家庭的正常生活水平。

4. 生育保险保障了妇女公平就业的权利

有了生育保险，企业就不必担心本企业女职工生育带来的"性别亏损"，同时也缓解了求职女性和在职女性对怀孕、生育的顾虑。生育保险搭建了劳动力市场上男女公平竞争的平台，国际劳工组织颁布的《保护生育公约》中约定：对于提供生育津贴的强制社会保险计划，其所应缴纳的任何保险费和为提供此种津贴而设立的根据工资总额征收的任何税，不论是由雇主和雇员共同缴纳还是由雇主缴纳，均不应分性别，应按有关企业所雇男性和妇女总数予以缴纳。在任何情况下，不应责成雇主个人对其所雇佣的妇女承担此种津贴的费用。

5. 生育保险不仅保护女职工，还惠及男职工

生育保险除了保护女职工的身心健康外，还可以缓解男性职工的后顾之忧，有利于家庭的稳定，也有利于整个社会的和谐发展。

8.1.4 生育保险制度的类型

1. 社会保险制度

现有美国、德国、芬兰、巴西等91个国家采取社会保险制度，占国家总数的67%。这些国家通常采取的做法是通过立法规定个人、雇主、政府对疾病、生育保险基金的筹资比例(不一定都是三方负担)，建立统一的基金，由基金支付覆盖群体的生育费用。这种制度一般覆盖所有雇员或部分雇员。还有一些国家将铁路、银行、公务人员、自我雇佣者等特殊行业划出，并采取专门的办法。

2. 强制性保险和普遍医疗保健相结合的制度

一般经济条件比较好的国家采用强制性保险和普遍医疗保健相结合的制度。其主要特征是本国所有雇员均可享受疾病或生育津贴，所有常住居民可以免费或负担很少的费用以享受医疗保健。享受生育津贴的人员，要求在生育之前有一定时间是本国常住居民。采用这种办法的有加拿大、瑞士、丹麦、新西兰等，占国家总数的15%。

3. 社会保险和雇主责任相结合的制度

采用社会保险和雇主责任相结合的制度的国家所占的比例比较小，一般经济尚不发

达的国家采用这种制度，主要有利比亚、马其他、布隆迪等8个国家，占国家总数的6%。

4. 其他保障类型

除以上保险制度之外，还有储蓄基金制度、全民保险制度、社会保险和私人保险相结合的制度。这几种制度所占的比例很少，只有5个国家，占3%。例如，储蓄基金制度只在新加坡、尼日利亚、赞比亚三个国家实施。实施全面保险制度的国家是冰岛，该制度覆盖全体居民，享受条件是最近6个月在冰岛或其他欧洲国家居住的冰岛居民。实行社会保险和私人保险相结合的国家是秘鲁，该国保险制度处于新旧制度变革之中。

8.1.5 生育保险制度的历史沿革

生育保险是国家社会保险体系中的一个子系统，是社会化大生产的产物。早期的生育保险制度以1883年颁布的《德国劳工基本保险法》中关于生育保险的规定为代表。1919年，国际劳工大会通过了《妇女产前产后就业公约》，对女性产前和产后就业做了相关规定。随着各国社会保障事业的发展，1952年对该公约进行了修订，形成了《保护生育公约》。该公约规定适用范围内的妇女再生育子女时，享受一定时间的带薪产假和医疗服务。此外，1952年颁布的《社会保障最低标准公约》也有关于生育保险的规定。

此后，各国关于疾病保险、妇女权益保障的立法中都有有关生育保险的内容。但由于各国经济发展速度和社会保障制度等的不同，生育保险制度所采取的内容、形式和标准也不同。但基本共同点包括：国家立法，通过法律确定生育保险的性质、运行机制等。

2000年，国际劳工大会又修改了《保护生育公约》，将产假标准从原来的12周增加到14周。在此影响下，许多国家对生育保险制度进行多次修订，修订的内容主要是延长产假时间、提高待遇水平、扩大覆盖范围和充实保障内容等。OECD(经济合作与发展组织)国家在2000年前后还提出了"家庭友好"政策，为怀孕和生育的女性提供父母育儿假、儿童照顾服务以及学龄前儿童早期的教育服务等。

与较早建立生育保险制度的欧洲相比，亚洲国家除了日本，生育保险制度一般是在20世纪三四十年代以后才建立的。

8.2 生育保险制度框架及内容

生育保险制度的内容主要由覆盖范围、资金筹集、支付条件、待遇水平、管理等几部分构成。

8.2.1 生育保险的覆盖范围

1. 按性别分奖

生育保险的覆盖对象按性别可以分为男性和女性。传统上多认为生育保险的对象是女性，其实男性也是生育保险的对象。在世界范围内规定父亲育儿假的国家越来越多，目前已有40多个国家有父亲育儿假，主要集中在欧洲、美国等发达国家。我国对晚育的男性也实行为期7天左右的带薪休假。

男性与生育保险的关系主要体现在以下几方面。

1) 生育保险费由男女共同承担

国际劳工组织《保护生育公约》规定，缴纳生育保险费，不应该分男女，应包括全部职工。

2) 父亲育儿假

男性不仅是生育保险费的承担者，也是生育保险的对象。从世界范围来看，男性享有生育保险的权利主要表现为有权休育儿假，做节育手术时有权享受生育保险。

父亲育儿假可以分为有津贴和无津贴两种，有津贴的育儿假一般为3～10天，比如荷兰带津贴的育儿假为2天，津贴相当于原工资的100%；无津贴的育儿假可以由父亲和母亲共同享受，父母双方可以商定由某一方休假或同时休假照顾婴儿。荷兰的产假为16周，津贴为原工资的100%；无津贴的育儿假为26周。

设立父亲育儿假的目的是改变由母亲单方面休假抚育婴儿的传统做法，让父亲也承担一份养育婴儿的责任，享受做父亲的天伦之乐。父亲育儿假期的产生与妇女越来越多地介入社会经济生活、就业比例不断上升、工资收入不断提高有关，也是男女公平就业价值观的体现。

3) 男职工接受节育手术享受生育保险

在我国，男职工与女职工一样，接受计划生育手术都享受广义的生育保险，虽然各省市的做法有所不同。根据劳动与社会保障部于1999年颁布的《关于妥善解决城镇职工计划生育手术费用问题的通知》，有的地方手术费用在医疗保险中支出，有的地方手术费用在生育保险中支出。

2. 按就业性质分类

生育保险对象按就业性质可以分为正规就业者和非正规就业者。在我国，职工生育保险的对象主要是城镇女职工，但仍有千千万万的城镇女职工不能享受生育保险。她们虽然也是工作在城市的劳动者，但她们主要是在"非正规部门"工作。此外，一些以非正规方式就业的女职工也往往被排除在外，这类人群主要包括：个体户、家庭保姆、钟点工、临时工、非全日工。从女性利益的角度看，由于在非正规部门工作的女职工比例要高于在正规部门工作的女工比例，如1996年非全日制就业的劳动者中，女性占80%以上的国家有德国、法国等，因此，非正规部门缺少社会保险，对女性更加不利。将社会保险的覆盖面扩大到非正规就业者，是各国政府努力的目标，如芬兰、菲律宾、葡萄牙等国家已经将正规就业者所享有的生育保险扩大到个体户。

3. 按受益女性身份分类

按生育保险受益女性身份可以分为在业女工、未就业配偶和其他女性。生育保险主要受益者为在业女工，少数国家覆盖全民。在覆盖全民的情况下，所有居民都可享受生育补助及医疗待遇，只是要求居民在本国有一定的居住期限，如芬兰规定入境移民满180天的等待期就有资格获得生育现金补助。

8.2.2 生育保险的资金筹集

世界上大多数国家没有单列生育保险，在管理上往往都将生育保险与医疗保险融为一体，合并收费，只有少数国家有单独的生育保险缴费。因此，生育保险资金来源一般是指包括生育保险缴费的多险种合并缴费，具体有以下几种组合。

(1) 由受保人、雇主和政府三方共同负担。欧亚大多数国家都采用这种方式，如欧洲的奥地利、比利时、芬兰、法国、德国、希腊、爱尔兰、卢森堡、芬兰和西班牙等国家，亚洲的印度、日本、韩国和泰国等国家。

(2) 由受保人和雇主共同负担，如巴基斯坦。

(3) 由雇主全部负担，如瑞典、印度尼西亚、新加坡等国家。

(4) 由雇主和政府负担，如丹麦、意大利、英国、菲律宾等国家。

8.2.3 生育保险的支付条件

生育保险的支付条件，不同的国家有不同的要求，一般包括参保缴费、缴费时间、居住年限、是否符合本国的人口出生政策等方面。有的国家要求职工怀孕和生育事先告知，比如澳大利亚要求女工至少在产假前10周将自己怀孕的事实告知雇主；爱尔兰和英国也要求事先通知。

8.2.4 生育保险的待遇水平

1. 产假津贴

国际劳工组织规定的最低标准为本人工资的67%，即原工资的2/3。各国待遇水平有所不同，有的为原工资的100%；有的低于100%；有的没有津贴，比如美国。

2. 医疗费用

有关生产、住院、医疗等费用，有的国家规定实报实销，有的规定一个固定金额。

3. 休假天数

2000年，国际劳工大会修改的《保护生育公约》将最低产假标准从1952年的12周增加到14周。在实际操作上，各国的待遇标准各有差别。比如，丹麦规定女性雇员最多可享受52周的产假，同时丈夫可以有2周假期。

4. 生育补助

生育补助一般根据一个国家的福利水平、是否鼓励生育等政策而定。比如，瑞典规定，生育补助为：390天假期内，补助额为其替代收入的80%，额外的90天以每天60克朗的基本标准支付。

生育保险待遇在不同的国家是不同的,有的国家有这项待遇,有的国家没有此项待遇;相同项目在不同国家,其待遇水平可能也不一样。

8.2.5　生育保险的管理

生育保险从资金收支上来看是一个相对较小的社会保险险种,在管理上常常与其他险种合并收费。各国管理方式不同,生育保险基金来源也不同。有的国家将生育保险基金与另一个险种结合;有的国家将所有的保险项目放在一起管理。总体而言,管理方式有以下几种。一是将生育保险与养老、医疗、工伤、失业补助基金合并管理,如爱尔兰、英国、西班牙、葡萄牙等国家;二是将生育保险与医疗保险合并管理,如比利时、意大利、德国、芬兰、丹麦、瑞典等国家;三是将生育保险与医疗工伤保险合并管理,如新加坡、泰国等国家;四是将生育保险与医疗失业保险合并管理,如荷兰;五是将生育保险与事业保险合并,如加拿大、南非等国家。

8.3　我国生育保险制度

8.3.1　我国生育保险的发展历程

我国生育保险基本上是一种职工生育保险,其覆盖对象主要是城镇就业职工。我国生育保险制度的建立和发展大致可以分为生育保险制度的建立时期、"文化大革命"期间的生育保险、调整时期、改革探索时期、社会统筹时期。

1. 生育保险制度的建立时期

20世纪50年代初,我国创建了以企业生育保险和机关事业单位生育保险为主要内容的生育保险制度。第一部全国统一的社会保障法《中华人民共和国劳动保险条例》规定,生育保险的对象为女工人和女职员。1955年颁布的《国务院关于女工作人员生产假期的通知》对机关女工作人员也进行了相关规定。根据《劳动保险条例》和以后的相关法案的修正,我国生育保险制度建立初期的规定包括以下几个方面。

1) 覆盖对象

雇佣工人与职员人数在100人以上的国营、公私合营、私营及合作社经营的工厂、矿场及其附属单位与业务管理机关;铁路、航运、邮电的各企业单位及附属单位;工、矿、交通事业的基本建设单位;国营建筑公司等。

2) 生育保险金

生育保险金包含在劳动保险金之中,实行全国统筹与企业留存相结合的基金管理制度。劳动保险金由企业行政或资方按工资总额的3%提留,其中30%上缴中华全国总工会,70%存入该企业工会基层委员会的账户内。

3) 生育休假及生育津贴

女工人与女职工生育,产前产后共给假56天,产假期间,工资照发。

4) 生育补助

女工人与女职员或男工人与男职员的配偶生育时，由劳动保险基金给予生育补助费，其数额为5市尺红布，按当地零售价给付；多生子女补助费加倍发给。此外，劳动保险基金对经济确实有困难者在企业托儿所的婴儿给予伙食补助费。

5) 医疗服务

女工人与女职员怀孕，在该企业医疗所、医院或特约医院检查或分娩时，其检查费与接生费由企业行政方面或资方负担。

6) 女性临时工、季节工及试用工的生育保险

怀孕及生育的女工人、女职员，其怀孕检查费、接生费、生育补助费及生育假期工资的数额为本人工资的60%。

除此之外，还有关于小产、难产或多胞胎的规定。

中华人民共和国初期我国生育保险待遇标准如表8-1所示。

表8-1 中华人民共和国成立初期我国生育保险待遇标准

年份	生育产假/天			生育津贴			生育补助		
	正常产	小产	难产及多胞胎	正常产	小产	难产及多胞胎	正常产	小产	难产及多胞胎
1951	56	15~30	按规定增加产假	本人工资100%	本人工资100%	本人工资100%	5市尺红布的零售价	—	难产5市尺布，多胞胎10市尺布
1953	56	20~30	增加产假14天	本人工资100%	本人工资100%	本人工资100%	4元	—	难产4元，多胞胎8元
1988	90	根据医务证明给假	难产多15天，多胞胎每胎多15天	本人工资100%	本人工资100%	本人工资100%	—	—	—

资料来源：吕学静. 现代社会保障概论[M]. 北京：首都经济贸易大学出版社，2012：165.

中华人民共和国成立初期的生育保险制度，内容全面、待遇支付标准高，完全可以和发达国家的职工生育保险制度相媲美。

2. "文化大革命"期间的生育保险

20世纪60年代初，我国已完成对私营经济的社会主义改造，私营经济和公私合营经济都转制成国有经济，实行计划经济体制。1969年，财政部颁布的《关于国营企业财务工作中几项制度的改革意见》规定，国有企业一律停止提取工会经费和劳动保险费，企业的退休职工、长期病号工资和其他劳保开支改在企业营业外列支。从此，我国社会保险制度的统筹制度中断了，生育保险制度随之也发生了变化。

(1) 生育保险的国家统筹消失，企业生育保险形成，各企业只对本企业的女职工负责。

(2) 生育保险从适合多种用工制度变成只适合单一的用工制度。

(3) 上述变化使生育保险制度从社会走向企业，使其在以后的经济体制改革中成了

影响妇女公平就业的障碍。

3. 调整时期

在这一时期，从20世纪60年代初到20世纪70年代末期产生的由社会保险到企业保险的转变更加明显。1988年，我国关于生育保险的规定对20世纪60年代初到20世纪70年代末生育保险制度的变化由默认到正式承认。

1988年，国务院颁布了《女职工劳动保护规定》，这是中华人民共和国成立以来第一部比较完整的、综合性的女职工劳动保护规定，该规定以保护女职工的劳动权益、减少和解决她们在劳动中因生理机能造成的特殊困难为目的，明确规定"不得在女职工怀孕期、产期、哺乳期降低其基本工资或者解除劳动合同"。

随着计划经济向社会主义市场经济的转变，企业作为市场经济的主体依然独自负担企业职工的生育保险费用和风险。为避免更多的"性别亏损"，追求利润最大化，企业或者减少使用女工，或者在落实企业生育保险规定时打折扣，妇女公平就业的权利因此而受到损害。早在1980年11月，中华全国总工会党组、全国妇联党组联名向中央书记处递交的《关于辽宁省一些企业对怀孕哺乳女工实行放长假的报告》显示，据不完全统计，沈阳、大连、鞍山已有三十多家企业对怀孕、哺乳女工实行留职放长假1～3年，发放本人工资的70%～75%。有的企业甚至撤销托儿所、不给哺乳期女工喂奶时间，迫使哺乳女工回家长休。为了不让招收女工较多的企业在就业竞争中吃亏，为了不让妇女因承担生育责任而影响就业，变企业生育保险为社会生育保险、生育保险基金社会统筹，就成为我国生育保险制度改革的方向。

4. 改革探索时期

20世纪80年代中期，在理论界和各级政府领导及有关部门的协同下，我国开始了生育保险制度改革的探索。鉴于医疗保险和养老保险制度的改革试点在全国多省市进行，各地的生育保险制度改革也进入探索阶段，改革措施主要包括以下几个方面。

1) 生育保险基金社会统筹

1988年，在国家颁布的《女职工劳动保护规定》的影响下，江苏省南通市开始试行《南通市全民、大集体企业生养基金统筹暂行办法》，企业按男女职工人数每年一次性向社会统筹机构上缴一定数额的资金，建立女职工生养基金。统筹企业中有女职工生育，其生育医疗费和生育津贴由社会统筹机构负责支付。湖南省株洲市也在1988年试行生育保险基金社会统筹，企业按工资总额的一定比例上缴生育保险费，通过银行划归劳动部门统筹，生育女职工凭企业证明按月从当地劳动部门领取生育津贴。在这段时间里，试行生育保险基金社会统筹的地区还有昆明、绍兴、宁波、德州等几十个市(县)。

2) 夫妇双方所在企业平均分担生育保险费用

1988年，辽宁省鞍山市试行《鞍山市保护老人、妇女、儿童合法权益的规定》，要求生育津贴由夫妻双方所在企业各自承担50%，若男方在部队、外地或机关工作，由女方单位全部承担。试行类似规定的还有苏州等市(县)。

3) 对妇女就业产生了积极作用

生育保险基金社会统筹或生育保险费用分担在很大程度上减轻了试行企业生育保险费用的压力，对妇女就业产生了积极作用。但由于地方缺乏权威性，以及各地操作管理上的复杂性，基金的收缴有一定的困难，尤其是男职工较多的企业。各地办法不统一，也增加了管理与监督上的难度。为此，需要有全国统一的法律法规出台。

5. 社会统筹时期

1994年12月，劳动部发布《企业职工生育保险试行办法》，使全国有了统一的生育保险基金统筹办法。1995年和1996年劳动部分别发布了《关于贯彻实施<中国妇女发展纲要>的通知》和《关于印发劳动部贯彻<中国妇女发展纲要>实施方案的通知》，提出生育保险制度的目标是20世纪末在全国城市基本实现女职工生育费用的社会统筹，具体内容包括以下几个方面。

1) 目的

生育保险社会统筹的目的是维护企业女职工的合法权益，保障女职工在生育期间得到必要的经济补偿和医疗保健，均衡企业间生育保险费用的负担。

2) 实施范围

生育保险的覆盖范围包括城镇企业级职工。企业类型包括国有、集体、私营、合资、合作、独资、股份制等。

3) 覆盖面

全国80%左右的市(县)，到20世纪末将实现生育保险社会统筹，并将保险面扩大到城镇各类企业。

4) 资金筹集

企业按不超过工资总额1%的资金向劳动部门所属的社会保险经办机构缴纳生育保险费，社会保险经办机构负责生育保险基金的收缴、支付和管理。

5) 统筹层次

在生育保险制度改革的初期，实行市、地、州、县范围统筹。同级社会保险经办机构负责基金的管理。生育保险按照属地原则进行管理。

6) 支付项目

支付项目包括生育津贴，与生育保险相关的医护费、管理费。其中，生育津贴按本企业上年度职工月平均工资计发。

7) 管理费用

管理费用的提取比例不超过生育保险基金的2%。

《企业职工生育保险试行办法》是第一个试图与经济转型相适应的生育保险法规。2004年9月，原劳动和社会保障部颁布了《关于进一步加强生育保险工作的指导意见》，提出2010年城镇职工生育保险覆盖面要达到90%的目标要求。从2005年到2010

年，生育保险参保人数由5408万人增加到12 336万人，增长1.3倍，完成生育保险覆盖率90%的要求。

2009年9月10日，人力资源和社会保障部出台《关于确定城镇居民生育保障试点城市的通知》，意味着我国开始城镇居民生育保障试点工作。

2010年10月通过的《社会保险法》重新明确了职工未就业配偶享受的生育保险等内容。

2017年2月4日，国务院发布《生育保险和职工基本医疗保险合并实施试点方案》(以下简称《方案》)。该《方案》要求，2017年6月底前在12地启动生育保险和职工基本医疗保险合并试点，试点期为一年左右。在没有全国普及两个险种的合并前，大部分地区仍将生育保险作为独立的险种运行。

知识链接

医疗保险与生育保险合并

一、《生育保险和职工基本医疗保险合并实施试点方案》发布

(一)《试点方案》出台的背景

我国生育保障制度建立于20世纪50年代初期，主要实行单位负责职工生育期间有关待遇的办法。2010年和2012年，国家分别颁布《中华人民共和国社会保险法》《女职工劳动保护特别规定》，进一步规范了生育保险政策。截至2016年底，全国生育保险参保1.84亿人，当期基金收入519亿元，支出527亿元，累计结余676亿元，全国享受生育保险待遇808万人次。

党的十八届五中全会提出"建立更加公平更可持续的社会保障制度"，并在国家"十三五"规划纲要以及中央全面深化改革任务中部署"将生育保险和基本医疗保险合并实施"的任务。

(二)《试点方案》主要内容

(1) 统一参保登记。参加职工基本医疗保险的在职职工同步参加生育保险。

(2) 统一基金征缴和管理。生育保险基金并入职工基本医疗保险基金，统一征缴。两项保险合并实施的统筹地区，不再单列生育保险基金收入，在职工基本医疗保险统筹基金待遇支出中设置生育待遇支出项目。

(3) 统一定点医疗服务管理。两项保险合并实施后实行统一定点医疗服务管理，执行职工基本医疗保险、工伤保险、生育保险药品目录以及基本医疗保险诊疗项目和医疗服务设施范围，生育医疗费用原则上实行医疗保险经办机构与定点医疗机构直接结算。

(4) 统一经办和信息服务。两项保险合并实施后，要统一经办管理，规范经办流程。生育保险经办管理统一由职工基本医疗保险经办机构负责；实行信息系统一体化运行，资源共享。

(5) 职工生育期间的生育保险待遇不变。生育保险待遇包括生育医疗费用和生育津

贴，所需资金从职工基本医疗保险基金中支付。

二、生育保险与医疗保险合并的可能性和必要性

(一) 生育保险和医疗保险具有共性

一方面，生育保险和医疗保险两个群体的看病求医需求同属医疗行为，都要通过医院和医生的医疗过程去实现；另一方面，生育保险和医疗保险的经办及管理部门必须通过正确的引导和科学的管理来减少浪费，保证基金平衡。

(二) 医疗保险支付生育待遇有经办基础

目前，各地机关事业单位人员、个体灵活就业人员以及城乡居民生育发生的医疗费用已经通过基本医疗保险支付，信息网络、支付方式以及管理方式已经趋于成熟，整合后，职工生育保障有托底，待遇水平整体不会降低。

(三) 生育保险与医疗保险合并彰显公平性

生育保险的公平性问题饱受诟病由来已久。因为生育保险费用一向由用人单位缴纳，个人不缴纳，所以非正规就业的女性，以及就业单位不愿为其缴费的女性，都享受不到生育保险待遇(机关事业单位、个体劳动者和城乡居民不在生育保险覆盖范围)。而两险合并后，生育待遇不变有利于统一生育保险与医疗保险的待遇，提升生育保险待遇水平，扩大生育保险覆盖范围，彰显公平性。

(四) 生育保险与医疗保险合并可降低成本

生育合并症或并发症导致生育保险和医疗保险交叉结算的问题也在增多，造成参保人多头办理，带来诸多不便。如果把生育保险和医疗保险纳入统一管理，进行费用合并、统一支付、优化管理，只需在流程管理、软件开发和技术防控方面略加改进，相继嵌入，不仅不会增加太大的难度和工作量，反而能方便老百姓的费用报销、简化医院的多重管理，从而达到精简人员、减少开支、降低制度运行成本的改革目标。

三、生育保险与医疗保险合并的政策完善

(一) 合理确定和提升生育待遇保障水平

一方面，从生育医疗行为的实际需求出发，在基本医疗现有目录的基础上研究制定不同的药品目录、诊疗项目目录以及医疗服务设施标准，对生育相关服务项目给予保留和延伸；另一方面，在报销生育医疗费用时，可取消住院起付标准，取消基本医疗乙类药品、特殊检查等涉及个人自付部分的费用，以此来提高生育保障水平。

(二) 改善生育津贴发放方式

生育津贴一次性发放给用人单位，虽便于经办操作，但客观上也存在一些问题，主要有用人单位执行工资政策不到位、对工资口径理解有偏差或职工工资构成多样化等，很难保证向女职工足额支付产假工资及福利待遇，容易出现克扣生育津贴的现象。为此，对生育津贴的发放方式也应根据形势的发展作出相应的调整和完善，可探索推进直接向生育保障对象发放，即社保经办机构在女职工生育后，根据其产假期限，将生育津贴按月定期划入女职工个人银行账户，确保合并后其产假期间的工资福利待遇不降低。

(三) 明晰生育保险与医疗保险保障范围

在医疗待遇方面，统一生育保险和医疗保险交叉病症，突显与医疗相关的服务；生育津贴由生育保险中的基金予以支付。

资料来源：雷红，杨友龙. 寻找"两险"合并实施的切入点[J]. 中国社会保障，2016(5)：78.

孟庆木，乔见. 生育保险与医疗保险整合正当时[J]. 中国社会保障，2016(5)：80.

8.3.2　我国现行生育保险制度

我国现行生育保险制度分为三大体系：一是城镇职工生育保险制度；二是城镇居民生育保险制度；三是农村生育保障制度。

1. 城镇职工生育保险制度

我国现行城市生育保险制度的法律依据是1995年试行的《企业职工生育保险试行办法》和2011年7月1日施行的《中华人民共和国社会保险法》(以下简称《社会保险法》)，主要内容包括以下几个方面。

1) 范围和对象

城镇职工生育保险制度的覆盖范围和对象为城镇企业及职工、职工未就业配偶。

《社会保险法》明确了职工未就业配偶享受生育保险待遇。中华人民共和国成立初期，生育保险曾覆盖职工未就业配偶，但由于"文化大革命"期间，城镇女性普遍就业，大部分家庭都是双职工家庭，这条规定不再被强调。经济转型时期至2010年10月，生育保险相关规定多次更新，但没有对职工未就业配偶生育保险的条款加以强调。2010年10月通过的《社会保险法》重新明确了职工未就业配偶享受生育保险待遇，"职工未就业配偶按照国家规定享受生育医疗费用待遇，所需资金从生育保险基金中支付"。

🔘 知识链接

北京完善生育保险政策，覆盖外地户籍职工和机关职工

北京市的生育保险制度已经建立多年，但是覆盖人群只是具有北京市常住户口和持有北京市居住证的企业职工。随着劳动力市场的自由流动，越来越多的外地人来到北京就业，按现行规定，他们可以参照城镇职工的办法参加养老保险、医疗保险、失业保险、工伤保险等社会保险，但唯独生育保险无法参加。在很多单位，本地户籍的职工单位缴纳的是"五险一金"，而外地户籍职工却只有"四险一金"，其中相差的这一"险"，便是生育保险。另外，国家机关和事业单位职工也一直被排斥在生育保险的覆盖范围之外。

据悉，2011年起，北京市将完善生育保险政策，把国家机关和事业单位职工、企业外地户籍职工等纳入生育保险覆盖范围，实现生育保险制度的全覆盖。

资料来源：北京完善生育保险政策[N]. 北京晚报，2011-01-13.

2) 资金筹集

企业按不超过职工工资总额的1%向社会经办机构缴纳生育保险费，职工个人不缴费。

生育保险根据"以支定收，收支基本平衡"的原则进行筹资。参加生育保险统筹的用人单位按照规定比例缴纳生育保险费，职工个人不缴费。考虑到全国各地区经济状况不同、生育费用支付不平衡等因素，具体的基金提取比例由当地人民政府确定，但最高额度不得超过职工工资的1%。

生育保险基金筹集主要有三种方式：一是用人单位按照职工工资总额的一定比例向当地社会保险经办机构缴纳生育保险费。目前，全国生育保险筹资比例保持在0.69%左右的水平。二是国家机关、事业单位参保，资金来自财政拨款。这部分人员仅仅享受医疗待遇，生育津贴部分由原工资渠道解决。根据各地生育保险法规的规定，缴费一般为职工工资总额的0.4%～0.5%。三是按照绝对额征缴。用人单位按照规定的每人每月固定缴费额，向社会保险经办机构缴纳保险费，此办法只在少数地区实行。

3) 享受资格

企业参保缴费，职工遵守计划生育规定。女职工违反国家有关计划生育规定的，按照国家有关规定不享受生育保险待遇。另外，所在单位按照规定参加生育保险并为该职工连续足额缴费一年以上的享受该资格。

对于没有工作单位的生育人员，如果是参加生育保险男职工的配偶，无工作单位，其生育符合计划生育政策规定，按照相应标准的50%享受生育医疗补助。

4) 支付项目

生育保险基金的支付项目包括生育津贴、与生育有关的医护费用及管理费。

超出规定的医疗服务费和药费(含自费药品和营养药品的药费)由职工个人负担。女职工生育出院后，由生育引起的疾病的医疗费，由生育保险基金支付；其他疾病的医疗费，按照医疗保险待遇的规定办理。女职工产假期满后，因病需要休息治疗的，按照有关病假待遇和医疗保险待遇规定办理。女职工生育或流产后，由本人或所在企业持当地计划生育部门签发的计划生育证明，婴儿出生证明、死亡证明或流产证明，到当地社会保险经办机构办理手续，领取生育津贴和报销生育医疗费。

生育津贴相当于女职工产假期间的工资，生育津贴低于本人工资标准的，差额部分由企业补足。生育津贴按照女职工本人生育当月的缴费基数除以30再乘以产假天数计算。生育保险津贴的发放标准为

$$生育津贴=当月本单位人均缴费工资÷30天×产假天数$$

5) 待遇标准

产假为98天，其中产前15天。多胞胎生育的，每多生育一个婴儿，增加产假15天。女职工怀孕流产的，其所在单位应当根据医务部门的证明，给予一定时间的产假。职工未就业配偶一般只享受生育医疗费津贴，支付标准尚未统一，大多数省市为在职女工平均工资的半数，有的为当地一个月的社会平均工资，有的为固定数额。

关于产假的具体规定如下所述。

(1) 正常产假为98天(包括产前检查15天)。

(2) 独生子女增加15天。

(3) 晚育增加15天。

(4) 难产、剖腹产、Ⅲ度会阴破裂增加30天，吸引产、钳产、臀位产增加15天。

(5) 多胞胎生育，每多生育一个婴儿增加15天。

(6) 流产假：怀孕不满2个月给予产假15天；怀孕不满4个月给予产假30天；满4个月以上(含4个月)至7个月以下给予产假45天；7个月以上遇死胎、死产和早产不成活给予产假75天。

🧑 知识链接

生育保险与女职工劳动保护制度

生育保险与女职工劳动保护制度有许多重合之处。女职工劳动保护制度包括对一般女职工的保护和对孕、产妇的劳动保护，重合之处主要是该制度对孕、产妇的劳动保护，包括以下几个方面。

(1) 产前产后工时减免，如女职工孕期检查、产后哺乳时间计作劳动时间。

(2) 孕期工作量减免，如不上夜班、减轻工作量不减工资等。

(3) 母婴保护措施，即保障女职工不会因为怀孕、生育遭受解雇等。

以上这些内容也属于广义的生育保障制度的范围。

生育保险制度与计划生育制度

计划生育是我国的一项基本国策，鼓励计划生育也体现在社会保障的政策之中，其中有些部分与生育保险也有关联。与计划生育相关的事项有实施节育措施的各项费用、独生子女费、女性休假、独生子女母亲延长的产假、晚婚晚育父亲育儿假以及各项休假津贴等。

《中华人民共和国人口与计划生育法》规定，国家对实行计划生育的夫妻给予奖励。比如公民晚婚晚育，可以获得延长婚假、生育假的奖励或其他福利待遇；公民实行计划生育手术，享受国家规定的休假，地方人民政府可以给予奖励；自愿终身只生育一个子女的夫妻，按照国家、省、自治区、直辖市有关规定享受独生子女父母奖励；地方各级人民政府对农村实行计划生育的家庭，在扶贫贷款、以工代赈、扶贫项目和社会救济等方面给予优先照顾。

有些省市对符合计划生育的家庭还给予3～7天的父亲育儿假，独生子女本人的托幼管理费和医药费等均可以按规定报销。对违反计划生育的家庭则给予相应的处罚。

资料来源：吴宏洛．社会保障概论[M]．武汉：武汉大学出版社，2011：200-201．

2. 城镇居民生育保险制度

城镇居民生育保险也是近年来我国社会保险制度的新项目，是在城镇居民医疗保险的基础上发展起来的，目前尚处于试点阶段。

2009年7月31日，人力资源和社会保障部办公厅发布《关于妥善解决城镇居民生育医疗费用的通知》，要求各地将城镇居民基本医疗保险参保人员住院分娩发生的符合规定的医疗费用纳入城镇居民基本医疗保险基金支付范围。开展门诊统筹的地区，可将参保居民符合规定的产前检查费用纳入基金支付范围。

2009年9月10日，人力资源和社会保障部发出《关于确定城镇居民生育保障试点城市的通知》，我国城镇居民生育保障试点工作开始，其宗旨是贯彻落实"十七大"提出的加快建立统筹城乡社会保障制度的要求，解决城镇居民生育保障问题。人力资源和社会保障部确定吉林省长春市、江苏省南通市、安徽省马鞍山市、湖南省常德市、广东省惠州市、四川省成都市、陕西省铜川市7个城市作为城镇居民生育保障试点城市。"城镇居民"是指城镇非就业居民。以前的生育保险只覆盖城镇就业居民(即企事业单位的职工)，通知发布后，城镇非就业居民也将纳入生育保险范围。城镇居民生育保险的内容主要是已经开展城镇居民基本医疗保险的地区，可以将参保居民符合规定的产前检查、住院分娩费用纳入基金支付范围。这就需要统筹考虑城镇居民生育保障与城镇居民基本医疗保险和城镇职工基本医疗保险制度的衔接。

3. 农村生育保障制度

1) 新农合制度

2002年，中共中央、国务院颁布了《关于进一步加强农村卫生工作的决定》，提交建立以大病统筹为主的新型合作医疗制度和医疗救助制度，使农村人人享有初级卫生保健。对于农村生育保障采取的措施是：加强农村孕、产妇和儿童保健工作，提高住院分娩率，改善儿童营养状况。要保证乡(镇)卫生院具备处理孕、产妇顺产的能力；县级医疗机构及中心乡(镇)卫生院具备处理孕、产妇难产的能力。新型农村合作医疗基金主要解决农民的大额医疗费用或住院医疗费用，其中包括农村妇女住院分娩的医疗费。

2) 公共卫生的"降消"项目

"降消"项目即降低孕、产妇死亡率，消除新生儿破伤风的公共卫生项目。主要是国家对中西部贫困地区进行救助，以补助医疗服务的供方为主，包括农村卫生院增添设备、开展人员培训等。对产妇的补助标准为人均300元左右。自2000年农村实施"降消"项目以来，住院分娩率由原来的58.1%提高到88.8%，孕产妇死亡率由79.7/10万下降到41.3/10万，新生儿死亡率由25.1%下降到12.8%。

3) 中西部地区分娩补助计划

2009年，卫生部、财政部颁发《关于进一步加强农村孕产妇住院分娩工作的指导意见》，提出了国家对中西部困难地区住院分娩的妇女实施补助，此计划取代"降消"

项目于2009年实施。具体内容：一是提出到2015年，东、中、西部地区各省(区、市)农村孕、产妇住院分娩率分别超过95%、85%和80%，农村高危孕、产妇住院分娩率超过95%；到2020年，东、中、西部地区各省(区、市)农村孕、产妇分娩率分别超过98%、95%和90%，农村高危孕、产妇住院分娩率超过98%，孕、产妇死亡率和婴儿死亡率达到中等发达国家水平。二是明确农村孕、产妇住院分娩服务项目和标准。按照正常产、手术助产、刨宫产等不同分娩方式，规定基本护理、常规检查、接生服务3个项目的9类服务内容和5种分娩基本用药，以保证住院分娩服务的质量与安全。三是规定实施农村孕、产妇住院分娩补助政策。在各地核定成本、明确限价标准的基础上，对农村孕、产妇住院分娩所需费用予以财政补助，补助标准由各省(区、市)财政部门会同卫生部门制定。参加新型农村合作医疗的农村孕、产妇在财政补助之外的住院分娩费用，可按当地新型农村合作医疗制度的规定给予补偿。对个人负担较重的贫困孕、产妇，可由农村医疗救助制度按规定给予补助。

8.3.3　我国生育保险制度的改革方向

截至2010年年底，全国31个省(区、市)和新疆生产建设兵团全部开展了生育保险，参保人数已达到1.23亿人。从运行情况来看，全国生育保险平均费率为0.69%，基本上实现了收支平衡，且收入增幅高于支出增幅，确保了制度的平稳运行。但总体而言，生育保险的覆盖面仍需要进一步扩大，保障待遇水平需要逐步提高，城乡的生育保障制度有待进一步统筹。

1. 尽快弥补制度缺失

1) 扩大城镇职工生育保险制度覆盖面

进一步推进城镇职工生育保险制度，按照生育保险与医疗保险同步推进的思路，扩大生育保险覆盖面，做到应保尽保。在制度推进过程中，研究适合灵活就业人员、农民工的生育保险办法，逐步将与用人单位建立劳动关系的职工全部纳入参保范围，争取在两年内使城镇职工生育保险覆盖面达到90%。加大生育保险扩面措施落实和监察执法的力度，确保城镇所有职工依法享受生育保险待遇。

2) 探索城镇居民生育保障模式

充分利用医疗保险的制度优势和覆盖人群优势，统筹解决生育保障问题。在东、中、西部地区选择部分城市进行试点，探索城镇居民生育保障模式和运行管理办法。重点是研究解决城镇居民、困难企业职工在基层医疗机构的住院分娩医疗费用问题，逐步将城镇居民基本医疗保险参保人员住院分娩发生的符合规定的医疗费用纳入城镇居民基本医疗保险基金支付范围。开展居民医疗保险门诊统筹的地区，将参保居民符合规定的产前检查费用纳入基金支付范围。在有条件的地区，将新生儿医疗费用纳入基本医疗保障范围。在总结试点经验的基础上，探索在全国范围内推广城镇居民生育保障制度。

2.逐步提高生育保障待遇水平

按照国家人口发展战略及城乡出生人口分布，逐步提高城镇职工、城乡居民的生育保障水平。城镇职工生育保险要努力做到在生育保险政策规定范围内"生孩子不花钱"。城镇居民生育待遇保障要在城镇居民基本医疗保险制度报销住院费用一定比例的基础上，研究解决个人负担部分医疗费的办法，或根据当地具体情况适当提高住院医疗费用报销比例，逐步做到在基层医疗机构分娩，个人不负担医疗费。在农村积极推进中西部地区分娩补助计划和新农合政策的落实，通过提高财政补助标准、增强基金共济能力等方式，努力降低农村妇女在村、乡镇医疗机构分娩个人负担医疗费用的比例。

3.统筹规划城乡生育保障制度

1) 由单位保障过渡到社会保障

统筹规划机关、事业单位、企业等城镇各类用人单位的生育保障制度，逐步改变城市生育保障两种制度双轨运行的状态，由生育保障的单位负责制度过渡到以社会共济为核心的社会保险制度，真正发挥社会保障互助共济、均衡负担的作用，确保职工生育保障待遇的落实。

2) 统筹城乡生育保障制度

按照建立统筹城乡社会保障体系的总体要求，综合考虑城镇职工生育、农村生育保障制度的现实，立足当前、谋划长远、统筹兼顾、体现公平，优化城乡生育保障资源配置，满足城乡居民不同层次的生育保障需求，做好城乡生育保障制度的衔接。

积极探索解决城乡流动人口的生育保障问题的方法以及城乡人口跨区域流动生育保障制度的对接办法和管理措施。在制度设计中充分考虑城乡之间、地域之间、人群之间的差异，确保制度的科学性和持续性。探索符合农民工实际的生育保障办法，允许女农民工选择在就业地生育或返乡生育。对于返乡生育的女农民工，将探索生育医疗费用与生育地医疗机构直接结算或一次性定额支付等多种待遇支付方式供女农民工选择，以切实维护农民工的生育保障权益。

本章小结

生育保险是国家通过立法，对怀孕、分娩而无法从事正常的生产劳动、中断经济来源的女职工给予医疗保健服务、生活保障和物质帮助的一项社会保障制度，其宗旨在于通过向职业妇女提供生育津贴、医疗服务和产假，帮助她们恢复劳动能力、重返工作岗位，这主要是通过现金补助及实物补助来实现的。

早期的生育保险制度以1883年颁布的《德国劳工基本保险法》中关于生育保险的规定为代表。我国在20世纪50年代初，创建了以企业生育保险和机关事业单位生育保险为主要内容的生育保险制度。

我国生育保险制度的发展历程大致可分为生育保险制度的建立时期、"文化大革命"期间的生育保险、调整时期和改革探索时期。

我国的生育保障制度分为三大体系；一是城镇职工生育保险制度；二是城镇居民生育保险制度；三是农村生育保障制度。

思考题

1. 生育保险的含义和特征是什么？
2. 简述生育保险的发展历程。
3. 我国生育保险待遇的支付包括哪些内容？
4. 论述我国生育保险存在的问题及改革方向。

案例分析

案例1：未婚先孕是否可享受生育保险待遇？

深圳市某公司职工张某和男友一同居住，2009年5月怀孕。由于种种原因，张某和男友一直没有登记结婚。2010年2月，张某临生产前要求公司给她申报生育保险相关待遇。公司负责人认为：第一，张某从未缴纳生育保险费，故不能享受生育保险待遇；第二，张某未婚先孕，不符合休产假条件，休假期按事假处理，不支付工资，张某也不能享受任何与生育相关的待遇。张某不服，将公司诉至劳动争议仲裁委员会，要求委员会仲裁。

资料来源：未婚先孕不能享受生育保险[N].沈阳日报，2010-09-02.

分析：

张某提出的要求合理吗？公司不给张某申报生育保险的两条理由都是合理的吗？

案例2：职工未就业配偶生育保险待遇是否应与参保职工相同

广东省梅先生在单位统一参加了生育保险，其妻子没有参加生育保险，那么妻子享受的生育保险待遇和其他参加了生育保险的女职工是否相同？由于像梅先生这样的男职工工资较高，单位为其缴纳的生育保险费用多数要高于女职工缴纳的费用。

资料来源：职工未就业配偶生育保险待遇是否应与参保职工相同[J].中国社会保障，2012(8).

分析：

在生育医疗费用方面，城镇企业职工所享受的待遇与职工未就业配偶所享受的待遇是否相同？另外，配偶虽就业却未参加生育保险的，能否享受到一定的生育保险待遇？

案例3：我国城乡居民的生育保障

1. 北京市没有"正式"工作的居民也能报销生育医疗费用

2012年3月19日，北京市人社局发布《关于本市职工基本医疗保险有关问题的通知》和《关于本市城镇居民生育医疗费用有关问题的通知》，明确从2012年4月1日起，将该市灵活就业人员、失业人员、城镇居民的生育医疗费纳入医保支付范围，解决这三类没有"正式"工作人员的生育医疗费用负担。

据介绍，从2012年4月起，北京市将把参加职工基本医疗保险的灵活就业人员、失业人员的生育医疗费用，纳入职工医保基金支付范围；把参加北京市城镇居民基本医疗保险的参保人员发生的生育、计划生育手术医疗费用，纳入城镇居民基本医疗保险基金支付范围。在没有增加这三类人员个人缴费负担的前提下，使他们享受到生育医疗费用报销待遇。同时要求，参保人员发生并申报的医疗费用须符合北京市计划生育的相关规定，执行基本医疗保险政策。

北京市人力资源和社会保障局发布的《关于本市城镇居民生育医疗费用有关问题的通知》，对该市城镇居民生育医疗费用报销作出了具体规定：参加本市城镇居民基本医疗保险的参保人员，发生的符合我市计划生育规定的分娩当次的医疗费用、计划生育手术医疗费用，纳入城镇居民基本医疗保险基金支付范围，执行城镇居民基本医疗保险相关规定。生育、计划生育手术医疗费用，参照生育保险规定，采取按限额、定额和项目付费的方式支付。申领生育、计划生育手术医疗费用，参保人员应当提供《北京市生育服务证》以及定点医疗机构出具的婴儿出生、死亡或流产证明及医疗费用相关证明和原始收费凭证。

资料来源：工人日报.http://www.chinadaily.com.cn/hqgj/jryw/2012-03-21/content_5475716.html.

北京市人力资源和社会保障局网.http://zfxxgk.beijing.gov.cn/110070/gfxwj22/2012-03-27/content_298115.shtml.

2. 成都市城乡居民生育保险制度实现一体化

近日，成都市人民政府印发《成都市城乡居民生育保险暂行办法》，自2010年4月1日起施行，这标志着成都市实现了城乡居民生育保险制度一体化。

2009年，成都市将新型农村合作医疗、城镇居民基本医疗保险、大学生基本医疗保险"三合一"，全面实施城乡居民基本医疗保险一体化制度，并对参保人员中符合计划生育政策的孕产妇给予生育补助，其中产前检查每人补助100元，在乡镇卫生院、社区卫生服务中心和一级医院住院分娩每人补助700元，在二、三级医院住院分娩每人补助800元，实现了城乡居民基本医疗保险全市政策统一、待遇一致，被人力资源和社会保障部确定为全国城乡居民生育保障试点城市。为扎实有效推进城乡居民生育保障试点工作，进一步健全、完善城乡居民生育保险一体化制度，切实提高城乡育龄妇女生育保障水平，成都市在充分听取各方面意见的基础上，出台了《成都市城乡居民生育保险暂行办法》(以下简称《暂行办法》)。

《暂行办法》规定，成都市城乡居民生育保险的适用对象为：参加了成都市城乡居民基本医疗保险，并在保险有效期内的参保育龄妇女。参保人员不再另行缴纳生育保险费用，即在不增加参保居民缴费负担的前提下，将居民生育待遇纳入保障范围。待遇支付范围按照本市乡居民基本医疗保险的药品目录、诊疗项目、医用材料目录及支付标准的有关规定执行，包括妊娠期间门诊常规检查费用，住院分娩期间发生的检查费、接生费、手术费、住院床位费和药品费等费用，分娩期间新生儿护理费用，治疗生育并发症所发生的住院医疗费用，依法应当纳入待遇支付范围的其他费用。有下列情形之一的，城乡居民生育保险基金不予支付医疗费用：违反人口与计划生育法律、法规、规章及城乡居民生育保险政策规定的生育医疗费用；超出城乡居民生育保险药品目录、医疗服务项目、医用材料目录和支付标准规定范围的生育医疗费用；因自伤、自残、醉酒、吸毒、斗殴和其他违法犯罪行为造成妊娠终止的生育医疗费用；生育前实施人工辅助生殖术产生的费用；除急救、抢救外，在本市非定点医疗机构就诊产生的费用；在国外及我国港、澳、台地区生育或终止妊娠产生的费用。

资料来源：四川省人民政府网.http://www.sc.gov.cn/zwgk/zwdt/szdt/201002/t20100208_905487.shtml.

3. 天津市建立城乡居民生育保险制度

为进一步提高天津市城乡居民生育保障水平，统筹完善城乡生育保障制度，实现生育保障政策和经办服务一体化，2012年10月，天津市人民政府办公厅发布了《关于印发〈天津市城乡居民生育保险规定〉的通知》，适用于参加天津市城乡居民基本医疗保险的人员。

《天津市城乡居民生育保险规定》的内容包括：建立统一的城乡居民生育保险基金。城乡居民生育保险基金由下列各项构成：由城乡居民基本医疗保险政府补助资金划拨的保险费；利息；社会捐赠。城乡居民生育保险费的筹资标准依据上年度本市城乡居民的生育率和待遇保障水平确定。每年的筹资标准由市人社局会同市财政局研究提出，报市人民政府批准。城乡居民个人不缴纳生育保险费。享受生育保险待遇的本市城乡居民应当具备下列条件：按照规定参加本市城乡居民基本医疗保险；符合国家和本市计划生育规定。参保人员发生下列费用，由城乡居民生育保险基金支付：产前检查费；生育医疗费；计划生育手术费。城乡居民生育保险采取定额支付、按项目支付和限额支付相结合的方式付费。有下列情形之一的，城乡居民生育保险基金不予支付医疗费用：违反国家或本市计划生育规定发生的医疗费用；因医疗事故发生的医疗费用；在非定点服务机构发生的医疗费用；按照规定应当由个人负担的医疗费用；在境外发生的医疗费用。

资料来源：天津市人民政府网.http://gk.tj.gov.cn/gkml/000125022/201211/t20121109_8473.shtml.

分析：

结合我国各地城乡居民生育保障改革的探索，分析统筹我国城乡居民生育保险的可行性。

第9章 社会救助

本章学习重点

1. 了解社会救助的含义、特征、历史演变；

2. 重点掌握救助标准的确定方法；

3. 掌握我国社会救助的发展历程以及社会救助体系的构成；

4. 了解最低生活保障制度的建立与发展；

5. 掌握我国农村社会救助的主要内容。

社会救助作为社会保障的最低目标，承担了保障社会成员生存条件的责任。在社会保障制度的建立和发展过程中，社会救助制度是最早建立的。社会救助对保持社会稳定和促进社会发展有着重要的意义。

9.1 社会救助概述

现代社会救助源于历史上的慈善事业，不过，它虽然仍以救灾济贫为己任，但已不同于历史上具有浓厚的恩赐、怜悯色彩的慈善救济活动，而是一种通过立法规范并加以制度化的社会政策。社会救助与其他社会制度一样，都是立足于社会公平基础之上并以保障国民生活权益、促进社会发展为宗旨的制度安排。

社会救助作为社会保障的最低目标，承担了保证社会成员生存条件的责任。在社会保障制度的建立和发展过程中，社会救助制度是最早建立的。社会救助对保持社会稳定和促进社会发展有着重要的意义。

9.1.1 社会救助的含义

社会救助是指社会成员陷入生存危机或不能维持最低限度的生活水平时，由国家和社会按照法定的标准向其提供满足最低生活需求的物质援助和非物质援助的社会保障制度。1965年，美国出版的《社会工作百科全书》曾述，"社会救助是社会保险制度的补充，当个人或家庭生计断绝急需救助时，给予生活上的扶助，是在整个社会保障制度体系中，最富弹性而不受拘束的一种计划"。《民政部、教育部、财政部、人力资源和社会保障部、住房和城乡建设部、国家卫生计生委关于贯彻落实〈社会救助暂行办法〉的通知》(民发〔2014〕135号)提出，社会救助是国家和社会对依靠自身能力难以维持基本生活的公民提供的物质帮助和服务，是保民生、托底线、救急难、促公平的基础性制度安排。

　　根据上述定义，社会救助包含以下几个方面的具体含义：第一，社会救助是国家和社会向公民提供的援助，国家通过立法保护贫困人员，提供社会救助是国家的责任和义务。第二，社会救助是公民的一项权利。《中华人民共和国宪法》第四十五条规定："中华人民共和国公民在年老、病残或者丧失劳动能力的情况下，有从国家和社会获得物质帮助的权利。"第三，社会救助在公民不能维持最低限度的生活时才发生作用。比如，公民因年老、伤残、疾病或者遭遇自然灾害时，难以维持基本的生活，此时国家才向其提供社会救助。社会救助在最低生活水平线上拉起了最后一道"安全网"，使每一位公民都能够在生活困难时获得相应的救助，走出困境。第四，社会救助形式多样。过去的社会救助以物质帮助为主，而现在的社会救助的内容和手段多样，除了物质帮助，还有服务和精神帮助等。

　　社会救助亦称社会救济，是国家通过国民收入的再分配，对因自然灾害或其他经济、社会原因而无法维持最低生活水平的社会成员给予救助，以保障其最低生活水平的制度。社会救助是现代社会保障体系中最基本的项目，它与社会保险、社会福利一同构成了现代社会保障制度。虽然社会救助不像社会保险那样是社会保障体系中的核心部分，但它所救助的对象是社会保险这道"安全网"保护不了的人群。因为社会保险是需要缴费的，而无收入和低收入的人是没有能力缴费的，所以还需要社会救助对这部分人加以保护，否则，一旦这些人得不到生存保障，很有可能会危及整个社会的安定。

　　在现代社会中，享受社会救助是社会成员的一项基本权利，提供社会救助是国家和社会应尽的职责和义务，两者都是通过法律制度加以确定和规范的。

9.1.2　社会救助的特征

1. 权利义务的单向性

社会救助只强调国家和社会对社会成员的责任和义务；社会成员有享受社会救助的权利，并不需要承担相应的义务。

2. 基金的无偿性

社会救助基金一般由政府财政拨付，社会成员不用缴纳任何费用。

3. 对象的限制性

社会救助作为低层次的社会政策，其救助对象是那些因为个人生理原因、自然原因和社会因素而难以维持最低生活水平的生活贫困者、鳏寡孤独者、盲聋哑残者以及受灾者。在实际操作中，每一种社会救助的对象都有其特定的内涵和特征，任何一种社会救助形式对社会救助对象的限制都十分严格。

4. 救助水平的低层次性

社会救助的水平是应付灾害和克服贫困，而非改善或提高福利及生活质量，社会救助是现代社会保障体系的最低层次。

5. 救助手段的多样性

社会救助既可以采用实物救助，也可以进行现金救助；既可以采取临时应急救助，也可以进行长期固定救助；既有政府救助，也有民间救助，还有许多救助形式，如房屋救助、口粮救助、衣被救助、役畜救助、种子救助、致富信息救助等。这样多样化、具体化、实物化的社会救助形式，正是作为最低层次社会保障的社会救助特征的体现，有利于满足社会救助对象最迫切的需要。

9.1.3　社会救助的历史演变与发展

1. 慈善事业时代

社会救助是最为源远流长的社会保障范畴，其来源可以追溯到中世纪宗教或民间的慈善事业。在社会保障发展史上，慈善事业从不同国家出现自发的、临时性的救灾济贫活动算起，到国家以立法的形式介入社会保障活动时止。宗教慈善事业、官办慈善事业与民间慈善事业见证了整个慈善救助事业的发展。

西方盛行的各种宗教不仅是当时社会保障思想的重要来源，而且直接指导着各宗教团体的慈善活动。教会组织开展的各种救灾、济贫、施医助药等活动，在这一时代成为一些西方国家主要的社会保障方式，并随着宗教影响区域的扩大而扩大到全世界。

与宗教慈善事业相比，官办慈善事业是以国家的介入并以传统道德及政治需要为基础而产生且得到发展的，即政府根据需要与实力，在宗教慈善事业不能满足贫弱社会成员的需要时，直接出面举办有限的临时性救济活动。我国历史上的"仓储后备"和"以工代赈"两种救灾济贫方式是官办慈善救助的代表。在西方，如早在6世纪末的罗马城邦社会，城邦的市政当局就曾经用公款和捐款购买谷物，用以无偿分发给丧失劳动能力的人和阵亡将士的遗属。官办慈善虽然是政府介入的表现，但也是一种非固定的措施，所提供的救助被看成一种恩赐行为，并且救济的作用十分有限。

民间慈善事业是由民间人士自发举办的各种助他或互助活动。我国古代的施粥、义田等均属于民间的慈善救助活动。西方社会也形成了以互助为基本特征的社会救助活动，如中世纪德国出现的"基尔特"，即手工业者互助基金会，它通过向会员收取会费、筹集资金，来帮助那些丧失工作能力又没有土地作为生活依托的手工业会员。

2. 济贫时代

面对人类社会日益增多的贫困现象和社会问题，具有规范秩序功能的国家开始出面予以救助，正是国家的介入，才使济贫行为成为政府的一项社会政策。国家通过立法来介入贫困救助事务，是社会救助发展的一个重要阶段，这个阶段的标志是1601年英国颁布的《济贫法》。1601年，英国女皇伊丽莎白颁布了世界上第一部贫困救助的法律《济贫法》，该法将已有的宗教或社会救助活动惯例用法律的形式固定下来，首次由官方划定一条贫困线，通过征收济贫税，对有需要的孤、老、病人进行收容，同时为失业者、贫困儿童提供有限帮助。1834年，英国通过了著名的《济贫法修正案》(即新《济贫法》)，它确立了"劣等处置"与"济贫院"规则，实现了减少济贫税的目标，受到社会上层与中产阶级的欢迎，却引起下层贫困群体的不满。

在"济贫法"时代，贫困被归因为个人的懒惰与无能，济贫措施都是带有惩罚与歧视性质的。在现代社会，贫困被主要归因于社会，在贫困的成因中，社会因素所起的作用往往大于个人因素。因而，获取社会救助是公民的一项基本权利，进行社会救助是现代国家和社会不容推卸的责任。

3. 现代救助制度的建立

美国于1935年通过的《社会保障法》标志着现代社会保障制度的开始，这一法案无疑加强和发展了过去关于贫民有权享受救济的概念和原则，使得社会救助制度获得飞跃式发展。该法的特点在于它不仅规定了享有救济的条件，而且表明了它为接受救济者保密，取消贫民名单等原则。它还规定，必须以非限制性的货币形式支付受救济者，这并不是限制救济的数量，而是说它允许个人在社会上享有一个成年人的权利，允许他自由计划用钱。它同时也规定，允许申请救济和接受救济的人到州属机构申诉。这些条款有别于传统的救济惯例。

9.1.4 社会救助标准的确定

1. 社会救助标准的含义

社会救助标准是指贫困线标准或者最低生活保障标准。由于各国的经济发展水平和居民生活水平不同，社会救助的标准有较大差异。按照国际惯例，衡量贫困状况的标志是贫困线，或称为最低生活保障线。

贫困有绝对贫困和相对贫困之分。绝对贫困是指低于当地居民必需的最低标准的生活状态，一般缺乏维持生存所需的基本物质条件，即衣食住行等基本物质条件不能得到满足。处于绝对贫困状态的人多数是老、病、残、孤、寡、独以及长期无工可做的失业者。相对贫困指远落后于社会平均水平的贫困，即一个人、一个家庭或一个群体的生活水平比其所在社会的中等生活水平低，并且经常缺乏某些必需的生活资料或服务设施。主要表现是贫困者的生活属于最低水平，即勉强度日，不能享受所谓"像样的、体面的"生活，现代社会条件下的基本需求无法得到满足。

2. 常用的贫困测量方法

对于社会救助标准即贫困线，国际上主要有4种常用的度量方法，即市场菜篮子法、恩格尔系数法、国际贫困标准和生活形态法。

1) 市场菜篮子法

市场菜篮子法又叫"预算标准法"，它首先要求确定一张生活必需品的清单，内容包括维持社会认定的最起码生活水准的必需品的种类和数量，然后根据市场价格来计算拥有这些生活必需品需要多少现金，以此来确定的现金金额就是贫困线，也就是最低生活保障线。

2) 恩格尔系数法

恩格尔认为，用于食品的收入比例能够很好地体现贫困程度。随着家庭和个人收入的增加，收入中用于食品方面的支出比例会越来越小；反之，收入越少，用于食品方面的支出比例就会越大。恩格尔系数法建立在恩格尔定律的基础上，它以食品消费支出除以已知的恩格尔系数(即食品消费支出占总消费支出的比例)来求出所需的消费支出。恩格尔系数较高，对于一个家庭或个人来说则表示其收入较低，对于一个国家来说则说明该国较穷；反之，恩格尔系数较低，则说明家庭或个人收入较高，对于一个国家来说则说明该国较富裕。

联合国根据恩格尔系数确定了划分贫富的标准，即恩格尔系数在60%以上为绝对贫困，恩格尔系数在50%～60%为勉强度日，恩格尔系数在40%～50%为小康水平；恩格尔系数在30%以下为富裕。所以，恩格尔系数为60%可以作为贫困线，亦即最低生活保障线。

3) 国际贫困标准

国际贫困标准实际上是一种收入比例法，经济合作与发展组织(OECD)提出：以一个国家或地区社会中位收入或平均收入的50%～60%作为这个国家或地区的贫困线，亦即最低生活保障线。

4) 生活形态法

生活形态法也称"剥夺指标法"。首先，它从人们的生活方式、消费行为等"生活形态"入手，提出一系列有关贫困家庭生活形态的问题，让被调查者回答；其次，选择若干"剥夺指标"；再次，根据这些"剥夺指标"和被调查者的实际情况计算出"贫困门槛"，从而确定哪些人属于贫困者；最后，分析他们被剥夺的需求和收入，以此求出贫困线，亦即最低生活保障线。

通常，社会救助标准以"最低生活保障线"为参照标准，根据一定时期的经济发展水平和物价水平等加以确定。

9.2 我国社会救助体系

社会救助是一项古老的社会保障制度，有数千年的历史。英国于1601年颁布的《伊丽莎白济贫法》开启了西方社会救助的新时代。中国自古就建立并实施了社会救助。中华人民共和国成立后，特别是改革开放以来，我国积极推进社会救助建设，迄今建立起包括基本生活救助、专项救助、临时救助和补充救助等多层次的完整的社会救助制度体系。

9.2.1 社会救助体系的构成

社会救助体系是指一个国家或地区对于低收入群体及不幸者实施各种救助项目所形成的一整套制度框架体系。在实践中，社会救助一方面依然保留并继续保留救灾、济贫等传统项目；另一方面也在根据社会经济发展的需要，不断增加新的救助项目，其内容在不断丰富和完善。

社会救助是社会保障的一个方面,社会保障是一个完整的体系,包括社会救助、社会保险、社会福利和社会优抚4个方面,每一个方面在社会保障体系中的地位和作用都是不相同的。社会救助面向贫困阶层;社会保险面向工薪阶层;社会福利覆盖面最广,公共福利面向全体公民,职工福利面向企业、事业、机关单位职工;社会优抚面向军人及其家属。其中,社会救助属于社会保障体系的最低层次,它是社会保障要实现的最低目标,是社会保障的补充和辅助。

社会救助项目可以分为日常生活扶持、即时境况救助和初级服务体系三大部分。日常生活扶持主要针对长期生活在困境中的人,如针对无生活来源、不能自食其力的人的物质帮助,有时也可辅之以精神上的帮助;即时境况救助是指对由于不可预见的情况发生而使生活突然陷入困境者的帮助,如各种灾害救助等;初级服务体系是指国家或社会为使社会成员免于陷入困境而提供的一种最初级的产品,如最基本的服务设施或初级的卫生、医疗保健等。

《宪法》第四十五条规定,中华人民共和国公民在年老、疾病或者丧失劳动能力的情况下,有从国家和社会获得物资保障的权利。国家发展为公民享受这些权利所需要的社会保险、社会救济和医疗卫生事业。因此,对贫困人群实施社会救助,保障他们的生存权,是法律赋予他们的权利,也是国家和政府的责任。在社会经济发展的过程中,为确保每一个国民均能免除生存危机,政府有义务根据国家财力和社会经济发展水平来推进社会保障制度建设。其中,需要优先和重点完善的是社会救助制度。因为,在社会保障体系中,最需要保障的是贫困人群和弱势群体,只有通过社会救助使他们获得物资帮助,才能保障他们的生存权,这是他们立足于社会最基本的权利。

9.2.2 我国社会救助的发展历程

中华民族素有扶危济困的优良传统,社会救助事业在中华大地上不曾间断。在我国古代,社会救助有着丰富的思想基础,历朝都设置了社会救助的管理机关或官职,如西周的司徒、秦汉时期的丞相、唐朝的户部、宋朝尚书省下的户部、元朝的中书省、明清时的户部等,均负责管理社会救助事务。此外,古代还设置大量的官办社会救助机构和民办社会救助机构,为救助对象提供服务。官办救助机构如历代的常平仓,唐代的病房、普救病房、悲田院,宋代的福田院、居养院、安济坊、漏泽园等,元朝的养济院、安乐堂、惠民药局,明朝的养济院、栖流所、惠民药局、漏泽园、义冢,清代的习艺所、迁善公所、育婴堂、施粥厂、埋葬局等;民办救助机构为义仓,其储备粮来自民户的义务输纳。

中华人民共和国成立以来,较好地继承和发扬了中华民族的社会救助精神。从社会救助法制建设的角度考虑,我国的社会救助发展大体可以分为如下几个阶段。

1. 中华人民共和国成立初期的社会救助(1949—1956年)

1950年初,国家成立了中央救灾委员会和中国人民救济总会,通过了《中国人民救灾总会章程》，并确立了"生产自救，节约度荒，群众互助，以工代赈，并辅之以必要的救济"的救灾工作方针，分别在城市和农村开展救济工作。1956年，第一届全国人大第三次会议通过《高级农业生产合作社示范章程》，明确提出了对没有依靠的鳏寡孤独社员给予吃、穿、烧及年幼的受教育和年老的死后安葬5个方面的保障，简称为"五保"——这是我国针对农村贫困群众的第一项法律文件。1950—1954年，国家共发放10亿元农村救灾救济款，同时发放了大量的救济物资。

2. 计划经济时期的社会救助(1956—1978年)

20世纪50年代后期至20世纪60年代中期，由于"三年经济困难"等各种原因，我国的社会救济制度发生了较大变化。在城市救济方面，救济对象基本固定为孤老残幼等"三无"人员和困难户。而在农村，1963年，国家发布《关于做好当前五保户、困难户供给、补助工作的通知》，农村五保供养制度得以进一步完善并延续至今。1966年"文化大革命"开始后，我国社会救济出现了严重的倒退。在此期间，政府各项工作受到了严重冲击，也给社会救济工作带来空前的灾难。1969年内务部被撤销，各地许多民政机构也被冲垮，社会救济工作一度处于混乱停滞状态，国家社会救济政策不能全面落实，很多按政策规定应该享受救济的人员没有得到救济。

3. 改革开放前期的社会救助(1978—1993年)

20世纪80年代以后，国家对社会救济进行改革。在城市，除对特殊对象的救济继续执行原有政策外，还出台了对新增特殊对象的救济政策。主要包括对"文化大革命"受迫害人员的救济，对平反释放人员的救济，对台胞台属的救济，对宽大释放的原国民党县团级以下人员的救济等。在农村，一是开始实行农村定期定量救济，保证农村救济费用的正常使用；二是加大对农村贫困对象的扶持力度；三是探索实行乡镇统筹困难补助经费，缓解贫困村集体无力筹集救助经费的困难。以五保供养为标志，1985年起，全国逐步推行乡镇统筹解决五保供养经费的办法，保证五保对象的基本生活来源。

4. 市场经济体制建设时期的社会救助(1993—2013年)

1994年，国务院颁布《农村五保供养工作条例》，规定五保供养经费从"村提留或乡统筹"中列支。1997年，国务院下发了《关于在全国建立城市居民最低生活保障制度的通知》，要求1998年底以前，地级以上城市都要建立起最低生活保障制度；1999年底以前，县级市和县政府所在地的建制镇要建立起最低生活保障制度。城市最低生活保障制度的实施，标志着我国社会救助事业从传统的社会救济向现代社会救助制度转变，城市最低生活保障成为我国现代社会救助制度体系的先驱。

2006年1月，国务院修订了《农村五保供养工作条例》，农村五保供养由农村集体福利事业向现代社会保障制度转型。2007年，国务院颁布《关于在全国建立农村最低生活保障制度的通知》，标志农村最低生活保障制度在全国范围内普遍建立。2009年，农村低保稳步迈向"应保尽保"阶段，之后几年，农村低保不断发展，为更好地解决农村困难家庭的基本生活问题打下良好基础。2012年9月1日，国务院发布《国务院关于进一步加强和改进最低生活保障工作的意见》，要求进一步完善法规政策，健全工作机制，严格规范管理，加强能力建设，努力构建标准科学、对象准确、待遇公正、进出有序的最低生活保障工作格局，不断提高最低生活保障制度的科学性和执行力。总体来看，随着近年来低保等社会救助项目的实施，社会救助事业发展的重点从制度创立转向规范管理，主要围绕促进"确保困难群众基本生活，确保社会救助公平、公正、公开实施"这两个目标的实现推进工作。

5. 法制化体制建设时期的社会救助(2014年至今)

2014年2月21日，国务院颁布《社会救助暂行办法》(以下简称《办法》)。该《办法》第一次以法律规范的形式，明确了我国以基本生活救助和专项救助为主要内容的社会救助体系框架，将分散的、"碎片化"的各项制度进行集中，建立起一个成熟的、定型的社会救助制度体系。2015年1月6日，财政部、民政部关于印发《中央财政困难群众基本生活救助补助资金管理办法》，要求规范和加强中央财政困难群众基本生活救助补助资金(最低生活保障资金和临时救助资金)管理，提高资金使用效益，支持地方做好最低生活保障与临时救助工作。同年4月21日，国务院办公厅印发《转发民政部等部门关于进一步完善医疗救助制度全面开展重特大疾病医疗救助工作意见的通知》，要求城市医疗救助制度和农村医疗救助制度于2015年底前合并实施，全面开展重特大疾病医疗救助工作，进一步细化、实化政策措施，实现医疗救助制度科学规范、运行有效，与相关社会救助、医疗保障政策相配套，保障城乡居民的基本医疗权益。上述政策措施为全面落实《社会救助暂行办法》《城市居民最低生活保障条例》等社会救助法规提供了更加完善、更具可操作性的制度安排，表明我国社会救助制度完全走上了法治化轨道。

9.2.3　我国社会救助体系的内容

20世纪90年代以来，我国的社会救助事业蓬勃发展。农村税费改革后，我国社会救助事业整体跨入财政保障的新时代。一方面，救助范围扩大，从特殊保障向适度普及方向发展；另一方面，救助内容增多，从单项救助向系列化救助发展。《社会救助暂行办法》规定的社会救助内容包括最低生活保障、特困人员救助、受灾人员救助、医疗救助、教育救助、住房救助、就业救助、临时救助等。考虑救助的内容和领域及救助时效，我们将对基本生活救助(最低生活保障、特困人员供养)、专项救助(医疗救助、教育救助、住房救助、就业救助、法律救助和灾害救助等)、临时救助(流浪乞讨人员救助)和补充救助(社会互助、非政府组织救助、优惠政策)进行介绍。

1. 基本生活救助

基本生活救助是指国家对无固定生活来源，或虽有固定生活来源但不足以满足基本生活需求的家庭进行帮扶，保障他们基本生活需要的制度。基本生活救助是社会救助的主体内容，其救助事由为经济困难而无法维持生计，具体的制度包括最低生活保障、特困人员供养。

1) 最低生活保障

最低生活保障制度是指对家庭人均收入低于当地最低生活保障标准的贫困人口，按当地最低生活保障标准给予补助的制度。在我国，最低生活保障制度分城市最低生活保障制度和农村最低生活保障制度。最低生活保障对象为家庭人均收入低于当地最低生活保障标准的公民；救助方法和标准为按照申请人家庭人均收入与当地最低生活保障标准的差额发放。最低生活保障已经成为我国改革开放以来最具开创性和标志性的民生保障制度。最低生活保障制度的主要法律法规和规范性文件有《城市居民最低生活保障条例》(1999)、国务院《关于在全国建立农村最低生活保障制度的通知》(2007)、国务院《关于进一步加强和改进最低生活保障工作的意见》(2012)、民政部《最低生活保障审核审批办法(试行)》(2012)等。

2) 特困人员供养

特困人员供养是指国家对无劳动能力、无生活来源又无法定赡养、抚养、扶养义务人，或者其法定赡养、抚养、扶养义务人无赡养、抚养、扶养能力的老年、残疾或者未满16周岁的居民，在吃饭、穿衣、居住、医疗、丧葬等方面予以救助的制度。供养人员可以选择到供养服务机构集中供养，也可选择在家分散供养。我国特困人员供养分农村五保供养和城市特困人员供养。农村五保供养始建于20世纪50年代，其供养标准为不得低于当地村民的平均生活水平。《社会救助暂行办法》规定对城市"三无"人员也进行特困供养。目前，我国城市特困供养制度正在探索进行之中。如北京市民政局、市财政局等八部门联合印发《北京市城市特困人员供养办法》，将为城市特困人员提供基本生活供养，供养最低标准为各区县上年度城镇居民人均消费性支出，供养资金在区县财政预算中安排，即城市"三无"人员自2017年9月起将由政府供养。特困人员供养的法律法规和政策文件主要有《农村五保供养工作条例》(2006)、《农村五保供养服务机构管理办法》(2010)、《民政部关于农村五保供养服务机构建设的指导意见》(2006)、《民政部、财政部、国家发展和改革委员会关于进一步做好农村五保供养工作的通知》(2007)等。

2. 专项救助

专项救助是指家庭经济困难的公民在享受医疗、教育、住房、就业和法律服务等基本公共服务时，可获得补助、优惠减免或无偿服务等的制度。专项救助必须满足两个条件，一是申请人家庭经济困难，例如最低生活保障对象或低收入家庭；二是利用自身资源无法获得相应的公共服务或达到发展目的，如因贫困而辍学、因自身因素不能享受就业服务等。专项救助包括医疗救助、教育救助、住房救助、就业救助、法律救助、灾害救助等。

1) 医疗救助

医疗救助制度是指国家资助中低收入人群参加基本医疗保险或新型农村合作医疗，或对中低收入人群中的疾病患者提供专项帮助和经济支持，使他们获得必要的医疗卫生服务的制度。医疗救助对象包括最低生活保障对象、特困供养人员和其他贫困人群。医疗救助办法为资助救助对象参加城镇居民基本医疗保险或者新型农村合作医疗；对救助对象经基本医疗保险、大病保险和其他补充医疗保险支付后，个人及其家庭难以承担的符合规定的基本医疗自负费用，给予补助。医疗救助以住院救助为主，兼顾门诊救助。医疗救助没有专门法律文件，其主要政策文件包括《民政部、卫生部、财政部关于实施农村医疗救助的意见》(2003)、《民政部、卫生部、劳动保障部、财政部关于建立城市医疗救助制度试点工作的意见》(2005)、《民政部关于进一步完善城乡医疗救助制度的意见》(2009)、《城乡医疗救助基金管理办法》(2013)、《国务院办公厅转发民政部等部门关于进一步完善医疗救助制度全面开展重特大疾病医疗救助工作意见的通知》(2015)等。

2) 教育救助

教育救助是国家为保障适龄人口获得接受教育的机会，从物资和资金上对贫困地区和贫困学生提供援助的社会救助制度。教育救助针对不同年龄阶段的学生设有不同的救助办法。学前阶段的救助主要是对在园的家庭经济困难儿童、孤儿和残疾儿童予以资助。义务教育阶段的救助主要是"两免一补"(免杂费、免书本费，补助寄宿生活费)。高中教育阶段的救助主要是国家助学金、学费减免、校内奖助学金、特殊困难补助和社会捐资助学等。中等职业学校学生的教育救助包括学费免除、国家助学金、校内奖助学金和学费减免、顶岗实习等。高等教育阶段的救助主要有国家助学金、国家励志奖学金、国家奖学金、国家助学贷款、师范生免费教育、退役士兵教育资助、基层就业学费补偿、助学贷款代偿、服义务兵役国家资助、新生入学资助项目、勤工助学、学费减免等多种形式。教育救助依据的法律法规和政策文件主要有《中华人民共和国教育法》(2009)、《中华人民共和国高等教育法》(1999)、《中华人民共和国职业教育法》(1996)、《中华人民共和国义务教育法》(2015)、《国务院关于建立健全普通本科高校高等职业学校和中等职业学校家庭经济困难学生资助政策体系的意见》(2007)、《民政部、教育部关于进一步做好城乡特殊困难未成年人教育救助工作的通知》(2004)、《国务院关于做好免除城市义务教育阶段学生学杂费工作的通知》(2008)、《财政部、教育部关于建立普通高中家庭经济困难学生国家资助制度的意见》(2010)、《财政部、教育部关于建立学前教育资助制度的意见》(2011)等。

3) 住房救助

住房救助制度是指国家依法实施的、由政府提供廉租住房并以较低租金向城市低收入住房困难家庭出租，或者以货币补贴的形式帮助城市低收入住房困难家庭自行租房，以及政府采取以货币补贴为主的方式，帮助农村住房特殊困难家庭解决住房困难的一项社会救助制度。住房救助对象为符合县级以上地方人民政府规定标准的、住房困难的最低生活保障家庭和分散供养的特困人员，其中，城镇住房救助对象属于公共租赁住房制度保障范围，农村住房救助对象属于优先实施农村危房改造的对象范围。救助办法为，对城镇住房救助对象，优先配租公共租赁住房或发放低收入住房困难家庭租赁补贴，其中对配租公共租赁住房的，应给予租金减免，确保其租房支出可负担。对农村住房救助对象，应优先纳入当地农村危房改造计划，优先实施改造。住房救助依据的法律和政策文件主要有《廉租住房保障办法》(2007)、《住房城乡建设部、民政部、财政部关于做好住房救助有关工作的通知》(2014)等。

4) 就业救助

就业救助是指对有劳动能力的贫困人口在就业方面予以优先扶持和重点帮助。就业救助对象包括就业困难人员和"零就业"家庭。就业困难人员是指因身体状况、技能水平、家庭因素、失去土地等原因难以实现就业，以及连续失业一定时间仍未能实现就业的人员。"零就业"家庭是指法定劳动年龄内的家庭人员均处于失业状况的城市居民家庭。救助办法主要有贷款贴息、社会保险补贴、岗位补贴、培训补贴、费用减免、公益性岗位安置，以及向"零就业"家庭中的失业人员提供适当的就业岗位，确保"零就业"家庭至少有一人实现就业等。就业救助依据的法律法规主要有《中华人民共和国就业促进法》(2008)、《就业服务与就业管理规定》(2014)等。

5) 法律救助

法律救助制度包括司法救助和法律援助。司法救助是指当事人为维护自己的合法权益，向人民法院提起民事、行政诉讼，但经济确有困难的，人民法院对其应交纳的诉讼费用准予缓交、减交、免交的制度。法律援助是指经济困难的公民向法律援助机关申请获得法律咨询、代理、刑事辩护等无偿法律服务，以保障其合法权益的制度。法律救助对象包括特困供养人员、城乡最低生活保障对象，以及追索扶养费、抚恤金，以及因见义勇为或者为保护社会公共利益致使自身合法权益受到损害者，灾民、优抚安置对象、社会福利机构和救助管理站，追索社会保险金、经济补偿金或各类事故赔偿金者，以及盲、聋、哑人或者未成年人为被告人等。救助办法为免交、减交或缓交诉讼费，并可申请获得无偿法律服务。法律救助依据的法律文件主要有《诉讼费用交纳办法》(2006)、《法律援助条例》(2003)等。

6) 灾害救助

灾害救助又称为灾民救助、受灾人员救助，是指国家对遭受严重自然灾害而生活无计的家庭给予临时性生活救助。救助的主要内容是对灾民进行转移安置，向他们提供口粮、饮用水、衣被、取暖等基本生活需要，进行伤病救治，并对其住房等基本生活设施的恢复重建予以补助。我国是一个自然灾害频发的国家，救灾工作源远流长。目前，我国灾害救助依据的法律法规和政策文件主要有《自然灾害救助条例》(2010)、《救灾捐赠管理办法》(2008)、《国家自然灾害救助应急预案》(2011)、《春荒、冬令灾民生活救助工作规程》(2004)、《灾害应急救助工作规程》(2004)和《灾区民房恢复重建管理工作规程》(2004)等。

3. 临时救助

临时救助即应急救助机制，每年年初按一定比例从城乡低保家庭中随机抽样，实施低收入家庭全年收支数据跟踪调查，制定实施城市低收入家庭生活救助应急预案。在基本生活消费品价格指数上涨幅度较大并持续一定时间，导致低收入家庭生活水平出现明显下降时，及时启动应急救助预案予以救助，待物价稳定后，再按照规定程序调整城市低保标准。一般对流浪乞讨人员实行临时性救助。

流浪乞讨人员救助是指国家依法针对城市流浪乞讨人员中自愿受助者采取的临时提供食物及住处、帮助与其亲友或所在单位联系、提供乘车凭证或护送回乡等救助制度。我国在县级以上城市设立流浪乞讨人员救助站，对流浪乞讨人员提供临时性的救助服务。救助对象为因自身无力解决食宿，无亲友投靠，又不享受城市最低生活保障或者农村五保供养，正在城市流浪乞讨度日的人员。救助办法：提供符合食品卫生要求的食物；提供符合基本条件的住处；对在站内突发急病的，及时送医院救治；帮助与其亲属或者所在单位联系；对没有交通费返回其住所地或者所在单位的，提供乘车凭证。流浪乞讨救助坚持自愿救助的原则，救助站可劝导受助人员返回其住所地或者所在单位，但不得限制受助人员离开救助站。流浪乞讨救助依据的法律文件主要有国务院《城市生活无着的流浪乞讨人员救助管理办法》(2003)和民政部《城市生活无着的流浪乞讨人员救助管理办法实施细则》(2003)等。

4. 补充救助

补充救助包括社会互助、非政府组织救助以及优惠政策。社会互助和社会服务有针对性地对困难群众进行扶持和帮助，按照"政府推动、民间运作、社会参与"的工作原则，积极培育发展慈善和社会公益组织，鼓励和支持其依法开展募捐活动，并可协商或委托其承担相应的社会救助项目。此外，一些地方还建立了冬季取暖补助、交通救助、生育救助、科技救助等专项救助制度，各项救助内容累计有20余项。各地还普遍开展优惠减免活动，广播电视、自来水、燃气、公园管理等部门和单位，对救助对象的相关费用予以优惠或减免。

9.3 我国城市居民最低生活保障制度

9.3.1 建立城市居民最低生活保障制度的必要性

随着社会主义市场经济体制改革的不断深入，产业结构、劳动力结构和物价体系的逐步调整，由此引发的企业停产和破产、工人下岗和失业、物价上涨过快、贫富差距拉大等社会矛盾也日趋严重。城市居民最低生活保障制度正是针对这些社会问题而产生的，其制定的主要目的是切实保护城市居民的合法权利和基本生活权益，充分保障社会主义市场经济建立和完善过程中的健康持续发展。

建立城市居民最低生活保障制度，使城市居民的生活困难能够得到及时解决，这有利于理顺群众情绪、消除社会不安定因素，有利于化解社会矛盾、维护社会稳定，有利于促进社会公平，保障经济体制改革的顺利进行，从而推动国民经济的快速发展。建立城市居民最低生活保障制度，是政府重视和保障人民群众生存权的重大举措，它充分体现了中国共产党和各级人民政府全心全意为人民服务的根本宗旨和社会主义的优越性。

建立城市居民最低生活保障制度使救济对象的概念从内涵到外延都发生了变化，是对传统社会救济制度的改革和发展，是建立和完善城市社会保障体系的重大步骤。城市居民最低生活保障对象属于城市中的贫困人口群体，这部分人由于没有劳动能力或失去工作机会等原因，收入中断或者完全没有收入，或者虽有收入但收入微薄，以至于不能维持最起码的生活水平。任何社会都有贫困现象，即使在发达国家，也依然有相对贫困问题，存在需要政府和社会给予帮助的贫困群体，因此各国普遍建立了社会救助制度。

我国传统的社会救济制度，只是将那些由自然原因造成贫困的社会弱者作为救济对象，主要是一些无生活来源、无劳动能力又无法定赡养人、抚养人或者社会孤老残幼，即"三无人员"，这部分人的数量非常有限且相对比较固定。城市居民最低生活保障制度面向的是所有居民，将家庭人均收入低于当地保障标准的全体城镇居民都纳入保障范围，为城市居民最低生活保障建立起衔接于其他保障制度之后的最后一道防线。

9.3.2 城市居民最低生活保障制度的建立与发展

1993年6月，上海率先在全国范围内着手探索。1997年，国务院发出《关于在全国建立城市居民最低生活保障制度的通知》。1999年9月，全国667个城市和1638个有建制镇的县人民政府所在地全部完成建立这一制度的任务，同时《城市居民最低生活保障条例》颁布，标志这一制度的建立进入完善阶段，救济面进一步扩大，救济水平进一步提高。城市居民最低生活保障制度的建立过程，大致可以分为以下4个阶段。

1. 第一阶段：试点阶段(1993年6月—1995年5月)

1993年6月1日，上海市率先建立了城市最低生活保障线制度，拉开了城市社会救济制度改革的序幕。在1994年召开的第十次全国民政会议上，民政部提出了"对城市社会救济对象逐步实行按当地最低生活保障线标准进行救济"的改革目标，并部署在东部沿海地区进行试点。到1995年上半年，已有上海、厦门、青岛、大连、福州、广州6个大中城市相继建立了城市居民最低生活保障线制度。

2. 第二阶段：推广阶段(1995年5月—1997年8月)

1995年5月，民政部在厦门、青岛分别召开了全国城市最低生活保障线工作座谈会，号召将最低生活保障线制度推向全国。到1995年底，建立这项制度的城市发展到12个。1996年初召开的民政厅局长会议再次重点研究了这项工作，决定进一步加大推行最低生活保障线制度的力度。到1996年底，建立这项制度的城市增加到116个；到1997年5月底，全国已有206个城市建立了这项制度，约占全国建制市的1/3。

3. 第三阶段：普及阶段(1997年8月—1999年10月)

1997年8月，国务院颁布了《国务院关于在各地建立城市居民最低生活保障制度的通知》。同年9月，国务院召开电视电话会议，向各市、自治区部署该项工作，要求到1999年底，全国所有的城市和县政府所在的镇都要建立这项制度。到1998年底，我国已有581个城市，包括4个直辖市、204个地级、373个县级市和1121个县都建立了最低生活保障制度，分别占相应市县总数的100%、90%、85%和90%。1999年9月底，全国668个城市和1638个县政府所在地的建制市已经全部建立最低生活保障制度。到1999年10月底，最低生活保障对象增加到282万人，其中传统民政对象占21%，新增救助对象占79%，而各地最低生活保障标准普遍提高了30%。

4. 第四阶段：提高阶段(1999年10月至今)

1999年9月，国务院发布了《城市居民最低生活保障条例》，城市居民最低生活保障制度从此成为一项正式的法规制度。2001年，国务院办公厅下发了《关于进一步加强城市最低居民生活保障工作的通知》，规范了保障对象的审批、标准制定、资金来源和资金发放等工作。

自2000年起，低保工作的中心开始由建立制度转移到规范和完善制度上来。2001年6月来，全国享受最低生活保障的人数为458万人。2002年，针对日益严重的城市贫困问题，政府又制定了"应保尽保"的方针，并制定了相应的政策，加大了对城市贫困人口的援助力度，取得了一定的成效。到2004年，全国享受最低生活保障的人数增至2205万人。

9.3.3 城市居民最低生活保障制度的主要内容

1. 保障对象

持有非农业户口的城市居民，凡共同生活的家庭成员人均收入低于当地城市居民最低生活保障标准的，均有从当地人民政府获得基本生活物质帮助的权利。这里所说的"收入"是指共同生活的家庭成员的全部货币收入和实物收入，包括法定赡养人、扶养人或者抚养人应当给付的赡养费、扶养费或者抚养费，不包括优抚对象按照国家规定享受的抚恤金、补助金。

2. 保障标准

城市居民最低生活保障标准，按照当地维持城市居民基本生活所必需的衣、食、住费用，并适当考虑水电燃煤(燃)气费用以及未成年人的义务教育费用来确定。

直辖市、设区的市的城市居民最低生活保障标准，由市人民政府民政部门会同财政、统计、物价等部门制定，报本级人民政府批准并公布执行；县(县级市)的城市居民最低生活保障标准，由县(县级市)人民政府民政部门会同财政、统计、物价等部门制定，报本级人民政府批准并报上一级人民政府备案后公布执行。

3. 保障方式

1) 差额保障

城市居民按规定计算家庭成员收入后，家庭月人均收入低于当地最低生活保障标准的，对于无劳动能力的家庭成员，可按月人均收入与当地标准的差额，发给保障金；有少部分劳动能力的家庭成员，按月人均收入与当地标准80%的差额发给保障金；有部分劳动能力的家庭成员，按其家庭月人均收入与当地标准60%的差额发给保障金。

2) 定额保障

城市居民按规定计算家庭成员收入后，家庭月人均收入低于当地最低生活保障标准的，对于有劳动能力的家庭成员，每月发给固定数额的保障金。

3) 临时救济制度

享受差额或定额保障的家庭，在重大节日享受由政府统筹安排的一次性临时救济金。

4) 突发性救济

最低生活保障对象因遭受突发性灾害，不能维持基本生活时，可申请一定数额的一次性救济金。

4. 待遇申请

申请享受城市居民最低生活保障待遇，由户主向户籍所在地的街道办事处或者镇人民政府提出书面申请，并出具有关证明材料，填写"城市居民最低生活保障待遇审批表"。城市居民最低生活保障待遇，由其所在地的街道办事处或者镇人民政府初审，并将有关材料和初审意见报送县级人民政府民政部门审批。

管理审批机关为审批城市居民最低生活保障待遇的需要，可以通过入户调查、邻里访问以及信函索证等方式调查核实申请人的家庭经济状况和实际生活水平。申请人及有关单位、组织或者个人应当接受调查，如实提供有关情况。

5. 待遇审批

县级人民政府民政部门经审查，对符合享受城市居民最低生活保障待遇条件的家庭，应当区分下列不同情况批准其享受城市居民最低生活保障待遇。

(1) 对无生活来源、无劳动能力又无法定赡养人、扶养人或者抚养人的城市居民，批准其按照当地城市居民最低生活保障标准全额享受。

(2) 对尚有一定收入的城市居民，批准其按照家庭人均收入低于当地城市居民最低生活保障标准的差额享受。

经县级人民政府民政部门审查，对不符合享受城市居民最低生活保障待遇条件的，应当书面通知申请人，并说明理由。

管理审批机关应当自接到申请人提出申请之日起的30日内办结审批手续。

城市居民最低生活保障待遇由管理审批机关以货币的形式按月发放；必要时，也可以给付实物。

6. 资金来源

城市居民最低生活保障所需资金，由地方人民政府列入财政预算，纳入社会救济专项资金支出项目，专项管理，专款专用。

国家鼓励社会组织和个人为城市居民最低生活保障提供捐赠、资助，所提供的捐赠、资助，全部纳入当地城市居民最低生活保障资金。

9.3.4 城市居民最低生活保障制度存在的主要问题

1. 保障标准问题

各地公布标准整体偏低，大多数地区的公布标准低于实际贫困线，而且，很少地区能够根据不同家庭情况执行多元化的保障标准。从整体上看，城市居民最低生活保障标准是偏低的。2002年初，公布的全国人均标准为152元/月。在社会救助制度的实践中，各地普遍的做法是执行统一的固定标准，很少地区能够考虑家庭规模和家庭人口构成的影响。迄今为止，只有东部沿海的少数城市，例如福州、厦门、杭州等地，考虑了家庭规模的影响，执行了多元化的弹性标准。

2. 低保对象的审核问题

许多地方在核定低保对象资格时，如何计算申请人的家庭收入以及如何排除非正规就业的隐性就业者是非常突出的问题。在现有制度下，除非申请者本人配合，否则计算就业者收入和排除不符合条件者是非常困难的。隐性收入的特殊性，使得它的隐蔽性很强，极难核实，现实中有大量申请低保的居民存在隐性就业的现象。由于劳动力就业的市场化，使得就业状况趋于复杂且不易查实。

家庭经济调查能在一定程度上反映被调查家庭的真实经济情况，这不仅取决于被调查户的如实反映，也取决于调查者调查水平的高低。这项调查多是由居委会的工作人员完成，但这些人普遍缺乏专业调查的知识和技巧，因此，很难完成调查工作。

3. 低保资金投入与财政支出问题

国务院《关于在全国建立城市居民最低生活保障制度的通知》和《城市居民最低生活保障条例》规定："城市居民最低生活保障所需资金，由地方各级人民政府列入财政预算。"各地虽然按规定将最低生活保障资金纳入当地财政预算，但从执行情况看，已落实的低保资金十分有限，究其原因：一是部分地方政府财政支出不尽合理，列入最低生活保障资金的力度不够；二是部分地方政府对全部承担上级直属企业(突出的是中央直属、省直属企业)职工的最低生活保障资金，积极性不高；三是在部分经济欠发达地区，由于地方财政困难，确实无法足额筹集最低生活保障所需资金。

4. 关于城市贫困群体的生存权与发展权

人类的生存权是人类的生命安全及生存条件获得基本保障的权利，没有人的生存权，其他一切人权均无从谈起。生存权通常可理解为生命权。联合国《世界人权宣言》第三条提出"人人有权享有生命、自由和人身安全"。我国《宪法》规定，公民享有物质帮助权，就是公民在年老、疾病或者丧失劳动能力的情况下，有从国家和社会获得物质帮助的权利，即国家对其公民的生存权负有完全责任。由此可见，政府及社会对贫困群体的救助对政府而言是责任和义务，对贫困群体而言得到救助是他们应该享有的权利，目前，从各级政府对城市贫困群体实施救助的水平和标准来看，绝大多数贫困人口的生存已不存在问题，但是，是不是解决了他们的吃饭问题，社会上的贫困就不存在了呢？问题显然没有这么简单，因为人除了享有基本的生存权之外，还应随着社会的进步享有与社会经济发展相适应的发展权。也就是说，随着社会的发展，每个社会成员的尊严应当相应地得到保证，每个社会成员的潜能应当相应地得到开发，每个社会成员的基本需求应当相应地得到满足，每个社会成员的生活水准应当相应地得到提高。

9.4 我国灾害救助

9.4.1 自然灾害与灾害救助

1. 灾害救助的含义

灾害救助是国家和社会对灾后生活无着落的灾民给予生活上的救济和帮助的社会救助项目，灾害救助在整个社会救助工作中占有重要地位。

自然灾害是指因自然因素发生异常、环境遭到破坏危及人类生存的灾害。一般分为4种类型：气象灾害，指由于大气的各种物理现象引起的灾害，如干旱、洪涝、台风等；地表灾害，指构成地表形态的各种自然物运动变化造成的灾害，如雪崩、滑坡、泥石流等；地质构造灾害，指地壳内部巨大能量的急剧释放对人类造成的危害，如火山爆发、地震、山崩等；生物灾害，指自然界中有害生物或其毒素的大量繁殖扩散形成的灾害，如病虫害、畜疫、烈性传染病的暴发等。这些自然灾害的存在，给人类生活造成了巨大危害和损失。

灾害救助是社会救助的重要内容之一。国家和社会应为遭受自然灾害袭击而生活无着落的公民提供紧急救助，以保证公民维持最低的生活水平。主要工作是抢救被灾害威胁、损害的国家和公民的财产，恢复灾区的生活秩序，解决灾害给公民造成的生产、生活困难，动员社会力量支援灾区，帮助灾民重建家园。

2. 灾害救助的特征

灾害救助工作有两大特征：一是必须在公民遭受自然灾害袭击而生活无着落时进行救助；二是救灾所提供的资金和物资必须是急需和能维持灾民最低生活水平的。自然灾害所造成的困难一般来说是短期内必须紧急处理解决的，所以，以最快的速度向灾民实施救助，维持灾后重建时期灾民的最低生活水平，甚至维持简单再生产，就成为自然灾害救助工作的重要内容。

我国的自然灾害救助工作的方针是"依靠集体，生产自救，互助互济，辅之以国家必要的救济和扶持"。推行救灾扶贫相结合、发放救灾款无偿有偿相结合和"有灾救灾，无灾扶贫"的办法，调动灾民生产自救的积极性，增强群众的抗灾防灾能力。在救助灾民方面，一方面，我国政府动员各政府部门、社会团体和企业提供支援；另一方面，动员基层社区实施救助，并接受国际组织和个人的援助。

9.4.2 我国的灾害救助体制

我国自然灾害管理的基本领导体制：党政统一领导，部门分工负责，灾害分级管理。在灾害管理的过程中，党中央、国务院统揽全局、总体指挥，地方各级党委和政府统一领导，各有关职能部门分工负责，强调地方灾害管理主体责任的落实，注重中国人民解放军指战员、武警官兵、公安干警和民兵预备役部队突击队作用的发挥。实行各级党委和政府统一领导的灾害管理体制，是我国多年成功救灾的经验总结，可以充分发挥我国的政治和组织优势，明确各级党政领导的责任，能够最有效地全面协调辖区内的各种救灾力量和资源，形成救灾的合力。

目前，我国自然灾害管理的综合协调机制主要表现为，在国务院统一领导下，中央层面上设立国家减灾委员会和全国抗灾救灾综合协调办公室等机构，负责自然灾害救助的协调和组织工作。这些协调机构既为中央灾害管理提供决策服务，也保证了中央灾害管理的决策能够在各个部门及时得到落实。

国家减灾委员会的前身是中国国际减灾委员会，成立于1989年，历届的主任都是国务院副总理或国务委员。民政部部长、国务院副秘书长及外交部、发改委、科技部、商务部领导为副主任，民政部副部长为副主任兼秘书长，共有30个部、委(单位)和总参作战部的领导为减灾委的委员，其办公室设在民政部。这是国家灾害管理的综合协调机构，主要承担研究国家减灾方针、政策和规划，协调国家有关部门，指导地方开展减灾工作。

全国抗灾救灾综合协调办公室设在民政部，民政部副部长担任主任，主要职责是根据国务院的指示，承担全国的抗灾救灾综合协调工作；负责综合协调国务院系统有关部门，听取受灾省份的灾情和抗灾救灾工作汇报；收集、汇总、评估、报告灾害信息、灾区需求和抗灾救灾工作意见；协调有关部门落实对灾区的支持措施；组织召开会商会议，分析评估灾区形势，为国务院提供抗灾救灾对策和意见；协调有关部门组成赴灾区联合工作组，协助、指导地方开展抗灾救灾工作。

民政部救灾救济司的主要工作：拟定救灾工作的方针、政策、规章并监督实施；组织、协调救灾工作；统一发布灾情；管理、分配中央救灾款物并监督检查使用情况；组织核查灾情、慰问灾民；组织和指导救灾捐赠；承担国内外对中央政府捐赠款物的接收和分配工作；承担国家减灾委员会办公室和全国抗灾救灾综合协调办公室的工作。

9.4.3 我国灾害救助的现状

1. 灾害救助的发展

1998年7月，为提高灾害紧急救助能力，保证灾民救济工作的顺利进行，促进灾区社会的稳定，中央和地方以及经常发生自然灾害的地区都要储备一定的救灾物资。储备物资专项用于满足遭受特大自然灾害地区灾民救济工作的紧急需要。1998年4月，民政部出台了《民政部办公厅关于救灾体制改革试点工作的指导意见》，决定在辽宁、浙江、广东三省对救灾进行试点改革，目的是要建立较为完善的救灾工作分级管理体制及与之相配套的运行机制；从管理体制、资金来源、工作方法等方面合理区分灾害救助与社会救济；提高救灾工作法制建设和科学管理水平；探索救灾工作社会化的新思路、新途径、新方法；以切实保障救灾救济对象的基本生活为宗旨，解放思想，深化改革，建章立制，进一步巩固和完善救灾工作分级管理体制；大力推进救灾救济工作社会化进程，努力加强救灾救济工作法制化、科学化、规范化建设，逐步建立适合我国国情，与社会主义市场经济体制相适应的多层次灾害救助保障体系。

为了规范救灾捐赠活动，加强救灾捐赠款物的管理，保护捐赠人、救灾捐赠受赠人和灾区受益人的合法权益，2000年5月，民政部颁布了《救灾捐赠管理办法》，规定了救灾捐赠的受赠人为县级及以上政府民政部门以及经县级及以上政府民政部门认定的具有救灾宗旨的公益性社会团体。救灾捐赠款物的使用范围：解决灾民无力克服的衣、食、住、医等生活困难；紧急抢救、转移和安置灾民；灾民倒塌房屋的恢复重建；捐赠人指定的与救灾直接相关的用途；其他直接用于救灾方面的必要开支。关于接受境外捐赠方面，《救灾捐赠管理办法》规定，国务院民政部门负责接受境外对中央政府的救灾捐赠。县级以上地方人民政府民政部门负责接受境外对地方政府的救灾捐赠。另外，救灾捐赠款物的接受及分配、使用情况应当按照国务院民政部门规定的统计标准进行统计，并接受审计、监察等部门和社会的监督。

此外，2006年的《国家自然灾害救助应急预案》、2007年的《中华人民共和国突发事件应对法》、2010年的《自然灾害救助条例》等法律法规的相继颁布，标志着我国防灾救灾的法律体系已经初具规模。这些法律法规对重大自然灾害发生时的紧急救援、组织保障和灾后恢复重建起到了十分积极的作用。我国已先后制定《中华人民共和国减灾规划(1998—2010年)》《国家综合防灾减灾规划(2011—2015年)》和《国家综合减灾"十一五"规划》等，把防灾减灾作为实现国民经济社会可持续发展总体目标的重要保障。

2. 灾害救助的程序

为确保自然灾害发生后的紧急救援工作高效、有序进行，最大限度地减少人民群众的生命和财产损失，保障受灾群众的基本生活，维护灾区社会稳定，2004年7月，民政部修订了应对自然灾害的工作规程，即《民政部对自然灾害工作规程(修订稿)》，将民政部应对自然灾害的工作设定为4个响应等级，现以最高等级"一级响应"为例来详细说明。

1) 灾害损失情境

某省(自治区、直辖市)行政区域内，一次灾害过程出现下列情境之一的：其一，死亡200人以上；其二，紧急转移安置100万人以上；其三，倒塌房屋20万间以上。或发生5级以上破坏性地震，出现下列情况之一的：其一，死亡200人以上；其二，紧急转移安置100万人以上；其三，倒塌和严重损坏房屋20万间以上。或发生事故灾难、公共卫生事件、社会安全事件等其他突发公共事件造成大量人员伤亡的，需要紧急转移安置或生活救助。

2) 响应措施

(1) 响应等级确定后，立即向国务院报告，建议国务院启动自然灾害救助应急预案。民政部成立救灾应急指挥部，统一组织抗灾救灾工作，民政部全员参加灾害救助工作。民政部视频通信系统保证与灾区省份24小时连线，专人值守。

(2) 灾情发生24小时内，以民政部名义向灾区发慰问电，并向党中央、国务院提出发慰问电的建议。

(3) 灾情发生后24小时内，派出由民政部部级领导带队的抗灾救灾联合工作组赶赴灾区慰问灾民，核查灾情，了解救灾工作情况，了解灾区政府的救助能力和灾区需求，指导地方开展救灾工作。建议国务院派出由国务院领导带队的全国抗灾救灾综合协调工作组或慰问团。

(4) 灾害发生后24小时内财政部下拨中央救灾应急资金，协调铁路、交通、民航等部门紧急调运救灾物资。

(5) 建议减灾委主任或副主任率有关部门赴灾区，现场指挥抗灾救灾工作。

(6) 建议由减灾委主任主持会商，减灾委成员单位参加，对灾区抗灾救灾的重大事项作出决定。

(7) 及时收集、评估、报告灾情信息，每日向减灾委主任报告一次灾情和救灾工作动态信息，重大情况随时报告。

(8) 每日14时前汇总减灾委成员单位提供的灾害信息，向国务院报告。

(9) 组织开展跨省(自治区、直辖市)或者全国性救灾捐赠活动，统一接收、管理、分配国内、国际救灾捐赠款物。

(10) 建议以减灾委名义对外通报灾情，呼吁国际救灾援助。

(11) 协调发展改革、财政、金融等部门，确保抗灾救灾资金及时到位；协调气象、地震、海洋、水利、国土资源等部门，负责灾害的监测、预报；协调发展改革、商务、粮食等部门，协助做好灾区粮食、食品等救灾物资的筹措工作；协调铁路、民航、交通等部门，负责抗灾救灾人员交通和物资运输；协调卫生部门，负责灾区的防疫治病；协调解放军、武警部队等武装力量，做好抢险救灾工作；协调信息产业部门，提供通信保障；协调外交、商务等部门，协助做好对外通报信息和国际救灾援助工作；协调公安部门，负责灾区社会治安；协调红十字会，协助开展灾区医疗和生活救助工作。

(12) 及时协调落实党中央、国务院关于抗灾救灾的指示。

3) 响应的终止

灾情和救灾工作稳定后，由救灾救济司建议，分管副部长审核，部长确定一级响应终止。

经过多年的完善和发展，我国灾害应急各项制度的基本框架初步建立，灾害应急体系基本确立。全国灾害信息系统已经覆盖到县级，重大灾情能够在7小时内报送到民政部。全国的救灾物资储备网络初步形成，10个中央级储备仓库和各地储备了37万顶帐篷以及大量衣被等救灾物资。2003年，全国紧急转移安置灾民707万人，民政部向灾区派出工作组62个，下拨救灾应急资金33亿元、恢复重建资金14多亿元，共恢复重灾民倒房211万间，下拨春夏荒款22亿元，解决了8000多万人的缺粮困难。

9.5　我国农村救助制度

农村救助制度是指国家和集体对农村中无法定赡养或抚养义务人、无劳动能力、无生活来源的老年人、残疾人、未成年人，和因病、因灾、缺少劳动能力等造成生活困难的贫困对象，采取现金物质帮助、扶持生产等多种形式，保障他们的基本生活。农村救助是农村社会保障的重要组成部分。

1978年，党的十一届三中全会拉开了我国新时期改革开放的序幕，延续了近三十年的计划经济受到了前所未有的挑战。集体经济被极大地削弱了，使得以集体经济为基础的农村社会救济工作因失去物质保障而陷入一个艰难时期，农村社会救济工作面临许多新的矛盾和问题。

为了适应新形势下的新情况，各地对农村社会救助制度进行了探索和改革。其中，最重要的措施就是实行救济与扶贫相结合的办法。扶持农村贫困户工作，是在农村社会救济和救灾的基础上发展而来的，它是新时期我国解决贫穷问题的一个创举，也是一种积极的社会救济措施。各级民政部门对有一定劳动力和生产条件的贫困户，积极从资金、物资、技术等方面对他们加以扶持，鼓励他们发展多种经营，兴办扶贫经济实体，吸收有劳动能力的贫困户和残疾人就业，增加收入，脱贫致富。从1979年到20世纪90年代中期，全国农村有2000余万贫困户通过扶贫先后摆脱贫困。同时，对老弱病残和不具备扶持条件的贫困户，由民政部门继续给予救济，特别是在农村推广了定期定量救济的办法。改革开放之前，国家对农村贫困户以临时救济为主，但是，这种方法不能使贫困户生活得到全面保障，也容易产生救济款贪污挪用、优亲厚友现象。为此，在原有探索的基础上，民政部先后在北京、青海等地推广对"五保户"和特困户进行定期定量救济的经验，使这项工作有了新的进展。

近年来，虽然农村社会救助工作有了很大发展，但由于城乡经济发展、个体家庭经济发展以及区域经济发展的不平衡，农村的贫困问题仍然很突出，而且出现了新变化和新情况。因此，迫切需要加强农村社会救助体系的制度建设。

9.5.1　农村五保供养制度

很长时期以来，国家对农村的救助主要采取临时救助的形式，具有一定的随意性。20世纪80年代以后，逐步扩大了农村定期救助的规模。1994年1月，《农村五保供养工作条例》出台，标志着我国农村五保供养制度的确立。

五保供养，是指对符合《农村五保供养工作条例》规定的村民，在吃、穿、住、医、葬等方面给予生活照顾和物质帮助。

1. 五保供养的对象

五保供养的对象(以下简称五保对象)是指村民中符合下列条件的老年人、残疾人和未成年人：①无法定扶养义务人，或者虽有法定扶养义务人，但是扶养义务人无扶养能力的；②无劳动能力的；③无生活来源的。法定扶养义务人，是指依照《中华人民共和国婚姻法》的规定负有扶养、抚养和赡养义务的人。

确定五保对象，应当由村民本人申请或者由村民小组提名，经村民委员会审核，报乡、民族乡、镇人民政府批准，发给"五保供养证书"。

五保对象具有下列情形之一的，经村民委员会审核，报乡、民族乡、镇人民政府批准，停止其五保供养，收回"五保供养证书"：①有了法定扶养义务人且法定扶养义务人具有扶养能力的；②重新获得生活来源的；③已满16周岁且具有劳动能力的。

2. 五保供养的内容

①供给粮油和燃料；②供给服装、被褥等用品和零用钱；③提供符合基本条件的住房；④及时治疗疾病，生活不能自理者有人照料；⑤妥善办理丧葬事宜；⑥五保对象是未成年人的，还应当保障他们能够依法接受义务教育。

五保供养的实际标准，不应低于当地村民的一般生活水平，具体标准由乡、民族乡、镇人民政府规定。

3. 资金来源及供养形式

五保供养是农村的集体福利事业。农村集体经济组织负责提供五保供养所需的经费和实物，乡、民族乡、镇人民政府负责组织五保供养工作的实施。五保供养所需经费和实物，应当从村提留或者乡统筹费中列支，不得重复列支；在有集体经营项目的地方，可以从集体经营的收入、集体企业上缴的利润中列支。

对五保对象可以根据当地的经济条件，实行集中供养或者分散供养。具备条件的乡、民族乡、镇人民政府应当兴办敬老院，集中供养五保对象。

2004年，民政部、财政部、国家发展和改革委员会《关于进一步做好农村五保供养的通知》中指出，农村五保供养是一项政策性、原则性很强的工作，各地民政部门要进一步规范对五保供养工作的管理。五保供养对象是农村最困难的群体。解决这部分人的生活问题，关系党和政府在农村工作中的形象。各地、各部门要充分认识做好当前五保供养工作的紧迫性和重要性，加强领导，统一部署，从实践"三个代表"重要思想、落实科学发展观入手，维护《宪法》赋予五保对象的合法权益，从保持农村社会稳定的高度，认真研究解决税费改革新形势下农村五保供养工作面临的新情况、新问题。各级民政、财政、发展改革等部门要切实履行自己的职责，把妥善解决五保对象生活困难、实现五保对象"应保尽保"列为当前和今后的工作重点，进一步加大工作力度，全面提高农村五保供养工作水平。

9.5.2　农村最低生活保障制度

1. 农村最低生活保障制度的建立与发展

改革开放以来，农村经济快速发展，农民生活水平持续提高。各地在促进农村地区社会经济发展的同时，开展农村社会救助、五保供养、扶贫济困等工作，有效缓解了农村低收入居民的生活困难。为进一步完善社会保障体系，使农村社会救助工作制度化、规范化，切实保障农村低收入居民的基本生活，各地纷纷建立并实施农村居民最低生活保障制度。1994年，山西省在阳泉市开展建立农村社会保障制度的试点。1996年，民政部确定将山东烟台、河北平泉和甘肃永昌作为发达、中等发达和欠发达三种不同类型的农村最低生活保障体系建设试点区。

1996年底，民政部在总结各地试点的基础上，印发了《关于加快农村社会保障体系建设的意见》，要求各地在有条件的情况下建立农村居民最低生活保障制度。

自中国共产党第十六次全国代表大会以来，农村最低生活保障制度的建设步伐明显加快。2006年12月召开的中央农村工作会议上，政府首次明确提出要"在全国范围建立农村最低生活保障制度"。2007年5月23日召开的国务院常务会议上，研究部署了在全国建立农村最低生活保障制度工作，审议并原则上通过《中华人民共和国行政复议法实施条例(草案)》。根据第十届人大五次会议通过的《政府工作报告》的要求，会议决定：2007年，在全国建立农村最低生活保障制度，将符合条件的农村贫困人口纳入保障范围，重点保障病残、年老体弱、丧失劳动能力等生活常年困难的农村居民。建立农村最低生活保障制度以地方人民政府为主，实行属地管理，中央财政对财政困难地区给予适当补助。2007年7月11日，国务院下发了《关于在全国建立农村最低生活保障制度的通知》，目标是通过在全国范围建立农村最低生活保障制度，将符合条件的农村贫困人口全部纳入保障范围，稳定、持久、有效地解决全国农村贫困人口的温饱。

2. 保障对象

农村最低生活保障制度的保障范围一般是具有农业户口、家庭年人均收入低于户籍所在区县当年农村居民最低生活保障标准的农村居民，包括农村五保对象、孤老烈军属等特殊优抚对象困难户、原民政部门管理的20世纪60年代初精减退职老职工、无劳动能力的重残人员以及其他特殊生活困难人员等。

3. 资金来源

资金是推进农村最低生活保障制度建设的核心问题。就全国而言，目前，一般是由省以下各级财政和村集体共同负担。多数是市、县、乡镇和村按一定比例分担，例如2∶3∶3∶2；有的地方是市、县、乡镇三级按一定比例分担，例如3∶2∶5或5∶3∶2或4∶4∶2；也有的地方采用县、乡镇两级按照一定比例分担的办法，例如5∶5或6∶4。以济南市为例，东部地区经济发达的华山、王舍人、郭店、港沟、遥墙5个乡镇按区镇2∶8的比例分担；东部地区彩石、孙村、董家3个镇和大正示范区按区镇5∶5的比例分担；南部山区仲宫、西营、柳埠、高而、锦绣川及东部地区的唐王6个乡镇按区镇8∶2的比例分担。

除了要求各级财政和村集体担负保障资金外，一些地方还致力于探索多元化的筹资渠道，改善最低生活保障对象的生活。例如，北京市规定，应广泛动员社会和民间组织以及个人为农村低保工作提供捐赠资助，逐步建立多元化投入机制，增强保障实力。乡镇和村委可通过各种帮扶措施，增加对农村最低生活保障对象的生活补贴。同时，保障资金应纳入社会救济专项资金支出科目，专账管理、专款专用，各级财政部门要建立农村最低生活保障资金专户，严格财政管理制度。

各地根据经济社会发展水平的差异，制定了不同的保障标准。保障标准的制定一般既要与本地区社会经济发展水平相适应，又要考虑当地财政的承受能力；既要保障低收入农村居民的基本生活，又要有利于克服依赖思想、调动劳动生产积极性。按照维持当地农村居民衣、食、住等基本生活需要，适当考虑水电、燃煤(柴)以及未成年人义务教育等因素，合理确定保障标准，并随着当地社会经济发展、人民生活水平和物价指数的变化，适时调整，一般每年度调整一次。

4. 实施程序

农村最低生活保障的管理与城市最低生活保障基本相同。实施的程序大体如下：第一，由本人向村委会提出申请。第二，提交村民代表会议评定，以村民小组为单位对救助者进行评议，客观反映申请者的生活状况，填写"社会保障金申请表"。第三，基层组织审核，再经乡(镇)民政办公室审核把关。第四，报县民政局批准，确定是否救助及救助待遇，发给保障对象"社会保障金领取证"，保障对象可以凭证每月或每季度领取救助金，必要时可复查，以杜绝社会救助中的虚假行为。第五，张榜公布，接受群众监督。随后每半年或一年重新审核，对保障对象实施动态管理。

5. 管理体制

农村最低生活保障工作的管理体制可以概括为"党委领导、政府负责、民政主管、部门协助、社会参与"。其中，各级党委主要负责领导、决策和监督；各级人民政府负责规划和落实、确保人员和资金的供给；各级民政部门负责低保对象的审批、管理以及政策指导和调查研究等工作；政府相关部门则分别在各自的工作范围内积极协助民政部门，做好农村低保工作；基层社区主要负责帮助、监督低保对象，开展邻里互助、社会帮扶等活动；广大公众、民间组织和社会团体亦可从多方面积极参与低保工作。

6. 保障标准

农村低保标准，由县级以上地方人民政府按照能够维持当地农村全年基本生活所必需的吃饭、穿衣、用水、用电等费用确定，报上一级地方人民政府备案后公布执行。农村居民最低生活保障制度可以代表未来农村社会救助的基础制度，并成为城乡社会救助的重要载体。

民政部发布的《2016年社会服务发展统计公报》显示，截至2016年底，全国有城市低保对象855.3万户、1480.2万人，全年各级财政共支出城市低保资金687.9亿元。2016年，全国城市低保平均标准为494.6元/人·月，比上年增长9.6%。全国有农村低保对象2635.3万户、4586.5万人，全年各级财政共支出农村低保资金1014.5亿元。2016年全国农村低保人均标准为3744.0元/年，比上年增长17.8%。2016年全国农村特困人员救助供养496.9万人，比上年减少3.9%。全年各级财政共支出农村特困人员救助供养资金228.9亿元，比上年增长9.0%。2016年，临时救助累计救助850.7万人次，支出救助资金87.7亿元，平均救助水平为1031.3元/人次，其中救助非本地户籍对象24.4万人次。

7. 农村最低生活保障制度存在的问题

1) 城乡差距大

一方面，我国实行城乡分割的二元社会保障制度，作为最低生活保障制度，在城乡分别采取不同的政策制度和做法，社会保障资金投入存在"重城市、轻农村"现象。城市最低生活保障制度起步要早于农村最低生活保障制度，制度水平高于农村、保障范围大于农村二元结构下的城乡最低生活保障制度不均衡，反过来又固化了二元结构。

另一方面，我国广大农村地区发展不平衡，随着东、中、西阶梯带的形成，农村地区也形成了东部农村、中部农村、西部农村，农村最低生活保障制度在各地呈现了极大的不均衡性。建议合理分配城乡间最低生活保障的资金投入，在经济欠发达、农村低保投入严重不足的中西部地区，中央财政应加大支持力度。

2) 宣传不到位，诉求机制不健全

因各农村地区经济社会发展程度不同，越是落后区域，信息越是闭塞，受助诉求越是薄弱，存在"零诉求""弱诉求""强诉求"，进而导致了"漏保""错保"时有发生。有些农民确实贫困但又好面子，不愿主动申请低保；有些地区贫困农民有需求，但不会求助，不知道从哪里获得救助，不了解低保政策，从而不能获得低保；而有些村民却存在"低保不拿白不拿"的观念，过度求助，夸大贫困程度，从而获得低保。种种问题表明农村低保准入机制不完善。建议完善农村低保诉求机制和退出机制，特别是提升贫困落后地区农民的诉求能力，让低于贫困线的贫困农民能够及时诉求于相关部门。落后农村地区要加大政策宣传力度，让农民具有充分的知情权。可以通过固定公开栏或网络、电台等媒体及时公布低保政策和低保工作情况，免费提供低保政策宣传材料。

3) 农民自身局限性

在农村地区，贫困农民本身素质和文化水平有限，在有外界资金和物质扶持的情况下，容易依赖外界，安于现状、不思进取，即使在低保待遇有限的条件下，也不免滋生懒惰情绪，出现所谓的"养懒汉"现象。还有部分农民还是抱着"不要白不要"的思想，隐瞒真实收入情况，致使很多已获得低保的家庭即使收入已经超过低保标准也不愿意退保。

4) 农村低保工作人员专业水平低

农村低保工作人员很多是兼职工作，缺乏专业素质。对于伸手要保、不给就闹、出

言不逊、无理上访、吵闹耍赖型群众，有些基层工作人员心存畏惧，经不住麻烦。有些地方低保办事人员数量有限，如在上杭县，县乡级几乎没有低保工作专职人员，只能靠兼职人员开展农村低保工作。此外，开展农村最低生活保障管理工作也困难重重，各地没有统一的管理体制模式，在运作过程中许多地方依赖上一级，主动性差，降低了低保制度的效率。农村最低生活保障工作操作性不强也不规范，具有一定的随意性，应保漏保的情况较多。因此，应建设一支专业队伍专门从事农村最低生活保障制度的服务，以提高工作效率。从事服务的工作人员必须接受专业化培训，掌握必要的专业知识、技术和方法，具备一定的专业价值观、职业道德，能够倾听服务对象诉求，尊重关心服务对象，追求社会公正，维护社会平等和服务对象的权益。

5) 实际操作的复杂性

在实际操作过程中，农民的家庭收入因来源复杂难以准确估算。例如，很多进城务工农民未经备案或登记，统计相对困难。还有少数与子女分户的老年人，以子女无经济能力或子女不赡养为由申请低保，均增加了低保核实工作的难度。再加上基层监督机制不健全，监管力度不够，致使不规范的操作出现。如一些低保工作人员出于地缘、血缘、亲缘等利益关系优亲厚友，暗箱操作，照顾身边人。尽管低保审批要经过公示并且征求群众意见，接受群众监督，但由于部分农民群众民主意识薄弱，不能真实、及时反映个人意见。针对上述情况，建议强化监督约束机制，相关部门要做好入保前的调查审计工作，秉持公开、公正原则，严格按照规章制度开展工作。

9.5.3　农村医疗救助制度

长期以来，国家一直没有出台针对贫困农民的医疗救助政策法规，除少数经济发达地区外，全国还没有系统的农村医疗救助制度，结果造成大量农村贫困人口患病后得不到医治，给贫困农民的生产和生活带来很大影响。2002年10月，国务院下发的《关于进一步加强农村卫生工作的决定》提出，对农村贫困家庭实行医疗救助，医疗救助的对象是农村五保户和贫困农民家庭。2003年11月，民政部、卫生部、财政部下发了《关于实施农村医疗救助的意见》，明确了到2005年在全国基本建立起规范、完善的农村医疗救助制度的目标。

农村医疗救助制度是由政府拨款和社会各界自愿捐助等多渠道筹资，对患大病的农村五保户和贫困农民家庭实行医疗救助的制度。建立农村医疗救助制度，要从当地实际出发，医疗救助水平要与当地经济社会发展水平和财政支付能力相适应，确保这项制度平稳运行。农村医疗救助从贫困农民中最困难的人员和最急需的医疗支出开始实施，并使农村医疗救助制度随着经济的发展逐步完善。

1. 救助对象

(1) 农村五保户，农村贫困户家庭成员。

(2) 地方政府规定的其他符合条件的农村贫困农民。

2. 救助办法

(1) 开展新型农村合作医疗的地区，资助医疗救助对象缴纳个人应负担的全部或部分资金，参加当地合作医疗，享受合作医疗待遇。因患大病经合作医疗补助后个人负担医疗费用过高，影响家庭基本生活的，再给予适当的医疗救助。

(2) 尚未开展新型农村合作医疗的地区，对因患大病个人负担费用难以承担，影响家庭基本生活的，给予适当医疗救助。

(3) 国家规定的特种传染病救治费用，按有关规定给予补助。

3. 申请、审批程序

(1) 医疗救助实行属地化管理原则，申请人(户主)向村民委员会提出书面申请，填写申请表，如实提供医疗诊断书、医疗费用收据、必要的病史材料、已参加合作医疗的按规定领取的合作医疗补助凭证、社会互助帮困情况证明等，经村民代表会议评议同意后报乡镇人民政府审核。

(2) 乡镇人民政府对上报的申请表和有关材料进行逐项审核，对符合医疗救助条件的上报县(市、区)民政局审批。

(3) 县级人民政府民政部门对乡镇上报的有关材料进行复审核实，并及时签署审批意见。对符合医疗救助条件的家庭，核准其享受医疗救助金额；对不符合享受医疗救助条件的，应当书面通知申请人，并说明理由。

(4) 医疗救助金由乡镇人民政府发放，也可以采取社会化发放或其他发放办法。

4. 医疗救助服务

(1) 已开展新型农村合作医疗的地区，由农村合作医疗定点卫生医疗机构提供医疗救助服务；未开展新型农村合作医疗的地区，由救助对象户口所在地乡(镇)卫生院和县级医院等提供医疗救助服务。

(2) 提供医疗救助服务的医疗卫生机构等应在规定范围内，按照本地合作医疗或医疗保险用药目录、诊疗项目目录及医疗服务设施目录，为医疗救助对象提供医疗服务。

(3) 遇到疑难重症需转到非指定医疗卫生机构就诊时，要按当地医疗救助的有关规定办理转院手续。

(4) 承担医疗救助的医疗卫生机构要完善并落实各种诊疗规范和管理制度，保证服务质量，控制医疗费用。

5. 基金的筹集和管理

各地要建立医疗救助基金，基金主要通过各级财政拨款和社会各界自愿捐助等多渠道筹集。地方各级财政每年年初根据实际需要和财力情况安排医疗救助资金，列入当年财政预算。中央财政通过专项转移支付对中西部贫困地区的农民贫困家庭医疗救助给予适当支持。

医疗救助资金纳入社会保障基金财政专户，各级财政、民政部门对医疗救助资金实行专项管理，专款专用。

9.5.4 精准扶贫

1. 精准扶贫的提出

改革开放以来，经过全国范围有计划、有组织的大规模开发式扶贫，我国贫困人口大量减少，贫困地区面貌显著变化。2015年10月，党的十八届五中全会提出了全面建成小康社会新的目标要求，要求农业现代化取得明显进展，人民生活水平和质量普遍提高，我国现行标准下农村贫困人口实现脱贫，贫困县全部摘帽，解决区域性整体贫困的问题。十二届全国人大四次会议通过的《中华人民共和国国民经济和社会发展第十三个五年规划纲要》提出推进精准扶贫、精准脱贫，将贫困治理工作提高到事关2020年我国能否全面建成小康社会的战略高度。《中共中央、国务院关于打赢脱贫攻坚战的决定》指出，精准扶贫工作的开展要实行农村最低生活保障制度兜底脱贫。2016年《政府工作报告》提出了"社会政策要托底"的社会发展布局。扶贫政策贵在精准，重在精准，成败之举在于精准。各地都坚持构建专项扶贫、行业扶贫、社会扶贫互为补充的大扶贫格局，注重扶贫先扶智的开发式扶贫，增强贫困人口自我发展能力，积极开辟扶贫开发新资金渠道，创新扶贫开发路径。

2. 精准扶贫的定义

精准扶贫是指通过对贫困户和贫困村精准识别、精准帮扶、精准管理和精准考核，引导各类扶贫资源优化配置，实现扶贫到村到户，逐步构建扶贫工作长效机制，为科学扶贫奠定坚实基础。精准扶贫是针对不同贫困区域环境、不同贫困农户状况，运用合理有效程序对扶贫对象实施精确识别、精确帮扶、精确管理的治贫方式。

1) 精准识别

精准识别是指根据国家制定的扶贫对象识别办法，按照县为单位、规模控制、分级负责、精准识别、动态管理的原则，准确摸清农村贫困人口底数，对贫困村、贫困户、贫困劳动力逐个建档立卡，建立规范统一、信息共享的精准扶贫网络管理系统。

2) 精准帮扶

精准帮扶是指深入分析扶贫对象的致贫原因，逐村、逐户、逐个劳动力制订帮扶计划，落实帮扶措施，集中力量予以扶持。

3) 精准管理

精准管理是指按照农户家庭收入的变化情况，实现扶贫对象有进有出的动态管理，做到户有卡、村有表、镇有册、县有网，并对扶贫措施及实施效果及时跟踪监测到村、到户、到人。

4) 精准考核

精准考核是指对贫困户和贫困村识别、帮扶、管理的成效，以及对贫困县开展扶贫工作情况的量化考核，奖优罚劣，保证各项扶贫政策落到实处。

3. 精准扶贫的原则

(1) 扶持对象精准，即以建档立卡的方式将真正的贫困人口准确识别出来。

(2) 项目安排精准，即因户、因人制宜，根据贫困户和贫困人口的实际需要进行有针对性的项目帮扶，在找准每个贫困家庭致贫原因的基础上进行有针对性的项目安排。

(3) 资金使用精准，即改革扶贫资金管理体制，加强资金的整合力度，保证到户项目有资金支持，资金跟着精准扶贫的项目走。

(4) 措施到户精准，即解决扶贫项目和投资因缺乏有效的到户制而导致效果差的问题。

(5) 因村派人精准，即通过选派第一书记和驻村工作队的方式，增强村级实施精准扶贫的能力；帮助村两委改进贫困户的识别方法，协助解决识别过程中容易出现的矛盾；协助村两委建立有效的扶贫到户机制，让贫困户真正受益；对村级的精准扶贫工作进行有效监督。

(6) 脱贫成效精准，即通过制定明确的脱贫标准，并组织和动员社会力量参与对减贫工作的动态监测、分析和评价，强化对脱贫效果的科学考核与评估，确保脱贫工作收到实效。

4. 精准扶贫的问题

1) 精准识别的农户参与度不足

扶贫识别是精准扶贫的基础工作，其目的是把贫困对象找出来，避免扶贫资源投放打偏跑漏，使真正符合帮扶政策的个体得到有效扶持。但真正贫困的农户对公共事务相对冷漠，且因家庭困难，他们要么是外出打工，要么是身体残疾或疾病缠身无心过问，所以，一些精准识别的工作只能做个大概。

2) 精准帮扶缺乏差异性

因致贫原因的不同，贫困户对帮扶有着不同的需求，如生产救助、学业救助、大病救助、房屋改造、低保救助、农业实用技术、担保贷款等各有差异。精准扶贫要求针对贫困村和贫困户的具体情况制定相应的扶贫措施，对于一些渴望发展且有一定技能的贫困人口的扶贫措施，应该不同于懒散且不务正业的贫困人口的扶贫措施，但事实上，针对两者的扶贫措施并无任何差异。

本章小结

社会救助是指社会成员陷入生存危机或不能维持最低限度的生活水平时，由国家和社会按照法定的标准向其提供满足最低生活需求的物质援助和非物质援助的社会保障制度。

社会救助的特征包括：权利义务的单向性、基金的无偿性、对象的限制性、救助水平的低层次性、救助手段的多样性。

社会救助标准是指贫困线标准或者最低生活保障标准。社会救助标准即贫困线，国际上主要有4种常用的度量方法，即市场菜篮子法、恩格尔系数法、国际贫困标准和生活形态法。

我国社会救助体系的内容包括：基本生活救助(最低生活保障、特困人员供养)、专项救助(医疗救助、教育救助、住房救助、就业救助、法律援助、灾害救助、临时救助(流浪乞讨人员救助)、补充救助(社会互助、非政府组织救助、优惠政策)等。

思考题

1. 社会救助的特征有哪些?
2. 确定社会救助的标准有哪些?
3. 我国社会救助体系的基本内容有哪些?
4. 最低生活保障制度的主要内容有哪些?
5. 我国的灾害救助体制是怎样的?
6. 农村社会救助体系的内容有哪些?

案例分析

案例1：每个月靠打散工维持生活的人可以申请城市低保吗?

王某，北京市某区的一位老人，今年74岁，没有退休金，而且丈夫已经去世，4个子女均已成家，有工作，老人没有和子女在一起住。

分析:

案例中的老人可以申请城市低保、领取救济金吗?

案例2：对五保户主要有哪些方面的救助?

"五保"其实是指五种保护，即保吃、保穿、保住、保医、保葬(孤儿为保教)。"保吃"是指为五保户提供粮油、副食品和生活用水、照明、燃料；"保穿"是指为五保户提供衣服、被褥等用品和零用钱；"保住"是指为五保户提供基本的住房，让他们可以有个栖身之所；"保医"是指为五保户提供疾病治疗，同时为生活不能自理的人提供专人照料(详情请参考专项救助中的医疗救助)；"保葬"是指为五保户妥善办理丧葬，使死者免于曝尸荒野，可以安息；对于未满16周岁或者虽然已满16周岁但仍在接受义务教育的人，应当保障他们依法接受义务教育所需的费用，也就是所谓的"保教"。

资料来源:《农村五保供养工作条例》中华人民共和国国务院令第456号.

分析:

五保户救助包括哪些内容?

案例3：最低生活保障的退出机制

2010年底，民政部布置的全国性低保认定大排查告一段落，各地对城市低保户进行了一轮地毯式排查，使不符合低保条件的人员应退尽退。截至目前，民政部虽尚未公布清退低保户的具体人数，但根据现有的媒体报道，已经能看出伪低保的规模和低保退出机制陷入困境的端倪。据2011年9月4日新华网报道，河南省农村低保被冒领现象严重。河南省境内仅沈丘县、泌阳县、舞阳县、鄢陵县、许昌市5个县市，就取消4.35万名不符合规定的伪低保户，数目之多让人瞠目结舌。

与此同时，据江西省民政厅发布的最新消息，江西省2010年共对3万多名基层干部亲属进行备案登记，取消不符合低保资格的干部亲属7000多人；湖南省益阳市共清退不符合条件的低保对象4569人；安徽省合肥市享受低保人数则从2006年的12万人左右，缩减到目前的48 000多人；《人民日报》2011年10月19日报道，黑龙江齐齐哈尔近日又清退近9000名伪低保者。低保本应是个流动标签，一朝享受低保不代表能永远享受下去，但低保资格核实的困顿局面导致流动标签难以流动。

各地清查低保工作并不顺利，当为了取得关于房产、车辆方面的信息，牵涉房屋管理处等非民政部门的时候，就需要反复协调，工作难度可想而知。从最近的检查以及国家审计署对部分地区低保工作审计反馈的情况看，还存在低保对象认定不够准确的现象，个别地方还相当突出。

在民政部最近的工作部署中，要求进一步加强城市低保对象认定工作，并将有价证券、存款、房、车等财产作为认定低保的主要依据。但实际上，准确定位和核查低保享受对象，一直以来是困扰民政部门的难题。我国尚未建立与现实需要相适应的金融信用体制和居民个人收入申报制度，个人收入和金融资产不公开透明，个人所得税制度也不完善，缺乏有效的收入监控和调查统计手段。

一般审查的具体工作要靠手工方式进行，对一些有存款、有价证券及实际家庭收入高而无固定职业以及长期外出、申请享受城市低保的家庭和已经享受低保的家庭，核定其实际情况较为困难。

资料来源：人民网.http://paper.people.com.cn/mszk/html/2011-11/08/content_957082.htm?div=-1.

分析：
结合案例，分析如何建立和完善科学的最低生活保障退出机制。

第10章 社会福利

👤**本章学习重点**

  1. 了解广义和狭义的社会福利的含义；

  2. 了解社会福利制度的建立和发展历程；

  3. 掌握我国老年人福利、残疾人福利、妇女儿童福利的内容。

10.1 社会福利的内涵及历史沿革

10.1.1 社会福利的内涵

1. 社会福利的含义

社会福利有狭义和广义之分。

狭义的社会福利理论认为，所谓福利，就是经济福利，即收入和财富给人们带来的效用。福利是指一种在基本收入之外的物质利益，或者说基本收入之外的其他待遇，即由政府、社会或者企业在基本收入之外给予居民或者职工的某种物质待遇。也可以说福利是收入、财富给人们带来的效用，或者说是人们的需要得到满足的程度。同样的收入和财富给不同的人带来的效用是不一样的，因而带来的福利也是不一样的。

广义的社会福利理论认为，福利包括个人福利和社会福利。个人福利优先于社会福利，社会福利是社会中全体个人福利的总和，个人福利只是社会福利中的一部分，按照系统论整体决定部分的原则，个人福利是由社会福利决定的。社会福利是以提高社会成员生活质量为目的的社会保障形式，是现代社会政府的一项重要社会职责。

目前，我国通用的"社会福利"译自英文的"Social Welfare"。在不同时期、不同国家，不同学者对社会福利的认识和理解各不相同，社会福利的概念也不尽相同。

美国的社会学家普遍认为，社会福利是指对一国的社区和社会的满意状况作出贡献的社会福利计划的总和，是为了保证个人以及集团成员拥有平均的生活水准和身体健康而提供的各项社会服务和有关制度的组织体系。社会福利是指"一种由社会福利计划、社会福利津贴和社会服务构成的，帮助人们维持社会运转必不可少的社会需要、教育需要和健康需要的国民制度"。[①]就是说，社会福利是一种制度设置，含义有两个，一是帮助有困难的社会成员，维持其起码的物质和精神文化生活；二是提高全体社会成员的生活水平和质量，增进全民的社会福祉。在英国，社会福利被定义为"为了保障全体

---

① [美] 威廉姆·H. 怀特科. 当今世界的社会福利[M]. 北京：法律出版社，2003.

国民的物质的、精神的、社会的最低生活水准而由政府和民间提供的各项社会服务的总和"。福利国家日本认为，社会福利是指对于国家扶助的对象，以及残疾者、儿童及其他需要援助的人，给予必要的生活指导、回归社会指导、生活保护等，以使其充分发挥能力、走向自立的事业。它以不能进行正常生活的人为对象，主要是通过救济、保护、预防等援助手段，使那些人能维持一般的生活。

在我国，社会福利分广义和狭义两种。

广义的社会福利，泛指国家和社会对全体公民在生命全过程中所需要的生活、卫生、环境、住房、教育、就业等方面提供的各种公共服务。

狭义的社会福利，即与社会保险、社会救助等并列的一种社会保障形式，是指国家和社会为维持和提高公民的一定生活质量而提供的一定物质帮助，以满足公民的共同和特殊生活需要的制度。

目前，我国认同狭义的社会福利，认为社会福利是国家和社会为增进与完善社会成员，尤其是困难者的社会生活而实施的一种社会制度，有如下含义：一是指一种国家的项目、待遇和服务制度，建立教育、科学、环境保护、文化、体育、卫生等公益性福利设施，它帮助人们满足社会的、经济的、教育的和医疗的需要。比如，国家民政部门为残疾人、孤儿、孤寡老人建立的病院、敬老院、教养院等。二是指一个社会共同体或集体的幸福和正常的存在状态。比如，北方寒冷地区提供居民的冬季取暖补贴以及各个单位给予员工的住房补贴等。社会福利旨在通过提供资金和服务，保证社会成员一定的生活水平并尽可能提高他们的生活质量。

总之，社会福利是一种以经济福利为基础的、包括政治福利和文化福利在内的广义的社会福利。社会福利是通过制度性利他主义安排解决社会问题，满足部分或全体社会成员的需要，进而实现社会平等和社会公平的福利政策目标。

2. 社会福利的目的

概括地说，社会福利的目的就是用制度化或非制度化的手段，来满足人们在福利、特别是在福利服务方面的需要。在一个国家中，老年人、残疾人、儿童、妇女、青少年等弱势群体，由于自身能力以及其他方面条件的限制，需要社会提供必要服务，使其在生活中得到相应的照顾，以保证他们像正常人一样在教育、就业、安全保护等方面享受到平等的服务。随着人民群众物质文化生活水平的不断提高和社会主义市场经济体制的逐步完善，社会福利工作的重要性日益显现。

10.1.2 社会福利的历史沿革

1. 西方福利制度的早期发展

西方资本主义国家的福利制度最早出现在19世纪末20世纪初。19世纪后半期，伴随着资本主义经济的早期发展，产业工人和资本家的矛盾日益加剧。由于机器生产代替了手工业生产，工人的劳动强度增加，工作环境危险、恶劣，工作单调乏味，工伤事故不断增加,从而导致工厂暴力事件层出不穷,工人罢工经常发生。19世纪80年代中期,改革雇佣关系的呼声越来越高。1890—1914年,一些思想开明的企业家自觉地采用了一些稳定雇员的福利措施,比如在公司设置澡堂和餐厅,由公司提供医疗保健服务,甚至派公司的福利代表到员工家里嘘寒寒问暖并提供营养和卫生方面的咨询。这些企业家认为,福利工作是强化诚信和提高雇员士气的有效措施,对改善与雇员间的关系大有益处。从这时起,福利运动逐渐流行起来。例如,美国的汉斯公司、科罗拉多燃料和钢铁公司、国际收割公司等纷纷设立了福利秘书的职位,通过建立福利制度,改善工作环境,提供住房、医疗、教育和娱乐等服务,为工人提供帮助。

20世纪30年代以来,西方国家的福利事业有了迅速的发展。第二次世界大战期间,国家兵源及劳动力短缺的问题也很严重。在此背景下,各国争相提高本国国民的福利待遇,福利事业发展迅速。老牌资本主义国家英国率先宣布建成福利国家,瑞典等新北欧国家、北美洲、大洋洲以及亚洲等发达国家和地区紧随其后,先后宣布实现了“全民福利”的发展目标。随着社会经济的增长和人民生活水平的提高,社会保障制度得到了充分的发展,社会福利水平与程度已经成为衡量一个国家是否发达或实现现代化的重要标志。第二次世界大战以后,英国建立了“从摇篮到坟墓”的庞大的社会保障体系,美国建立了社会安全保障制度。在那时,社会福利是社会保障的同义词,包含全部的公共文化、教育、卫生设施和社会救济以及社会保险在内,全民福利国家成为一种时髦的发展模式。

2. 我国社会主义初级阶段福利制度的建立、发展与完善

我国社会福利的发展大致经历了如下几个时期。

1) 中华人民共和国的成立标志着我国进入崭新的历史时期

1951年,我国颁布了劳动保险条例,先后成立了全国性民间福利组织。例如,1950年4月,成立中国人民救济总会;1950年9月,中国红十字会改组;1950年8月,成立中国福利会(改现名);1955年7月,成立中国聋哑人福利会。1955年12月,发布《国家机关工作人员退休处理暂行办法》《国家机关工作人员退职处理暂行办法》等法规,国家机关事业单位职工退休、退职制度由此确立。1956年6月,中华人民共和国第一届全国人民代表大会第三次会议通过了《高级农业合作社示范章程》,确立了面向乡村孤寡老幼的“五保制度”。在这一时期,中央政府重组和建立了新的福利工作组织体系,巩固和扩大了社会福利界的统一战线,改造了旧的“慈善”组织,还就职工福利、社会福利事业、福利工厂、生活困难补助等问题发布了一系列法规性文件。这些新建组织在总结社会主义福利工作经验、组织救灾救济和提供直接福利服务以及开展国际交流等方面都发挥了重要作用。这一时期是新中国从旧制度向新制度过渡的时期,是我国社会主义福利制度的初期完善时期。

2) 我国社会主义初期福利制度摇摆动荡时期

自1957年开始,随着建国初期三大改造任务的完成,国家转入有计划地全面进行社会主义经济建设时期。从“大跃进”到“文化大革命”结束,这一时期是我国社会福利事业发展摇摆动荡时期。我国的“大跃进”是在农业、手工业和资本主义工商业的社

会主义改造已取得决定性胜利，"一五"计划成功实施，社会主义制度已稳固确立和国家初步实现工业化的背景下开始的。集体化浪潮由农村扩展到城市，成为全国性的社会运动。这个时期的主旋律是政治运动、经济生产、文化生活和社会生活的集体化。推行和实施集体化福利，是社会福利的核心主题，又是国家政策议程的核心议题。当时，大力兴办脱离实际和严重超前的集体化福利事业既是全党工作的中心，又是普通百姓生活方式的重要组成部分。集体化福利制度已成为社会结构与社会生活的基本特征和基本内容。这一时期是我国集体化福利理论与实践迅猛发展的时期。

"文化大革命"期间是中国刚刚建立的福利事业的大倒退时期。当时的意识形态认为福利主义是资产阶级当权派为达到抵制革命群众对他们的批判、腐蚀革命群众斗志的目的，用大量金钱和优厚物质福利拉拢腐蚀革命群众的活动。社会福利再度与资本主义制度联系在一起，形成"谁搞福利谁就是想拉拢腐蚀工人阶级"的社会误解，社会福利改善人们生活状况和满足需要的功能完全被人为扭曲和政治化。由于"极左思潮"把举办福利事业和福利生产说成福利主义和唯生产力论，许多福利事业和福利生产被合并或撤销，残疾人、孤残儿童、老年人和普通市民的生活状况普遍恶化，许多基本生活需要无法满足。"文化大革命"期间，中国福利事业同样遭受严重挫折。

3) 我国社会主义初期福利制度逐步完善时期

改革开放以后，党和国家倡导思想解放和实事求是，全面推行经济体制改革和恢复生产，重建正常的社会经济生活秩序，社会福利开始恢复重建工作。1978年颁布的《中华人民共和国宪法》，分别对劳动者的福利、养老、疾病医疗或丧失劳动能力的物资帮助以及对残疾军人、烈士家属等生活保障问题作出了原则性的规定。国家重设民政部主管全社会救济、社会福利优抚安置事务，劳动部门的工作开始恢复正常。国务院先后颁布了《关于安置老弱病残干部的暂行办法》《关于职工退休、退职的暂行办法》等法规，对于恢复被"文化大革命"破坏的退休养老制度起到了重要作用。

1986年公布实施的"七五"计划(1986—1990年)标志着我国社会福利事业的发展进入全新时期。象征性标志有二：一是首次将"国民经济五年计划"改为"国民经济与社会发展五年计划"，社会发展概念与意识进入国家政策议程。经济增长不是最终目的，而是促进人的发展和实现社会发展的基本途径；国家应在发展生产和提高经济效益的基础上，进一步改善人民物质文化生活状况的观念，获得人们的普遍认同，这为福利事业发展奠定了思想基础。二是"七五"计划首次专章论述"人民生活和社会保障"，明确提出了由社会保险、社会福利、社会救济与优抚组成的社会福利制度框架。1994年1月，国家颁布《农村五保供养工作条例》，农村五保供养福利工作自此走向规范化。之后，相继颁布了《关于建立城镇职工基本医疗制度的决定》(1998)、《住房公积金管理条例》(1999)、《城市居民最低生活保障条例》(1999)、《工伤保险条例》(2003)等一系列法规或法规性文件，成立了全国社会保障基金理事会、劳动和社会保障部、民政部等，并发布了一批有关社会保险、社会福利、社会救助方面的法规性文件，社会福利事业有了显著的发展。

10.2　我国社会福利的内容

根据对社会结构的影响程度和对市场乐观和悲观的估计，社会福利制度可区分为两种模式(补救性福利模式和机制性福利模式)，根据社会福利的实施方式上又可以区分为两种组织体制(合作体制和国家主导体制)。两种模式与两种体制的交互搭配和混合使用，又形成了各种不同的社会福利制度。补救性福利模式认为，市场可以自行解决绝大部分社会问题，社会福利只需"将目标有选择地集中在一群残留的、人数不断减少的少数需求者身上"，就可以保障一个健康、良好的社会环境，其典型代表是美国。机制性福利模式认为，对于市场无力解决的日益恶化的社会问题，政府应推行全面干预的社会福利政策，在大范围内提供机制化的服务，否则社会稳定难以保证，其典型代表是北欧斯堪的纳维亚半岛国家，如瑞典、丹麦、挪威等。合作体制突出强调社会力量特别是社会中介组织在福利服务中的重要作用，认为大部分的福利服务应该交由非政府、非营利机构等各类社会组织来提供，公民整体的福利保障和服务应充分依托社会部门的作用，代表国家是德国、荷兰等。国家主导体制强调国家应当基本包揽公民的福利收入和福利服务，全体公民能否享受到社会福利的基本权益，责任完全在于国家。

在不同的国家，社会福利的内容不尽相同，有的国家社会福利包含的内容多，有的国家社会福利包含的内容少。一般情况下，经济发展水平高的国家，其社会福利内容较全面、水平较高；经济发展欠发达的国家，社会福利内容可能不全面，水平也不可能很高。社会福利的内容按照享受对象可以分为老年人福利、残疾人福利、妇女儿童福利等；按照社会福利的内容，可以分为生活福利、教育福利、医疗卫生福利、文体娱乐福利、住房福利等；按照福利设施范围，可以分为国家福利、地方福利和职业福利；按照社会福利的形式，可以分为货币形式、实物形式和服务形式。

现阶段，由于我国政府财力有限，社会福利服务需求与供给之间的差距加大。只有充分动员、依靠社会力量发展社会福利事业，才能适应时代发展的要求。我国正在加速建立社会主义市场经济体制，政府参与越少越有利于发挥市场的作用，社会力量的大规模介入和政府退居直接管理的地位是建立相对完善的市场经济体制的必然要求。长期以来，国家和集体承担对"三无"人员的保障责任，在改革过程中，由于经济成分、利益主体、社会组织和社会生活方式的多样化发展趋势，对增加社会福利设施、拓宽福利服务领域、提高福利水平提出了要求。尤其是我国老龄人口出现的"未富先老"现象，高龄老人的迅速增长，对我们的福利制度提出了多层次、多形式的服务要求。我国的社会福利制度自然也会顺应这一趋势日臻成熟。我国的社会福利主要包括对全体社会成员实施的公共福利，由单位和行业为其员工及家庭提供的职业福利，以及专为特殊群体如老年人、残疾人、未成年人、妇女、军人及其家属提供的特殊社会福利。

目前，我国社会福利服务的社会成员主要是老年人、残疾人和妇女、儿童等弱势群体，即主要为他们提供社会保障和帮助。我国的社会福利制度是在计划经济时期建立起来的，为适应现代社会发展的需要，正在不断改革和完善。

10.2.1 老年人福利

老年人的体力减退以及家庭、社会、经济结构的变化，不但使老年人成为被抚养者，而且把他们作为社会上的弱势群体，老年人逐渐失去应有的地位和作用。在这种情况下，老年人需要家庭、亲人、社区和社会予以关注和帮助。社会福利应该努力解决由于社会和经济发展而导致的老年人生活水平降低所带来的问题，并提供必要的手段来帮助老年人。

1. 老年人福利的概念

老年人福利是以老年人为对象的社会福利项目，是指国家和社会为了安定老年人生活，维护老年人健康，充实老年人精神文化生活而采取的政策措施和提供的设施、服务。

老年人福利是由政府和社会为达到法定年龄的老年人提供的各类福利，包括老年人文体娱乐福利、健康保健福利、托老院福利以及长寿老人福利等。

2. 老年人的特征及对福利的需求特征

(1) 进入老年阶段，人的生理功能衰退，抵御疾病的能力下降，患病的概率增加，并且容易患老年性疾病，从而影响行动能力和独立生活能力。

(2) 收入来源少，收入水平相对比较低。

(3) 很少参与社会和经济领域的活动，社会地位降低到无足轻重的地步，这一切可能导致老年人感情空虚、孤独。

(4) 工作和社会作用的改变以及健康状况和行动能力的下降，引起了老年人的新需要。

(5) 随着医疗、卫生事业的发展，老年人的寿命在延长，但他们的知识和技能可能无法适应社会的需要，对培训和教育有新的需求。

(6) 在娱乐和参与社会活动方面，对符合老年人特征的文娱活动以及社会活动有新需求。

老年人的养老是各个历史时期和各个社会阶段都需要热切关注的问题。在现代社会中，老年人问题已经不再是个人问题，也不再是家庭问题。随着老年人口在人口总数中所占比例的增长、家庭规模的缩小、人口流动的加剧、观念的变化等，老年人问题已成为一个社会问题。老年人福利正是解决老年人问题的一个重要制度。老年人福利是从工业发达国家发展起来的，工业革命以后，随着经济水平的不断提高，在社会保障制度发展与完善的过程中，老年人的基本生活得到了保障，老年人的特殊福利政策也在不断增加，老年人福利得到重视。在1969年召开的第24届联合国大会上，老年人的特殊需要问题被正式提出，此后的多次联大会议都将老年人问题列入会议日程。1982年，在维也纳召开的"老年问题世界大会"上提出了针对老年人问题的诸多建议。我国政府也会继续通过对社会政策的不断调整，进一步鼓励各类企、事业单位和个人向社会养老服务领域投资，以满足不断增长的养老福利服务的需要。

3. 老年人福利的主要内容

我国人口老龄化速度很快，2000年我国60岁以上老年人口在总人口中的比重为10%，说明我国已经进入老龄化国家，预计到2050年将达到26.2%。我国政府对老年人的社会福利工作极其重视，在1996年8月29日召开的中华人民共和国第八届全国人民代表大会常务委员会第二十一次会议上，我国政府通过并颁布了《中华人民共和国老年人权益保障法》，对老年人的福利问题做了一些原则性规定。目前，我国老年人福利的主要内容包括以下几方面。

1) 老年津贴制度

(1) 老年津贴制度的国内实践。20世纪80年代，上海、浙江、江苏、广东等率先富裕起来的部分地区的农村及乡镇，开始为老年村民发放津贴，这是在非国有部门从业人员中实施老年津贴的最早实践。

21世纪，北京、上海、杭州、嘉兴等经济发达地区，相继研究出台了城镇未享受社会养老金的老年居民生活保障的相关制度。

2007年，北京市政府颁布了《城乡无社会保障老年居民养老保障办法》，规定具有北京市户籍、年满60周岁且没有享受到社会养老保障待遇的城乡老年人均可以申领每月200元的福利养老金。

2008年，上海市人力资源和社会保障局等出台《关于完善本市城镇老年居民养老保障若干问题处理意见的通知》，规定年满65周岁，在本市居住、生活满30年，现为本市城镇户籍且已满15年，未享受基本养老、医疗以及征地养老待遇的老年居民，年满70周岁的城镇老年居民养老待遇为每人每月500元，年满65周岁不满70周岁的城镇老年居民养老待遇为每人每月400元。

从各地的实践来看，社会养老保障实现制度全覆盖并尽快实现人员全覆盖，已成为一个必然的趋势，部分地区积极探索，起到十分重要的引领作用。但由于中央政府缺乏统一的规制，各地政策差异较大，领取标准、领取条件和待遇水平都不同。但总体上我国的老年津贴分为高龄津贴、缴费性养老金、老年服务补贴这三种类型。

(2) 老年津贴制度要点。具体包括以下几方面。

① 覆盖对象。老年津贴制度的覆盖对象是无法享受政府提供的社会养老保障金的老年人群，这一人群主要由以下几类构成。

a. 从未就业的城镇老年人。

b. 过去在社会养老保障制度覆盖范围之外的领域就业、现已退出劳动力市场的城镇老年人。

c. 未参保、退保、中断保险的城镇老年人。

d. 未参加农村社会养老保险的农村老年人。

e. 部分农转非老年人。农民土地被征用之后，有些地方实行了土地被征用人员的社会养老保障政策，有些地方则没有实行这种政策，或者有些地方政策不完善、有些地方执行不到位，导致部分农转非人员进入老年后缺乏社会养老保障。

② 待遇水平。北京自2008年起实行高龄津贴政策，即90~99周岁的老年人，每人每月享受100元高龄老年人津贴；100周岁及以上的老年人，每人每月享受200元高龄老年人津贴。

杭州自2011年起实行高龄津贴政策，即80~89周岁的老年人每人每月50元；90~99周岁、100周岁以上的老年人发放标准维持100元、300元不变。

2016年，上海本市户籍且年满65周岁的老年人享受老年综合津贴，通过"上海市敬老卡"发放，发放标准按照年龄段分为5档：65~69周岁，每人每月75元；70-79周岁，每人每月150元；80~89周岁，每人每月180元；90~99周岁，每人每月350元；100周岁及以上，每人每月600元。

③ 资金来源。老年津贴制度不同于一般的社会养老保险制度，个人不需要缴费，只需由政府通过财政预算安排资金，解决老年居民的基本养老保障问题。这样做不但能够降低管理成本，群众也易于接受。根据国际经验，我国老年津贴资金由政府财政转移支出，按照东、中、西地区的划分，设置中央与地方支付比例。在建立并完善老年津贴制度的过程中，各级政府以及相关部门要充分履行其职责，协调开展好人员配备、覆盖时机、财政预算安排、领取标准调整、资金按时发放等工作。

④ 管理体制。老年津贴制度属于基本公共服务范畴，应当由政府部门直接组织实施。目前，在各地实践过程中，有些地方是由民政部门(或老龄委系统)组织实施的，有些地方是由人力资源和社会保障部门组织实施的。从有利于今后社会养老保障制度整合的角度出发，建议由人力资源和社会保障部门组织实施老年津贴制度，且由户籍所在地地方政府负责。

2) 老年人的医疗保健

老年人医疗保健是老年福利的一项重要内容，全面良好的医疗保健是老年人生活保障的必然要求。具体内容包括以下几方面。

(1) 建立老年人健康检查制度。目前，在某些有条件的地方，由所在单位或社区组织老年人开展定期的身体检查，如发现疾病，及时采取治疗措施。

(2) 建立老年病医院或设立老年病科，开展老年病的治疗工作。目前，大多数医院都有老年人挂号、看病、取药三优先公约。

(3) 建立老年人康复和疗养机构。由国家组织和提供资金或者由社区建立康复疗养机构，使老年人的健康问题得到解决。

3) 老年人的养老服务

随着我国社会老龄化的日益发展，高龄老人所占比重增加，空巢家庭和独居老人的身体状况日益衰退、孤独感增加，对老年服务的需求必然会越来越多。为此，国家和社会通过各种方式，为老年人提供养老服务方面的基本保障。尤其是20世纪90年代以来，老年政策和相关法律的施行老年组织体系不断推进，使老有所养和老有所医等状况得到改善，老年服务体系不断发展。

目前，我国已初步形成以《中华人民共和国宪法》和有关基本法律为依据，以法律、行政法规、地方性法规、部门规章和规范性文件为主要表现形式，以《中华人民共和国老年人权益保障法》《关于加强老龄工作的决定》等重要纲领性文件为基本政策，以养老保障政策、老年医疗卫生政策、老年服务政策、老年文化教育政策、老年人社会参与政策、老年人权益保障政策等为具体政策的老龄政策体系，并且明确了建立以居家养老为基础、社区服务为依托、机构养老为补充的养老服务体系。

(1) 居家养老服务。居家养老的基本含义有两个方面：从养老的方式看，老年人是在自己的家里养老，不是在福利院、老年公寓等机构养老；从养老资源的提供主体看，家庭仍然是养老的提供主体，但是社区和政府也需要提供替代性服务。所以，居家养老是以家庭为核心，以社区为依托，以老年人日间照料、生活护理、家政服务和精神慰藉等为主要内容的一种养老方式。

居家养老服务的主要内容根据老年人的需求而定。居家养老服务主要解决老年人的安全需求、归属与爱的需求。老年人的安全需求主要集中在医、住、行三个方面。归属与爱的需求主要表现为参加各种活动，重视亲情和邻里关系。根据上述需求，居家养老服务的内容主要有以下几个方面。

① 日常生活照料。主要为老年人提供日托、购物、配餐、送餐、家政服务等一般照料和陪护等特殊照料服务。

② 医疗护理保健服务。主要为老年人提供疾病防治、康复护理、心理卫生、健康教育、建立健康档案、指导家庭保健等服务。医疗护理保健服务主要由家庭保健医生或护士等专业或辅助专业人员提供。服务形式主要有开设老年门诊、家庭病床、保健中心、老年康复保健站等。

③ 文化娱乐服务。居家养老服务提供的文化娱乐活动主要包括为老年人提供知识讲座、书法绘画、图书预览、棋牌竞赛、歌舞表演等活动。

④ 心理疏导和精神慰藉服务。老年人退休后普遍存在心态失衡、精神空虚的问题，特别是空巢、独居等长期处于孤独状态的老人，往往表现出易怒急躁、意志消沉、自闭忧郁等心理症状。现阶段的居家养老服务虽然以日常照料为主，也兼顾精神慰藉服务，并越来越重视对老年人的心理疏导和慰藉服务。

(2) 机构养老服务。机构养老是政府或社会兴建养老机构，安置老年人并养老送终的一种方式。机构养老具有照顾全面、护理专业等优点，能减轻家庭负担、缓解家庭矛盾，使老人得到集中的照顾和规律的生活。随着老龄化速度的加快、生活水平的提高、家庭结构的变化、养老观念的转变等，社会对养老机构的需求呈现快速增长的态势。机构养老服务根据机构类型可分为4种：一是政府举办的老年福利院、敬老院，主要面对"三无"老人、"五保"老人，同时也对社会开放，提供完整的照顾服务；二是老年公寓，主要面对生活能够自理的老人，公寓主要提供一些辅助性服务，日常生活主要由老年人自行料理；三是老年人护理院，主要面对生活不能自理或半自理的老年人，提供完全的生活照顾和医疗护理服务；四是综合性养老院，一般由社会出资兴办，主要面对能够自理或半自理的老年人，主要提供日常生活照顾服务。

4) 老年优待

老年优待是指政府和社会对老年人实行优先、优惠和照顾的一种福利保障措施。老年优待源于我国的敬老尊老文化，通常包括生活服务优待、医疗保健优待、文化休闲优待等方面的内容。

(1) 生活服务优待。大部分省份规定长途客运、铁路、水路和航空客运等运输部门要为老年人提供购票、上下车(船、飞机)、托运行李等优先服务，市内公交为老年人提供车票减免优惠。大部分省份对水电、燃气、电信、通信、邮政等行业和社区服务单位为老年人提供优质、优惠、优先服务和照顾做了倡导性规定。所有省市均规定老年人免费使用公厕。部分省市规定将贫困老年人优先纳入廉租房保障范围。

(2) 医疗保健优待。大部分省份都规定医疗机构要为老年人就医提供优先或优惠服务，为百岁老年人实施每年免费体检一次。如山东省青岛市为80岁以上的高龄老年人发放体检补助金，安徽省马鞍山市免费为城镇非职工老年居民定期体检。大部分省市还要求医院对老年人保健服务实行优先政策，设立老年人专用窗口等。

(3) 文体休闲优待。各省市普遍规定，国家财政支持的各类公益性文化设施向老年人免费或优惠开放。公园、园林、旅游景点为老年人提供门票减免服务；公共体育场馆、设施为老年人健身活动提供方便和优惠服务；影剧院为老年人实行票价优惠或为老年文艺团体提供演出场地优惠服务等。

(4) 部分省份对中低收入老年人提供法律援助，并给予简化程序和优先服务，对涉老案件实行优先立案、优先审理、优先执行。律师事务所、公证处、基层法律服务所和其他法律服务机构为老年人提供减免费用的法律咨询和有关服务。

10.2.2　残疾人福利

残疾人福利是政府和社会以资金、设施和服务等形式为残疾人提供的生产和生活福利，其目的是使残疾人享有与正常人同样的工作和生活条件。残疾人福利事业可以维护残疾人的基本生活权利，减缓残疾人与其他社会群体的不平等，同时可以促进残疾人的社会融合，有利于维护残疾人的尊严与自由。残疾人福利的内容主要包括为残疾人开展特殊职业培训、开办残疾人福利工厂、兴办残疾人教育以及为残疾人提供医疗康复福利等。残疾人福利是国家和社会在保障残疾人基本物质生活需要的基础上，为残疾人在生活、工作、教育、医疗和康复等方面提供的设施、条件和服务，是社会福利的一个重要项目。

1. 残疾人的定义

残疾人是指身体、智力或者精神状况违反常规和偏离正常状态(即相对于相同年龄的正常健康状况而言),因其并非暂时性的功能减退,而导致其参与社会的能力受到影响的人。1990年12月28日通过的《中华人民共和国残疾人保障法》第二条规定,残疾人是指在心理、生理、人体结构上,某种组织、功能丧失或者不正常,全部或者部分丧失以正常方式从事某种活动能力的人。

关于"残疾人"一词的定义较多。国际公约《残疾人职业康复和就业公约》第159号中这样定义:残疾人指因经正式承认的身体或精神损伤在适当职业的获得、保持和提升方面的前景大受影响的个人。《残疾人权利宣言》中指出:残疾人是指任何由于先天性或非先天性的身心缺陷而不能保证自己可以取得正常的个人生活和社会生活上一切或部分必需品的人。《关于残疾人的世界行动纲领》中将残疾人定义为:残疾人并不是一个单一性质的群体,包括精神病者、智力迟钝者、视觉和听觉及言语方面受损者、行动能力受限者和"内科残疾"者,等等。

为了比较确切地判定什么样的人是残疾人,世界各国都根据本国的实际情况制定了"残疾人评定标准",由于各国的标准有差别,各国残疾发病率报告有很大的差别。我国在1987年公布了《中国残疾人评定标准》,该标准于1996年修改后,又以《中国实用残疾人评定标准》公布实施,对包括视力残疾、听力残疾、言语残疾、肢体残疾、智力残疾、精神残疾、多重残疾和其他残疾人在内的各类残疾人的分级和标准作出了具体规定。

2. 残疾人福利的主要内容

1) 残疾人就业

残疾人就业是指达到法定劳动年龄、具有劳动要求和一定劳动能力的残疾人获得劳动岗位并取得合法收入。残疾人就业是一个世界性的社会问题,目前还没有哪个国家能从根本上对其加以解决。一些国家采取了一些措施,使部分残疾人获得就业机会。例如,日本规定各个企业应吸收3%的残疾人就业;英国的企业中残疾工人的比例占4%;美国的残疾人就业率占15%;瑞典设立社会企业基金会负责安排劳动市场不要的残疾人就业,就业率达50%。我国由于残疾人数量大,解决就业的残疾人只占总数的30%左右,大中城市中有一定劳动能力的残疾人就业率则有70%以上,部分城市为95%以上。

从目前国外解决残疾人劳动就业的情况来看,大体可分为以下几类。

第一类以日本、美国、英国等国家为代表,通过国家立法的形式,保证政府机关和企事业单位中有一定比例的残疾人。

第二类以波兰、苏联等国家为代表,通过国家投资兴办残疾人工厂的形式,解决残疾人就业问题,并且通过立法在税收、信贷、物资、产业等方面对这些工厂给予一定的照顾。

第三类以瑞典、芬兰等一些北欧高福利国家为代表,这些国家虽然也通过社会企业基金会等机构安排部分残疾人就业,但更多地采取发放残疾金的形式,由政府来供养残疾人。

我国残疾人就业采取集中就业和分散就业相结合的方式。集中就业主要在福利企业、公疗机构和盲人按摩、医疗等单位；分散就业主要是在机关、团体、企事业单位就业和残疾人个体从业或者自谋职业。

目前，我国各地规定按职工数的1.5%～2%的比例安排残疾人就业，按比例就业已经成为残疾人就业的主要渠道。

2) 残疾人教育

残疾人的教育福利是指国家向患有残疾的儿童、青年和成年人提供平等的受教育机会，使残疾人教育成为教育系统的一个组成部分。

对具有接受普通教育能力的残疾人，普通教育机构不得拒绝其入学。残疾幼儿教育机构、普通幼儿教育机构附设的残疾儿童班、特殊教育学校的学前班、残疾儿童福利机构、残疾儿童家庭，对残疾儿童要实施学前教育；初级中等以上特殊教育学校和普通学校附设的特殊教育班，对不具有接受普通教育能力的残疾儿童、少年实施义务教育；高级中等以上特殊学校、普通学校附设的特殊教育班和残疾人职业技术教育机构，对符合条件的残疾人实施高级中等以上文化教育、职业技术教育；政府有关部门、残疾人所在单位和社会对残疾人开展扫除文盲、职业培训和其他成人教育，鼓励残疾人自学成才。

对盲、聋、哑等残疾人及问题儿童实施的教育是一种特殊教育。特殊教育是国家教育事业的组成部分，具有普通国民教育的共性，其目的和任务都是让受教育者在德、智、体等方面全面发展，掌握生活和职业劳动技能，掌握一定的科学文化知识。残疾人教育是残疾人劳动就业的前提，也关系其参与社会的能力，甚至生存的能力，并为残疾人由社会的负担变为社会财富的创造者提供了条件。

3) 残疾人康复

国家和社会应采取措施，帮助残疾人恢复或者补偿功能，以增强其参与社会活动的能力。

康复也称健康重建，是指人们因疾病或某些事故致残后，通过自身的努力和外力的辅助，使精神、身体、生活、经济、社会性以及劳动能力得到最大限度的恢复。康复的宗旨，是最大限度地使只有部分器官和组织的残疾人不至于完全残废，身体留有的一部分功能能够发挥作用，使受损的功能得到恢复；或锻炼相应的组织、器官，使之起到代偿作用；或用矫形手术装配假肢、矫形器等各种方法，使残疾者能充分参与社会生活和社会生产劳动，与健全人一样平等分享社会和经济发展的成果。康复工作是一项综合性工作，涉及面广，包括心理康复、体疗、假肢与矫形器的装配、职业康复、精神病人的治疗康复等。

3. 我国残疾人福利事业存在的问题及改革方向

1) 我国残疾人福利事业存在的问题

目前，我国正处于快速工业化、现代化的进程中，近三十年来国民经济高速发展，国家财力明显增强,社会财富快速积累,包括残疾人福利在内的整个残疾人事业确实取得了很大进展,但也面临残疾人福利供给与残疾人福利需求差距日益扩大的挑战。残疾人福利事业发展中存在的问题主要表现在如下几个方面。

(1) 残疾人福利供给严重不足。由于残疾人福利制度的建设理念还停留在"恩赐与保护"的阶段,没有强有力的法制约束和明确的目标,国家对残疾人福利的投入严重不足,一些举办中的残疾人福利覆盖面很窄,服务设施根本不能满足残疾人群体的需要,残疾人的相应权益得不到保障和实现。

(2) 缺乏残疾人护理和津贴制度。尽管有关残疾人的法制建设得到了推进,但迄今为止,除个别项目外,我国事实上并未形成健全的残疾人福利制度,制度不健全正深刻地影响着残疾人的生存状况。一方面,残疾人护理缺乏制度安排,主要依靠家庭护理来解决,这种状况带来的直接后果是家庭成员的负担繁重,并有可能因家庭成员厌恶或缺乏专业护理技能而给需要护理的残疾人造成伤害;另一方面,针对残疾人的专项福利津贴制度尚未建立,现行的制度设计在一定程度上存在割裂残疾人福利津贴制度的危险。

(3) 残疾人福利管理体制有待完善。目前,残疾人福利事业涉及多个部门,呈现"多龙治水"的局面。其中,人力资源和社会保障部负责就业和社会保险事务管理,民政部门负责孤残儿童与老年人福利管理,卫生部负责医疗和康复,教育部门负责特殊教育和职业教育。同时,中国残疾人联合会也代行各项有关残疾人福利管理的政府职责。"多龙治水"不仅容易导致政策制定时产生"本位主义",从而造成残疾人群体的需要和权益得不到充分考虑,政府职责在残疾人事务领域"缺位",而且很难形成统筹规划与有效格局。

综上可见,我国残疾人福利制度确实在不断完善,但目前推进较快的均是作为社会成员普遍应该享受的社会救助与社会保险等一般性、大众性制度,专门面向残疾人的福利制度建设才刚刚开始,初露肚白,任重道远。

2) 我国残疾人社会福利事业的改革

(1) 明确官民结合的残疾人福利发展道路。从实际出发,重视并持续加大政府对残疾人福利事业的直接投入是建设残疾人福利体系的重要条件。然而,仅靠政府承担责任是不够的,还需要有相关制度安排来调动社会资源共同促进残疾人保障事业的发展。强调残疾人福利事业的社会化与多层次化,在于只有社会化的保障才能真正创造和维护公平并让残疾人实现平等、参与、共享的社会目标,只有福利制度或者服务机制多层次化才可以满足不同层次、不同类型的残疾人的保障需求。

(2) 整合现有制度安排,理顺残疾人福利与其他社会保障的关系。现实生活中,无论是身体上还是心理上,残疾人较普通人更加脆弱,抵御风险的能力更加弱小。作为社会的一个组成部分,残疾人群体应当享有普通社会成员应该享有的一切权利,也同样享有为实现这些权利而设置的所有福利制度;而作为社会组成部分中的特殊群体,正义原则又要求国家和社会给予残疾人群体以特殊权利与特别福利制度。所以,必须建立一般制度加专项制度的残疾人福利体系。保障残疾人的制度安排应当由面向全体国民的一般社会保障制度和面向残疾人群体的福利事业两个层次构成，在发展实践中不能以一般保障替代专项制度。

10.2.3　妇女儿童福利

妇女儿童福利是妇女福利和未成年人福利的合称，是国家和社会为保障妇女、未成年人的特殊需要和特殊利益而提供的照顾和福利服务，是社会福利项目之一。妇女儿童福利项目是根据妇女、未成年人的生理、心理特点以及可能受到的歧视和侵害而设立的，对于保障和满足妇女、未成年人的特殊利益需要，具有重要的意义和作用。

1. 妇女福利

妇女劳动者福利是指政府和社会为妇女提供的妇女就业、生育和妇女健康保健福利等。妇女在生理、心理上有与男子相区别的特点，需给以特殊的照顾和保护。

妇女福利的主要内容包括以下几方面。

1) 以生育津贴为主的特殊津贴与照顾

国际劳工会议年会通过的"生育保护公约"(第3号)的宗旨是，保护妇女劳动者在产前产后的全部假期内，使产妇本人及其婴儿得到支持和照顾。许多国家的劳工立法规定雇主需支付产假工资，如果对妇女没有这种足够的保护，便由社会保障机构提供。绝大多数国家给予妇女的特殊福利津贴，重点是围绕生育来提供。除了生育津贴外，有些国家还提供其他项目的福利津贴。

2) 妇女劳动保护福利

女职工劳动保护是保障妇女合法权益、照顾妇女身心特殊需要的重要方面，是为了保护社会生产力、保护妇女及下一代身体健康所采取的必要措施。

目前，我国规定的劳动过程中有关保护妇女的安全健康的特殊保护措施主要有以下7个方面。

(1) 禁止妇女从事井下采掘、支柱等笨重体力劳动和接触特别有害妇女生理机能的有毒、有害物质的工作。

(2) 已经从事笨重劳动和有害健康工作的妇女，享受提前退休的照顾。

(3) 对已经从事笨重劳动和经常攀高、弯腰等工作的孕妇，应调换至适宜的岗位。

(4) 对于从事长久站立、蹲坐、行走等工作的怀孕7个月和哺乳未满12个月婴儿的妇女，给予工间休息、不上夜班的照顾；禁止怀孕和哺乳未满12个月婴儿的女职工加班加点。

(5) 生育时，享受有薪产假待遇，各项工资、福利不变。

(6) 哺乳未满12个月婴儿的女职工，每日在工作时间内可哺乳两次，每次半小时，哺乳时间算作工作时间。

(7) 实行"四期"保护，在月经、怀孕、生育、哺乳期内，给予特别保护。

3) 为妇女提供福利设施和福利服务

提供的福利设施和服务涉及妇女生活、保健等多个方面，如妇幼保健院、妇产医院、妇女活动中心、咨询服务中心、健美中心、妇女用品专门店等。

2. 未成年人福利

未成年人福利是由政府和社会为各年龄层次的未成年人在就业前提供的福利，包括教育福利、健康福利和生活福利。

未成年人是指未满18周岁的公民。未成年人是社会的弱者，他们对自身的保护能力和对社会的适应能力还未形成，具有心理、生理上的依赖性，需要家庭和社会的关心、帮助和教化。发展未成年人福利事业是国家义不容辞的责任。发展未成年人福利的目的主要在于保护未成年人的身心健康，保障未成年人的合法权益，促进未成年人的健康发展。

《中华人民共和国宪法》规定，儿童受国家保护；父母有抚养教育未成年子女的义务；禁止虐待儿童。《中华人民共和国婚姻法》规定，父母有管教和保护未成年子女的权利和义务；禁止溺婴和其他残害儿童的行为；非婚生子女、养子女和受继父、继母抚养的子女，享有与婚生子女同等的权利。在《中华人民共和国刑法》中，我国政府对各种侵害儿童合法权益的违法犯罪行为依法予以制裁。在《中华人民共和国义务教育法》中，对儿童享受国家义务教育的权利和禁止使用童工做了一系列规定。

未成年人福利的内容主要包括以下几方面。

1) 未成年人的医疗保健设施和服务

卫生部门对儿童实行预防接种制度，积极防治儿童常见病、多发病，加强对传染病防治工作的监督管理和对托儿所、幼儿园卫生保健的业务指导。另外，学校和卫生部门也应该为未成年人提供必要的卫生保健条件，做好疾病预防工作。

国家还兴办专为儿童提供医疗保健的儿童医院，或者在全科医院中设立儿科；开展儿童保健工作，定期进行儿童健康检查，预防接种，防治常见病、多发病，使儿童健康成长。

2) 儿童的活动场所和条件

国家和社会建立和普及托儿所、幼儿园，为婴、幼儿提供良好的活动、生活条件和保育服务；建立儿童活动中心、少年之家、少年宫、少年活动站以及儿童公园、儿童乐园等儿童活动、学习场所。

3) 普及义务教育，保障每一位学龄儿童都有受教育的机会

我国实行九年制义务教育，凡年满6周岁的儿童均应就近接受义务教育，条件不具备的农村地区，可以延迟到7周岁上学。国家对接受义务教育的学生免收学费，实施义务教育的学校可以收取杂费，对家庭经济困难的学生应酌情减免杂费。

4) 未成年人的日常生活保障

未成年人的生命权、健康权是应该受到保护的。父母或者其他监护人应当履行对未

成年人的监护和抚养义务，不得虐待、遗弃未成年人；不得歧视女性未成年人或者有残疾的未成年人；禁止溺婴、弃婴。孤儿、弃儿和伤残儿童由国家养育，这部分未成年人的日常生活保障主要通过家庭领养、代养、收养的方式加以解决，或通过兴办儿童福利机构对这些未成年儿童进行集中养育。儿童福利院是指国家民政部门在城市开办的以孤儿为主要收养对象的社会福利事业单位，其主要任务是收养城市中无家可归、无生活来源、无法定义务抚养人的孤儿和收养自费家庭无力看管的残疾儿童。

10.2.4 我国社会福利状况的评价及展望

1. 我国社会福利制度的特点

我国现行社会福利制度自20世纪50年代开始建立，并逐渐得到巩固，在我国持续数十年，至今仍在某种程度上得以延续，具有如下几个特点。

1) 混合模式

我国现行的社会福利制度呈现与他国相区别的特点。国民福利在国家计划的控制下，被分割为财政价格补贴、民政福利和企业或单位兴办福利三大板块，三者之间既缺乏协调性，又缺乏稳定性。而企业或单位兴办福利事务，又缺少西方国家同类组织那样的自主性，完全听命于政府，几乎没有真正独立运作的社会公共福利团体。我国的传统福利模式既不是国外流行的社会化福利，也非西方福利多元主义模式，而是一种奇特的混合模式，为世界上所独有。

2) 典型的城镇福利制度

按照传统福利制度的出发点与实施项目及范围，普遍化的社会福利仅仅表现为面向城镇居民的高福利，农村居民仅有少数无依无靠的"五保"对象被集中供养。2006年，我国在福利项目支出方面，占全国人口约20%的城镇居民占有全国财政性福利支出95%以上的份额，而占全国人口75%以上的乡村居民的财政性福利支出不足全国福利性支出的5%。可见，尽管传统福利的水平并不太高，但就其项目与保障内容而言，对城镇居民确实既全面又慷慨，而对农村居民的福利保障则严重不足。

3) 典型的就业关联福利制度

现行社会福利制度是围绕着城镇就业劳动者设计的，且以企业或单位为主体实施。在这种模式下，城镇就业人口通过单位既可以获得工资收入，又可以获得诸如住房、教育、生活福利及享受集体福利设施等福利待遇，而缺乏就业人口的家庭或孤老残幼则只能享受最低的福利待遇。这种格局显然与工业化国家的社会福利实践截然不同。不过，由于计划经济体制能够保证企业或单位"长生不死"和城镇适龄劳动人口普遍就业，95%以上的城镇居民通常能够享受到各种与就业关联的福利。

2. 我国现行社会福利体制的评估

我国现行社会福利制度成为改革的对象，既是经济体制改革使其丧失了存在基础的结果，也是这种模式存在制度性缺陷而又无法自我克服的结果。

目前，我国的社会福利制度还存在一些值得研究的问题，具体表现为以下几个方面。

(1) 资金投入不足，福利方面供需矛盾十分突出。社会福利属于长期供给项目，但在传统福利制度下，政府每年用于福利方面的开支极少，虽然理论上一个政府不可能承担起超出国家经济实力的责任，但2005年我国民政支出占国家财政支出的比例不足2.5%，分到社会福利事业就少之又少了。而且，在政府拨给的社会福利单位经费中，绝大部分都用于其本身的日常开支，投入发展的只有其中的10%～15%。同时，社会筹资渠道较窄，因此导致福利资金严重短缺，福利供需矛盾十分突出。

(2) 国家、集体包办社会福利事业，社会动员不足，且因行业组织缺失造成效率低下。政府职责的增强不等于事事都要由政府承办，对于我们这样一个人口众多的发展中国家，由于各地经济和社会发展水平不均衡，政府的财力相对有限，要办好福利事业，更是必须坚持有所为、有所不为。我国社会福利事业在计划经济时期形成的国家、集体包办，民政部门"直属、直办、直管"的办法还没有完全改变，过分注重政府福利的资源，对各种社会福利资源的广泛动员和综合利用还不够。现行社会福利制度强调政府办福利的作用，因而缺乏行业组织的生存空间，但是随着社会福利社会化改革的推进，以及社区服务的发展，社会办的福利机构将会大大增加。社会办的服务机构与政府部门没有直接的联系，它们有独立的自主权，因此有更多的事务需要自行处理，包括人员的培训、职业及行业守则的制定、业务协调等，这些事务由单个机构来做会导致效率低下，需要由行业组织来完成。此外，由于行业组织的空缺，使政府与游离于组织体系之外的服务机构缺少联结点，不能充分沟通合作。现有福利机构不能突破以街道、乡镇为边界的地域限制而连接在一起，很大程度上就是因为缺乏行业组织。

(3) 立法建设的不足影响社会福利进程。我国虽然在社会福利的法制建设上做了不少工作，但法规建设还很不完善，比如在反弃婴问题上，没有行之有效的法规，使弃婴问题在近些年内都无法得到有效的控制和解决。法规对于人们的社会生活、经济生活以及政治生活来说都十分重要，是现代化法治国家平稳运行的基石，因此要用法制手段保证社会福利事业与国民经济以及其他社会事业协调发展。建立健全社会福利制度，关键是要加强法制建设，强化法制手段。政府的责任、社会的责任和个人的责任，都应通过立法来明确和规范。对社会福利事业的优惠扶持政策，也要适时提升为法律的规定，明确规定其在各地财政支出或是财政投入中所占的比例，从制度设计层面上促进和保证社会福利事业的持续发展。

(4) 工资分配与福利分配界限模糊。传统福利制度以职业福利为主体，企业或单位须依据国家政策对职工及其家庭的福利负全部责任，不可避免地要花费大量的人力、物力、财力来开办各种福利事业，不但生产经营受到严重影响，而且只能选择低工资与多福利的混合分配方式；政府则因需要对企业的生死直接负责，也不得不强势干预企业的生产经营。在这种条件下，低工资是构成多福利的前提，而多福利则自然成为低工资的必要补充。

3. 我国社会福利制度的改革

1) 我国社会福利制度的发展方向

改革开放以来，我国福利制度在客观上已经发生了深刻的变化并取得以下成就：一是观念上的突破，即由政府或企业包办福利的传统已被打破，"社会福利社会办"的观念正在确立。二是福利结构的变化，如职业福利的地位在持续下降并逐渐恢复其为企业发展战略服务的本来面目，社区服务则日益受重视并获得了一定程度的发展。三是福利制度运行的变化，如政府办的福利院开始向一般民众开放，企业办的职业福利项目亦在经由承包后越来越多地摆脱原有的封闭局面，为社会福利社会化打下初步基础。四是住房福利与教育福利改革取得了较好的成绩，如住房福利由过去的国家或单位包办转变为福利分配、房租补贴、公积金及住宅私有化等多种形式；教育也发生了分化，即义务教育的福利性得到了维护，高等教育及其他教育的福利色彩则在持续淡化。五是民间力量开始介入福利领域，如私人养老院等的出现，是社会福利走向社会化的重要标志。所有这些，均为新型福利制度的确立奠定了一定的基础。

从我国市场经济条件下的国民需求出发，我国社会福利制度的未来发展，适宜选取的将是以不断改善和提高国民的生活质量为追求目标，走福利社会化、多元化的发展道路。

(1) 调整社会福利结构，建立完整、功能全面的服务体系。社区服务是我国新型福利制度的稳定基石，社会化福利则是新型福利制度的主体，而企业或单位自主兴办的职业福利机构成为整个社会福利制度的有益补充。

(2) 社会福利制度在发展中要与社会救助、社会保险等相区别，实现社会福利的开放与社会化。社会福利项目应对全体居民开放，并采取社会化手段来经营社会福利事业。

(3) 在发展我国社会福利事业的过程中，还应积极推进社会福利的多元化，坚持家庭保障与社会福利相结合，推进政府与民间的合作，让政府、社会、社区、企业或用人单位分别成为不同社会福利事业的责任主体。

2) 发展新型社会福利制度所遵循的原则

(1) 坚持福利项目设置的基本原则。具体包括：一是满足居民福利需求原则，即根据城乡居民的普遍需求来设置福利项目。二是与社会经济发展水平相适应原则，即根据现实国力来设置福利项目。三是适度引入市场机制原则，尽管社会福利的特殊性质决定了它不可能完全走市场化道路，但在市场经济条件下，将市场机制适度引入福利领域很有必要。根据这一原则，凡是能够由市场提供的福利均应尽可能地由市场提供，非营利机构开办福利事业应当得到政府的鼓励和明确的政策引导。

(2) 要遵循社会福利的发展规律。具体包括：一是服务社会化规律。社会福利必须通过广泛的社会公共组织网络来具体实施，服务越是社会化，社会福利事业就越是能够得到全面的发展。二是对象群体化规律。不同的社会群体存在不同的社会福利需求，如老年人、妇女、儿童、残疾人等均对社会性的福利有着自己独特的需求。为此，社会福利应当遵循这一规律，根据不同群体来制定相应的福利政策、建立必要的福利设施、提供专门的服务等。三是发展协调化规律，即追求福利项目结构、水平及项目之间地位的协调发展等。

(3) 坚持并完善中国特色。坚持并完善中国特色，具体包括物质保障与服务保障相结合、国家救援与群众互助相结合、救助生活与发展生产相结合、发展社会福利与巩固家庭保障相结合、社会福利制度化建设与非制度化建设相结合等。

3) 新型社会福利制度的目标

在沿着前述发展道路推进传统福利改革的进程中，国家可以通过如下措施来实现建立和发展新型社会福利制度的目标。

(1) 改造政府福利。一方面，对政府承办的现有福利项目进行改造，使之与新型福利项目接轨。如保留残疾人福利项目，以原有的社会收养和相关福利待遇为基础设置老年人福利、儿童福利、妇女福利等项目，将财政性补贴转化为社会津贴项目，将教育福利、住房福利纳入统一的社会福利体系等，以促使福利体系的转型。另一方面，打破封闭，将政府举办的各种福利设施向全社会开放，使之真正成为社会性的福利，以适应社会成员对福利的普遍性需求。如政府开办的福利院或养老院以往只面向孤寡老人，从发展的角度出发，则应当将其作为老年人福利的一个组成部分，面向需要进入养老院养老的所有老年人。通过类似改造，政府兴办的现行福利通过发展壮大即可逐渐转化为社会化的社会福利。

(2) 分化职业福利。按照市场经济的要求和社会福利与职业福利的职能差异来分化传统的职业福利，使具有社会职能的一部分传统职业福利通过从企业或单位中剥离而复原为社会化福利，而让另一部分符合企业或单位发展战略的职业福利真正成为企业或单位内部激励机制的有机组成部分。应遵从市场经济的一般规律，将劳动者与企业或用人单位的关系简化为较为单纯的劳资关系，由社会公益事业团体具体承办，使之成为社会化或社区型的福利设施和福利项目，最终实现通过劳动力市场合理配置劳动力资源的目标。

(3) 完善整个福利制度。完善整个福利制度包括健全社会福利法制体系、重整福利资源、健全福利体系、完善运行机制等。例如，颁行《社会福利法》等；将财政性补贴逐步转变为面向城乡居民家庭的社会津贴；将教育福利重新界定并分类，强化义务教育，进一步淡化高等教育与职业培训教育的福利色彩；逐步形成住房公积金、公房贴租及住房补贴等多重结构的福利制度；大力促进社区服务的发展等。

现今的中国社会正处于一个特殊的社会经济综合转型时期，国家对民政福利的改造、企业或用人单位福利事务的剥离和对相关福利制度的完善，均需要在现阶段考虑并拿出相应的政策措施加以推进，但就急切性、政府和社会的承受能力等而言，又很难实现并重发展。因此，目前的重点应当是尽快改造政府福利，稍后宜将社会福利与就业分离，在此基础上再对有关福利制度进行完善。

4) 具体措施

受我国生产力发展水平的制约，我国政府的财政实力仍很薄弱，其他改革配套不足以解决上述问题，需要从制度改进的层面入手、从我国的国情出发，借鉴国外社会福利制度的经验和教训，发展具有中国特色的社会福利制度。

(1) 坚持福利项目设置的基本原则。提供社会福利服务的目的就是满足社会上的特殊群体的特殊需求，以帮助他们克服困难，提高生活质量。可引入市场机制，凡是能够由市场提供的福利均应尽可能地由市场提供，这在老年人的社会福利上体现得最为明显。因为老年人的福利服务体系一般是由不同种类、不同功能的福利机构、设施和各种服务组织以及家庭自我服务等多种实体结合而成的多元体系，截至2014年底，我国60岁以上老年人口已经达到2.12亿人，占总人口的15.5%，所以老年人福利市场的建设迫在眉睫。

(2) 社会福利事业应引入非营利机构。我国是资本不充裕的国家，引入多元化投资机制，是解决特殊群体社会福利问题的有效途径，因此，应大力推进多元筹资方略。资金短缺是困扰我国社会福利发展的关键问题之一，采取多元化的筹资策略，扩充福利资金的来源，应当成为发展社会福利事业的努力方向。非营利组织是弥补"市场失灵"和"政府失灵"的有效组织创新，其手段是让非营利组织替代政府执行其部分职能，政府应该对其加以扶持，给予各种补助，使之能提供满足社会需求的产品量。

(3) 重视立法，推进社会福利的制度化建设。社会福利走向制度化，是社会文明发展进步的一个重要标志；而通过相应的法律来规范社会福利的供给与需求，则是福利事业制度化的基本要求。然而，目前我国的社会福利立法虽然已取得一定的成绩，但基本上还没能成为体系，已有的法律也存在笼统而缺乏相应的细化单行法规的问题。故在改造传统的福利制度时，应当对已有的法律、法规、政策进行修订，同时制定新的社会福利法。在立法模式上，既可以依照《中华人民共和国残疾人保障法》的方式颁行多部并行的福利法，也可以在制定综合性的社会福利法的基础上，分别制定相关的、适用于各主要福利项目的配套法规。同时，在法制建设中，应明确个人、社会和国家的责任，明确各社会福利项目的管理与监督机制。社会福利法制的系统化、专门化，将是我国社会福利真正走向制度化、社会化并获得健康发展的基本条件。

(4) 培植和壮大社会公共福利组织。社会福利的社会化将通过社会福利组织的社会化和向全体社会成员开放来实现。新型社会福利制度的建设与发展，必须在培植社会化的公共福利组织方面多下功夫。例如，民政部门办的福利院就可以成为独立的社会组织，并面向全社会开放；通过对企业或用人单位举办的福利设施的剥离，使托幼机构、老年保健服务机构、职工疗养院等单位附属机构转变成面向大众的社会化的公共福利组织；鼓励民间力量兴办社会福利事业，简化民办福利机构的申办手续，提供政策性优惠，扶持并促使民办社会福利组织的壮大与持续发展；引导并扶持社区服务组织，使社区服务网络化、普通化，如将企业举办的职工食堂、浴室、理发室、老年人活动中心等生活服务机构交由职工居民所在地的社区来承办就是一举两得的好办法。

(5) 构建官督民办的新型社会福利事业运行机制。由政府主管部门承担统一监管全国社会福利事务的责任，我国的福利事业虽然应当走向制度化，但又不能再走官督、官管、官办或官管企业办的老路，政府的职责重在优化福利资源的配置、监督福利事业的秩序，从而扮演监督者与供款者的角色；而各种福利事务则宜在政策的规范下，交由民间负责，走"公助民办"或"官民合办"的道路。

综上，充分调动民间力量的积极性，将是中国特色的新型社会福利制度可以持续、健康地发展下去的重要条件。

本章小结

社会福利有狭义和广义之分。狭义的社会福利就是经济福利，即收入和财富给人们带来的效用；广义的社会福利理论认为，福利有个人福利和社会福利之分。福利是指一种在基本收入之外的物质利益，或者说是指基本收入之外的其他待遇，即由政府、社会或者企业在基本收入之外给予居民或者职工的某种物质待遇。

按照社会福利的形式，可以分为货币形式、实物形式和服务形式。

在我国，社会福利服务的社会成员主要是老年人、残疾人和妇女儿童等弱势群体，主要为他们提供社会保障和帮助。

老年人福利是以老年人为对象的社会福利项目，是指国家和社会为了安定老年人生活、维护老年人健康、充实老年人精神文化生活而采取的政策措施和提供的设施和服务，包括老年人文体娱乐福利、健康保健福利、托老院福利以及长寿老人福利等。

残疾人福利是政府和社会以资金、设施和服务等形式为残疾人提供的生产和生活福利，其目的是使残疾人享有与正常人同样的工作和生活条件。残疾人福利的内容主要包括为残疾人开办的特殊职业培训、开办残疾人福利工厂、举办残疾人教育以及为残疾人提供医疗康复福利等。

妇女劳动者福利是指政府和社会为妇女提供的妇女就业、生育和妇女健康保健福利等。

未成年人福利是由政府和社会为各年龄层次的未成年人在就业前提供的福利，包括教育福利、健康福利和生活福利。

思考题

1. 我国社会福利的含义是什么？

2. 老年人福利的主要内容有哪些？

3. 简述我国残疾人福利事业存在的问题及改革方向。

4. 简述我国福利制度的特点及改革方向。

案例分析

案例1：教育福利包括哪些内容?

以前我国的教育福利主要是指教育救助，针对的是贫困地区的贫困学生的教育问题。但随着社会的发展，教育福利已经不能仅限于教育救助。在我国，现有的教育福利主要有以下几项。

1. 义务教育工程

实行九年义务教育，即在义务教育阶段免除学费。自2006年9月1日起正式施行的《中华人民共和国义务教育法》规定，适龄儿童和青少年都必须接受国家、社会、家庭必须予以保证的国民教育。通俗一点说，在接受义务教育时期，农村地区的学生可以免交学费和杂费，即免费接受义务教育；但是在城市，因为财政投资有限，只免除学费，杂费仍需自己支付。我国实行九年义务教育的规定符合我国的国情，是适当的。

2. 在校贫困学生的"奖、贷、助、补、减"福利救助体系

奖，即我们非常熟悉的学校发放的各类奖学金，用来资助那些家庭经济困难而学习优秀的学生，以及学习农业、师范、体育、航海、民族等特殊专业的学生。贷，即由国家指定的金融机构对高校的贫困学生开展的各种贷款业务，贫困学生在校期间的贷款利息由国家财政解决。助，即高校为经济困难学生在学校设立的一些勤工助学岗位，经济困难学生在不影响学业的前提下在这些岗位上适当劳动，获得适当的报酬，通过自己的劳动来补贴生活费用，"有尊严地活着"。补，即国家规定高校每年都要从学费中提取10%左右用于对困难学生的补助。减，即对那些国家急需的专业和家庭十分困难的大学生实行学费减免。

3. 针对在校贫困生和贫困地区学校的社会捐助

实行社会捐助的形式有教育基金会、东部发达地区与中西部地区的扶困挂钩制度、希望工程等。在这些福利措施中，涉及面相对较广的是义务教育工程和在校贫困生的"奖、贷、助、补、减"福利救助体系，国家分别从义务教育和高等教育两个层面上发挥了应有的作用。

资料来源：参照《中华人民共和国义务教育法》(2006).

分析：

教育福利的内容有哪些?

案例2：老年人可以享受哪些优待?

在我国，为老年人提供了一系列的优待政策，主要有养老优待、医疗保健优待、生活服务优待、文体休闲优待和维权服务优待等。

《关于加强老年人优待工作的意见》中明确规定，各个地方应根据自身的发展情况，由卫生部门组织，每年至少为百岁或高龄老年人免费体检一次；同时为80岁以上的

老年人发放高龄老年人津贴，各地根据自身的经济发展水平和财政承受能力确定高龄老年人津贴额度。例如，吉林省规定对80～89周岁的城乡低保老年人发放每人每月不低于50元的生活津贴；对90～99周岁的城乡老年人每人每月发放不低于100元的生活津贴；对100周岁及100周岁以上的城乡老年人每人每月发放不低于300元的生活津贴。同时，各个地区可根据自身状况适度增加发放金额。

资料来源：中央21个部门联合出台的《关于加强老年人优待工作的意见》(2005).

分析：

老年人可以享受哪些优待？

案例3：残疾人可以享受哪些福利政策？

我国针对残疾人的福利主要有残疾人康复、残疾人教育、无障碍的公共设施和残疾人就业。

在我国，有8296多万人有视力残疾，而且白内障患者在所有的视力残疾中占有较大的比重，因此组织实施白内障复明手术很重要，同时可以开展一些低视力的康复工程，比如说在大中城市设立定点眼镜店，为低视力者提供验光、配镜和助视器使用等训练服务。同时，组织、研制、开发并生产各类残疾人需要的质优价廉的辅助器具。

在残疾人教育方面，每一个残疾人都可以享受教育，同时国家还提倡一些特殊教材的编写、特殊教学用具的生产以及盲文和手语的应用。比如，在平常的新闻节目播报时，在左下角有一位播音员在使用手语，这都体现了对残疾人的尊重。

无障碍的公共设施为残疾人出行营造了一个温馨的、人性化的氛围。例如，每个城市的十字路口、机关单位出入口、主干道、商业街、步行街都设置了缘石坡道和盲道；在厕所外当街处设有包括残疾人专用标志在内的明显标志，残疾人专用厕位正对厕所大门，里面配备专用的低位坐便器、小便池、扶手、搁物板和照明设备。

城市的残疾人就业主要集中在福利企业或者机关、团体、企事业单位，按照一定的比例参加工作。同时，对自主创业的残疾人，国家对其实行税收优惠，有关部门在经营场地方面给予照顾，并按照规定免收管理类、登记类和证照类的行政事业性收费。在农村，残疾人可以根据自身的特点，开展种植或者养殖业，有些残疾人还可参与家庭手工业制造手工艺品。残疾人身残志不残，他们依然可以通过的劳动获得应有的那份尊重。

在残疾人福利方面，国家出台了法律法规对残疾人保障作出了明文规定。但是在现实中，各个地方可根据当地的具体情况进行调整，详情可以咨询当地的相关部门。

《残疾人就业条例》规定："中国残疾人联合会及其地方组织所属的残疾人就业服务机构应当免费为残疾人就业提供下列服务：①发布残疾人就业信息；②组织开展残疾

人职业培训；③为残疾人提供职业心理咨询、职业适应评估、职业康复训练、求职定向指导、职业介绍等服务；④为残疾人自主择业提供必要的帮助；⑤为用人单位安排残疾人就业提供必要的支持。"受劳动保障部门的委托，残疾人就业服务机构可以进行残疾人失业登记、残疾人就业与失业统计；经所在地劳动保障部门批准，残疾人就业服务机构还可以进行残疾人职业技能鉴定。我国目前残疾人个体就业方面有很多税收优惠政策，主要包括个人所得税、营业税和增值税方面的减免。

另外，各地对重度残疾人的定义不一致，因此在操作过程中保障的对象也不同。同时，各个地方对重度残疾人的特殊照顾也不同，有的地区采取直接补贴的方式，有的地区代缴养老保险，具体情况请咨询当地的相关部门。

资料来源：《中华人民共和国残疾人保障法》(在1990年12月28日召开的中华人民共和国第七届全国人民代表大会常务委员会第十七次会议通过，在2008年4月24日召开的中华人民共和国第十一届全国人民代表大会常务委员会第二次会议修订).

分析：

残疾人的福利政策包括哪些内容？

案例4：保障房空置现象严重

一边是中低收入群体期盼早日实现"安居梦"，一边是大量保障房空置"遇冷"的窘境。经过几年的"高速"建设，保障房显现"产出"高峰，但一些地方保障房入住率低，"民心房"屡遭尴尬。

深圳最大公租房项目分配进入了最后阶段，首批推出的8250套公租房房源，入围申请家庭有一万余户，但有45%的申请家庭弃租。

新一轮大规模的保障房建设启动以来，部分地方却出现了始料未及的"房等人"现象，原本"一房难求"的保障房面临"愁嫁"尴尬。

山东省审计机关对省内15市的城镇保障性安居工程的投资、建设及分配情况进行审计后发现，有9个市、40个县的1.29万套保障性住房处于闲置状态，其中近四成空置6个月以上。

2012年，从全国一些省份的审计结果来看，"有房无人"的保障房闲置问题十分普遍：在海南，9个市县9077套保障性住房处于闲置状态；在广东，有13个市、28个县的11464套住房处于闲置状态；在云南，有2.3万套保障房被闲置。

在房价高涨的背景下，一边是低收入群体只能"望房兴叹"；一边却是保障房空置率不断上涨，房源存量不断增加。

多地公布的审计报告指出，保障房闲置的重要原因之一是配套的基础设施或公共服务设施不完善。部分地方的保障房质量偏差，小区环境差，物业管理不到位，在一定程度上影响了保障对象的居住意愿。由于保障房的物业管理费十分低廉，而小区内的卫生、安保、水电、绿化等日常管理需要大量资金维护，物业费用缺口较大，小区环境自然好不起来。

资料来源：龙玉其. 社会保障案例评析[M]. 北京：经济管理出版社，2016：270-271.

分析：

保障房空置现象反映了保障性住房存在哪些问题？

第11章　社会优抚

👤 **本章学习重点**

1. 了解社会优抚的含义、对象和特点；

2. 掌握社会优抚的基本内容；

3. 了解我国社会优抚的发展阶段；

4. 掌握我国社会优抚的内容及存在的问题。

11.1　社会优抚概述

11.1.1　社会优抚的含义

"优抚"是"优待"和"抚恤"的简称，社会优抚是国家和社会依照法律规定，对为国家利益作出牺牲和特殊贡献者及其家属提供各种优待、抚恤、就业安置等待遇和服务，确保其生活水平不低于甚至略高于当地群众的平均生活水平。《宪法》第四十五条规定："国家和社会保障残疾军人的生活，抚恤烈士家属，优待军人家属。"

社会优抚制度与其他社会保障制度的不同之处在于其对象的特殊性，它是针对社会特殊对象所实施的优待抚恤，带有明显的褒扬性质。优待措施包括政治、经济等方面；抚恤措施包括政治荣誉和精神上的抚慰，以及钱款和物质上的帮助。

社会优抚是国家维护自身利益的需要，也是国家和社会的责任。社会优抚制度的建立，对于维持社会稳定、保卫国家安全、促进国防和军队现代化建设、推动经济发展和社会进步具有重要意义。

11.1.2　社会优抚的特征

社会优抚作为社会保障制度的特殊组成部分，具有如下特征。

1. 优抚对象的特殊性

社会优抚对象特指为维护国家安全稳定而作出牺牲和贡献的特殊社会群体。优待对象指现役军人(包括武装警察)及其家属和在乡老红军、老复员退伍军人等。抚恤对象包括烈士家属、因公牺牲军人家属、病故军人家属和残废军人。

2. 优抚目标的双重性

一方面，社会优抚为优抚对象提供现金和服务帮助，保障他们的基本生活，具有经济保障功能；另一方面，国家和社会通过各种优抚活动，向全社会宣传特殊贡献者的事迹和高尚品德，树立全社会的道德榜样和学习楷模。由此可见，社会抚恤具有经济和政治双重目标。

3. 优抚内容的综合性

社会优抚与一般的社会保障项目不同，它既不是单纯的社会救助，也不是单纯的社会保险或社会福利，而是兼具三种项目的特点，因而它是一种综合性的保障项目。对军转人员的安置、对其家属的抚恤，具有社会保险的性质；面对特别困难的相关人员的扶持生产、帮困济贫等，具有社会救助的特征；而对军人及其家属的优待又具有社会福利的性质。因此，社会优抚不是单一的社会救助、社会保险或社会福利，而是三者的共同体现。

4. 优抚待遇的补偿性

优抚具有补偿和褒扬性质，因此优抚待遇高于一般的社会保障标准，优抚对象能够优先、优惠地享受国家和社会提供的各种优待、抚恤、服务和政策扶持。而且，优抚工作是政府的一项重要行为，优抚优待的资金由国家财政投入，还有一部分由社会承担，只有在医疗保险和合作医疗等方面由个人缴纳一部分费用。

11.1.3　社会优抚的对象

社会优抚的对象是由国家相关法律、法令、条例和政策等确定的，有明确的法定范围，其对象是为革命事业和保卫国家安全作出贡献和牺牲的特殊社会群体，是国家和社会的功臣。由于各国政治背景和社会发展水平不同，对优抚对象范围的界定也有所不同。

依照我国有关法律的规定，享受抚恤和优待的人员包括中国人民解放军的现役军人、革命伤残军人、烈士遗属、因公或因病死亡军人遗属、复员军人、退伍军人、现役军人家属等。

1. 中国人民解放军的现役军人

中国人民解放军的现役军人，按照《中华人民共和国兵役法》的规定，包括正在服役的军官、文职干部和士兵(含士官)。军队中保留军籍的离退休干部享受现役军人待遇。

2. 革命伤残人员

革命伤残人员是指那些在服役期间因战、因公、因病(只限义务兵)致残的军人和那些国家机关工作人员，人民警察、民兵民工因战、因公致残，符合评残条件的人员，并需经审批机关批准，取得民政部颁布的"国家机关工作人员伤残抚恤证""人民警察伤残抚恤证""民兵民工伤残抚恤证""革命伤残军人证"的人员。

3. 烈士遗属

烈士遗属是指经法定机关认定，取得"因公死亡证明书"的遗属。

4. 因公或因病死亡军人遗属

因公或因病死亡军人遗属是指经过规定机关确认，取得"因公死亡证明书"或"因病死亡证明书"的遗属。

5. 复员军人

复员军人是指1954年10月31日开始试行义务兵役制度以前参加中国工农红军、东北抗日联军以及中国共产党领导的脱产游击队、八路军、新四军、解放军、中国人民志愿军等，持有复员、退伍军人证件或经组织批准复员的人员。

6. 退伍军人

退伍军人是指1954年11月1日开始试行义务兵役制以后参加中国人民解放军，持有退伍或复员军人证件的人员。

7. 现役军人家属

现役军人家属是指按照《中华人民共和国兵役法》的规定，正在服现役的军人的家属。

11.1.4　社会优抚的发展历程

历史上的优抚行为是和国家一同产生的。作为现代社会保障的一个重要项目，世界各国都从各自的兵役立法和国家稳定的需要出发，对现役军人的优待抚恤和退役后的生活待遇等作出具体规定。

美国在1930年成立了退役军人管理署，内设医疗、福利、阵亡纪念项目，由其负责对退役军人保障进行管理和实施。所设的保障项目有：病残退役补偿、阵亡军人遗属抚恤、退役军人生活困难补助、丧葬补助、职业培训、医疗照顾、退役安置等。法国早在19世纪就在政府文职官员和军人中实行养老制度，现在法国军人也享受较高水平的社会保障。

11.1.5　社会优抚的基本内容

社会优抚的内容比较广泛，涉及社会保障的各个方面。享受社会优抚的对象，由于各国政治背景和社会发展水平不同，规定的范围也有所不同，但一般是指现役军人、退役军人、军人家属。由国家为优抚对象提供的优抚内容，体现在如下几个方面。

1. 社会优待

社会优待是国家和社会依法对优抚对象提供资金和服务的优待性保障项目。资金保障，通常是向优抚对象提供各种生活津贴、服务保障，主要是由社会各界(包括工作单位、社区组织或社会团体)提供，既有生活服务，又有生产服务，以保证为国家作出贡献的人员及其家属维持一定的生活水平。社会优待具体包括为对象提供优待金以及在医疗、交通、住房、就业、入学、入托、生活困难补助、救济、贷款、邮政、供应、参观游览等方面提供的优惠待遇。

2. 退役安置

军人退役是指现役军人服役期满退出军队,主要有两种情况:一是年老退役,如离休、退休等;二是非年老退役,如转业、复员、退伍等。年老退役军人安置解决老有所养问题,非年老退役解决再就业问题。作为军人社会保障重要组成部分的退役安置,是指国家和社会为退出现役的军人提供资金和服务,以帮助其重新就业的一项优抚保障制度。退役安置主要从资金和服务两个方面对退役军人提供保障。在资金保障方面,包括提供安置费、各级临时性生活津贴和生产性贷款;在服务保障方面,包括就业安置、就学安置、职业培训、技术培训等。随着社会主义市场经济体制的建立,军人退役安置问题出现了很多新情况。由于企业有用工自主权,而国家机关也面临机构调整,同时退役军人本身所具备的技能和综合素质与单位招工的要求有一定差距,这使得退役军人的安置更加困难。要解决这些问题,必须采取新的措施和办法,对原有的退役军人安置制度进行改革,以适应新形势的变化。

3. 伤亡抚恤

伤亡抚恤是指国家对革命烈士家属,因公牺牲、病故军人的家属,因公牺牲、病故的国家机关工作人员和人民警察的家属提供一定的抚恤金,以保障他们基本生活的社会优抚制度。以上相关人员的牺牲必然使其家属蒙受巨大的经济损失和精神痛苦,使其生前的赡养(抚养)对象失去生活来源。因此,国家有责任抚慰其家属,保障其生活,提供既有褒扬意义又有物质补偿性的抚恤金。抚恤金分为一次性抚恤和定期抚恤两种。国家确立的死亡抚恤的基本原则及发展方向是:保障抚恤待遇与国民经济的发展相适应,使抚恤优待标准与人民的生活水平同步提高。

11.2 我国社会优抚

11.2.1 我国社会优抚的历史沿革

社会优抚制度是随着战争的存在而产生、随着军队的发展而逐步完善起来的。它通过国家抚恤和各种不同形式的社会优待,鼓舞士气,稳定军心,完成一定阶段的军事、政治任务。它从产生之日起,就同军队建设紧密地联系在一起。

1. 战争时期的创立阶段

1931年,中国共产党在江西瑞金成立了自己的中央政权,当时中央工农兵民主政府非常重视优抚工作,颁布了《中国工农红军优待条例》和《红军抚恤条例》。1933年的《中华苏维埃共和国地方苏维埃暂行组织法(草案)》对红军抚恤优待的组织机构及其职权作出明确规定。中央委员会、中华苏维埃政府先后颁布了包括以对伤亡将士的抚恤、对红军及其家属的优待、褒扬阵亡将士等为主要内容的《红军优待条例》《红军抚恤条例》《优待红军家属条例》等法规或者规范性文件，从组织上和制度上为新型军人社会保障制度的建立奠定了基础，也为新中国军人社会保障制度的形成和发展创造了条件并积累了丰富的经验，是具有现代意义的军人社会保障制度创立的标志。

抗日战争和解放战争时期，各革命根据地的民主政府先后颁布了一系列抚恤优待的地方性政府规章。例如，晋察冀边区政府的《优待抗日军人家属暂行办法》、苏南行政区的《优待抗属暂行条例》、晋冀豫区的《优待抗战军人家属条例》等。这一时期的优抚制度由于受战争环境的影响，虽然未能形成全国统一的法典，但经过不断完善，逐步形成了包括伤亡抚恤、烈士褒扬、军人及其家属的优待等内容在内的抚恤优待的法制原则，至今仍具有重要的现实意义。

2. 中华人民共和国国成立后社会优抚的发展

中华人民共和国成立以后，一方面完善了优抚工作，另一方面又增加和完善了退役军人的安置与退役军官和离退休军官的安置、养老等内容。

我国社会优抚制度走过了较长的历程。1950年，国家制定并实施了《革命军人牺牲病故褒恤暂行条例》《革命烈士家属、革命军人家属优待暂行条例》《革命工作人员伤亡褒恤暂行条例》《民兵民工伤亡褒恤暂行条例》《革命残废军人优待抚恤暂行条例》，建立了以优待抚恤为基本内容的社会优抚制度。然而，1958年开始的"大跃进"运动，1959年开始的连续三年的自然灾害，加上十年的"文化大革命"，使我国的社会优抚和安置制度遭到了严重破坏。

3. 改革阶段的社会优抚

1981—1982年，国务院与中央军委先后颁布了《关于军队干部退休的暂行规定》和《关于军队干部离职休养的暂行规定》，为建立正常的军人退休制度提供了基本依据；1984年，《中华人民共和国兵役法》颁布，亦对军人保障方面的相关内容做了规定；1987年12月颁布了《退伍义务兵安置条例》；1988年7月，国务院又正式废止了20世纪50年代颁布的5个条例，重新发布并实施统一的《军人抚恤优待条例》；2004年，国务院又修订颁行《军人抚恤优待条例》，其内容包括军人抚恤优待的原则，死亡抚恤，残疾抚恤、优待以及法律责任等。

自改革开放以来，我国社会生产力和经济得到了迅速发展，这就使国家财政可以将更多的资金投入到军队的社会保障建设中，让更多的军人享受到优抚优待的成果。随着国家颁布的军人伤亡保险和军人退役医疗保险的推行以及保险金的实际给付，军人的经济补偿得到大幅度提高。同时，形成了综合体系的保障项目，优抚管理也走上规范化、制度化道路。截至2011年底，国家抚恤、救助各类重点优抚对象达到852.5万人。其中，伤残人员85.9万人，带病回乡退役军人132.2万人，在乡复员军人158.7万人，60岁以上农村籍退役军人237.4万人，在乡退役红军老战士911人，在乡西路军红军老战士190人，红军失散人员29 208人，烈士遗属28.6万人，因工牺牲、病故军人遗属13.6万人。

11.2.2 我国社会优抚的建立原则

社会优抚对象主要是由有功于国家和人民的人组成的特殊群体，他们对社会的影响是巨大的，因此，做好社会优抚工作十分必要。在我国，社会优抚工作的基本原则主要包括以下两个方面。

1. 社会优抚实行"三结合"制度

1988年，国务院颁布的《军人抚恤优待条例》第四条规定："军人抚恤优待工作实行国家、社会、群众三结合的制度，保障军人的抚恤优待与国民经济发展相适应，使抚恤优待标准与人民生活水平同步提高。"这就明确了"三结合"的优抚制度以及优抚标准同国民经济发展和人民生活水平提高相适应的原则。

国家抚恤对优抚对象享受物质帮助的权利起着根本性作用。随着国民经济的发展，国家抚恤的比例和标准应与人民生活水平同步提高。但我国目前生产力还不发达，国家财力还很有限，对广大优抚对象制定的各种待遇标准还不能太高，所有的生活问题也不能由国家包揽下来，还必须广泛动员社会和群众的力量。所以在强调国家抚恤的同时，还应强调社会和群众的作用。国家、社会、群众三结合的优抚制度，规定了国家机关、社会团体、企事业单位和公民应尽的职责和义务，规定了优抚对象的权利和义务。这将有助于人们依照法律理顺优抚关系，调整优抚工作的运行机制，从而保证优抚工作沿着法制化、制度化和社会化的方向发展。

2. 社会优抚工作要以实事求是为基本出发点

在制定优抚政策时，既要根据优抚对象实际生活的需要，又要考虑国家发展成果的需要。1980年，国家重新制定的《革命烈士褒扬条例》第四条强调军人的抚恤优待要与国民经济发展相适应，与人民生活水平提高同步增长。前者强调处理好积累与消费、生产和生活的关系，后者强调优抚对象要能分享社会经济发展的成果。此外，要把维护优抚对象的权益与鼓励军人的献身精神相结合。对广大优抚对象来说，要正确对待自己的权利与义务；从国家、社会和群众的角度来说，应千方百计安排照顾好优抚对象的生活，在政治上和经济上给予他们更多的关心和帮助。

11.2.3 我国社会优抚的主要内容

1. 社会优待

根据我国《军人抚恤优待条例》的规定，军人享受的优待措施主要包括以下几个方面。

(1) 义务兵入伍前是农业户口的，他们在农村承包的责任田和分得的自留地(山、林)等继续保留；入伍前是企业事业单位职工的，其家属继续享受原有的劳动保险福利待遇。

(2) 医疗待遇。二等乙级以上(含二等乙级)革命伤残军人，享受公费医疗待遇。三等革命伤残军人不享受公费医疗待遇的，伤口复发所需医疗费由当地民政部门解决；革命烈士、因公牺牲军人、病故军人、现役军人的家属以及带病回乡的复员退伍军人，不享受公费医疗待遇的，因病医疗无力支付医疗费，由当地卫生部门酌情给予减免。

(3) 伤残优抚。在国家机关、社会团体、企业事业单位工作的因战、因公致残的革命伤残军人，享受与所在单位因公(工)伤残职工相同的生活福利待遇。革命伤残军人因伤残需要配制的假肢、代步车等辅助器械，由民政部门审批并负责解决。

(4) 在与其他群众同等条件下，优抚对象享有就业、入学、救济、贷款、分配住房的优先权。农村的革命烈士家属符合招工条件的，当地人民政府应安排其中一个就业。革命烈士、因公牺牲军人、病故军人的子女、弟妹，自愿参军又符合征兵条件的，在征兵期间可优先批准一人入伍。复员军人未工作，因年老体弱、生活困难的，按照规定的条件，由当地民政部门给予定期定量补助，并逐步改善他们的生活条件等。

2. 退役安置

我国退役义务兵的安置始终坚持"从哪里来，回哪里去"的基本原则，贯彻"妥善安置，各得其所"的基本方针。规定原是城镇户口的退伍义务兵，服役前没有参加工作的，由国家统一分配工作。因战、因公致残的二等、三等革命伤残军人，原是城市户口的，由原征集地的退伍军人安置机构安排力所能及的工作。原是农业户口的，原征集地区有条件的，可以在企业、事业单位安排适当工作；不能安排的，按照规定增发残废抚恤金，保障他们的生活。

义务兵入伍前原是国家机关、人民团体、企业、事业单位正式职工，退伍后原则上回原单位复工复职。对于因残、因病不能坚持八小时工作的，原工作单位应当按照对具有同样情况的一般工作人员的安排原则予以妥善安置。退伍义务兵原工作单位已撤销或合并的，由上一级机关或合并后的单位负责安置。义务兵入伍前原是学校未毕业的学生，退伍后要求继续学习而本人又符合学习条件的，在年龄上可适当放宽，原学校应在他们退伍后的下一学期准予复学。对回农村的退伍义务兵，采取扶持生产、特别是开发使用两用人才的办法，发挥他们的积极性。

3. 伤亡抚恤

伤亡抚恤分为伤残抚恤和死亡抚恤两个方面。

1) 伤残抚恤

(1) 伤残等级。革命伤残军人的伤残等级，根据丧失劳动能力及影响生活能力的程度确定。因战、因公致残的伤残等级，分为特等、一等、二等甲级、二等乙级、三等甲级、三等乙级；因病致残的伤残等级，由军队规定的审批机关在医疗终结后负责评定，并发给"革命伤残军人证"。

(2) 伤残抚恤待遇。退出现役后没有参加工作的革命伤残军人，由民政部门发给伤残抚恤金；退出现役后参加工作，或者享受离休、退休待遇的革命伤残军人，由民政部门发给伤残保健金。继续在部队服役的革命伤残军人，由所在部队发给伤残保健金。伤残抚恤金的标准，根据伤残性质的伤残等级，参照全国一般职工的工资收入确定。退出现役的特等、一等革命伤残军人，由国家供养终身。因战致残的革命伤残军人在评残发证后，一年内因伤口复发死亡的，按照革命烈士的抚恤规定，发给其家属一次性抚恤金和定期抚恤金；一年后因伤口复发致残的，按照因公牺牲军人的抚恤规定，发给其家属一次性抚恤金或定期抚恤金。因战、因公致残的特等、一等革命伤残军人因病致残、死亡后，其家属按照病故军人家属的抚恤规定享受定期抚恤金。

2) 死亡抚恤

(1) 一次性抚恤金。现役军人死亡，根据死亡性质和本人死亡时的工资收入，由民政部门发给家属一次性抚恤金。立功和获得荣誉称号的现役军人死亡，根据其立功和荣誉称号的不同，可增发5%～35%的抚恤金。

(2) 定期抚恤金。革命烈士、因公牺牲军人、病故军人的家属按照规定的条件享受定期抚恤金。享受定期抚恤金的人员死亡时，加发半年的定期抚恤金，作为丧葬补助费。

(3) 特别抚恤金。在国防和军队建设、科研职业或者作战中牺牲、作出贡献的现役军人死亡，除上述抚恤金外，可由国防部发给特别抚恤金。

4. 其他军人社会保障

其他军人社会保障的内容有社会褒扬、举办优抚事业单位和开展拥军优属活动等。

社会褒扬是指政府和社会各界为优抚对象提供的各种优惠照顾措施以及授予优抚对象的各种荣誉称号、节日的慰问和表彰，表达人们对优抚对象的敬意，提高优抚对象的荣誉感和自豪感。社会褒扬是一种激励，能促使优待对象更好地为国家和社会作出更大的贡献。

举办优抚事业单位，是把社会优抚对象中一部分无依无靠、生活困难较大的孤老病残人员集中起来，由国家提供设施和条件，更好地保障他们的生活。

拥军优属，又称"双拥"工作，是"地方拥军优属，军队拥政爱民"工作的简称，具体是指在党的领导下，以巩固和加强军政、军民团结为主旨，组织发动全国军民为中国革命、建设和改革事业团结奋斗的一项社会活动。"双拥"工作以正确处理和调节政府与军队、军队与人民之间的关系为主要内容，以密切军政、军民关系，增进军政、军民团结为根本目的，是人民共和国和人民军队性质、宗旨的重要体现，是党的群众路线的具体运用。

11.3 我国社会优抚存在的问题及改革趋势

11.3.1 我国社会优抚存在的问题

我国社会优抚工作取得了很好的成绩，促进了社会的稳定。但随着市场经济体制的确立，优抚工作面临一些新的矛盾和问题。

首先，社会优抚对象的各项抚恤补助标准明显低于城乡人民的生活水平。享受抚恤补助的优抚对象大部分是战争年代参加革命的人员，如今已风烛残年、体弱多病，处于最困难也是最需要国家关怀和照顾的时期。但是国家财政资金毕竟十分有限，而且随着社会的发展，抚恤补助标准需要不断提高，他们所享受的定期抚恤远远没有达到《军人抚恤优待条例》确定的"与城乡人民生活水平相适应"的要求。例如，1996年，农村居民家庭人均纯收入为1926元，城镇居民家庭人均收入为4377元，而同期烈属的抚恤补助标准为每年人均794元，在乡革命伤残人员为857元，在乡复退军人为445元。抚恤补助标准偏低，导致优抚制度的保障功能弱化，直接影响了优抚制度保障对象的基本生活水平。

其次，社会优抚经费未建立正常的增长机制。虽然国家确定了抚恤优待与国民经济的发展相适应，抚恤优待标准与人民生活水平同步提高的原则，但实际上并没有真正落实。只能是根据争取经费的情况而定，争取下来多少经费，就提高多大幅度的标准，随意性很强。

再次，计划经济体制下的旧思想、旧观念对社会优抚工作的开展形成制约。不少生活困难的优抚对象仍指望单纯依靠优待抚恤金来维持生活，"等、靠、要"的思想根深蒂固。社会优抚安置保障如何从传统的"输血"式向"造血"式转变，是新时期社会优抚工作的重点和难点。

最后，社会安置的任务越来越重、难度越来越大。在计划经济体制下，政府以行政命令的强制手段安置退役军人，工作非常顺利。但随着市场经济体制的建立和完善，不可能沿用原来的方法来完成安置任务。一方面，用人单位强调用工自主权，追求经济利益，不愿接收安置对象；另一方面，社会就业形势严峻，许多用人单位不仅人满为患，而且大量富余人员尚在分流之中。因而接收安置对象的渠道越来越窄，即使有些安置对象被企事业单位接收，但因其效益不好，致使安置质量较低。

11.3.2　我国社会优抚改革的趋势

随着社会经济的发展，尤其是社会主义市场经济体制的建立与国家社会保障制度的改革，社会优抚制度日益暴露出一些缺陷，这些缺陷日益成为制约这项制度得到良性发展的因素。只有把国家、社会和家庭三方面的积极性充分调动起来，才能从根本上解决社会优抚保障的问题。

首先，建立分类分级抚恤补助的新体制，改善和增强国家保障责任。在多年实践的基础上，切实按照国务院办公厅《关于加强优抚工作的通知》要求，改革以往抚恤补助经费由中央财政大包大揽、标准由中央统一规定的做法，实行中央财政和地方财政共同负责、分类负担。同时，还应按照城镇职工工资标准和农村居民实际收入水平，同步提高抚恤补助标准，积极建立抚恤补助经费自然增长机制，克服以往抚恤补助经费增长过程中存在的随意性、被动性和滞后性。

其次，要探索社会中介组织参与优抚保障的新途径，积极推进优抚保障社会化。优抚保障社会化，就是要把工作的注意力放到积极培育和发展社会中介组织参与优抚保障中来。社会中介组织参与优抚保障是建立社会主义市场经济体制的客观需要，是转变政府职能的必然要求，是优抚保障社会化的有效途径和实质性标志。逐步引导一批经济实力强、管理规范、制度健全、有一定专业水平的组织转变为具有独立法人资格的社会团体或民间机构，使其成为实体化、专业化、职业化的从事优抚保障的社会团体或民间机构，并为优抚对象提供医疗、康复、保健、供养以及社会公益服务。这样既能切实履行政府职能又能充分利用社会财力、人力、物力以及管理服务方面的优势，为广大优抚对象服务，以减轻政府的负担，分担国家的责任。

再次，要努力促使优抚对象家庭发展生产，大力帮助优抚对象家庭发展生产，不断提高优抚对象自身的保障能力和发展能力，才能从根本上解决保障问题。一方面，要帮助优抚对象克服单纯依赖抚恤补助为生的"等、靠、要"思想，确立自立自强的意识，最大限度地调动优抚对象内在的积极性和潜力；另一方面，要积极主动地与有关部门协调，确保优抚对象家庭优先优惠享受有关法规文件规定的资金信贷、生产资料和技术、生产项目、减免费税等各项政策性倾斜，为优抚对象家庭发展生产创造良好的条件。

最后，要做好社会优抚与城乡社会保障体系的衔接工作。要积极开展对口帮扶活动，结合全国性的"手拉手""一帮一"活动，积极开展"爱心献功臣活动"，组织引导机关、团体、企事业单位和个人扶持优抚对象家庭发展生产专人包户、责任到人，并形成制度，切实使广大优抚对象脱贫致富与社会成员同步，从小康奔向更加富裕的未来。

本章小结

社会优抚是国家和社会依照法律规定，对为国家利益作出牺牲和特殊贡献者及其家属提供各种优待、抚恤、就业安置等待遇和服务，确保其生活水平不低于甚至略高于当地群众的平均水平。

社会优抚作为社会保障制度的特殊组成部分，主要表现为优抚对象的特殊性、优抚目标的双重性、优抚内容的综合性和优抚待遇的补偿性。

社会优抚的内容比较广泛，涉及社会保障的各个方面，由国家对优抚对象所提供的优抚内容体现为社会优待、退役安置和伤亡抚恤。

多年来，我国按照对象不同、贡献大小，参照经济社会发展水平，确定保障层次和标准，设立保障项目，形成了较完备的社会优抚制度。

当前，我国社会优抚工作面临的问题包括：优抚对象的各项抚恤补助明显低于城乡人民的生活水平，社会优抚经费未建立正常的增长机制，计划经济体制下的旧思想、旧观念对社会优抚工作的开展形成制约，以及社会安置的任务越来越重、难度越来越大。因此，只有把国家、社会和家庭三方面积极性充分调动起来，才能从根本上解决社会优抚保障的问题。首先，建立分类分级抚恤补助的新体制，改善和增强国家保障责任；其次，要探索社会中介组织参与优抚保障的新途径，积极推进优抚保障社会化；再次，要努力促使优抚对象家庭发展生产，大力帮助优抚对象家庭发展生产，不断提高优抚对象自身的保障能力和发展能力；最后，要做好社会优抚与城乡社会保障体系的衔接工作。

👤 **思考题**

　　1. 简述优抚安置的含义和对象。

　　2. 社会优抚的特点有哪些?

　　3. 简述我国社会优抚的发展历程。

　　4. 我国社会优抚的主要内容及存在的问题有哪些?

👤 **案例分析**

案例1：银川市金凤区采取多项措施帮助优抚对象

　　银川市金凤区最近采取了旨在帮助优抚对象解决生活困难的多项措施，千方百计提高革命伤残人员、烈属、因公牺牲军人家属、病故军人家属、在乡老复员军人、老红军战士、红军失散人员、西路军红军老战士等优抚对象的生活待遇。

　　这些措施包括：①城市中生活确实困难的优抚对象，列入城市低保；农村人均年收入低于850元的优抚对象，列入农村低保。②认真解决"三老"优抚对象的就医和住房问题，将在乡优抚对象的医疗补助由原来的每人每年200元提高到300元。③建立适合本区实际的优抚对象抚恤补助标准自然增长机制。④给1955—1958年入伍的老复员军人每人每年发放优抚金600元、医疗费200元。

　　资料来源：http://wenwen.soso.com/z/q105011799.htm.

　　分析：

　　我国社会优抚当前存在哪些问题？上述案例对于完善我国社会优抚制度有哪些启示？

案例2：军人转业分配到机关事业单位，养老保险关系怎么转?

　　当前，我国已经进入全面深化改革的新历史时期，国防和军队建设也进入加快推进改革的新的历史阶段，做好军转安置工作具有特殊重要的意义。而如何维护军人的合法权益，保障军地社会保障政策顺畅衔接，成为转业军人越来越关心的问题。李团长在部队工作多年，曾经多次立功受奖，为国家作出突出贡献。2017年6月，部队批准转业，将其分配到机关事业单位工作。李团长对于转业后自己的养老保险关系如何转移存在疑惑，想进一步了解改革前的部队工作经历能否在退休待遇计发中得到体现以及相关的职业年金转移接续问题。

　　资料来源：冯士栋，乔通. 机保百事通[J]. 中国社会保障，2017(6)：50.

　　分析：

　　结合我国《关于军人退役基本养老保险关系转移接续有关问题的通知》(后财〔2015〕1726号)、《关于军人退役参加机关事业单位养老保险有关问题的通知》(人社厅函〔2015〕369号)，简要分析军人转业分配到机关事业单位后养老保险关系应怎么转，并说明改革前的部队工作经历能否在退休待遇计发中得到体现。

第12章　社会保障基金

📗 本章学习重点

1. 了解社会保障基金的类型、资金分担方式；
2. 了解社会保障基金投资运营的意义和原则，掌握投资工具；
3. 了解社会保障基金管理的模式、主体、内容；
4. 掌握我国社会保障基金的管理主体和管理内容，并分析存在的问题。

12.1　社会保障基金概述

12.1.1　社会保障基金的界定

社会保障基金是国家为实施社会保障，通过国民收入的分配和再分配集中起来的一部分经济资源的货币形态。社会保障基金是社会保障制度得以运行的物质基础，也是社会保障制度的中心内容。

社会保障基金主要由社会保障基金和社会保险基金两部分组成。前者包括社会救济基金、社会福利基金和优抚安置基金；后者是用于防范受保者个人未来可能遭遇的风险的基金。社会保险基金主要是用于社会保险的各种项目，它是社会保障基金的主体。

12.1.2　社会保障基金的分类

1. 按基金运营管理方式分类

按基金运营管理方式分类，社会保障基金可以分为财政拨款形成的社会保障基金、强制性征缴形成的社会保障基金和多元组合形成的社会保障基金。

1) 财政拨款形成的社会保障基金

财政性社会保障基金直接来自国家税收，通过经常性预算和财政拨款的形式形成，其结构与功能通常取决于国家的社会保障规模以及财政体制与相关社会保障制度的结合程度。一般来说，社会救助基金、社会福利基金和军人保障基金以国家财政资助为主导，甚至完全由国家财政拨款形成。政府在承担社会保障财政责任时，拨款的主体通常有中央政府财政和地方政府财政两个层级。

2) 强制性征缴形成的社会保障基金

强制性征缴形成的社会保障基金是指政府依照社会保障法律、法规，强制性要求雇主、雇员及规定范围内的国民缴纳社会保障费(税)形成的社会保障基金。强制性征缴形成的社会保障基金主要有社会保险基金，如养老、医疗、失业、工伤、生育保险基金等。社会保险基金来自按工资额的一定比例征收的社会保险费(税)，通常由雇主与雇员分担缴费责任，国家财政也视情况进行适当补助，是国家、雇主、雇员等在社会保险方面责任共担机制的具体体现。

3) 多元组合形成的社会保障基金

多元组合形成的社会保障基金是指国家和政府通过多种渠道筹集到的社会保障资金。这些渠道包括国家财政拨款、向救助者收费、接受社会捐赠、发行福利彩票等。社会福利基金是多元组合形成的社会保障基金的典型代表，其中既有来自国家财政的拨款，也有来自服务的收费，还有来自民间捐献或发行的福利彩票。

2. 按社会保障项目的专门用途及其功能分类

按社会保障项目的专门用途及其功能分类，社会保障基金可以分为社会救助基金、社会保险基金、社会福利基金、军人保障基金、全国社会保障基金等。

1) 社会救助基金

社会救助基金是指国家通过经常性预算和财政性拨款等形成的，专门用于救助困难群体的社会保障基金。根据资金的来源渠道，社会救助基金可以分为政府财政性基金和民间慈善基金。政府财政性基金来自国家税收，主要是为了应付各种自然灾害对人民生命财产所造成的损失和缓解社会成员的贫困。民间慈善基金主要来自社会捐赠，用于帮助需要帮助的人们。

社会救助基金通常分为最低生活保障基金、灾害救助基金、失业救助基金、住房救助基金、医疗救助基金、教育救助基金等。

2) 社会保险基金

社会保险基金是指用于保障劳动者在丧失劳动能力或失去劳动机会时的满足基本需要的基金。大多数国家的社会保险基金由雇主与雇员缴费形成，同时，国家给予税收和利率优惠，以及适当的财政资助，体现国家、雇主和雇员三方责任共担的原则。社会保险基金一般由老年遗嘱残障保险基金、健康护理保险基金、失业保险基金、工伤保险基金等构成。在我国，社会保险基金由养老保险基金、医疗保险基金、失业保险基金、工伤保险基金和生育保险基金构成。

社会保险基金的来源渠道主要有三个，即国家、雇主和劳动者个人。从各个国家的实践看，负担方式因不同的社会保险制度而有较大区别。归纳起来，主要有三种负担方式：三方负担型(国家、雇主、雇员)、双方负担型(雇主、雇员或国家、雇主)、单方负担型(雇员)。在一个国家内部，并不是只采取一种负担方式，大多是因不同社会保险项目的要求不同而使多种负担方式并存。

3) 社会福利基金

社会福利基金是指国家和社会用于提高人民物质和精神文化生活水平而建立的社会保障基金，包括财政性福利基金、社会化福利基金和企业自有的福利基金。其中，财政性福利基金通常用于无收入来源和无法定赡养人的老年人、残疾人及孤儿等特殊群体的社会福利事业；社会化福利基金则可以根据居民的需要来安排；而企业拥有的福利基金则用于本单位员工的福利。我国的社会福利基金来源主要是财政拨款、企业自筹、发行福利彩票以及社会捐赠等。

4) 军人保障基金

军人保障基金是为实施军人社会保障而筹集、积累的资金，包括优抚基金、安置基金、军人保险基金等。其中，优抚基金是指国家和社会筹集的、用于保障法定优抚对象的基本生活和褒扬军人、抚恤军烈属等的特殊社会保障基金；安置基金也是国家和社会筹集的用于退伍军人安置的专项资金；而军人保险基金则是为了确保现役军人能够与地方社会保险制度接轨而筹集的专项资金，它主要来自国家财政拨款。

5) 全国社会保障基金

为了筹集和积累社会保障资金，合理分摊社会保障转型成本，更好地应对人口老龄化，我国政府于2000年9月建立"全国社会保障基金"，并设立"全国社会保障基金理事会"。全国社会保障基金作为国家社会保障储备基金，既不同于社会保险基金，也不同于其他社会保障基金，而是在社会保险基金和社会救助基金出现财务危机时，发挥补充、调剂基金的作用。全国社会保障基金的来源主要有中央财政拨款、国有股减持收入、彩票发行收入和包括经营收益在内的其他收入。2010年底，全国社会保障基金理事会的资金资产总额已从建立之初的200亿元增加到8568.25亿元。

3. 按照社会保障基金的筹资模式分类

社会保险基金按照资金调剂的范围可分为社会统筹模式和个人账户模式，前者主要体现了社会成员之间收入的横向调剂和风险分担，而后者则主要体现职工一生中收入的纵向调剂和风险分担。按是否存在基金积累可以划分为现收现付制和基金积累制。

4. 按照社会保障基金的所有权分类

社会保险基金有公共基金、个人基金和机构基金之分。公共基金为公共所有，其来源主要有财政拨款、按法律规定由雇主和雇员缴纳的社会保险费(税)及各种捐赠，比如我国的全国社会保障基金。个人基金，归个人所有，它是一种非财政性的社会资金，按照法律、法规、规章缴交计在个人账户用于专门用途的基金，如个人账户的养老保险基金、住房公积金等。机构基金，是用人单位为其本单位职工建立的福利性社会保险基金，所有权归集体。

5. 按照基金的运营管理方式分类

社会保障基金有财政性基金、市场信托管理基金、公积金基金之分。凡是体现政府职能并凭借或依靠国家赋予的职权取得的收入都属财政性资金。各类保险基金中的社会统筹基金属于公共所有的基金，应纳入财政性基金管理。市场信托管理基金的来源按契约或章程，由用人单位和职工缴存，计入个人账户，由基金法人委托受托人管理基金。基金营运管理(包括投资营运)通过市场竞争委托金融中介机构(基金管理公司、投资管理公司)具体运作。公积金基金是按照法律法规规定，由用人单位和职工缴存，计入个人账户，产权归个人所有的基金。

12.1.3 社会保障基金的来源及负担方式

确定社会保障基金的来源渠道，即解决社会保障基金由谁来承担的问题。一般来说，社会保障基金由国家、企业和个人三方负担，以税或费的形式征集。具体到各个国家，负担方式各不相同，主要有以下几种。

1. 由国家统一征税，雇主和雇员不用缴纳

采用国家统一征税、雇主和雇员不用缴纳的方式筹集基金的国家，有澳大利亚等。大多数国家，政府承担社会保障费的比例都非常小，只有澳大利亚除外。这是因为澳大利亚属于救济性社会保障制度，受益人享受社会保障待遇需要经过收入状况调查。而实际上，享受社会保障待遇的人可能大多数不是劳动者，因此通过劳动者及其雇主缴费的办法来筹资是不公平的。

2. 由国家、雇主和雇员三方负担

采用由国家、雇主和雇员三方负担的方式筹集基金的国家，主要有英国、日本、意大利、德国等。各个国家有关社会保障基金的三者分担比例并不相同，具体到不同的险种，也并不完全是由三方共同负担。共同点是承认政府、雇主和雇员在社会保障中均应承担相应的责任，体现了风险共担的原则。在欧美市场经济国家，社会保障基金主要来自企业和雇员缴纳的社会保险税。另外，政府财政每年也会有很多拨款，这部分资金占整个社会保障基金的20%~40%。

3. 由雇主和雇员共同负担

采用由雇主和雇员共同负担的方式筹集基金的国家，主要有新加坡、印度和印度尼西亚、美国等。新加坡实行的是中央公积金制度，由雇主、雇员共同缴纳，并且很多年份两者的缴费率相同。政府虽不承担缴费责任，不对公积金征税，但为公积金的支付承担担保。美国实行的是现收现付财务制度，体现社会保障的共济性，同时也鼓励个人自我保障和企业的补充保障。印度的社会保障基金也主要来自雇主和雇员缴费，失业保险由雇主单独承担，只有在医疗保险、工伤保险中，政府承担很少的义务。总体而言，实行雇主和雇员两方负担的国家更注重政府作为管理者的功能，相信市场主体即个人和企业的作用，能够通过政府的有效引导达到保障的目标，政府是规则的制定者。

4. 主要由政府和雇主共同负担

采用主要由政府和雇主共同负担的方式筹集基金的国家，主要有瑞典、挪威、冰岛、丹麦、芬兰等斯堪的纳维亚半岛上的典型高福利国家。这些国家的福利支出大多数由政府和雇主承担，而且政府在其中起着主导性的作用，承担巨大的责任。这些国家强调社会保障是每个公民应当享有的权利，坚持平等主义原则，在社会保障的层面上注重打破等级结构的不平等，强调政府承担全面责任的原则。政府把济贫转变为经济性的福利项目，将各种社会保障项目制度化，并将其逐步纳入自身的必要职能，从而全面承担社会保障的责任。

5. 由雇员单独负担的方式

采用由雇员单独负担的方式筹集资金的主要是拉丁美洲的一些国家，其中以智利的社会保障制度最为成功。智利原有的社会保障制度与德国等欧洲国家的模式较为相近，实行个人、企业和政府三方共同负担社会保障基金的方式，其中政府的责任较重。而采取雇员单独负担的方式则减轻了政府的负担，但加重了雇员的负担。

6. 我国社会保障基金的筹集来源

我国的社会保障基金筹集来源多元化，资金主要来自国家、企业和个人的共同缴费，另外有社会捐赠、投资收益等其他来源。

1) 国家财政

作为社会稳定器的国家基本政策，政府在社会保障基金筹集上具有不可推卸的责任，要帮助弥补保障基金的不足。财政支持的形式主要有直接拨款、税收优惠、利率优惠。

2) 单位缴费

在市场经济条件下，单位履行社会保障责任的方式，主要就是为员工缴纳养老、医疗、失业、工伤等各项社会保障费，使其在工作期间、非自愿失业时以及年老丧失劳动能力时都能获得基本生活保障，这样能提高员工的劳动积极性，消除其后顾之忧。单位缴纳的社会保障费是按照员工工资总额的一定比例缴纳的，是社会保障基金的一个稳定来源。

3) 个人缴费

参加社会保障的每个人既是社会保障权益的享受者和受益人，又是社会保障费用的承担者和义务人，个人缴纳社会保障费是享有权益的前提。个人按照自己的工资或收入的一定比例缴纳社会保障费，缴费和享有的权益没有等价性。个人缴费是社会保障基金的一个重要来源。

4) 社会捐赠

在国外，社会捐赠是社会福利事业、慈善事业的主要资金来源。在我国，社会捐赠也是社会保障特别是社会福利的主要资金来源之一。社会捐赠虽然资金量比较大，但不是持续稳定的资金来源。

5) 福利彩票

发行福利彩票是我国近几年新增的一种筹资方式，是经过国务院批准的，为兴办残疾人、孤儿、老年人等福利事业，筹集社会保障资金的活动。

6) 基金运营收入

社会保障基金特别是沉淀时间长的养老基金，都有通过投资运营达到保值增值的要求。目前，我国基金规模较小，投资渠道也较少，主要的投资形式是银行存款和购买国债，投资收益较低。随着社保基金规模不断增大，资本市场日趋完善，基金的投资运营收入将会成为我国社会保障基金的重要资金来源之一。

12.1.4　社会保障基金的收缴方式

社会保障基金的收缴主要有社会保障费和社会保障税两种方式。

1. 社会保障费

社会保障费就是由用人单位和个人以缴费的形式来筹集社会保障基金。国家设立专门的机构来负责社会保障费的征缴和管理运营，政府制定相应的法律、法规并进行监督，所征缴费用不作为财政收入，但基金不足部分由国家补助。

社会保障费按征收方式可以分为固定保费制和比例保费制。固定保费制就是在确定征缴费用时，不论收入高低，每个单位和个人的缴费标准相同，按统一数额收取保费。只有少数国家实行这种方式。比例保费制是指按照职工工资收入作为计算职工个人和用人单位缴纳社会保障费的基数，按工资的一定比例征收费用。比例保费制又分为固定比例制、差别比例制和累进比例制。

根据缴费主体的不同，可分为个人保费和单位保费。个人保费和单位保费之和就是总保费额，它取决于两个因素，即保费率的高低及工资水平的高低。

2. 社会保障税

社会保障税就是通过税收的形式征收社会保障基金，这是目前世界上建立社会保障的国家普遍采用的一种征缴形式。我国目前没有开征社会保障税，但在《国民经济和社会发展第十个五年计划纲要》中提出"适时开征社会保障税"。开征社会保障税要注意征收范围、税收归属、税基和税率的确定等问题。

12.1.5　社会保障基金的给付

1. 社会保险基金的给付

社会保险是社会保障制度的基本层面，也是现代社会保障体系中最重要的子系统，社会保险基金一般以货币的形式给付，即向符合相应资格条件的劳动者支付社会保险金。

根据不同的社会保险项目，社会保险金给付的资格条件各有不同，但不外乎年龄、性别、就业年限、投保年限或缴纳保险费的数额这些主要条件。年龄条件是指某些社会保险项目的保险金给付对保险人有年龄要求，被保险人必须符合法定的年龄才能领取保险金，最常见的是养老保险金。性别条件主要是指根据被保险人的不同生理特点规定的不同给付条件。比如，很多国家对于退休年龄的规定男女有别；另外，生育保险金的给付一般针对女性。就业年限标志着劳动者为社会所作贡献的大小，也是多数社会保险项目要求的重要资格条件，比如养老保险。投保年限一般用于实行个人缴费制的国家，或规定劳动者必须有一定的投保年限和按期、足额缴纳一定的保险费的社会保障项目，这样才能获得相应保险金的给付。当然，在具体工作中，以上各类资格条件通常是复合使用的，比如年龄、性别加就业年限，构成了养老保险金的给付条件。这样有助于更加明确保险金受益人的资格，从而使社会保险金的给付达到社会保险的目标。

2. 社会救助基金的给付

社会救助是社会保障的最低层面，也是社会保障体系中最传统的内容。社会救助基金的给付对象很明显是具有选择性的，主要是针对那些由于各种原因而无法维持最低生活水平的社会成员，比如老弱病残、低收入者以及遭遇紧急灾难的个人和家庭。

社会救助基金的传统给付方式是货币给付与实物给付。比如，发放最低社会保障金，提供米、面、油、衣服等生活必需品，以及帐篷等救灾物资。随着社会的进步与以人为本的理念的发展，现代社会救助已不限于传统的货币与实物给付。其他新型给付方式，比如服务给付、凭单给付等社会保障基金的给付方式已越来越受到重视，因其既能够有针对性地满足受助群众的多元化需求，又能够提升救助的效果与效率。

3. 社会福利基金的给付

社会福利是社会保障的最高层面，旨在改善全体社会成员的物质与文化水平，提高生活质量。社会福利基金的给付对象具有普遍性，针对全体社会成员。

社会福利基金主要的给付方式是实物给付与服务给付。实物给付在社会福利领域主要体现为设施提供，比如改善交通、环境等基础设施，修建教育、医疗、文化、体育、休闲等公益设施，兴办托老、托儿、青少年服务等福利设施。服务给付则是在设施兴建的基础上，为社会各类人群提供各种具有针对性的服务，比如医疗保健服务、文化体育服务、便民利民服务、娱乐休闲服务、敬老爱老服务等。通过相应的设施兴建和服务提供，实现社会福利基金的给付目标，即提升所有社会成员的物质文化水平与生活质量。

4. 社会优抚基金的给付

社会优抚是社会保障的特殊层面，是带有褒扬性质的特殊社会保障。社会优抚基金的给付对象是社会上那部分备受尊敬又具有光荣身份的特殊群体，即对国家和民族具有特殊贡献的人，主要包括军人和军人烈士家属。

社会优抚基金的给付方式主要是货币给付与服务给付。货币给付主要包括死亡抚恤金、伤残抚恤金、退役安置费、临时性生活津贴、离退休安置金等资金的发放。服务给付主要表现为就业安置、就学安置、落户安置、职业培训、技术培训等多个方面。国家通过社会优抚基金的给付，不仅能够保障优抚对象的物质生活，另外还能起到褒扬和抚慰的作用。

12.2   社会保障基金的投资与运营

12.2.1   社会保障基金投资与运营的含义

社会保障基金投资是指社会保障投资管理机构，依据有关法律规定，运用社会保障基金进行资本投资或实物投资，以期获得预期投资回报的基金运作行为。

12.2.2　社会保障基金投资与运营的意义

在实行完全积累以及部分积累制的国家，社会保障机构都积累一笔备用资金，无论其规模大小，如果积累的资金不能进行有偿运营，便很有可能遭受贬值风险。因此，社会保障基金与资本市场的有机结合便成为社会保障制度发展的重要趋势。社会保障基金投资运营的意义是多方面的。一方面，它有利于社会保障基金的保值增值；另一方面，它有利于减轻政府、企业和个人的负担。此外，社会保障基金的合理投资运营，还可以促进社会经济的发展，因为社会保障基金投入社会再生产过程，必然带来社会总产出的增加，从而起到加速经济发展的作用。

1. 应对通货膨胀的压力

在现代社会，通货膨胀是市场经济中不可避免的客观现象，在通货膨胀的背景下，特别是实行积累制的国家，社会保障机构所积累的备用基金，无论其规模大小，如果不能有效地进行投资运营，就会遭遇资金贬值的风险。所以，只有使基金投资的收益率高于通货膨胀率和工资增长率，将基金投资的收益充实到基金中去，才能抵制通货膨胀的冲击，增强社会保障基金的给付能力，保证完全积累制或部分积累制的有效性。

我国基本养老保险实行社会统筹与个人账户相结合的制度，本质上属于部分积累制。目前，我国养老保险基金滚存结余的规模已相当可观，而且增长的速度很快，对其进行投资的压力与需求很大。

2. 减轻国家、企业和个人的负担

社会保障基金统筹的来源渠道主要包括国家的补贴、企业、单位的缴费以及劳动者个人的缴费。为了夯实社会保障制度的物质基础，扩大社会保障基金的筹资渠道已成为一个重要的课题。在很多国家，社会保障基金的投资运营收入占社会保障基金的比重逐年增大，已成为社会保障基金的一个重要来源。加强社会保障基金的投资运营，提高投资收益率，提高投资收入在社会保障基金中的比重，增强社会保障基金的给付能力，可以在不提高企业、个人的缴费额与国家补贴额的前提下，提升社会保障基金的给付水平，客观上减轻国家、企业和劳动者个人的负担。反之，如果没有对基金进行有效投资而导致其在通货膨胀的背景下贬值，为了维持给付对象相应的生活水平，则不得不提高企业与个人的缴费额或者国家的补贴额，这样就会增加国家、企业和个人的负担。

3. 促进宏观经济的发展

社会保障基金是一笔非常可观的资金，并且具有较高的稳定性，大量的社会保障基金投入社会再生产的过程，必然带来社会总产出的增长，从而促进经济的加速发展。另外，社会保障基金的运营成为国家调节投资的一大支柱，社会保障基金可以作为调整国家产业结构、计划和控制宏观经济的有效手段。比如，社会保障基金可以投资于一些基础设施和重点项目，使得社会保障基金在加快增值的同时，创造了较高的经济效益与社会效益，从而促进宏观经济的发展。

12.2.3　社会保障基金的投资原则

任何基金的运营都应该遵循安全性、收益性和流动性原则，但社会保障的性质和目的，决定了社会保障基金投资运营的原则顺序应该是安全性、收益性和流动性。只有在保证社会保障基金投资运营安全的基础上，提高其投资收益，最后才能满足其流动性的要求。此外，还要考虑组合性和社会效益性原则。

1. 安全性原则

社会保障基金是帮助劳动者抵御风险、保障家庭基本生活的"救命钱"，应本着谨慎投入的原则，在综合考虑投资项目的安全性的前提下，进行投资决策。安全性是社会保障投资的首要原则。无论是市场风险还是非市场风险，都必须经过科学、全面的调查研究，在确定已知风险的情况下进行组合投资，做到安全第一。

2. 收益性原则

社会保障制度是一项长期存在的社会制度，社会保障基金是一项可以长期投资的基金。随着国家经济持续发展，社会保障基金的规模也不断扩大，社会保障基金面临的压力也会与日俱增。在投资方面，社会保障基金注重长期效益，而不是短期获利；注重持续性而不是投机性。因此，能带来长期稳定的投资回报的项目是社会保障基金投资的最佳选择。

3. 流动性原则

除了安全性原则和收益项原则，社会保障基金还需要具备一定的流动性，用以支付劳动者在生产过程中发生意外伤亡时的所需费用。如果社会保障基金的流动性较弱，也会妨碍社会保障制度的正常运转。因此，保证一部分社会保障资金的流动性或可兑现性是十分重要的。

4. 组合性原则

组合性原则也就是分散投资风险的原则，要求不能把所有的投资放在同一个项目、同一个行业或者同一个地区，而是要考虑多样化的投资方式，形成一个有效的投资组合，这样才能分散投资风险，使社会保障基金运营在遵循总体性、长期性、稳定性的原则下安全增长。

5. 社会效益性原则

社会保障是政府社会管理职能的一个方面，属于政府行为，而政府行为是具有社会性的。所以，社会保障基金投资活动在宏观上应符合国家的产业发展方向、长期经济发展目标和政府政策目标，将投资的宏观效益和微观效益、经济效益与社会效益有机结合起来，这是社会保障基金投资不同于其他金融性投资的一个重要特性。

12.2.4　社会保障基金的投资工具

许多国家或地区在选择社会保障基金的运作工具时，都遵循多样化原则，其目的是在避免高风险的同时，能够取得较高的收益。但是，各种运作工具所占的比例在各国之间差异很大，这与国家或地区社会保障的基本理念、资本市场的完善程度及社会保障基金的监管体制有着密切关系。社会保障基金的运作工具主要有以下几种。

1. 国债

国债是一种各国普遍采用的运作工具，这是因为该种运作工具具有低风险的特征。由于这一特征与社会保障的性质和目标相一致，使该工具受到各国的青睐，成为首选的运作工具。在投资组合中，各国往往对它规定一个下限，即规定一个不得低于某一规定的投资比例。但值得注意的是，这种运作工具具有低风险特征的同时，也具有收益性差的弊端。

2. 银行储蓄

银行储蓄是各国普遍采用的一种运作工具，这是因为该种运作工具同样具有低风险的特征。与购买国债有同样的理由，银行储蓄也是受到各国欢迎和首选的运作工具。在投资组合中，各国往往对它规定一个下限。当然，这种运作工具与购买国债一样具有收益性差的弊端。

3. 企业债券

企业债券是许多国家或地区普遍采用的一种运作工具。这种运作工具具有稳定的收益性和较高的风险。企业债券的利率一般高于银行利率和国债利率，但其风险也大于前两者。与购买股票相比，购买企业债券具有风险较低和收益较差的特征。采用这种运作工具要求该国或地区具有比较完善的资本市场。

4. 股票

股票是一种高风险伴随高收益的运作工具。虽然目前许多国家和地区都采用这种运作工具，但都比较谨慎。这是因为股市中潜伏着较高的风险，一旦出现股市暴跌，就会给社会保障基金带来很大风险，容易造成社会保障基金入不敷出，无法实现社会保障的最终目标。因此，采用这种运作工具也要求该国或地区具有比较完善的资本市场。

5. 实业投资

一般来说，实业投资也是一种高风险伴随高收益的运作工具。实业投资一般可分为以下两种：一是直接创办经济实体，通过经营公司得到回报，从而创造社会保障基金的投资价值；二是直接投资于基础设施建设，如公路、机场等。这种投资建设虽然周期长，但会得到稳定的长期效益，其风险也较大。

6. 期货、期权等金融衍生品

随着我国资本市场的发展，金融衍生产品种类会逐渐增加，如期权期货、互换期权、远期互换等。金融衍生品具有杠杆放大的作用，投资风险很大。在相关法律法规不健全的情况下，不适合作为养老保险基金这种以增值为目的的投资，应仅限于用作风险对冲工具。

7. 海外市场

海外市场具有广泛的投资领域，各国在养老保险基金投资管理趋于成熟时，都逐步放开了对海外市场投资的限制比例。我国目前仍实行一定程度的外汇管制，资本项下人民币尚不能自由兑换，进行海外投资存在政策制度障碍。为了寻求更高的回报率和更安全的投资渠道，2004年2月9日，经国务院批复，已经同意社保基金海外投资，首选投资市场是我国香港。

以上介绍了几种主要的社保基金投资工具，每种投资方式各有其优缺点，社保基金应在不同的投资时期，运用不同的投资策略，在保证安全性的前提下，对各种投资工具进行组合，以分散风险，尽可能地实现收益最大化。目前，我国社会保障基金投资品种已扩大到股票、固定收益产品、实业投资和现金等四大类共13个品种，投资方式从银行存款、购买国债的投资模式向实业投资和组合投资的模式发展。

12.2.5 社会保障基金的运营方式

虽然各种投资工具均具有一定的风险，但由于各国资本市场的发育程度以及对基金投资风险的管理能力存在差异，同种投资工具在不同国家之间的风险—收益特征有较大区别。因此，在社会保障基金投资运营实践中，需要视不同情况选择不同的组合投资。

从世界各国社会保障基金投资方式的选择和组合来看，资本市场发育完善、基金投资风险管理能力较强的国家，政府对社会保障基金的投资方式限制较为宽松，可供选择的投资方式较多；反之，资本市场发育不完善、基金投资风险管理能力较弱的国家，政府对社会保障基金投资方式的限制较多，投资方式比较单一。

依据社会保障基金运营的思路和面临的风险，社会保障基金运营方式可以分为稳健型运营方式、风险型运营方式和组合型运营方式。其中，稳健型运营方式是指基金的运营在规避运营风险的前提下获得投资收益，选择的投资项目主要集中于风险较低、收益稳定的银行储蓄、债券投资、信托理财等项目。风险型运营方式是指以追求投资收益最大化为目标的一种投资方式，选择的投资项目主要是高风险、高收益的项目，包括股票、房地产、实业或者创建投资基金。组合型运营方式是指采用稳健运营与风险运营相结合的组合运营方式，是社会保障基金投资方式中最普遍的一种。不同国家的基金投资的方向和比例不同，在资本市场成熟、发达的条件下，股票与债券占有较大比例，其次才是其他投资工具。

12.3 社会保障基金的管理

12.3.1 社会保障基金管理的必要性

由于社会保障基金的特殊性，各个国家都设立法律，对其筹集、投资、偿付等运营过程进行全方位的监督、管理，以确保其安全性。

(1) 从基本理论来看，社会保障基金管理可以弥补市场机制失灵的需要。市场经济不是可以完全依赖自身调节的完善机制，在存在外部性、信息不对称、报酬递增的情况下，市场机制就不是完全有效的，会发生市场失灵，这时就需要政府机制对其进行弥补。

(2) 从现实实践中看，社会保障基金可以维护广大人民群众的切身利益。社会保障基金不同于一般的投资基金，是政府通过强制手段筹集起来的专项基金，用来保障广大人民的基本生活，属于社会公共后备基金，若出现管理缺陷或投资失败，公众利益将受到极大伤害，也会对社会安全稳定造成威胁，因此需要对其加以管理。

(3) 对社会保障基金的管理，也是保证基金保值增值的需要。规模巨大的社会保障基金需要进入资本市场投资运营以保值增值，但进入资本市场就要承担市场风险，如果管理不力，投资运营不规范，造成社会保障基金的投资失败，就违背了社保基金投资的初衷。因此，通过有效管理，降低社会保障基金的投资风险，是实现社会保障基金保值、增值的基本保证。

12.3.2 社会保障基金的管理机构

从纵向看，社会保障基金的管理机构可以按权限分为三个层次，即高层管理机构、中层管理机构和基层管理机构。高层管理机构负责社会保障的全面立法，制定社会保障政策，实施监督，属于领导和决策层；中层管理机构负责具体贯彻落实社会保障的立法和政策，制定地方性实施细则和补充规定，属于辅助和传递层次；基层管理机构的职责是实行国家法令和上级机关的要求，属于社会保障的执行层次。在我国，人力资源和社会保障部、民政部等相关中央机关为高层次管理机构，省、自治区、直辖市的人力资源与社会保障厅(局)、民政厅(局)等机关属于中层管理机构，区(县)的人力资源和社会保障局、民政局等机关属于基层管理机构。

从横向看，社会保障基金的管理机构可分为社会保障主管机构、社会保障经办机构、社会保障基金运营机构及社会保障监督机构。社会保障主管机构负责社会保障政策的制定和协调管理，经办机构负责社会保障费的征缴和发放，经营机构负责社会保障基金的投资运营和保值增值，监督机构负责对社会保障事业实施全面的监督管理。

从管理的形式上看，社会保障基金的管理形式主要有两种，即政府部门直接管理的独立机构以及在政府监督之下的自治性的各种协会和受政府委托管理社会保险业务的工会组织。

第一种形式通常由政府内的一个或几个部门管理和监督社会保障政策的实施，社会保障业务由政府部门直接管理的独立机构承担。例如，我国社会保障基金的管理体制包含"分类管理"和"分散管理"两个特征。所谓分类管理，是指我国社会保障基金基本上是按照社会保障项目的分类进行管理的，即分为社会救助基金、社会保险基金、社会福利基金、慈善基金等进行管理。所谓分散管理，是指我国社会保障基金由不同部门进行管理。如社会救助基金和社会福利基金主要由民政部门负责管理和监督，社会保险基金由人力资源和社会保障部门进行管理和监督。

第二种形式通常由政府制定的部门进行监督，社会保障业务的具体经办由自治性的各种协会进行管理。法国、德国是这种形式的典型代表。在法国，由社会事务部颁布社会保险法规，并进行一般监督；由全国社会养老保险基金会管理养老保险；由全国医疗保险基金会管理伤残、医疗保险；由劳资双方组成的就业组织理事会负责管理失业保险；社会救助和社会福利基金来自政府的税收，由政府直接管理。

12.3.3 社会保障基金管理的模式

1. 政府集中型管理模式

在政府集中型管理模式下，一般是由政府的社会保障主管部门和财政部门承担基金的全部管理职责。例如，日本的厚生年金和国民年金由厚生省的资金运营部门管理。美国的社会救济、社会保险基金在财政部设立专户，由财政部长、劳工部长、卫生和社会保障署署长以及总统指定的公众代表组成理事会进行管理。新加坡采取政府强制雇主、雇员双方缴费，建立个人账户，由统一的中央公积金局对基金进行运营和管理的方式。一般情况下，强制性社会保障基金都是由政府管理的，政府有关部门在安全的前提下也可以委托金融机构运营少量资金，以求获得较高的增值率。

2. 私人多样化管理模式

在私人多样化管理模式下，主要通过基金会的形式委托商业金融机构，如商业银行、基金管理公司、信托公司、保险公司等对社会保障基金分别进行托管、投资运营管理活动。自愿性社会保障基金绝大多数走市场化管理的路子，职业保险和个人储蓄性保险一般被划分在商业保险范畴中。例如，法国、瑞士、澳大利亚的职业保险是强制性的，但仍属于个人基金，所以由商业金融机构承办。英国政府的社会保险管理机构可以与私营金融机构竞争管理职业养老金。智利的养老保险基金实行政府强制雇员单方缴费，个人账户完全积累，全部由商业性金融管理公司经营基金的方式。

12.3.4 社会保障基金管理的内容

进入资本市场，政府必然且必须对社会保险基金的管理和运营实行严格的管制措施，这就需要制定一整套与之相关的管制规则，以确保基金的安全。管理的具体内容包括征缴管理、支付管理和投资管理。

1. 征缴管理

征缴管理是对社会保障部门征收社会保险费的环节进行管理，是对缴费单位和社会保障经办机构进行管理。

2. 支付管理

支付管理就是对经办机构是否按照规定支付进行监督和管理。具体包括经办机构是否按照规定的项目和标准支付，有无虚列支出挪用基金的情形，支付凭证和用款手续是否合乎规定，是否有骗保行为，等等。

3. 投资管理

投资管理就是对社会保障基金结余部分进行管理和对投资进行管理。管理方面主要包括检查是否有挤占挪用结余资金的情形，存放是否合乎规定；投资方面包括投资机构准入管理，投资运营的实施管理。

12.4　我国社会保障基金

12.4.1　我国社会保障基金的发展历程

1951年，《劳动保险条例》的颁布，标志着我国社会保障制度的建立。该条例规定参保单位按照工资总额的3%缴费，形成的劳动保险基金实行分级管理，全国统一调剂使用和管理，这也意味着我国社会保障基金的建立。后来由于"文化大革命"的干扰，形成的社会保障基金被迫中断。从20世纪80年代开始，部分地区开始养老保险费用的社会统筹，形成了养老保险基金，并于1991年确立了我国养老保险基金的筹资模式。1999年，国务院颁布了《社会保险征缴暂行条例》，规定社会保障基金实行收支两条线管理。2000年，国务院决定建立全国社会保障基金，并设立全国社会保障基金理事会，负责管理运营全国社保基金。

12.4.2　我国社会保障基金管理主体及管理方式

1. 社会保障基金管理主体

我国社会保障基金的主要管理部门是政府劳动保障部门及其所属的社会保险经办机构，省、市、县三级均设有社保经办机构。

2. 社会保障基金管理方式

社会保障基金实行"收支两条线"管理，即在国有商业银行、社会保障经办机构开设收入户、支出户，财政部门开设财政专户。社会保障经办机构征缴的社会保障基金全部存入收入户，每月月末前将收入户中的全部资金转入财政专户；社会保障经办机构依据支付需求提出拨款计划，财政部门从财政专户向支出账户划拨资金，在支出户中需保留1～2个月的支付周转金。基金实行收支两条线管理，从制度上保证了基金的专款专用。

12.4.3　我国社会保障基金管理的内容

社会保障基金管理主要包括基金的征收、支付和收支管理。

1. 基金的征收管理

社会保障基金的征收管理是社会保障基金管理的第一个环节,包括对征收范围和对象、征收标准、征收程序、征收的监督和处罚等环节的管理。

征收范围和对象须与我国社会保障制度的覆盖范围相一致;征收标准要考虑征收对象的承受能力以及经济发展水平和通货膨胀等因素;征收程序要按照登记、缴费申报、缴费、存储、建立缴费记录等基本步骤进行;还要对缴费单位和社会保障经办机构进行监督,对违反规定的行为和个人依法进行处罚。

2. 基金的支付管理

社会保障基金的支付既要保障受保人的基本生活水平,又必须与国家的经济发展水平相适应。所以,基金的支付管理主要集中在基金的支付条件、支付标准、支付方式等方面。

3. 基金的收支管理

1) 社会保险经办机构的收入户

社会保险经办机构的收入户遵循"只收不支"的原则。收入户的作用:暂存由社会保险经办机构征缴的社会保险费;暂存由下级经办机构上解的社会保障资金;暂存由上级下拨的社会保障资金;暂存社会保障费的滞纳金收入;暂存财政补助收入;暂存其他收入。

2) 社会保险经办机构的支出户

社会保险经办机构的支出户遵循"只支不收"的原则,其资金来源是从财政专户拨入的资金。支出户的作用:接受从财政专户拨入的资金;暂存1～2个月的社会保险周转金;暂存社会保障基金的银行存款利息;支付社会保障待遇;支付相关的管理费用;向上级上解或向下级下拨社会保险资金。

3) 财政部门的财政专户

财政专户的现金管理有收有支。收入户主要接受社会保障基金收入户向财政专户的划拨,以及接受社会保障基金购买国债到期的本金、利息及存在银行的存款利息。财政专户的支出户主要是向社会保险经办机构划拨社会保险资金和购买国债的资金。

12.4.4 我国社会保障基金运行现状

1. 我国养老保险基金运行总体平稳

1) 能够确保按时足额发放养老保险

据人力资源和社会保障部回应,2017年1—5月份,职工养老保险基金总收入15 769亿元,同比增长23.9%;基金总支出13 505亿元,同比增长23.2%;当期结余2264亿元,累计结余4.08万亿元。按此趋势,全年养老保险基金仍将保持收大于支,基金累计结余持续增加,能够确保按时足额发放养老保险。

2) 五大措施保障基金健康平稳运行

总体来看,虽然基金结余规模可观,具备较强的支撑能力,但由于地区间经济发展不平衡,存在基金分布不均衡的结构性矛盾。

目前的情况是东部结余多、中西部结余少,特别是在东北等老工业地区,缴费人员少、退休人员多、抚养负担重的情况比较突出,基金出现了当期收不抵支的情形。

对此,我国相关部门正立足当前、着眼长远,采取有力措施保障基金健康平稳运行,从而促进养老保险制度的可持续发展,具体包括以下几方面。

(1) 实施全民参保计划,扩大覆盖范围。截至2016年底,职工养老保险人数为3.79亿人,比2015年末增加2569万人。在保障人民群众养老保险权益的同时,应尽快落实全民参保计划,加大征缴力度,以增加基金收入。

(2) 加大财政投入,保障基金运行。建立基金运行风险应对机制,强化各级政府主体责任,积极拓展筹资渠道,确保养老金足额发放。其中,从1998年以来,中央财政累计对企业养老保险基金投入2.57万亿元。其中,2016年超过4000亿元,同比增长12.9%;同时地方财政也在加大投入,2016年各省市县级财政投入合计668亿元,同比增长79.6%。

(3) 完善省级统筹制度,提升统筹层次,均衡地区差异。要进一步完善省级统筹制度,加大省内资金调剂力度,加强基金收支管理。针对部分省份基金结余少、支出压力大的情况,国家将通过提高统筹层次,在更大的范围内调剂基金余缺,均衡地区之间因抚养比差距而导致的负担不均问题。

(4) 拓宽筹资渠道,壮大基金规模。通过开展养老基金投资运营,推动基金市场化、多元化、专业化投资,实现基金保值增值。同时,推动划转部分国有资本充实社保基金,有效提升基金抗风险能力,保障养老保险基金良好运行。

(5) 发展多层次养老保险体系。逐步形成以基本养老保险为基础、企业年金和职业年金为补充、与个人储蓄性养老保险和商业养老保险相衔接的多层次保障体系,满足不同群体的养老保障需求,提高退休后的生活保障水平。

3) 我国养老保险制度覆盖人群最多,养老保险基金可实现中长期收支平衡

经过多年的改革发展,我国的养老保险覆盖范围不断扩大,建立起统一的城乡居民养老保险制度。截至2017年5月底,城乡居民覆盖人数为5.08亿人,领取待遇人数为1.59亿人。

从中长期来看,通过扩大覆盖范围及加大财政投入等措施,可以实现养老保险基金的中长期收支平衡。

2. 城乡居民养老保险基金投资

1) 城乡居民基本养老保险制度概况

城乡居民基本养老保险实行社会统筹与个人账户相结合的制度模式,基金来自个人缴费、集体补助、政府补贴。养老金待遇由基础养老金和个人账户养老金构成。其中,

基础养老金由财政拨款纳入城乡居民基本养老保险基金，实行现收现付；个人缴费，地方人民政府对参保人的缴费补贴、集体补助，及其他社会经济组织、公益慈善组织、个人对参保人的缴费资助，全部计入个人账户，并且采取实账积累方式，个人账户储存额按国家规定计息。

截至2016年末，城乡居民基本养老保险参保人数为50 847万人，比上年末增加375万人。其中，实际领取待遇人数15 270万人。全年城乡居民基本养老保险基金收入2933亿元。其中，个人缴费732亿元，基金支出2150亿元，基金累计结存5385亿元。

2) 城乡居民养老保险基金投资的必要性

(1) 城乡居民养老保险基金投资是基金保值增值的需要。目前，基金累计结存已超过5000亿元，尽快推进城乡居民基本养老保险基金投资运营、努力实现基金保值增值是十分必要的。具体来说，2016年末，全国参加城乡居民基本养老保险基金累积结存5385亿元，其中，主要是个人账户积累结存的资金。而长期以来，按照国家有关社会保险基金管理的规定，城乡居民基本养老保险基金只能存入银行和购买国债，基金收益率比较低，如果不通过其他投资方式来实现基金的保值增值，设立个人账户就失去实际意义。

(2) 城乡居民养老保险基金投资是基金平稳运行的需要。基本养老保险基金的投资运营，关系养老保险制度的可持续，也关系参保人员的切身利益。

(3) 城镇职工基本养老保险的投资运营已启动。截至2017年6月底，有8个省(区、市)已经与社保基金会签署了委托投资合同，合同总金额为4100亿元人民币。其中，1721.5亿元资金已经到账并开始投资。

3) 城乡居民养老保险基金投资推动措施

(1) 研究开发投资监管信息系统，提高信息化监管水平，建立以投资绩效管理为核心的考核评价体系，科学评价基金整体、各类资产、投资组合的投资业绩，完善激励约束机制。

(2) 进一步完善城乡居民基本养老保险制度，扩大城乡居民养老保险覆盖范围，提高个人账户缴费水平，增强托管的规模效应。

(3) 分别设立城镇职工基本养老保险和城乡居民基本养老保险投资账户，提高投资管理水平。

3. 医疗保险基金

1) 医疗保险基金支付限额和报销比例提高

对于城镇职工基本医疗保险，之前医疗保险基金最高支付限额标准为本市上年度职工平均工资的4倍左右。目前，职工医疗保险和居民医疗保险基金最高支付限额分别为当地职工年平均工资和当地居民年人均可支配收入的6倍，政策范围内住院费用基金支付比例分别达到80%和70%左右。大病保险覆盖城乡居民超过10亿人，政策规定的支付比例不低于50%。

2) 医保药品目录谈判，医疗保险基金减轻患者负担

2017年7月，人力资源和社会保障部对外公布36种药品进入医保目录后的价格谈判结果，并同步确定这些药品的医保支付标准。一方面，谈判后大部分药品的支付标准低于周边国际市场价格；另一方面，患者自付一小部分，医保基金承担大部分费用，从而减轻患者的经济负担。

4. 工伤保险基金

1) 工伤保险基金实现省级统筹

2017年6月22日，人社部、财政部联合印发了《关于工伤保险基金省级统筹的指导意见》，要求在省(区、市)内统一工伤保险的参保范围和参保对象，统一工伤保险费率政策和缴费标准，统一工伤认定和劳动能力鉴定办法，统一工伤保险待遇支付标准，统一工伤保险经办流程和信息系统，确保在2020年底全面实现省级统筹。工伤保险基金实现省级统筹有利于提高基金使用效率，增强工伤保险制度的保障能力。

2) 工伤预防费列入工伤保险基金支出

2017年8月17日，人社部、财政部、卫计委、安监总局联合印发《工伤预防费使用管理暂行办法》，规定工伤预防费的使用原则上不得超过统筹地区上年度工伤保险基金征缴收入的3%。工伤预防费使用实行预算管理。统筹地区社会保险经办机构按照上年度预算执行情况，根据工伤预防工作需要，将工伤预防费列入下一年度工伤保险基金支出预算。

5. 2016年全国社保基金投资概况

截至2016年底，全国社保基金理事会管理的社保基金资产总额为20 423.28亿元，基金权益总额为19 488.07亿元。其中，全国社保基金权益为16 042.58亿元。社保基金权益投资收益额为319.40亿元，投资收益率为1.73%。

12.4.5 我国社会保障基金管理存在的问题

1. 基金监管不严

社会保障基金监管是指由司法、行政机关依法对社会保障基金管理部门的基金运行过程进行监督。但事实上，司法和行政部门由于缺乏法律依据，监管力度有限，对一些征缴困难及基金流失的问题难以采取强制性措施，具体表现在以下两方面。

(1) 基金收缴率下降，各地欠缴、拒缴现象难以得到有效遏制。以养老保险为例，1993—1997年，全国欠缴养老基金分别为33.5亿元、56.6亿元、66.1亿元、87.18亿元、302.2亿元[①]。可见，养老基金欠缴数额呈逐年上升趋势。这是因为在高缴费率和低效益的压力下，企业拒缴、拖缴、少缴的现象时有发生，而有关监督部门不具有法律支持的强制收缴手段，造成基金欠缴现象难以遏制。

---

① 许琳.社会保障学[M].北京：清华大学出版社，2012：249.

(2) 由于政事不分等因素，已收缴的基金被挪用的事件不断发生。1995年和1996年，全国被动用的基金分别达到59亿元和68.5亿元。基金挪用不仅造成资金流失，基金支付能力下降甚至入不敷出，而且滋生了腐败行为。由于没有系统的法律、法规对地方社保进行规范，加之全国社保对地方社保不存在监管与隶属关系，一些地方社保资金突破国家所规定的投资范围，涉足高收益投资领域，不可避免地带来高风险，屡屡导致重大损失。例如，2006年震惊全国的上海社保案浮出水面，上海市年金发展中心先后将34.5亿元的资金通过委托资金运营的方式拆借给一家民营企业，用于收购高速公路等资产。

2. 统筹层次过低

尽管人力资源和社会保障部较早提出要在2009年底全部实现社会保险基金全国统筹，为2012年实现全国统筹做准备，但是提高统筹层次还是有不少困难，主要在于经济较发达地区担心实现统筹之后本地居民养老保险待遇水平会降低，不愿将盈余资金上缴。由于统筹层次低，社会保障基金的互济功能被大大削弱。一些贫困地区或老城市统筹层次低，因无法调剂资金，导致基金缺口扩大。在人口老龄化压力下，这些地区不得不提高缴费率，使得企业负担沉重，苦不堪言。

为了解决费率失控问题，国家规定企业缴纳基本养老保险费一般不得超过工资总额的20%。然而在"统账结合"制度下，由于现阶段统筹资金与个人账户基金实际上仍采用混合管理办法，为应付巨大的开支，地方政府不得不动用个人账户积累，使个人账户成为实际上的"空账"。在一些城市，即使动用全部个人账户基金也不足以填补统筹基金缺口。而在一些新兴城市或经济较发达城市，基金出现年度盈余。这种盈余与亏损同时存在的局面，使提高社会保障基金统筹层次的要求越来越迫切。

3. 缴费率过高

一方面，长期以来，劳动力收入未被全部以工资形式变现，劳动力收入中相当一部分甚至大部分以企业福利方式隐藏起来；另一方面，现有的分部门建立和管理基金的体制，不仅分散了资金，而且也使各项基金难以实现综合平衡和统筹规划，增加了管理成本。这些因素都增大了基金的实际缴费率。一些地方仅养老和医疗保险两项基金的缴费就已超过工资总额的50%，而且有不断提高的趋势。过高的缴费率不仅使企业不堪重负，而且增加了劳动力成本，削弱了企业的市场竞争力。对拥有大量城市劳动力的国有企业来说，沉重的缴费负担成为国有企业改革的重大包袱和障碍。

在社会保障金的关系链条上，缴费率高是由基金收入少、支出大引起的，是政府为了消化新旧制度交替时的转制成本而采取的政策性措施。然而，高缴费率带来的收入终会因投保人的逆向行为而减少。因此，一些学者建议将降低缴费率作为解决基金收支不平衡的突破口。从考虑企业负担和缴费能力出发，确定低缴费率，再配合诸如劳动力收入货币化、工资化等改革措施，最终会带来社会保障基金的增长。

本章小结

社会保障基金是国家为实施社会保障，通过国民收入的分配和再分配集中起来的一部分经济资源的货币形态。

社会保障基金的分类：按基金运营管理方式分类，可分为财政拨款、强制性征缴和多元组合形成的社会保障基金；按社会保障项目的专门用途及其功能分类，可分为社会救助、社会保险、社会福利、军人保障、全国社会保障基金等；按照资金调剂的范围，可分为社会统筹和个人账户基金；按照所有权，可分为公共基金、个人基金和机构基金；按照运营管理方式，可分为财政性基金、市场信托管理基金、公积金基金。

我国社会保障基金主要来自国家、企业和个人的共同缴费，另外有社会捐赠、福利彩票、基金运营收入等其他来源。

社会保障基金的运营都应该遵循安全性、收益性和流动性原则，另外还要考虑组合性和社会效益性原则。

社会保障基金的运作工具主要有国债、银行储蓄、企业债券、股票、实业投资、期货、期权等金融衍生品及海外市场等。

社会保障基金管理的具体内容包括征缴管理、支付管理和投资管理。

我国社会保障基金的主要管理部门是政府劳动保障部门及其所属的社会保险经办机构，省、市、县三级均设有社保经办机构。社会保障基金实行"收支两条线"管理，即在国有商业银行、社会保障经办机构开设收入户、支出户，财政部门开设财政专户。

思考题

1. 社会保障基金的分类方法有哪些？
2. 社会保障基金的来源及分担方式有哪些？
3. 社会保障基金投资运营的必要性有哪些？
4. 社会保障基金投资的方向有哪些？
5. 简述我国社会保障基金管理的主体及内容。
6. 我国社会保障基金在监管方面存在的问题有哪些？

案例分析

上海社保案

尽管自社保改革以来基金管理的问题层出不穷，但2006年东窗事发的上海社会保险基金案让全国哗然，这是社保系统中最大的一起腐败案。此案之所以成为焦点，主要是因为：第一，涉案金额大，超过30亿元；第二，涉案官员层级高；第三，违规操作手段多样，投资方向为金融市场、房地产市场等。继上海社保案之后，中华人民共和国审计署发布公告，在对除上海市、西藏自治区以外的29个省市(不含香港、澳门、台湾)的审计中发现，合计有71亿元的"养命钱"被违法、违规动用，部分基金仍未追回。

资料来源：钟仁耀. 社会保障概论[M]. 大连：东北财经大学出版社，2009：98.

分析：

从上海社保案中反映出的政府对社会保障基金监管责任的缺位主要表现在哪些方面？

第13章　社会保障法

本章学习重点

1. 理解社会保障法的含义；

2. 了解社会保障法律制度的原则；

3. 掌握社会保障管理制度的内容和形式。

13.1　社会保障法概述

13.1.1　社会保障法的概念

现代社会保障制度的建立，是以解决国民生存保障问题并促使社会经济协调发展为基本出发点与归属点的。因此，现代社会保障立法实质上既是社会成员生存权利保护法和国民安全法，也是社会稳定法和社会调节法。

根据国内相关社会保障法的著述，对社会保障法的概念有以下几种界定：①从法律关系层面，社会保障法是调整社会保障关系的法律规范的总称；②从制度层面来看，凡是依据社会政策制定的，用以保护某些特别需要扶助人群的生活安全，或用以促进社会大众福利的立法，就是社会保障法；③从社会功能层面来看，社会保障法即国家为维护安全和经济稳步发展而制定的，保障社会成员基本生活需要和经济发展享受权的各种法律规范的总称；④从主客体关系层面来看，社会保障法是调整以国家和社会为主体，为了保证有困难的劳动者和其他社会成员以及特殊社会群体成员的基本生活，并逐步提高其生活质量而发生的社会关系的法律规范的总和。

综上所述，我们可以对社会保障法进行如下界定：社会保障法着眼于公民的生存权与发展权，为保证社会成员的基本生活需要并不断提高其生活水平，以解决某些特殊群体的生活困难，调整国家、社会和全体社会成员之间以经济扶助、社会帮扶为主要内容的社会保障关系的法律规范的总和。它包括国家立法机关制定的社会保障法律和国家行政机关颁布的社会保障法规、规章和其他规范性文件。

另外，社会保障法的概念有实质意义上的社会保障法和形式意义上的社会保障法之分，即广义与狭义之分。广义的社会保障法是指有关社会保障关系的法律规范的总和；狭义的社会保障法则是指冠以"社会保障法""社会保险法""社会救助法"等名称的法律。

13.1.2　社会保障法的特征

社会保障法是法律体系的一个重要组成部分，具有法律的一般特征。同时，作为一个独立的法律部门，它还具有自己的明显特征。

1. 独立性

社会保障法的调整对象是社会保障运行过程中产生的各种社会保障关系。随着市场经济的发展和社会文明的提高，这种关系范围不会缩小，只会扩大和发展，并且显示出与其他社会关系不同的独立性质。具体表现为：第一，社会保障关系只产生于社会保障活动过程中，即只有在社会保障运行过程中所引发的各种社会关系，才能形成社会保障关系。第二，社会保障关系的当事人具有特殊性。第三，社会保障关系主要表现为既不同于民事关系也不同于行政关系、刑事关系的一种权利和义务关系，并且这种权利和义务的内容一般由社会保障法直接规定，不能由当事人自由商定。调整方法既有法律关系主体的权利、义务、实现形式和对违法行为的制裁形式，也有自己的特色。

由于社会保障关系的特殊性和复杂性，使社会保障对象具有广泛性，社会保障的实施范围具有全民性。这一点决定了社会保障法既不能被其他法律部门所包容，也不能与其他法律部门相混淆。因此，社会保障法应当是一个独立的法律部门，使其自成体系并发挥专门的社会保障规范作用，这既是社会保障制度的内在要求，也是一个国家的社会保障法不断走向完整、全面、自成体系的需要。这一点已经在许多国家和地区得到证实。

2. 社会性

社会保障法是典型的社会法，因而，社会性是社会保障法的主要特征，具体表现在：①目的的社会性。社会保障法保障社会全体成员的生活安全，所以社会保障法的目标在于通过保证社会成员的基本生活需要来实现社会稳定。②享受权利主体的普遍性。社会保障的权利由全体社会成员享有，而且随着经济的发展，可以享受保障的成员数目以及社会保障项目会越来越多。③社会保障责任和义务的社会化。社会保障要获得长久的生命力，需要整个社会的参与，社会保障通过立法，采取国家、用人单位和社会成员共同负担的原则，将责任和义务分散到整个社会，以资金来源的多渠道性保证社会保障的正常运转。

3. 多层次性

由于各国的社会保障制度均是由多个子系统和众多具体项目组成的，社会保障事项庞杂、内容很多，不同的关系需要不同的法律方式调整，因而不可能以一部法律适用于所有的社会保障事务。通常需要制定多部社会保障方面的法律和法规来构建社会保障法律制度，各法律、法规之间客观分工，各自规范具体事项，彼此之间相互协调，共同构成完整的社会保障法律体系。

《中华人民共和国宪法》是整个社会保障法律制度的最高层，规定了社会成员的社会保障事宜，对国家和社会给予社会成员物质或服务帮助以及发展社会保险、社会救助、医疗卫生事业、社会福利事业等也作出了原则性的规定。另外，我国立法机关设立了专项社会保障领域的相关法律，如《中华人民共和国残疾人保障法》《中华人民共和国妇女权益保障法》等，它们作为国家立法机关颁布的社会保障法律，是社会保障制度的基本依据，属于第二层。而像《中华人民共和国劳动保险条例》《军人抚恤优待条例》以及有关社会保障法律的实施细则等，是社会保障法律的具体实施依据，属于第三层。地方颁布的为了解决本地区社会保障事务的法规，属于社会保障法律的最末层。

13.1.3　社会保障法的历史演进

根据社会保障立法理念的变化和各国社会保障立法的具体实践，我们可以将社会保障法的历史演变划分为以下4个阶段。

1. "济贫法"阶段

"济贫法"阶段，以1601年英国颁布的《济贫法》为起始标志，直到19世纪80年代社会保险法律产生为止。英国早在16世纪上半叶就进行了济贫立法，1601年颁布的《济贫法》将已有的济贫法令编纂成法典，并于1834年通过了《济贫法修正案》(即新《济贫法》)。受英国的影响，荷兰、瑞典等国家也制定了自己的济贫法律制度。

在这一阶段，立法理念在于救济贫民，立法的内容局限于救济，提供救济者处于恩赐者地位，接受救济者必须以牺牲尊严并接受奴役为代价。因此，这一阶段的立法基本上是一种对旧式慈善事业的规定，根本不能与现代社会保障立法相提并论。

2. 现代社会保障立法产生阶段

现代社会保障立法产生阶段，以19世纪80年代德国颁布世界上第一部社会保险法律为起始标志，直到20世纪40年代第二次世界大战结束时为止。进入18世纪中叶以后，一些国家加快工业化进程，工人的生存风险加大，由社会来承担风险的思想逐渐被接受，德国率先在19世纪80年代进行了一系列社会保险立法。随后，德国的社会保险立法的影响逐渐波及整个欧洲、北美、拉美及大洋洲等地区。在欧洲大陆，波兰、捷克斯洛伐克、奥地利、丹麦、匈牙利、挪威、芬兰、意大利等先后建立了各自的社会保险法律体系；英国于1908年、1911年先后建立了老年社会保险与疾病社会保险制度；美国于1935年颁布了综合性的《社会保障法》，这是世界上首部综合性的有关社会保障事务的法规，在社会保障立法史上具有重要意义。从19世纪80年代到20世纪40年代，欧洲、拉丁美洲、大洋洲等地区的国家掀起了社会保障立法高潮；与此相反，亚洲、非洲地区的国家在社会保障立法方面却要滞后得多，这种现象与亚洲、非洲地区工业化进程缓慢及市场体制发育不健全有着密切的关系。

3. 现代社会保障立法成熟阶段

第二次世界大战以后，随着社会经济的进一步发展和立法理念的变化，社会保障立法进入定型和成熟阶段，基本标志包括以下几个方面。

(1) 立法的理念不再是单纯的社会稳定观念，而是引进了社会公平观念与普遍性原则。

(2) 从20世纪40年代后期到20世纪70年代，不仅工业化国家进入了社会保障立法的又一个高峰期，亚洲、非洲地区的一些发展中国家和地区也纷纷制定社会保障法律，构建实施范围有限的社会保障制度。

(3) 立法的内容超越社会保险而向其他社会保障领域扩展，除有关社会保险方面的立法继续得到重视外，社会福利、国民保健及其他社会保障领域的立法均得到了重视，从而促使社会保障法律体系成长为一个有着丰富内容的独立法律部门，据此建立的社会保障制度亦能够为社会成员的生存与发展提供全面的保障。

(4) 一些国际组织开始出面推动全球社会保障制度的建设与发展。

(5) 一些工业化国家根据发展的需要进一步修订、充实了以往颁布的社会保险法律，使之走向定型；而一些发展中国家亦能在借鉴发达国家立法经验的基础上制定较为成熟的社会保障法律，进而促使社会保障立法在多数国家进入成熟期。

因此，这一阶段的社会保障法制建设，是以包括社会保险法、社会福利法、社会救助法等各种社会保障法律的整体形式和独立法律部门的形式出现的。国民享受社会保障，不仅成为一项基本的法定权益，而且扩大到享受现代文明进步的成果。

4. 现代社会保障立法的完善与调整阶段

进入20世纪70年代以后，工业化国家在社会保障立法已经定型的基础上，针对社会保障制度发展进程中出现的问题，纷纷开始探索社会保障制度的改革途径，以求进一步完善本国的社会保障制度，这就必然需要对以往的社会保障法律制度进行必要的修订和完善。

发展中国家则一方面需要制定新的社会保障法律，以便建立更加全面的社会保障制度；另一方面需要根据社会经济发展与国民对社会保障的需求的变化，进一步修订、完善以往制定的社会保障法律。

总而言之，这一阶段还在继续发展中，已经体现出的特色也会长期指导社会保障立法的发展。例如，在立法观念上，追求协调发展与可持续发展逐渐成为基调；在国家责任与个人责任的关系上，主张个人及家庭尽到自我保障责任的思想在一些立法中得到体现。这可以视为社会保障立法在某种程度上的回归，它能够促使政府、社会、企业与个人合理分担社会保障的成本。因此，20世纪70年代以来，大多数国家或地区的社会保障立法已进入自我完善并与整个社会经济协调发展的时代。

需要注意的是，这里讨论的社会保障立法发展脉络主要是以发达国家的立法实践为基本线索的，而多数发展中国家在这方面事实上还比较落后，主要是由生产力水平落后，即整个社会经济发展水平落后所致。随着本国工业化进程的加快和市场体制的确立，发展中国家必然会加快社会保障立法步伐，以便建立适合本国国情的社会保障制度。

13.2　社会保障法的原则、形式及内容

13.2.1　社会保障法的原则

社会保障法的基本原则是指集中体现社会保障法的本质和精神，主导整个社会保障

法体系，调整社会保障关系所应遵循的根本准则。社会保障法的基本原则贯穿整个社会保障法，统率社会保障法的各项制度及规范，是社会保障立法、执法、司法、守法以及研究社会保障法的总的指导思想。社会保障法的基本原则包括以下几个方面。

1. 保障基本需要的原则

保障全体公民的基本生活需要，并在此基础上提高生活水平，是宪法所确认和保护的公民生存权的基础。社会保障法在各国的产生，首先是为了克服由于年老、疾病、伤残、死亡、失业以及其他社会性、自然性灾难所造成的公民或劳动者基本生活所面临的困境。因此，保障基本需要，是由社会保障的性质、职能和作用所决定的。

(1) 保障基本生活需要的原则，不能立足于国际社会平均的经济发展水平和基本的生活水准，而只能以一国的经济发展状况为依据。同时，由于经济发展的动态性，要求基本生活的测算和标准也具有动态性。因此，基本生活需要的指标应是便于调节和核算的一个系统。

(2) 保障社会成员的基本需要是社会保障法的基本功能。社会保障是一种特殊的公平分配机制，但不是唯一的分配机制。以按劳分配为原则的分配机制所追求的根本目标在于维持和优化劳动力要素，基本内容是多劳多得。以社会保障为分配机制所追求的根本目标在于公民的基本生存权，其基本内容是强制保障、维持生存。因此，从公民的生存权角度来讲，保障公民的基本生活需要是社会保障法的首要原则。

2. 权利与义务相结合的原则

权利与义务是现代社会保障制度中一对基本的法律范畴。权利与义务相结合是指享受权利必须承担相应的义务，而履行了义务就应当享有相应的权利。社会保障法律关系实质上是权利义务关系。当社会成员遇到困难或有其他法定条件而获得社会保障金时，他便属于权利主体地位。但要成为权利主体，必须按照法律的规定缴纳一定的社会保障费用，并按法定缴纳程序履行，即此时他便成为义务主体。同理可知，不履行法定义务，则不能享受法定权利。因此，社会保障立法也应遵循宪法的原则性规定，摒弃单纯强调被保障者的权利而忽略其义务的做法，代之以权利与义务相结合。例如，在社会保险法制中强调劳动者应承担相应的供款义务，在社会福利法制中强调社会成员应履行一定的缴费义务或其他义务；又如，在社会救助法中要求受益者配合社会救助机构开展家计调查等。

3. 公平与效率兼顾原则

从公平和效率的关系来讲，公平是一切法律制度的价值基础，失去公平的效率是难以持久的。因此，从某种意义上讲，公平是效率的源泉，公平的程度决定了效率的程度，任何不公平的社会机制和社会政策都会对效率造成破坏。公平性要求每一个社会成员都有获得社会保障的权利。同时，在坚持公平性的同时，承认合理的差别对待，解决好普遍保障和区别对待之间的关系。效率是市场机制所追求的价值目标，是市场公平化的检验标准之一。要实现社会保障制度的公平价值，必须以不断提高其效率为重要手段。

公平与效率兼顾是根据社会保障发展史总结出的结论。我国传统的社会保障,牺牲了效率,也未实现公平。福利国家形式上的"公平",牺牲了效率,给国民经济的持续发展带来了严重阻力,甚至使经济出现倒退。

4. 保障水平与经济发展相适应原则

从经济学理论来讲,经济发展水平越高,创造的社会物质财富越多,可供社会分配的消费品也就越多。因此,经济发展水平决定着社会保障水平。从世界范围看,各国的社会保障所确定的保障项目、保障对象、筹资的税率及缴费比例、社会保障水平,均与各国经济发展阶段和经济发展水平相适应。

(1) 经济发展决定社会保障的发展水平。如果没有经济发展所创造的可分配财富,社会保障就不可能发展;经济发展还决定社会成员的生活水平,而社会成员的生活水平状况又必然要求有相同水平的社会保障待遇。

(2) 社会保障的发展有利于促进经济发展。社会保障通过它的功能实现,来保障社会成员的基本生活,稳定社会秩序和增进经济增长。因此,在设计和制定社会保障法律制度时,应处理好两者之间的决定和促进关系。如果经济发展水平低于社会保障的增进水平,就会制约经济增长;如果社会保障水平严重滞后于经济增长水平,就容易造成社会的不稳定。

西方国家的社会保障法在早期的设计中,由于忽视了这两者之间的关系,使社会保障水平严重超过经济增长,制约了经济的发展,其弊端在20世纪70年代末显现,因此,不得不从20世纪80年代开始进行全方位的社会保障制度改革。总而言之,我国的社会保障立法应重视经济发展水平与保障水平之间的适应关系,从而促进经济的持续发展。

13.2.2　社会保障法的形式

所谓社会保障法的形式,是指社会保障法律规范的表现形式,即有关社会保障的规范性法律文件。当代中国社会保障法包括以下几种形式。

1. 宪法

宪法是我国的根本法,因而,宪法的规定,是我国制定社会保障法律、法规和实行社会保障制度的基本依据。

《中华人民共和国宪法》(以下简称《宪法》)第四十四条规定:"国家依照法律规定实行企事业组织的职工和国家机关工作人员的退休制度。退休人员的生活受到国家和社会的保障。"《宪法》第四十五条规定:"中华人民共和国公民在年老、疾病或者丧失劳动能力的情况下,有从国家和社会获得物质帮助的权利。国家发展为公民享受这些权利所需要的社会保险、社会救济和医疗卫生事业。""国家和社会保障残废军人的生活,抚恤烈士家属,优待军人家属。""国家和社会帮助安排盲、聋、哑和其他有残疾的公民的劳动、生活和教育。"《宪法》的这些规定,成为我国社会保障法的基本渊源。

2. 法律

这里的法律并非泛指，而是专指由国家最高权力机关及其常设机关，即中华人民共和国全国人民代表大会和全国人民代表大会常务委员会颁布的规范性文件。法律又分为基本法律和基本法律以外的其他法律。前者由全国人民代表大会制定和修改，比较全面地规定和调整国家及社会生活某一方面的基本社会关系；后者由全国人民代表大会常务委员会制定和修改，通常规定和调整基本法律调整的问题以外的比较具体的社会关系。目前，我国尚无一部社会保障法律是由全国人民代表大会制定的，也就是说，我国目前的社会保障基本法尚付阙如，而由全国人大常务委员会制定的也只有两项，即《中华人民共和国残疾人保障法》(1990年12月28日)和《中华人民共和国社会保险法》(2010年10月28日)。另外，与社会保障有关的法律也有一些，如《中华人民共和国劳动法》(1994年7月5日)中的"社会保险和福利"一章；《中华人民共和国老年人权益保障法》(1996年8月29日)中的"社会保障"一章，等等。这一现象只能说明一个问题，那就是目前我国社会保障诸项制度建设尚处于摸索阶段，无法形成定型的制度可以上升为法律，社会保障制度建设任重而道远。

3. 行政法规

行政法规是国务院依《宪法》授权制定的规范性法律文件。这只是学理上的术语，实践中并没有一个单行的行政法规采用"行政法规"作为具体名称。按照国务院2001年11月16日公布的《行政法规制定程序条例》的规定，行政法规的名称为"条例""规定"及"办法"三种，国务院根据全国人民代表大会及全国人民代表大会常务委员会的授权决定制定的行政法规，称为"暂行条例"或者"暂行规定"。关于社会保障方面的行政法规很多，例如，1999年1月22日颁布的《失业保险条例》，1999年1月22日颁布的《社会保险费征缴暂行条例》，2003年4月27日颁布的《工伤保险条例》，等等。此外，还存在一些国务院发布的"决定""命令"以及"通知"等规范性文件，一般带有较强的政策性，如1998年12月14日颁布的《国务院关于建立城镇职工基本医疗保险制度的决定》，1997年7月16日颁布的《国务院关于建立统一的企业职工基本养老保险制度的决定》，等等。在国务院颁布的行政法规中，关于社会保险的较多，而关于社会救济、社会福利、优抚安置等方面的较少。

4. 地方性法规、自治条例和单行条例

地方性法规是由省、自治区、直辖市的人大及其常务委员会所制定的规范性法律文件。"地方性法规"这一名称也属学理上的术语，并不为立法实践所采纳，一般称为"条例""规定""办法""实施细则"等。根据《宪法》规定，民族自治地方的人民代表大会及常务委员会有权依照当地民族的政治、经济、文化特点，制定自治条例和单行条例。例如，1997年11月12日颁布的《西藏自治区劳动安全卫生条例(修正)》，1998年1月9日颁布的《西藏自治区实施〈中华人民共和国残疾人保障法〉办法》，等等。但总体来说，由于目前社会保障立法在省一级由政府实行的较多，人大的相关立法很少，这也在一定程度上反映了我国社会保障立法工作的严重滞后。

5. 行政规章和地方规章

部门规章和地方规章可统称为行政规章。部门规章是指国务院各部、委和某些其他工作部门发布的规范性法律文件。地方规章是指省、自治区、直辖市人民政府,省、自治区人民政府所在地的市和国务院批准的较大的市以及经济特区的人民政府制定的规章。目前,有关社会保障的立法主要是以行政规章的形式体现出来的,之所以这样是因为我国社会保障制度正处于转型期,行政规章既便于制定,又便于修改或废除,非常灵活。但这种现象急需改变,因为立法层次过低会影响社会保障制度的可信性和权威性,从而影响社会保障制度的完善。有关社会保障的行政规章不胜枚举,如2002年11月5日颁布的《北京市社会抚养费征收管理办法》,2002年12月24日颁布的《关于对间断缴纳基本养老保险费等有关问题的处理办法》,等等。

6. 法律解释

在我国,作为社会保障法形式的解释一般是指国家机关的规范性解释。这种规范性解释包括最高国家权力机关的解释、国家司法机关的解释、中央国家行政机关的解释、地方国家权力机关和行政机关的解释。但在我的法律解释实践中,最高人民法院的司法解释具有特殊重要的地位,这主要是因为我国最高国家权力机关很少进行法律解释。有关社会保障方面的司法解释较少,如1996年11月12日颁布的最高人民法院《关于实行社会保险的企业破产后各种社会保险统筹费用应缴纳至何时的批复》,等等。

7. 条约与协定

我国参加的国际组织(国际劳工组织、联合国等)所通过的国际条约与协定,经我国政府批准后即在我国生效。例如,1984年5月30日,经中华人民共和国第六届全国人民代表大会常务委员会承认并由我国政府批准的14个国际劳工公约中包括的第七届国际劳工大会通过的《本国工人与外国工人关于事故赔偿的同等待遇公约》(19号公约),1987年9月5日经第六届全国人民代表大会常务委员会批准的第六十九届国际劳工大会通过的《残疾人职业康复和就业公约》(159号公约),这两个公约都是关于社会保障的公约。又如,1997年10月27日,我国签署的《经济、社会、文化权利国际公约》规定:"缔约各国承认人人有权享受社会保障,包括社会保险。""缔约各国承认给予母亲和儿童以保护和协助,承认人人有权为自己和家庭获得相当的生活水准并不断改进生活条件,承认人人有免于饥饿的权利。"以上,我国已予以批准或签署的公约,将作为我国国内社会保障法的形式而存在,保证得到实施。

13.2.3 社会保障法的内容

1. 社会保障法的调整对象

社会保障法的调整对象是指社会保障法所规范的各种特定的社会保障关系,主要是国家或政府、企业或集体和社会成员在社会保障中所发生的各种社会经济关系。具体来说，社会保障法的调整对象主要包括以下几个方面。

(1) 国家与国民之间的关系，即中央政府及地方各级政府与全体社会成员之间的关系，需要明确政府在社会保障中的职责和社会成员享受的社会保障的权益等。

(2) 社会保障实施机构与政府之间的关系，包括管理与被管理的关系、财政关系等。

(3) 社会保障实施机构与社会成员之间的关系，它们之间既是资金筹集者与供应者之间的关系，又是社会保障待遇提供者与享受者之间的关系，是实施社会保障项目最主要的实践范畴，应当明确规范其权利与义务等。

(4) 社会保障机构与企业、社会团体单位之间的关系，它们之间是征集社会保障资金和提供社会保障资金的关系。

(5) 企业、社会团体及官方机构与劳动者个人之间的社会保障关系，其实质内容是保证劳动者的社会保障权益，规范企业或用人单位履行对劳动者的社会保障责任，等等。

(6) 社会保障运行过程中的管理体制，即社会保障管理机构的设置及其与其他部门的关系。

(7) 社会保障运行过程中的监督机制，包括监督机制的建立以及各种监督机构的职责、权限划分及其协调性等。

(8) 其他社会保障关系，如社会保障子系统之间、项目之间的关系，社会保障基金(主要是社会保险基金)与国家财政资金的关系，资本市场的关系，等等，亦需要由相关的社会保障法制进行规范。

2. 社会保障法的主体与客体

1) 社会保障法的主体

社会保障法律制度的主体，是指在社会保障活动中，依法享受权利与承担义务的当事人，主体资格是由法律规定的，也是社会保障运行过程中客观存在的。从社会保障的运行过程来看，其主体应当包括如下几个。

(1) 国家或政府(主要通过政府职能部门来体现)。国家不是法人，国家规定法人制度，但国家不仅直接参与社会保障活动，而且是最重要的责任主体。它对社会保险、社会福利、社会救助、军人保障等各项社会保障制度的实施给予财政支持，是社会保障法制系统中的特殊主体。依此类推，在分税制和财政分级负责制的条件下，地方各级政府也成了社会保障法律关系的特殊主体。

(2) 社会保障实施机构。实施机构直接承担实施各种社会保障事务的责任，既依法享有向企业、社会团体、劳动者个人等征收社会保险费等权利，又承担具体组织实施社会保障项目的义务，是社会保障法律关系中的当然主体。

(3) 企业、社会团体及官方机构。它们不仅承担向社会保障机构供款的责任，而且要直接承担诸如职业福利的责任，从而对社会保障有着直接的义务与权益，亦是社会保障法制关系中的当然主体。

(4) 城乡居民及其家庭(尤其是劳动者)。社会保障是面向城乡居民与劳动者的福利性保障制度，城乡居民是社会保障制度的直接受益对象，也需要承担缴纳一定费用的责任，是社会保障法制关系中的当然主体。

上述有关各方共同构成了社会保障法制关系中的主体，但社会保障机构与社会成员具有完全主体资格，其他则具有特殊主体资格，这种主体构成，正是社会保障事业的公益性、福利性和社会性的具体体现。

2) 社会保障法的客体

社会保障法律制度的客体，是指各关系主体的权利义务共同指向的目标。从社会保障制度的实践内容来看，它的客体是指社会保障规定项目和范围内的各种物质利益和自然人。一方面，社会保障所保障的都是客观存在的财产物资和自然人的身体与生命。其中，灾害救助等是以属于社会成员所有的财产物资上的利益为具体的保障对象，而其他社会保障项目则多是以保障自然人的生活与身体为目标。另一方面，社会保障的目的主要是为社会成员的基本生活提供物质保障，国民保障权益的实现又是通过支付货币或提供劳务等方式来进行的。因此，人是社会保障法律制度中最重要的客体，而物则是部分社会保障法律制度中的特殊客体。

13.3 我国社会保障法律制度的历史、现状及发展趋势

13.3.1 我国社会保障法律制度的发展历程

1. 中华人民共和国成立前的社会保障立法

在中华人民共和国成立以前，国民党政府、共产党领导的苏区和解放区等均制定过一些社会保险方面的法规或草案。1929年，国民政府广东建设厅劳动法起草委员会就起草过《劳动保险草案》，包括"伤害保险"和"疾病保险"等内容。1944年，国民党政府社会部拟定过《社会保险方案草案》。在共产党领导的地区，1930年5月，由当时的全国苏维埃区域代表大会通过的《劳动保护法》第七章对社会保险做了规范，接着是1931年制定的《中华苏维埃共和国宪法大纲》和《中华苏维埃共和国劳动法》(1933年修改)，以及稍后颁布的《中国工农红军优待条例》《红军抚恤条例》《优待红军家属条例》等，对有关社会保障工作进行了规定。在抗日战争后期，边区政府制定了针对抗战军人及家属的保障和劳工保护问题的政策法规。

1948年，东北行政委员会颁布了《东北公营企业战时暂行劳动保险条例》，并于1949年颁布了这一条例的实施细则、劳动保险基金试行细则、劳动保险会计办理试行细则等，其他地区也颁布过一些社会保障方面的法规。

2. 中华人民共和国成立后的社会保障立法

中华人民共和国成立后，与社会保障制度的建立和发展一样，社会保障法规的制定、修订和完善也经过了曲折的历程，大致可以分为以下几个阶段。

1) 创立阶段

1950—1965年，社会保障法规的初建阶段。在此时期，以中华人民共和国成立前夕制定的临时宪法《中国人民政治协商会议共同纲领》中有关社会保障问题的规定为依据，国务院集中颁布了多部有关社会保障的全国性行政法规，从而使20世纪50年代成为中国社会保障法制建设的第一个高峰时期。

在社会保障法规的初建阶段，涉及的主要法规包括《中华人民共和国劳动保险条例》和《优待抚恤条例》。这些法规和条例构成了当时社会保障法规的基本框架，并为今后社会保障法律体系的形成奠定了基础。

2) 停滞破坏阶段

1966—1977年，社会保障制度遭受破坏、法制建设停滞不前的阶段。在此时期，"文化大革命"使我国的社会经济制度和正常的经济秩序遭到破坏。同样，社会保障项目的实施受到严重影响，一部分社会保障制度被改变。1969年2月，由财政部发布的《关于国营企业财务工作中几项制度的改革意见(草案)》，轻易地否定了《中华人民共和国劳动保险条例》中的有关规定。由此，社会化劳动保险演化为企业保险，也因此产生了社会保障制度的不合理和无效率等问题，在以后的实践中积重难返，成为现阶段社会保障改革异常艰难的重要原因。

3) 修补阶段

1978—1989年，重建社会保障制度、健全社会保障法律体系阶段。在这一时期，我国的社会经济开始走上改革和发展的道路，法制建设受到全社会的重视。在重建社会保障制度的同时，国家对社会保障法规也进行了重新审议、修改和补充，但并没有做出根本性的制度变革。

其中，1985—1989年，立法机构和主管社会保障事务的政府部门颁布了大量全国性的法规和政策。这些法规政策主要集中在重建统一的城镇劳动者的退休养老制度和对军人抚恤优待制度，同时在失业保险制度的建设方面也做了尝试。

4) 改革完善阶段

20世纪90年代初至今，现代社会保障制度的建立和社会保障法规体系的建设阶段。20世纪90年代以来，国家加大了改革开放的力度，并开始建立社会主义市场经济体制。与此相适应，社会保障制度亦开始向社会化、市场化和法制化的方向变革，国家开始注重适应社会主义市场经济体制的社会保障法律制度的建设。

十多年间，国家立法机关和国家权力机关颁布了大量社会保障法规和政策。自1990年以来，我国的社会保障法制建设成效卓著，基本上形成了现代社会保障法律体制，并为进一步的法制建设奠定了良好的基础。

我国的社会保障法制建设走过了半个多世纪的历程，制定过多部社会保障方面的法规和少数法律，它们对于维系以往社会保障制度的运行起到了不可或缺的作用，并为以后的社会保障法制建设奠定了一定的基础。但从总体上看，我国的社会保障立法又确实十分落后，它基本上处于一种非正常状态，对整个社会保障制度的最终确立与健康运行而言，是一种先天的不足。

13.3.2 我国社会保障法律制度的现状

总体来看，我国的社会保障法律制度体系已基本确立。《宪法》对建立社会保障制度作出了明确规定。1982年，《宪法》第四十四条规定："国家依照法律规定实行企业事业组织的职工和国家机关工作人员的退休制度。退休人员的生活受到国家和社会的保障。"第四十五条规定："中华人民共和国公民在年老、疾病或者丧失劳动能力的情况下，有从国家和社会获得物质帮助的权利。国家发展为公民享受这些权利所需的社会保险、社会救济和医疗卫生事业。"特别是2004年的《宪法修正案》第十四条增加了一款，规定"国家建立健全同经济发展水平相适应的社会保障制度"，成为加快我国社会保障法制建设的新的宪法依据。

目前，社会保障所有领域都制定了相关的法律、法规和规章。自1978年以来制定并仍生效的主要社会保障法律、行政法规和部门规章如表13-1所示。

表13-1 自1978年以来制定并仍生效的主要社会保障法律、行政法规和部门规章

颁布时间		法规名称	通过或颁布机关
社会保险	1978-05-24	关于工人退休退职的暂行办法	国务院
	1978-05-24	关于安置老弱病残干部的暂行办法	国务院
	1980-10-07	关于老干部离职休养的暂行规定	国务院
	1981-10-13	关于军队干部退休的暂行规定	国务院
	1982-01-04	关于军队干部离休的暂行规定	国务院、中央军委
	1982-04-10	关于老干部离职休养制度的几项规定	国务院、中央军委
	1983-09-12	关于高级专家离休退休若干问题的暂行规定	国务院
	1993-12-14	国务院办公厅关于印发《机关、事业单位工资制度改革三个实施办法》的通知	国务院办公厅
	1995-07-14	关于加快全国职工互助保险事业发展的意见	全国总工会
	1997-07-16	关于建立统一的企业职工基本养老保险制度的决定	国务院
	2004-01-06	企业年金试行办法	劳动保障部
	2004-02-23	企业年金基金管理试行办法	劳动保障部
	2005-12-03	关于完善企业职工基本养老保险制度的决定	国务院
	2009-09-01	关于开展新型农村社会养老保险试点的指导意见	国务院
	2011-06-07	关于开展城镇居民社会养老保险试点的指导意见	国务院
	1998-12-14	关于建立城镇职工基本医疗保险制度的决定	国务院
	2003-01-16	国务院办公厅转发卫生部等部门《关于建立新型农村合作医疗制度意见》的通知	国务院办公厅
	2007-07-10	关于开展城镇居民基本医疗保险试点的指导意见	国务院
	1999-01-22	失业保险条例	国务院
	1987-12-03	中华人民共和国尘肺病防治条例	国务院
	2001-10-27	中华人民共和国职业病防治法	全国人民代表大会常务委员会
	2003-04-27	工伤保险条例(2010-12-28修订)	国务院

(续表)

颁布时间	法规名称	通过或颁布机关
1988-07-21	女职工劳动保护规定	国务院
1994-12-14	企业职工生育保险试行办法	劳动部
1994-07-05	中华人民共和国劳动法	全国人民代表大会常务委员会
1999-01-22	社会保险费征缴暂行条例	国务院
2004-11-01	劳动保障监察条例	国务院
2005-04-27	中华人民共和国公务员法	全国人民代表大会常务委员会
2007-06-29	中华人民共和国劳动合同法	全国人民代表大会常务委员会
2007-12-29	中华人民共和国劳动争议调解仲裁法	全国人民代表大会常务委员会
2010-10-28	中华人民共和国社会保险法	全国人民代表大会常务委员会
1999-09-28	城市居民最低生活保障条例	国务院
2003-06-20	城市生活无着的流浪乞讨人员救助管理办法	国务院
2006-01-21	农村五保供养工作条例	国务院
2006-03-29	关于加强孤儿救助工作的意见	多部委
2007-07-11	关于在全国建立农村最低生活保障制度的通知	国务院
1990-12-28	中华人民共和国残疾人保障法(2008-04-24修订)	全国人民代表大会常务委员会
1991-12-29	中华人民共和国收养法(1998-11-04修订)	全国人民代表大会常务委员会
1991-09-04	中华人民共和国未成年人保护法(2006-12-29修订)	全国人民代表大会常务委员会
1996-10-01	中华人民共和国老年人权益保障法	全国人民代表大会常务委员会
1980-04-29	革命烈士褒扬条例	国务院
1983-02-03	中国人民解放军志愿兵退出现役安置暂行办法	国务院、中央军事委员会
1984-05-31	中华人民共和国兵役法(1998-12-29修正)	全国人民代表大会常务委员会
1987-12-12	退伍义务兵安置条例	国务院
1988-07-18	军人抚恤优待条例	国务院
2001-01-19	军队转业干部安置暂行办法	中共中央、国务院、中央军事委员会
1992-04-03	中华人民共和国妇女权益保障法	全国人民代表大会常务委员会
1994-10-27	中华人民共和国母婴保健法	全国人民代表大会常务委员会
2001-12-29	中华人民共和国人口与计划生育法	全国人民代表大会常务委员会

表格左侧分类列（自上而下）：社会保险、社会救济、社会福利、优抚安置、其他

1. 社会保险法律制度

社会保险是我国社会保障制度建设的重点。1994年颁布的《中华人民共和国劳动法》专门设立了"社会保险和福利"一章。2010年10月28日颁布的《中华人民共和国社会保险法》，成为我国社会保险领域的第一部综合性法律。在《中华人民共和国社会保险法》出台前，我国主要依靠大量的行政法规和部门规章，对社会保险领域的各个方面进行规定。目前，已经出台的社会保险险种有《失业保险条例》和《工伤保险条例》，综合管理条例有《社会保险费征缴暂行条例》和《劳动保障监察条例》，其他险种则是通过国务院的各项"决定""意见"与人力资源和社会保障部等有关部门的规章确立的。其中，有关养老保险的主要规定有1997年国务院出台的《关于建立统一的企业职工基本养老保险制度的决定》，2005年国务院出台的《关于完善企业职工基本养老保险制度的决定》，2009年国务院发布的《关于开展新型农村社会养老保险试点的指导意见》，以及2011年国务院发布的《关于开展城镇居民社会养老保险试点的指导意见》。有关医疗保险的主要规定有1998年国务院出台的《关于建立城镇职工基本医疗保险制度的决定》，2003年的《国务院办公厅转发卫生部等部门〈关于建立新型农村合作医疗制度的意见〉的通知》，以及2007年国务院发布的《关于开展城镇居民基本医疗保险试点的指导意见》。

2. 社会救济法律制度

国务院在社会救济领域出台了两个条例。在农村，随着农村集体经济的衰退，传统的农村五保供养制度失去了原有的经济基础和组织基础。1994年，国务院颁布了《农村五保供养工作条例》，将农村五保供养纳入法制化和规范化道路，2006年国务院重新修订了该条例。在城市，由于国有企业改组改制，大批人员下岗分流，城市贫困人口增加。为保障这些人的生活，国务院于1998年出台了《城市居民最低生活保障条例》，根据该条例，我国普遍建立了城市居民最低生活保障制度。2007年，国务院出台了《关于在全国建立农村最低生活保障制度的通知》，将低保制度由城市扩展到农村。在社会救助法律制度方面，国务院还出台了《城市生活无着的流浪乞讨人员救助管理办法》，规范了对乞讨人员的救助保护措施。

3. 社会福利法律制度

尽管我国未出台综合性的社会福利法，但与其他领域相比，社会福利领域出台的法律最多。继1990年出台了《中华人民共和国残疾人保障法》后，陆续出台了《中华人民共和国未成年人保护法》《中华人民共和国收养法》和《中华人民共和国老年人权益保障法》，涉及残疾人、未成年人和老年人的权益保护。除最后出台的《中华人民共和国老年人权益保障法》外，其他先出台的三部法律后来都经过了修订。

4. 优抚安置法律制度

我国历来重视优抚安置工作，在该领域出台了一系列的法律法规，包括1980年出台的《革命烈士褒扬条例》、1984年的《中华人民共和国兵役法》、1987年的《退伍义务兵安置条例》和1998年的《军人抚恤优待条例》。

5. 社会保险法

我国高度重视社会保险法的立法工作。经过17年的酝酿和磨砺，终于在2010年10月28日经第十一届全国人民代表大会常务委员会第十七次会议审议通过《中华人民共和国社会保险法》(以下简称《社会保险法》)。《社会保险法》是我国成立以来第一部社会保险制度的综合性法律，是一部在中国特色社会主义法律体系中起支架作用的重要法律，是党和政府履行"让人人享有社会保障"庄严政治承诺的法律保证。它的制定、颁布和实施，意义重大而深远。

1)《社会保险法》的重要意义

(1)《社会保险法》是我国社会保障体系建设过程中的一个具有重大历史意义的里程碑，是我国社会保险制度体系日益成熟的一个重要标志，是促进我国社会保障事业蓬勃发展的法律基础。《社会保险法》的颁布和实施，关系改革发展稳定的大局，关系广大人民群众的切身利益；充分体现了党中央高度重视保障和改善民生，是贯彻落实党中央提出的科学发展观的重要举措；有利于促进社会公平正义，维护社会和谐稳定；有利于保障广大人民群众的合法权益，使他们在养老、失业、医疗、工伤、生育等各个方面都能依法享有国家提供的基本保障，共同分享我国改革发展的成果，进一步促进构建和谐社会和实现全面建设小康社会的发展目标。

(2)《社会保险法》在全面、系统地总结我国改革开放以来在社会保险制度改革方面取得的基本经验的基础上，根据党中央关于建立和健全社会保障体系的重大决策和战略部署，将逐步形成的与社会主义市场经济体系相适应的社会保险制度体系以法律的形式确定下来。《社会保险法》的颁布实施，标志着我国社会保险制度基本框架体系已经确立，制度运行进入平稳发展的新阶段。随着《社会保险法》的出台，以此为法律基准和依据的一系列配套的法规、规章和规范性文件也将陆续制定和付诸实施，我国社会保险工作将全面纳入法制化轨道。

2)《社会保险法》的立法原则

《社会保险法》从草案起草，到国务院审议，再到全国人民代表大会常务委员会修改，始终坚持以下原则。

(1) 贯彻落实党中央的重大决策部署。党的十四届三中全会以来，中央对社会保障制度改革和事业发展作出了一系列重大决策，特别是确定了广覆盖、保基本、多层次、可持续等带有根本性、长远性的基本方针。此外，社会保险要独立于用人单位之外、资金来源多渠道、管理服务社会化以及加强基金管理监督的要求等，都在法律制定中得到充分体现。

(2) 使广大人民群众共享改革发展成果。按照中国共产党第十七次全国代表大会提出的到2020年全面建设小康社会、基本建立覆盖城乡居民的社会保障体系的目标，《社会保险法》确立了我国社会保险制度框架，把城乡各类劳动者和居民分别纳入相应的社会保险制度，努力实现制度无缺失、覆盖无遗漏、衔接无缝隙，使全体人民在养老、医疗等方面有基本保障，无后顾之忧。

(3) 公平与效率相结合，权利与义务相适应。《社会保险法》从我国基本国情和社会主义初级阶段的实际出发，在政府主导的社会保险制度上，优先体现公平原则，作出适当的普惠性安排；通过增加政府公共财政投入，加大社会财富再分配力度，防止和消除两极分化，促进社会和谐；同时体现激励和引导原则，坚持权利与义务相适应，把缴费型的社会保险作为社会保障的核心制度。

(4) 确立框架，循序渐进。《社会保险法》全面总结了我国社会保险制度改革发展的实践经验，借鉴世界各国在社会保险领域的有益做法，确立了我国社会保险体系建设的总体框架、基本方针、基本原则和基本制度。同时，基于我国社会保险体系建设正处在改革发展过程中，新情况、新问题不断出现，需要继续加以探索和实践，《社会保险法》也保持了必要的灵活性，作出了一些弹性的或授权性的规定，为今后的制度完善和机制创新留出了空间。

3)《社会保险法》的主要内容和重大突破

(1)《社会保险法》确定了覆盖全民的适用范围。《社会保险法》将我国(不含港澳台地区)所有用人单位和个人都纳入社会保险制度的覆盖范围。其中，养老保险和医疗保险覆盖全体国民；工伤保险、失业保险和生育保险覆盖所有用人单位及其职工；进城务工的农民工依法参加社会保险，被征地农民按照国务院规定被纳入相应的社会保险制度；在境内就业的外国人也应当依法参加我国的社会保险。因此，《社会保险法》将推动我国加紧实现建立覆盖城乡居民的社会保障体系的发展目标。

(2)《社会保险法》明确了统筹城乡的发展方向。《社会保险法》不仅明确规定国家建立和完善新农保和城镇居民社会养老保险制度，而且授权省级地方政府可以根据本地区实际情况，将城镇居民社会养老保险制度和新农合合并实施。同时，《社会保险法》还将此前有争议的"新农合"纳入基本医疗保险的调整范围，从而依法明确了"新农合"具有基本医疗保险的性质，为将来逐步实现统筹城乡居民医疗保险提供了法律依据。《社会保险法》的正式实施，将有力地促进农民工和被征地农民依法参加社会保险，从而进一步推动覆盖城乡居民的社会保障体系的建立。

(3)《社会保险法》强化了参保人的权益。《社会保险法》以保障参保人的合法权益为根本出发点和落脚点，其中在以下8个方面进一步强化了对参保人权益的法律保护：一是规定养老保险费可补缴，解决了缴费不足15年的参保人员的养老待遇问题；二是规定社保关系能够转移接续，允许社会保险关系跨统筹地区转移接续，使跨统筹地区就业人员在养老、医疗和失业保险等方面的个人权益得到保障；三是对养老保险中的遗属参加待遇作出明确规定，进一步健全老、遗、残保障制度；四是规定参保人的医疗费用可即时结算和异地结算；五是扩大工伤保险基金支付范围，不仅确保所有工伤职工能够享受到相应的待遇，而且减轻了企业负担；六是规定工伤待遇在特殊情况下先行垫付、代位追偿的原则；七是规定失业人员可由失业保险基金缴纳参加基本医疗保险，个人不缴费；八是规定参保职工未就业的配偶可按国家规定享受生育医疗费用的待遇。上述规定都充分体现了以人为本的保障原则。

(4)《社会保险法》进一步规范了社会保险管理。《社会保险法》在以下9个方面作出了规定，以确保各项社会保险制度正常运行：一是明确了政府在社会保障方面应承担的财政责任，这不仅体现在提供必要的经费投入和在社保基金收不抵支时承担兜底责任，而且体现在支付转轨费用和为低收入以及无收入人员参保提供补贴；二是明确了"社会保险费实行统一征收"的方向；三是明确了赋予社会保险费征收机构强制征缴手段，包括从银行划账，要求用人单位提供抵押物，申请人民法院扣押、查封、拍卖相当于应缴金额的资产，等等；四是规定了基本养老保险基金逐步实现全国统筹、其他社会保险基金逐步实现省级统筹的发展方向；五是规定了国家建立基本养老金正常调整机制，根据职工平均工资增长、物价上涨情况，提高基本养老保险待遇水平；六是确定了由人大监督、行政监督、社会监督共同构成的社会监督体系，并对加强社会保险监督作出一系列具体规定；七是确定了社会保险经办机构设立原则及其主要职责；八是确定了基金在保证安全的前提下实现保值增值的原则；九是对于违反社会保险法律、法规的违法行为明确了应当承担的法律责任，强化了对各种违法行为的处罚。

根据《社会保险法》的有关规定，2010年12月20日，国务院重新修订并颁布了《工伤保险条例》。为确保《社会保险法》的顺利实施，2011年6月29日，人力资源和社会保障部第六十七次部务会议审议通过《实施〈中华人民共和国社会保险法〉若干规定》，对《社会保险法》中的有关规定进行了细化、明确、解释和补充。下一步，国务院和有关部门还将根据《社会保险法》的原则和授权，抓紧研究制定养老保险、医疗保险、社会保险基金管理与监督、社会保险经办服务等方面的配套法规，启动修订失业保险、社会保险费征缴和社会保险监督检查方面的法规规章，各地也将启动地方法规的制定、修订工作，逐步形成以《社会保险法》为基础，以相关行政法规、部门规章以及地方性法规、政府规章相配套的社会保险法律法规体系。

13.3.3 我国社会保障立法存在的问题

通过以上对我国社会保障法律制度建设发展历程的回顾，不难看出，近年来我国在社会保障制度领域取得突破性进展。但是，从法规制度的完善性及实施过程中的情况来看，我国社会保障法制建设还存在一些问题，有些问题还比较严重，需要在较短的时间内解决。这些问题主要表现在以下几个方面。

1. 社会保障立法严重滞后

社会保障制度是依法建立起来的，发展到今天，它已成为当代各国法律体系的重要组成部分。纵观世界各国的社会保障制度的建立和发展，无不是立法先行。而我国现行的社会保障法规，有很多是经济体制改革中出现问题时的应急产物，即所谓的"头痛医头、脚痛医脚"的立法方式的结果，虽有一时之效，但不能从根本上解决问题。有的法规条例还未出台，就因客观实际情况的变化而搁浅。到目前为止，我国还未建立统一的适用范围较大的社会保障法规，社会保障法至今仍未出台。同样缺乏社会救助、社会福利和优抚安置方面的全国性法规，社会保障工作在许多方面只能靠政策规定和行政手段推行。立法行动总是滞后于经济发展，使立法一直处于一种被动状态，其后果是，社会保障社会化程度低，社会覆盖面小，规范性和强制性不足，社会保障管理漏洞多。特别是目前在社会保障方面发生争议进行仲裁或提起诉讼时，仲裁机构或法院由于"无法可依"而难以按有效的法律规定对争议、纠纷进行仲裁或判决。

2. 现有的社会保障法律法规立法层次低，缺乏较高的法律效力和必要的法律责任制度

社会保障属国家社会生活的基本问题，根据立法理论，涉及社会保障的主要事项的立法应该由法律设定。而我国自1979年以来，全国人大审议和通过了三百多部法律和有关法律问题的决定，却没有一部是专门调整社会保障关系的基本法律。本应由全国人大、全国人大常务委员会制定的有关社会保障的法律几乎都是由国务院或各部委制定的行政法规或部门规章以及由地方制定的地方性法规。而由国务院制定的行政法规也大多数是以"规定""试行""暂行""决定""意见"等形式出现的，大都缺乏法律应有的效力和规范性。这种状况显然与社会保障法所承担的责任和其在社会法律体系中的地位不相符合，所带来的后果是社会保障立法严重缺乏权威性和稳定性。同时，完整的法律规范应该由假定、推理和制裁构成。没有法律责任和制裁措施的法律规范是有严重缺陷的，因而无法发挥法律规范的强制性功能。在我国现行社会保障法规中则普遍存在缺乏法律责任的现象，从而无法确保社会保障措施的有效实施，无法有效控制违法现象的产生和严厉制裁违法行为。

3. 社会保障法规的实施机制和监督机制较为薄弱

社会保障的法律实施机制应当包括筹资机制、保障机制、管理机制、运行机制以及监督机制。从目前的实际情况来看，我国远远没有达到这些要求。在社会保障制度中的筹资机制、保险金的给付机制、社会保障的管理机制和社会保障运行方式等方面，均缺乏具有法律意义的规范性措施。同时，我国目前的社会保障制度缺乏有法律保护和法律规定的社会保障监督机制和监督方法。特别是社会保障的管理主要由政府行政部门来承担，社会保障监督机构没有与管理机构严格划分开来，有的甚至由一个部门兼任双重职能。因此，常常出现以行政条例处理方式代替社会保障法规或不认真履行监督职能、掩盖矛盾和问题的现象。尤为突出的是，社会保险法规中缺乏对欠缴保险费行为和拖欠离退休人员、失业人员保险金行为的制裁措施，对挪用、挤占、截留社会保险基金的行为不能予以及时惩处，资金流动中的渗漏现象普遍，以不正当手段骗取社会保障补偿事件屡屡发生。《刑法》第二百七十三条虽然对挪用社会救灾、社会救济等救济款物的行为作出了明确的制裁规定，但未将社会保险基金列于特定物款的保护范围之内，使得保险基金的运营处于无法律监管和严重不安全状态。这些都说明目前的法律监督体系难以保证社会保障制度目标与功能的实现。

4. 缺少与WTO的社会保险规则相适应的法律规范

我国现在已是WTO的成员。目前，尽管在WTO这个框架内还未出台相应的社会政策或社会保障条款，对成员的社会保障水平也没有明确限定，但是作为联合国最大的政府间组织，国际劳工组织已经制定了一百多个有关劳工权益保障方面的公约，提供了最低程度的保障标准。而且从20世纪90年代开始，英国等发达国家一直酝酿在WTO框架中加入有关劳工标准或社会保障条款。更为重要的是，作为世界性的经济组织，必然要求成员国具备成熟的市场经济体系，而成熟的市场经济体系不仅包含健全的保障体系，还需要以健全的社会保障体系为基本条件。目前，我国新型社会保障制度的基本框架及改革原则虽然已经确立，养老、医疗、失业保险及最低生活保障制度等也正在覆盖越来越多的人口，但是，我国为入世所应当进行的法制建设的准备并不充分。现行的有关社会保障的法律法规与国际劳工组织的社会保险规则还存在相当大的差距，有的甚至直接同国际劳工组织的社会保险规则相冲突，这会在一定程度上影响我国同国际社会的交流与合作，最终将影响我国完善的社会主义市场经济法律体系的建立。

13.3.4 我国社会保障立法的发展趋势

完善的社会保障法应当有"量"和"质"两个方面的评价标准，就"量"的规定而言，首先，在社会保障法规体系里应该有起统率作用的法律；其次，在社会保障法规里应当有适用于社会保险、社会福利、社会救助、社会优抚等方面的单行法规；再次，在社会保障法体系中还不可缺少与上述法律、法规相配套的若干条例、命令等。就"质"的规定而言，首先，要求在社会保障法规体系里起统率作用的法律与起主干作用的法律以及起配套作用的条例、命令等之间具有有机的联系，形成符合逻辑的多层次的法规结构；其次，它们在内容上应当达到和谐一致、互不矛盾、互不抵触，符合法制统一原则和统筹兼顾、互相协调的原则。依据这个标准，我国社会保障法的完善应当从以下几个方面进行。

1. 加紧制定社会保障基本法

社会保障基本法在社会保障法中处于中心地位，通常用来规定社会保障的原则、方针、社会保障的范围、公民的社会保障权利和义务、社会保障的组织管理、社会保障资金的筹措办法、享受社会保障的程序以及违反社会保障法的责任等内容。社会保障基本法的任务是推动国家建立健全社会保障制度，以保障每个人的正常生活不因意外事故的发生而受到影响，并把发展家庭事业、健康事业、教育事业、完善公共设施等作为立法目的。以此为内容建立的社会保障法在社会保障法律体系中必然起到统率作用。

2. 对现行的社会保障单行法规进行清理

目前，我国所适用的社会保障单行法规虽然数量不少，但其质量令人担忧，有的甚至与社会主义市场经济的要求相违背。因此，对各有关部门从我国成立以来陆续发布的社会保障方面的单行法规进行清理，是完善社会保障法的必然要求和步骤之一。通过清理，对内容不完善的加以修改补充，对已经过时的加以废止，对急需建立起来的应通过法定程序尽快制定、颁布。尽管这项工作的系统化程度极高，但除此之外绝无其他良方可寻。

本章小结

社会保障法是指着眼于公民的生存权与发展权，为保证社会成员的基本生活需要并不断提高其生活水平，以解决某些特殊群体的生活困难，调整国家、社会和全体社会成员之间以经济扶助、社会帮扶为主要内容的社会保障关系的法律规范的总和。它包括国家立法机关制定的社会保障法律和国家行政机关颁布的社会保障法规、规章和其他规范性文件。

社会保障法是法律体系的一个重要组成部分，具有法的一般特征。同时，作为一个独立的法律部门，它还具有自己的明显特征：独立性、社会性、多层次性。

所谓社会保障法的形式，是指社会保障法律规范的表现形式，即有关社会保障的规范性法律文件。当代中国社会保障法的形式包括：宪法、法律、行政法规、地方性法规、自治条例和单行条例、行政规章和地方规章、法律解释、条约与协定。

近年来,我国在社会保障制度领域取得突破性进展。但是，从法规制度的完善性及实施过程中的情况来看，我国社会保障法制建设还存在一些问题，如社会保障立法严重滞后，现有的社会保障法律、法规立法层次低，缺乏较高的法律效力和必要的法律责任制度，社会保障法规的实施机制和监督机制较为薄弱，等等。

思考题

1. 社会保障法的特征有哪些？
2. 社会保障的形式有哪些？
3. 分析我国社会保障法的内容及存在的问题。

案例分析

案例1：医疗期内劳动者享受病假工资

李某于2003年大学毕业后到北京某国有企业工作，双方签订了为期三年的劳动合同。该企业经济效益很好，员工工资水平较高，并为所有员工按时足额缴纳了医疗保险费，因此李某对自己的工作一直比较满意。但天有不测风云，2006年3月初，李某患病住院治疗两个月。住院期间，公司以为李某按时足额缴纳了医疗保险费为理由，停发了李某的工资，要求李某到医疗保险经办机构申请有关医疗待遇。李某认为享受相关的医疗待遇和公司为其发放工资是两码事，并了解到职工在医疗期内应该享受病假工资，因此与公司进行了多次交涉。在双方争执不下的情况下，李某找到委托代理人向劳动争议仲裁机构提出申请，请求仲裁机构责令公司补发住院期间的病假工资。

资料来源：孙光德.社会保障概论学习指导书[M].3版 北京：中国人民大学出版社，2008：60.

分析：

李某是否应该享受病假工资待遇？说明判定理由。

案例2：用人单位缴费基数的合法判定

某社保局于2014年3月4日向某公司发出社会保险稽核通知，决定对该公司执行养老保险政策的有关情况进行专项核查。社保局根据公司提供的相关资料，查明在2011年11月至2014年2月，公司在为其原职工任某缴纳养老保险费的过程中，存在少报缴费工资的情形。2011年11月、12月，任某起薪当月工资为1721元，公司按1200元/月的工资基数为其缴纳养老保险费，每月少报缴费工资521元；在2013年1—12月，任某上年度月平均工资为3248元，公司按2003元/月的基数缴费，每月少报缴费工资1245元；2014年1月、2月，任某上年度月平均工资为4089元，公司按2270元/月的基数缴费，每月少报缴费工资1819元。社保局据此作出"社会保障稽核决定通知书"，限令公司在5个工作日内到所属社会保险经办机构申报补缴社会保险费。公司不服，提起行政复议后被维持原裁定，遂诉至法院，请求判决撤销"社会保险稽核决定通知书"。

一审法院认为，《社会保险法》第十二条规定"用人单位应当按照国家规定的本单位职工工资总额的比例缴纳基本养老保险费，计入基本养老保险统筹基金"，本地人民政府《关于统一社会保险缴费基数和社会保险登记缴费申报程序的通知》规定"用人单位缴费总基数为本单位属于参保缴费范围的人员缴费基数(简称职工缴费基数)之和。职工缴费基数按照本人上年度月平均工资核定；新设立单位的职工和用人单位新增的职工按照本人起薪当月的工资核定"。本案中，社保局针对公司不如实申报缴费工资的问题作出的处理符合《社会保险法》的规定，故判决驳回公司的诉讼请求。

公司不服，上诉称已经根据《社会保险法》第十二条规定，按照本单位职工工资总额的比例足额缴纳了社会保险费。社保局以职工个人工资总额为基准核定其申报缴纳社会保险费的基数与《社会保险法》第十二条的规定不符，属于认定事实不清，适用法律错误，请求二审法院撤销一审判决，依法改判。

二审法院认为，本市《企业职工基本养老保险实施办法》第三条规定"职工缴费工资按职工工资总额核定，企业全部职工的缴费工资之和即为企业缴费工资总额"。《关于统一社会保险缴费基数和社会保险登记缴费申报程序的通知》规定"用人单位缴费总基数为本单位属于参保缴费范围的人员缴费基数(简称职工缴费基数)之和"。本市有关规定将《社会保险法》第十二条规定中的"本单位职工工资总额"解释为"本单位职工缴费工资总额"是符合法律规定的。由于企业为职工缴纳基本养老保险费的比例，无论是以本单位职工缴费总基数为基础缴纳，还是以职工本人缴费基数为基础缴纳，其缴费比例是一致的。因此，社保局的做法并无不当。故公司的上诉理由不能成立，判决驳回上诉，维持原判。

资料来源：向春华.从典型案例看《社会保障法》[J].中国社会保障，2016(7)：22.

分析：

法院对于用人单位缴费基数的判定是否合理？请简述理由。

第14章 企业年金和职业年金

👤 **本章学习重点**

1. 了解企业年金的含义与功能；

2. 了解建立企业年金的必要性；

3. 掌握我国企业年金的现状及存在的问题。

"银发浪潮"的到来，使各国政府普遍意识到，单纯依靠政府提供基本养老保险制度，已无法解决快速老龄化所带来的支付压力。1994年，世界银行的研究报告《防止老龄化危机：保护老年人及促进增长的政策》中，第一次明确提出了"三支柱养老保险体系"，即公共养老保险、企业年金和个人储蓄性养老保险三支柱相结合的社会养老保险体系。此报告说明，只有通过多种渠道才能为老年人提供稳定的可持续性保险。可见，三支柱养老保险体系已经成为各国政府普遍采纳的养老保险体系。

养老保险体系中的第二支柱即企业年金，属于企业补充性养老保险，是企业在参加国家基本养老保险的基础上，依据国家政策和本企业的经济状况建立的以提高职工退休后生活水平为目的，对国家基本养老保险进行补充的一种养老保险形式。它与基本的公共养老保险和个人储蓄共同构成了养老保险体系的三大支柱。

近年来，作为第二支柱的企业年金在世界各国都得到了快速发展，如OECD国家年金资产从1987年占GDP的29%增长到2003年占GDP的61%。如表14-1所示，2002年和2003年，智利的企业年金资产占本国GDP的比例已经超过1/2，超过55%；欧洲一些国家，如瑞士的企业年金资产总额超过GDP，达到110%左右；美国从1996年开始，企业年金的总资产成为美国最大的金融资产项目，2008年末企业年金资产总额达到11.9万亿美元，超过GDP总值，企业年金在整个养老保障体系中的比重已经超过公共养老保险，占据越来越重要的位置。

由此可见，企业年金已经成为世界各国强化养老保险体系、提高养老金替代率、改善老年人生活水平的重要工具。与国外具有百年发展历史的企业年金相比，我国的企业年金虽然已具备一定的基础，但还处于起步阶段，企业年金资产占GDP的比重还未曾超过1%，并且企业年金在发展过程中暴露出诸多问题。如企业和员工参与企业年金的积极性不高、企业年金积累的基金本身的安全性不高、企业年金收益率过低等，这些问题都阻碍了企业年金的发展。因此，本章将在阐述企业年金的发展历程的基础上，分析现阶段我国企业年金制度存在的问题，并探讨解决对策。

表14-1 各国企业年金资产总额及占GDP比重的推移(2001—2003年)

国家或地区	年金投资总额/百万美元			占GDP比重/%		
	2001年	2002年	2003年	2001年	2002年	2003年
美国	6 723 627	6 027 275	7 227 959	66.9	57.8	66.0
日本	566 881	561 437	561 437	13.6	14.1	13.1
智利	—	35 515	49 690	—	55.8	64.5
中国香港	24 495	27 524	27 524	15.0	17.0	17.6
瑞士	269 010	335 605	—	109.4	125.5	—
英国	1 040 472	1 040 472	1 179 718	72.7	66.5	65.7
中国(不含香港、澳门、台湾)	5954	8426	11 418	0.4	0.5	0.6
世界	9 974 854	9 552 086	11 125 192	21.6	21.1	19.7

资料来源：OECD.Global Pension Statisticcs.OECD-Pension Markets Focus，2006(1)：4.

14.1 企业年金

14.1.1 企业年金概述

1. 企业年金的定义

从1875年美国快递公司制订世界上第一个正式的企业年金计划开始，企业年金的发展已有上百年的历史。"年金"一词来自英文"Pension"，即"养老金"，是指一系列按照相等时间间隔支付的款项，而企业年金制度是年金制度中一个特殊种类。企业年金一般是指在政府强制实施的公共养老金或国家养老金制度之外，企业在国家政策的指导下，根据自身经济实力和经济状况建立的旨在为本企业职工提供一定程度的退休收入保障的补充性养老金制度[①]。可见，企业年金是在国家基本养老保险之外，企业为了进一步提高职工退休后的收入水平而建立的一种补充性养老保险制度。各国关于企业年金有多种称谓，欧洲称其为职业年金，美国称其为雇主养老金，这些称谓的基本含义都是区别于基本养老保险的补充养老保险计划。

在我国，在企业年金概念提出以前，在企业中起补充养老作用的一般称为企业补充养老保险。企业补充养老保险是1991年起开始使用的，指的是企业根据自身经济实力，在国家规定的实施政策和实施条件下为本企业职工建立的一种辅助性的养老保险。而企业年金的提法首次在2000年我国国务院颁布的《关于完善城镇社会保障体系的试点方案》中出现，该方案还明确规定企业年金采用个人账户式管理，实行市场化运作。

我国企业年金的概念是在《企业年金试行办法》中提出的，是指企业及其职工在依法参加基本养老保险的基础上，自愿建立的补充养老保险制度。从我国对企业年金的这个定义中可以看到，我国企业年金的定位是对基本养老保险制度的补充，坚持企业自愿

[①] 刘云龙，傅安平. 企业年金：模式探索与国际比较[M]. 北京：中国金融出版社，2004.

的原则。

2. 企业年金与公共养老保险、商业保险的区别

企业年金与公共养老保险和个人商业保险共同构成了我国社会养老保险体系的三大支柱，三者之间既有区别又有联系。

1) 企业年金和公共养老保险

企业年金与公共养老保险(又称社会基本养老保险)之间既有区别又有联系。两者的联系主要体现在两种养老保险保障水平的互补性，并且都是为被保险人退休后提供一定的经济补偿，以保障他们的基本生活；区别主要表现在两者的保障目的和保障范围等方面。

(1) 企业年金和公共养老保险的保障目的和保障程度不同。公共养老保险的保障目的在于为参保人员提供最基本的生活保障，它是参保人员达到法定退休年龄或丧失劳动能力而按国家规定退出工作岗位时，享受国家给予帮助的一种社会保险制度，是社会保障体系的基础；而企业年金则是在此基础上提供补充保障，以提高职工退休后的生活质量，是一项旨在保证员工退休后仍能获得一部分补充养老金的制度，属于企业保障计划和企业福利制度的范畴。两者在保障程度上也存在较大差异；公共养老保险是政府对国民应尽的责任，国民应享有保障的权利和水平受到政府的保障。而企业年金的被保险人受保障程度具有较大的风险，主要取决于企业的缴费和基金经营状况。

(2) 企业年金和公共养老保险的保障范围不同。公共养老保险通常通过国家立法强制实施，制度覆盖范围内的企业和个人都必须参保。资金的筹集和待遇标准由国家统一规定，资金筹集渠道包括国家、企业和个人。国家负担的养老保险资金可以纳入国家财政预算体系，当养老保险基金出现收支不平衡、支付困难时，政府财政承担兜底责任。而企业年金则是在国家政策的规范下，按照自愿的原则，根据企业的经济能力为职工提供的一种额外福利，一般保险费用来自企业和员工的缴费，政府不承担保险资金收支的责任风险。另外，企业年金计划一般由独立的经济主体经办，企业年金积累的资金可以由企业行政代表和职工代表组成的基金理事会负责管理，也可以委托专门的基金会负责管理。企业年金一般都是通过个人账户的形式积累个人的养老储备基金所有权。

(3) 企业年金和公共养老保险基金的积累和运营方式不同。企业年金基金一般采用长期积累的方式并进行市场化运营。而对于公共养老保险基金，有的国家采用现收现付方式，通过两代人之间的代际转移，当期支付出去，一般不留储备，绝大部分按一定标准支付给退休的一代人。例如，智利等国，采用完全积累方式，将公共养老保险基金进行长期积累；还有一部分国家如中国，采用部分积累，将公共养老保险基金的一定比例进行积累。所以，在基金的积累方式上，企业年金通常采用长期积累，而公共养老保险则是长期积累与当期支付相结合。另外，企业年金的收与支通常体现在同一个人一生中的不同时期，也就是在某一时间归集起来，之后要间隔较长一个时期才开始支付，并在长期的间隔中，为了基金的保值增值进行市场化运营；而公共养老保险基金则是由全国社会保障基金理事会按照国家相关规定进行固定渠道的投资和运营。

2) 企业年金和商业保险

企业年金和商业保险虽然都是在自愿原则的基础上实行的，从运作方式来看具有相似性，都是一种延期的定期支付，但两者在保险性质和对象等方面存在本质的区别。

(1) 两者的保险性质不同。企业年金是员工福利的一种，属于职工参与企业利润分配的一部分，构成员工福利待遇的一部分。而商业保险是保险公司以盈利为目的的企业行为，被保险人不参与保险公司的利润分配。商业保险的资金来源主要是个人投保，根据参保人的投保额来决定补偿额。

(2) 两者的适用政策不同。国家为了鼓励企业年金的发展，使其在税收方面享受政府的优惠政策，允许一定比例的企业年金缴费在税前列支，政府鼓励有条件的企业和单位为本企业员工建立企业年金制度。而我国的相关政策规定"职工向商业保险公司购买养老保险，属于个人投资行为，其所需资金一律由个人承担，不得由企业报销"。这说明，购买商业保险没有税收上的优惠，同时，保险公司还需承担向国家缴纳税收的义务。

(3) 两者的保障对象不同。商业保险的保障对象有明确的规定，包括身体、年龄等方面都有详细的要求。如果是没有通过体检或是特定年龄以上的人，将被排除在保险范围之外，或者通过加收保费的方式允许其参保。另外，如果参保人在对个人身体状况、年龄等方面有所隐瞒，还会构成保险欺诈。而企业年金属于企业集体行为，只要企业有经济能力且愿意为员工提供退休后的保障，便可以建立，参保对象仅限于本企业的职工，不存在性别、年龄、身体状况等方面的要求。

(4) 两者的管理机构不同。企业年金实行多元化管理模式，可以采取企业自身成立企业年金理事会作为受托人的方式，也可采取委托符合相关资格条件的基金管理公司和信托公司等方式。而商业保险只能由商业寿险公司经营和进行管理。

3. 企业年金的功能

企业年金的功能是由企业年金的性质决定的。正确认识企业年金的功能有利于明确企业年金在整个养老保障体系中的地位和作用，也有利于企业年金制度健康持续地发展。因此，在我国刚刚开始建立企业年金制度的背景下，对企业年金功能的总结和研究，具有十分重要的理论意义和实践价值。根据企业年金的发展历史和我国的现状来看，企业年金的功能可以概括为以下4点。

1) 补充养老，改善退休人员的生活水平

我国在没有正式提出企业年金之前，一直将其称为"企业补充养老保险"，从这个名称中可以看出企业年金的补充性。企业年金作为养老保障体系的第二支柱，本身就是对社会基本养老保险制度的补充，其目的就是提高养老金的替代率，使退休的老年人能够享受更高的生活水平。

另外，企业年金的本质是延期支付的员工福利，其延期支付就是为了保障职工退休后的生活水平不至于下降，以及防范国家养老保险待遇水平过低所带来的生活水平的下降。因此，从这个角度来看，企业年金就是一种补充养老保险，这与我国政府鼓励有条件的企业建立企业年金制度的初衷是一致的。多项研究表明，如果养老金的替代率保持在70%～80%，就能保证职工退休后的生活水平不下降。至于这个替代率在三支柱养老体系中如何分配，各国的实践和研究普遍认为，基本养老保险、企业年金和个人储蓄性保险所占比例分别为40%～50%、20%～30%、10%比较合理。因此，企业年金作为基本养老保险的补充，具有改善老年人退休生活水平的作用。

2) 减轻政府负担和基本养老保险承受力

企业年金作为养老保障体系的第二支柱，不仅是基本养老保险制度的补充，而且具有缓解国家财政压力的作用。从养老金的替代率来看，企业年金在三支柱养老保障体系中所占的比例为30%左右，减轻了基本养老保险制度的支付压力，同时减轻了政府在筹资、管理和支付等方面的负担，缓解了政府财政压力。尤其是像中国这样三支柱养老保障体系建设刚刚起步的国家，一直以来单纯依靠社会基本养老保险来维持养老金替代率，给国家财政造成了巨大压力。随着今后企业年金的发展和完善，基本养老保险制度的支付压力和国家财政负担也将逐步减轻。

3) 福利激励，提高企业的凝聚力和竞争力

企业年金的实质是将员工现期的部分工资福利转移到退休后，所以，企业年金可以看作企业员工参与企业利润分配的一部分，进一步实现员工参与企业管理，将企业与员工的利益更加紧密地联系在一起。而从企业的角度出发，如果将企业年金作为人力资源管理的一个手段和方式，通过设计不同的企业年金方案，可以提高员工福利方面的待遇，从而提高员工的工作效率和积极性，吸引和留住优秀人才。由于企业年金的水平取决于企业经济能力和经营理念，在不同企业之间必然存在差距，如果能够合理设计企业年金方案，则会帮助企业吸引和留住员工，从而增强企业的凝聚力和竞争力。

4) 动员储蓄，支持资本市场，促进经济发展

一方面，企业年金是通过长期积累的方式，使企业和雇员为退休后积蓄养老资金，将个人的当期收入转移未来消费，做到个人收入的再分配；另一方面，将长期积累的数额巨大的企业年金基金投入资本市场，可以完善资本市场，增强国民储蓄能力和国家基础建设能力，进而促进经济发展，提高国家竞争力。

14.1.2　我国建立和发展企业年金的必要性

1875年，美国运通公司为其雇员建立的企业年金计划是世界上第一个企业年金计划，企业年金至今已有百余年的发展历史。第二次世界大战结束以后，企业年金迅速发展，覆盖率日益提高。在世界上建立养老保险制度的国家中，有1/3以上国家建立了企业年金制度，拥有企业年金的人口数约占这些国家劳动人口的1/3。在美国和日本，企业年金所发挥的作用已超过社会基本养老保险；在法国、丹麦、瑞士等国，通过立法强制实施企业年金计划，其覆盖率则接近100%；英国、加拿大等国的企业年金覆盖率约为50%；即使是企业年金覆盖率最低的西班牙也达到15%左右。

纵观各国企业年金发展及改革的经验，可以发现，大力发展企业年金，是在基本养老保险的基础上进一步提高员工退休后的生活水平，提高企业凝聚力和竞争力等的重要途径，也是提高国家养老社会保障水平的关键。

与此同时，由于我国老年人口规模庞大和老龄化进程加快，使得与同样面临人口老龄化难题的国家相比，我国老年社会保障的影响程度远远超过其他国家。随着老龄化进程的加快，我国领取养老金的老年人口基数越来越大，这必将给我国基本养老保险带来巨大压力。

为此，1991年，政府在《国务院关于企业职工养老保险制度改革的决定》中首次提出："国家提倡、鼓励企业实行补充养老保险；企业补充养老保险由企业根据自身经济状况，为本企业职工建立。"从1994年开始，我国开展了企业年金制度的试点，探索推行企业补充养老保险的经验。

经过二十余年的改革探索，我国基本上建立起社会基本养老保险、企业年金和个人储蓄性养老保险三个层次相结合的养老保险制度，即所谓的"三支柱模式"。实践证明，我国政府已经充分意识到发展企业年金对完善我国养老保障的意义和作用。这里将我国发展企业年金的必要性概括为以下几方面。

1. 发展企业年金是我国建立多层次养老保障体系的需要

经过三十余年的改革和发展，作为我国养老保障体系第一支柱的社会基本养老保险得到了突飞猛进的发展，为完善养老保障体系打下了坚实的基础。相比之下，作为第二支柱的企业年金却发展缓慢、覆盖率较低，距建立多层次养老保障体系的目标相差甚远。

另外，我国从1999年开始进入老龄化社会。与其他国家相比，我国的老龄化具有速度快、老龄人口规模大、老年人抚养比偏大、地区间老龄化程度差异大、"未富先老"等显著特征。从这些特征可以看出，我国领取养老金的老年人将会越来越多，为养老保险制度缴费的就业人口会相对越来越少，结果必然导致养老保障制度逐渐走向崩溃。因此，在人口老龄化所导致的养老保险支付危机到来之前，政府应及时制定和出台相应的政策、法规，来引导和鼓励企业建立企业年金，形成职工个人养老金账户的积累，使企业年金成为我国基本养老保险的有效补充。综上所述，建立、健全企业年金制度，有利于改善我国基本养老保险独力支撑的局面，缓解老龄化给国家财政带来的巨大压力。

2. 发展企业年金是降低我国基本养老保险替代率的需要

从目前我国养老金的替代率来看，总体替代率较低，与发达国家相差甚远，单纯依靠社会基本养老保险来提高养老金替代率的困难较大，所以，必须大力发展养老保障体系的第二支柱和第三支柱，尤其是要加快企业年金的完善，这对于实现养老保险替代率达到国际标准水平70%的目标，具有重要的推动作用。在保证不降低养老保险替代率的情况下，逐步降低基本养老保险的替代率，而相应提高企业年金的替代率，有助于缓解由于人口老龄化趋势所导致的养老保险财政支付危机。因此，适时加快企业年金的发展，是我国建立多支柱养老保险体系的需要。

3.发展企业年金是促进我国资本市场发展的需要

企业年金一般采取完全积累的基金制模式，积累的基金在保值的前提下自然要追求投资收益最大化，因此，将其投入资本市场进行投资运作是必然的选择。当前，各国对企业年金积累的基金普遍采取投资管理，进入资本市场，这样可以促进资本市场的稳定发展。首先，企业年金作为长期稳定的资金，能有效增加资本市场的资金供给，促进资本市场规模的扩大；其次，作为资本市场上的机构投资者，它能改善资本市场的投资结构；最后，企业年金入市能有效地配置资本资源，有效促进资本形成，从而拉动经济增长。

我国的老年人口数量占到世界老年人口的1/5以上，只要企业年金制度规制合理、稳步发展，未来将会积累大规模的基金。并且多项研究预测，到2030年我国企业年金规模有望超过基本养老保险基金。这些企业年金累计的基金一经入市，无疑会给中国证券业、寿险业、基金管理业、资产管理业等的发展带来新的挑战和机遇。从这个意义上讲，企业年金在保值、增值的前提下，会促进资本市场的快速发展。

4.发展企业年金是改善我国民生、促进国民经济增长的需要

改善民生是我国十七大报告中重点阐述的问题之一，而改善民生的重要环节之一就是使全体国民老有所养，这就对我国的养老保障体系改革提出了新的要求。企业年金作为养老保障体系的第二支柱，越来越受到人们的广泛关注。企业年金的发展对于充实养老保障基金，提高老年人退休后的生活水平等具有重要作用，也是改善民生的重要措施。

另外，企业年金的发展将提高国民储蓄率，刺激国民经济的增长。从各国的经验来看，企业年金制度是能够对个人产生刺激作用的有效制度，其发展的结果是带来经济的繁荣与增长。

14.1.3 我国企业年金的发展过程及实施现状

梳理企业年金的发展历程，可以更好地把握企业年金的发展方向。我国建立和发展企业年金制度的历史不长，开始于20世纪90年代初。从我国政府颁布的有关企业年金的政策法规，就可以看出企业年金在我国的建立和发展的历程，总体上可以概括为企业年金的萌芽阶段、企业补充养老保险阶段、企业年金的试点探索阶段和企业年金的规范发展阶段。

1.我国企业年金的发展历程

1) 企业年金的萌芽阶段(1984—1990年)

伴随我国1984年经济体制改革的实行，部分地区和行业开展了对传统退休养老制度的改革试点。国务院关于城镇职工养老保险制度改革明确提出了要进行社会统筹管理，逐渐摒弃传统的单位退休养老保障制度，开始追求社会化退休养老保险制度。1986—

1990年，我国逐步对城镇职工养老保险制度进行社会化的改革，这一期间是我国企业年金制度政策的萌芽阶段。

2) 企业补充养老保险阶段(1991—1999年)

1991年6月，国务院颁布了《关于企业职工养老保险制度改革的决定》，在对全民所有制企业职工的养老保险改革进行规范的同时，首次提出"国家提倡、鼓励企业实行补充养老保险"。这一法规的颁布，首次明确提出建立基本养老保险和职工储蓄性养老保险相结合的社会保障体系，这标志着我国企业年金制度开始以企业补充养老保险的名义进入初创阶段。

1994年，国务院颁布的《中华人民共和国劳动法》第七十五条规定"国家鼓励用人单位根据本单位实际情况为劳动者建立补充养老保险"，为我国发展补充养老保险提供了法律依据，并首次将"补充养老保险"这一概念正式用法规的形式确定下来。同时，国务院决定在沈阳、上海等城市进行企业补充养老保险试点。

1995年，国务院颁布《关于深化企业职工养老保险制度改革的通知》，进一步重申我国养老保险制度改革的目标，并在第五条明确规定："国家在建立基本养老保险，企业按规定缴纳基本养老保险费后，可以在国家政策的指导下，根据本企业经济效益的情况，为职工建立补充养老保险。企业补充养老保险和个人储蓄性养老保险，由企业和工人自主选择经办机构。"该通知还对企业建立补充养老保险的基本条件、决策程序、资金来源、待遇给付、管理办法、投资运营、经办机构等提出了指导性意见，确立了企业年金的基本政策框架，明确提出我国企业补充养老保险采用"个人账户"式管理，确定给付型模式。这表明国家明确鼓励企业建立补充养老保险制度，并认识到补充养老保险应实现社会化经营。

1997年，国务院颁布的《关于建立统一的企业职工基本养老保险制度的决定》规定："为使离退休人员的生活随着经济与社会发展不断得到改善，体现按劳分配原则和地区经济发展水平及企业经济效益的差异，各地区和有关部门要在国家政策指导下，大力发展企业补充养老保险，同时发挥商业保险的补充作用。"该决定的颁布再次明确指出，各地区和有关部门要在国家政策指导下，大力发展企业补充养老保险。

1998年，国家成立了劳动与社会保障部，国务院将对补充养老保险基金的监督作为劳动与社会保障部的职能之一，为推进我国养老保险改革奠定了必要的组织基础。

1999年，国务院颁布的《社会保险费征缴暂行条例》进一步强化了我国养老保险费的征缴工作。同年，《国务院批转整顿保险业工作小组〈保险业整顿与改革方案〉的通知》提出"由行业统筹转为地方统筹的11个部门和单位，其经办的企业补充养老保险，被纳入社会养老保险，由劳动和社会保障部管理；其他行业的企业补充养老保险属商业保险的，要逐步向商业保险过渡。整顿和规范企业补充养老保险的具体办法，由劳动和社会保障部会同保监会另行制定"。

从1991年到1999年，企业年金制度虽然处于企业补充养老保险阶段，但还是取得了一定成果。各地在进行社会养老保险制度改革的基础上，提出了建立多层次养老保障制度的框架，并鼓励企业实行补充养老保险。截至2000年底，我国企业年金制度覆盖人数为560.33万人，占国家基本养老保险参保人员的5.3%；参保企业16 247户；企业年金积累基金总量为191.9亿元，人均3425元。

3) 企业年金的试点探索阶段(2000—2003年)

我国企业年金制度的发展进入试点阶段，是以2000年12月国务院颁布的《关于印发完善城镇社会保障体系试点方案的通知》为标志开始的。该通知将企业补充养老保险正式更名为"企业年金"，并规定"有条件的企业可以为职工建立企业年金，并实行市场化运营和管理。企业年金实行基金完全积累，采用个人账户方式进行管理，费用由企业和职工个人缴纳，企业缴费在工资总额4%以内的部分，可从成本中列支"。此文件的出台充分体现了国家发展企业年金制度的决心和新的政策趋势，是在总结过去10年补充养老保险改革经验的基础上，确定的企业年金发展的基本模式和战略方向，为进一步推动企业年金发展创造了条件，并规定辽宁省于2001年正式实施这一试点方案。

2001年，《国务院关于同意辽宁省完善城镇社会保障体系试点实施方案的批复》中进一步明确规定，有条件的企业可以为职工建立企业年金，并实行市场化运营管理。企业建立企业年金要具备三个条件：一是依法参加基本养老保险并按时足额缴费；二是生产经营比较稳定，经济效益较好；三是企业内部管理制度健全。大型企业、行业可以自办年金，鼓励企业委托有关机构经办企业年金。管理和运营企业年金的机构要经国家劳动和社会保障部门与财政部门的认定和批准。同年7月，国务院批准城镇社会保障体系试点方案在辽宁省全省试点。

2003年，国务院充分肯定了辽宁省的试点经验，进一步在黑龙江、吉林两省扩大了试点，同时要求其他有条件的地方自行组织试点。

在企业年金的试点阶段，明确规定企业年金实行市场化运作，但没有提出具体的投资管理制度，导致各地企业年金基金投资管理制度不统一。部分地区由社会保险经办机构管理，称为"经办模式"；部分地区由行业或者企业自己管理，称为"自办模式"；还有的购买了商业保险公司的团体养老保险，称为"团险模式"。这一举措使各地的企业年金制度存在较大差别。

4) 企业年金的规范发展阶段(2004年至今)

2004年是我国企业年金发展的重要一年，也是我国企业年金开始规范发展的标志。这一年国家颁布了多项有关企业年金的法规，有效规范并促进了企业年金的建立与运行。

2004年4月，劳动和社会保障部颁布了《企业年金试行办法》和《企业年金基金试行办法》，这两部法律中明确规定"建立企业年金的企业，应当确定企业年金受托人，受托管理企业年金""受托人可以委托具有资格的企业年金账户管理机构作为账户管理人，负责管理企业年金账户；可以委托具有资格的投资运营机构作为投资管理人，负责企业年金基金的投资运营；受托人应当选择具有资格的商业银行或专业托管机构作为托管人，负责托管企业年金基金""企业年金基金必须与受托人、账户管理人、投资管理人和托管人的自有资产或其他资产分开管理，不得挪作其他用途"。另外，两部法律第一次提出了企业年金运作的5个主体，分别是委托人、受托人、账户管理机构、投资运营机构和基金托管机构。还规定了三层法律关系，分别是劳动关系、信托关系和委托代理关系。这些规定最终确立了我国企业年金运作的信托模式，将账户管理、投资管理和托管分开，分别由不同的专业机构进行管理，有利于保障年金资产的安全。

2004年9月，劳动与社会保障部、中国证券监管委员会联合颁布了《关于企业年金证券投资有关问题的通知》，首次对企业年金基金账户的开设、清算模式、备付金账户管理、交易结算数据获取、信息披露等方面做了具体规定，为企业年金入市奠定了重要的制度基础，成为启动企业年金市场的重要制度保障。

2004年12月，劳动与社会保障部通过《企业年金基金管理机构资格认定暂行办法》以及《关于印发<企业年金基金管理运作流程>、<企业年金管理账户管理信息系统规范>和<企业年金基金管理机构资格认定专家评审规则>的通知》，对企业年金基金的管理等具体环节和操作做了明确规定。

2005年6月，劳动与社会保障部发布了关于第一批企业年金基金管理机构认定数量的通告，决定第一批企业年金基金管理机构资格认定不超过40家。其中，受托人5家，账户管理人12家，托管人6家，投资管理人17家。这标志着我国的年金制度已经逐步由探索试点阶段走向规范成熟阶段，年金市场也将由此步入规范发展的快车道。

2005年12月，发展企业年金被列入国务院的工作计划和劳动与保障部的重点工作，并颁布了《关于完善企业职工基本养老保险制度的决定》，特别指出："为建立多层次的养老保险体系，增强企业的人才竞争能力，更好地保障职工退休后的生活，具备条件的企业可为职工建立企业年金。企业年金实行完全积累，采取市场化的方式进行管理和运营，要切实做好企业年金的监督和管理工作，实现规范运作，积极发展企业年金。"北京、上海、广东、山西等二十余个省(直辖市)已经制定了各地的实施办法，一些企业在工会的积极推动和大力参与下，已经建立了企业年金制度。

2006年初，国务院工作要点明确提出要积极发展企业年金，在国务院、有关中央部委积极促进企业年金发展的同时，全国各省市自治区也积极促进企业年金的发展。截至2006年底，我国有2.1万余家企业建立了企业年金，企业年金基金规模达910亿元，受惠员工约964万人。2007年，企业年金基金规模迅速增至1300亿元。2008年，企业年金总额扩大到1500亿元，参与企业年金计划的企业约2.4万家，受惠员工近1000万人。截至2011年底，我国有4.49万户企业建立了企业年金，参加职工人数为1577万人，企业年金基金累计结存3570亿元。据世界银行预测，至2030年，我国企业年金规模将高达1.8万亿美元，企业年金规模将会占到我国基金资金来源的30%～40%，成为世界第三大企业年金市场。这一系列数字表明我国企业年金是一个极具发展前景的市场。2006—2011年企业年金各指标发展状况如表14-2所示。

表14-2 2006—2011年企业年金各指标发展状况

年份	参保企业数/万个	参保职工数/万人	企业年金基金规模/亿元
2006年	2.4	964	910
2007年	3.2	929	1519
2008年	3.3	1038	1911
2009年	3.35	1179	2533
2010年	3.71	1335	2809
2011年	4.49	1577	3570

资料来源：参照《人力资源和社会保障事业发展统计公报》制作.

2. 我国企业年金的实施现状

我国企业年金经过二十几年的发展已经有了一定的规模，全国绝大部分省市、多个行业都建立了企业年金，总体上呈现良好的发展势头。但总体覆盖率还较低，有待进一步完善。

1) 资金来源和财务结构

我国企业年金普遍实行基金积累制财务结构，企业年金费用主要由企业负担，也可由企业和个人共同负担，一般个人缴费部分不超过总额的1/2。企业为员工建立的企业年金，缴纳额在工资总额4%以内的部分，准予在缴纳企业所得税前全额扣除。而个人缴费部分从个人工资收入中按一定比例或绝对额缴纳。

2) 实施方式和管理机构

企业年金是在企业自愿的前提下建立的。建立企业年金的企业，可以自主选择企业年金的管理机构，确定企业年金受托人受托管理企业年金，但不能选择境外金融机构。受托人可以委托具有资格的企业年金账户管理机构作为账户管理人，负责管理企业年金账户；可以委托具有资格的投资运营机构作为投资管理人，负责企业年金基金的投资运营；受托人应当选择具有资格的商业银行或专业托管机构作为托管人，负责托管企业年金基金；企业年金基金必须与受托人、账户管理人、投资管理人和托管人的自有资产或其他资产分开管理，不得挪作其他用途。另外，具备条件的大型企业、企业集团和行业也可自行办理企业年金，但必须建立专门的管理机构。

3) 支付方式和支付条件

企业和个人缴费都计入职工企业年金的个人账户，企业年金待遇按个人账户养老金存储额的多少计发。职工在符合法定退休条件并办理退休手续后，可以从个人年金账户中一次或分次领取企业年金。退休前如果遇到重大困难的，经申请、核实也可提前领取。企业也可选择在职工退休时将积累的补充养老保险一次性购买商业保险公司经营的年金保险，由保险公司以年金保险的形式定期向退休者给付。

4) 基金运行方式

建立企业年金的企业应成立"企业年金和职工储蓄性保险基金账户"，按月将企业和个人的缴费存入，实行完全积累、专户储存、单独核算，按城乡居民同期储蓄利率计息，利息计入个人账户。基金投资主要集中于银行存款、国库券和企业自身的投资项目。

5) 我国企业年金的总体运行状况

我国企业年金从1991年建立以来，经过二十多年的建设和发展，从无到有，从不规范到规范，可以说取得了较大的进展。但是从总体上看，和发达国家相比还存在较大差距，主要表现在如下几个方面。

(1) 企业年金基金规模激增，但总规模仍不够大。从覆盖范围来看，2000年全国建立企业年金的企业约有1.6万家，参加职工560万人。到2011年，企业数为4.49万家，参加职工1577万人，实现了飞速增长。

(2) 地区、行业、企业间参保结构不平衡。具体表现在以下几个方面。

① 企业年金的推广在沿海和发达省份要快于内陆省份。

② 行业发展快于地方发展，表现在参加企业年金计划的人数和积累资金的规模方面。

③ 国有企业年金建设快于其他类型企业。据统计，行业中参加企业年金的国有企业占93%；在地方企业中参加企业年金的国有企业占55%，这说明其他经济类型的企业在发展企业年金方面大大落后于国有企业。

(3) 企业年金尚未承担起"第二养老支柱"的重任。尽管2011年企业年金基金规模大幅度提高，但其覆盖率仍十分低，对养老保障和资本市场的影响也十分有限。如果没有大的政策出台来提高企业年金的发展速度，将很难指望企业年金在人口老龄化高峰到来时承担起养老保障第二支柱的重任。

① 企业年金覆盖面狭窄。从企业年金的覆盖面来看，参加企业年金的企业占企业总数的比例从2010年的0.33%增加到2011年的0.36%，虽然实现了小幅度增长，但99%以上的企业没有建立企业年金计划。

② 企业年金基金占GDP和资本市场的比例都是极其微小的。企业年金基金占GDP的比例一直都低于1%，几乎可以忽略不计，可以说根本无法对国民经济产生积极影响。

14.1.4 我国企业年金存在的问题

尽管企业年金制度的实行在我国的大政方针中早已确定，但现阶段我国企业年金在制度建设方面是相对滞后的，仍然存在诸多问题有待解决和完善，本节将对我国企业年金制度发展过程中的问题进行分析和概括。

1. 企业年金制度的性质和定位不明

企业年金是养老保障体系的第二支柱，但一直以来有关我国企业年金的认识存在两大误区，即有的认为其属于社会保险，有的认为其属于商业保险，导致出现一系列对企业年金的定位不清、管理权限的归属不明等问题，在一定程度上阻碍了企业年金的发展。

由于我国国有企业在所有行业企业中所占比重过大，国有企业举办和承担本应由社会举办和承担的各种社会服务等问题比较严重，这种特殊的国情，造成了企业行为和政府行为在养老保险中的界限不明确，从而造成企业年金的定位不明确，使得各级政府在制定企业年金的相关政策时，不清楚政府本身是否应该介入企业年金的管理和运作；如果应该介入，具体如何介入等问题也没有明确界定。大部分人并没有把企业年金看成必要的养老保险制度，这在一定程度上制约和阻碍了企业年金制度的发展，使得各地企业年金的发展参差不齐。部分地方把企业年金视为社会基本养老保险的一部分，没有设立专门的个人账户；部分地方则把企业年金看作社会基本养老保险中的"个人账户"，纳入财政专户；还有些地方虽然设立了企业年金的个人账户，但没有按市场化规则进行投资运营。

另外，对现阶段我国试点地区、试点行业的企业年金制度，定位的性质是"企业及其职工在依法参加基本养老保险的基础上自愿建立的补充养老保险制度"。这是我国2004年颁布的《企业年金试行办法》中，有关企业年金制度最权威的表述。很显然，其中关于企业年金的性质和定位仍然是含糊不清的。1997年，世界银行在其发表的报告《老年保障：中国的养老金体制改革》中明确建议我国的养老保险制度应由三个支柱组成，其中一个支柱就是由企业自愿提供的补充养老金。但是我国出台的正式法规、文件中很少有这方面的明确表述，因而现实中由社会养老保险、企业年金和个人储蓄养老三个支柱组成的社会保障体系在我国才刚刚起步。尽管企业年金制度已经在我国发展了二十余年，但现阶段我国发展企业年金制度的性质依旧不清，定位依旧不明，政策界限比较模糊。

2. 企业和职工对企业年金的认识不足

有关我国企业年金制度的认识，无论是政府、企业，还是职工个人，都存在认识不到位的问题。

1) 企业对企业年金的认识不足

对于中小型国有企业来说，建立企业年金会增加企业成本，给企业造成负担，所以，相较于企业年金，大多数中小型国有企业更重视职工的基本工资和当期的福利待遇等问题；对于大中型国有企业而言，虽然它们基本具备建立企业年金制度的能力和条件，但往往受企业经营效益的影响较大，使得企业年金的发展很不稳定；对于国内非国有企业而言，其学习的目标是国有企业，只要在与国有企业的竞争中具备一定的优势，就不会积极考虑建立企业年金制度来吸引和留住员工；对于效益较好的外资企业来说，因为其在工资待遇、工作环境及个人发展空间等方面普遍优于国有企业，其员工较其他企业员工已经具备竞争优势，所以促使外资企业积极建立企业年金的动力不足。

企业对建立企业年金的认识不足，主要有两方面的原因：其一，部分企业的管理层担心建立企业年金会增加企业用人成本，降低企业利润；其二，现阶段我国国有企业的主要领导人基本还采取任命制，政府对其工作的考核主要停留在一些传统的业务指标，如业务量、收益增长率、盈利额等能够反映短期政绩的指标，而对有关企业发展的远景规划、企业文化塑造、企业形象的树立与维护、员工对企业的忠诚等相对来说比较抽象的指标没有充分考虑，容易导致企业行为的短期化，这也是目前我国国有企业在可持续发展问题上面临的通病。所以，为实现业绩考核指标的最大化、最优化，企业管理层一般都倾向于选择满足职工现期收入的增长要求来调动职工的工作积极性、主动性，而不是采取延期支付企业年金的方式。

2) 职工本身对企业年金的认识不足

我国企业年金制度的发展已有二十余年，但由于国家和企业更重视社会基本养老保险制度的建设和宣传，导致我国国民对企业年金制度的了解不足。职工容易重视当期的工资待遇，而忽视延期支付的企业年金。又由于企业年金发挥作用的时间是在远期而非当期，所以对当前的在职职工的吸引力比较弱。

大多数职工由于对一件新事物不了解，在信息不对称的情况下，通常会做出规避风险的选择。由于职工缺乏对企业年金制度的了解，做出规避风险的决定也是可以理解的。因此，现阶段我国应加大力度宣传企业年金的相关内容，使企业和职工对企业年金制度有正确的认识，这样才能使我国企业年金制度健康、稳健地发展。

3. 企业年金基金投资渠道不畅，投资效益不佳与投资风险并存

近年来，我国企业年金基金规模稳定增长，到2011年底达到3570亿元，企业年金基金的保值增值受到社会广泛关注。受资本市场和养老体系不完善等因素的影响，从企业年金成立至今，我国对企业年金基金投资实施定量限制监管模式，对基金投资品种及投资比例实施严格控制，因此，投资渠道亟待开放。

1) 企业年金基金投资配置的现状

从2004年开始，企业年金正式步入市场化运作阶段，基金规模持续增加，截至2011年底，全国企业年金基金积累3570亿元，与2004年相比增长了7倍之多。作为我国多层次养老保障制度中的支柱之一，企业年金对职工的退休保障起着越来越重要的作用。企业年金基金以较快的速度增长，其保值增值的需求也就随之增大。尤其是全球金融危机爆发后，全球养老金都出现了不同程度的缩水，企业年金投资运营问题更加受到社会各界的重视。

为了给企业年金基金增加配置和灵活度，政府监管部门于2011年修订了《企业年金基金管理试行办法》，重新发布了《企业年金基金管理办法》，扩大了投资范围，增加了中央银行票据、万能保险产品、投资连接保险产品、短期融资券以及中期票据等投资品种。同时，调整各类资产投资所占的比重，将货币类资产所占比例从20%降低至5%，固定收益类资产比例从20%提升到30%。但总体来看，2011年修订的《企业年金基金管理办法》对企业年金基金的投资限定，仍遵循了谨慎、分散风险的主要原则，采取定量限制政策，将投资范围限定在银行存款、国债和其他具有良好流动性的金融产品上。

2011年，企业年金基金的平均收益率为-0.78%，相对于2010年的3.41%的平均收益

率而言，下降了4.19个百分点，自2008年以来我国企业年金基金投资收益率首次出现了负增长。而且2011年全国企业年金基金的平均投资收益率也低于同期国内其他长期性基金的收益率和同期通货膨胀率，如表14-3所示。

表14-3 2007—2011年各类基金长期投资收益情况 %

长期性基金	2007年	2008年	2009年	2010年	2011年
企业年金基金投资收益率	41.00	-1.83	7.78	3.41	-0.78
全国社保基金收益率	43.19	-6.79	16.21	4.23	0.84
保险基金投资收益率	12.17	1.91	6.41	4.84	3.57

资料来源：郑秉文. 中国养老金发展报告2012[M]. 北京：经济管理出版社，2012：168.

2) 投资渠道有待拓宽

企业年金制度取得成功的一个重要保障是通过对企业年金基金的投资运营来保值增值。在长期的积累过程中，除基本的保值增值外还面临物价上涨的风险。所以，年金基金能否顺利达到计划的投资收益的目标决定着企业年金计划的成败。企业年金基金的积累及运营需要对金融市场运行规则、投资渠道进行完善。由于西方国家市场经济发达，资本市场运行规则和运行程序完善，企业能够灵活设计企业年金方案，并且不断创新金融投资种类，所以企业年金投资形式多种多样，投资渠道也呈现多元化的特征。例如，美国企业年金基金不仅可以投资股票、各类债券，还可以投资银行存款、贷款、不动产、国外资产等。只有多样化、多元化的投资，才可以保证企业年金基金的增值，同时才能降低和分散投资风险，保证企业年金的安全性、流动性与收益性。由于投资收益率的提高，进一步刺激了缴费的增长和年金计划的普及，最终能够保证企业年金发展成为养老保障体系中一个最重要的"支柱"。

我国企业年金基金投资还处于起步阶段。我国金融市场的整体发展水平与西方国家相比还有较大差距，目前处于改革阶段，即由政策性银行向商业性银行的转型阶段。因此，企业年金金融市场中的运行规则与运行程序短期更难成型，总体上投资渠道狭窄，基金运营缺乏活力。在企业年金基金资产分布中，银行存款和债券投资占企业年金资产总额的80%以上，存入财政专户和现金、股票等其他形式的资产不足20%。目前，我国企业年金基金投资渠道过于狭窄、投资效益不佳的原因主要有以下几方面：首先，没有建立对经办机构的资格认证制度，经办部门鱼龙混杂，不时出现严重隐患；其次，大部分基金主要用于存银行、买国债，在国家连续降息的情况下，投资收益较低，一些企业年金基金的账面资金缺口有逐渐增大之势；最后，为追求高回报，一些企业将企业年金基金委托给一些不实机构操作，实际运行风险不可避免，职工的利益难以得到切实保证。

总体情况是，我国企业年金基金投资渠道不畅，投资效率低下，已不能承担企业年金保值增值的重任。在一些基本养老保险收缴都存在困难的企业，产生了社会统筹基金透支与挤占挪用企业年金等情况，把企业年金的"实账"变成了"空账"。尽管有专家预测，未来我国企业年金将高速增长，但是我们应考虑到在不能保证企业年金资产投资收益率的情况下，企业年金的大幅增长充其量是表面上的繁荣。鉴于我国企业年金过去几年在投资运营方面收益不佳，我们应对我国企业年金的投资问题保持清醒的认识。

4.税收优惠政策不到位

尽管建立企业年金计划是企业的自愿行为，但是它的发展程度和覆盖范围受政府财税政策的左右，政府财税政策的宽松程度是影响企业年金制度发展至关重要的因素。我国已经进入老龄化社会，企业年金可以充分分担国家所承担的养老保障责任，所以，企业年金理应享受国家税收优惠政策。国家要发展企业年金，必须要给企业提供税收"庇护所"。英、美等国家企业年金获得飞快发展，在很大程度上得益于税收优惠政策的激励。

税收优惠政策应该贯穿企业年金的筹集、运营和福利享受的整个过程。例如，在资金筹集中有多少资金可以税前列支、投资运营收益的税收优惠办法及职工退休后领取年金时的所得税优惠如何等。深圳市于1997年开始试行的《深圳市企业补充养老保险方案》中，所得税收优惠被放大为6%；而上海市于1997年颁布的《上海市企业补充养老保险试行意见》规定"企业和职工个人在规定的数额内缴纳的补充养老保险费免征税、费"。这里的"规定的数额"，即企业支付职工工资的5%～10%，职工自身支付不超过5%，这两部分都在税前操作，不需要纳税，同时，职工在领取的时候也不需要纳税。目前，我国规定企业和职工缴纳的企业年金占工资收入4%以内的部分可以在税前列支。但4%的上限远远低于国际上主要工业化国家可在税前列支的比例，如德国为10%，美国为15%，加拿大为18%，澳大利亚为20%，法国为22%。

国家对企业年金税收优惠不足，意味着企业开展企业年金的动力就不足。为促进我国企业年金的发展，需要财政部和国家税务总局尽快出台具体、明确的税收优惠政策。

总之，尽管企业年金制度在我国已经得到重视并获得了一定的发展，基本框架也已经基本形成。但是至少从目前看来，我国企业年金发展速度缓慢，企业年金的发展配套和优惠政策还需要不断完善。

14.2　职业年金

14.2.1　职业年金概述

1.职业年金的含义

职业年金是事业单位和行政单位为雇员或公职人员提供补充养老保险的总称，具体来说就是单位在参加国家基本养老保险的基础上，在国家统一监督、指导下，仅限于事业单位及政府机关依据自身实际情况，由公职人员和事业单位共同缴费组成养老保险费，以符合事业单位工作性质、公职人员的职业特点，为公职人员提供退休收入保障的补充性养老金保险制度。

2. 职业年金的特点

(1) 保障性。职业年金是国家为公职人员提供的退休收入保障，既不是社会保险，也不是商业保险，是一项确定性福利制度，构成单位薪酬福利管理的重要部分。

(2) 强制性。职业年金是为了减轻国家财政负担、保障公职人员退休后的生活、促进社会公平而推出的，具有一定的强制性，否则达不到预期效果。

(3) 补充性。职业年金是社会保障体系的重要组成部分，与国家养老金、个人储蓄性养老金一起构成多支柱养老保障体系。

(4) 市场化。职业年金以货币资产的形式存在，资金的本质属性是保值和增值，从而决定了职业年金资产对投资的内在需求。

3. 职业年金的给付模式 [①]

当前世界各国的职业年金给付模式主要有待遇(给付)确定型(Defined Benefit)和缴费确定型(Defined Contribution)两种。

(1) 给付确定型。按照预先确定的养老金替代率来确定支付养老金的标准和养老保险基金的征缴比例，以保障一定的生活水平需要。这种分配方式是根据所要给付的养老金水平来确定养老基金的缴费率，通常被表述为"以支定收"。在给付确定型计划中，通常由雇主单方面缴费。有些国家也要求雇员向职业年金计划缴纳其工资的一定百分比，由雇主弥补剩余的部分。雇员在退休后所能拿到的养老金数额的多少主要取决于雇员的薪金情况和雇员在公司服务年限的长短。养老基金投资的损益也主要由雇主来承担，不过基金投资的部分损益可由养老金担保公司来担保。

(2) 缴费确定型。经过预测确定一个相对比较稳定的缴费标准，然后按照这个缴费标准(投保费率)来筹集养老保险基金。雇主缴纳一部分金额，雇员自己缴纳一部分，并完全或部分地存入雇员的个人账户。在雇员退休时，以其个人账户中的储存金额(本金加上经营利息)作为他的养老金来源。这种模式通常被表述为"以收定支"。养老基金投资的损益主要由雇员自己来承担，并且不能由养老金担保公司担保。新加坡、马来西亚等国的中央公积金制，智利私营管理的基金积累制，都属于缴费确定型计划。

给付确定型与缴费确定型相比较，给付确定型计划为员工提供了完整的收入保险，收益额明确。养老基金实行代际分配，在职人员的缴费用于支付退休人员养老金，互济性强。但是待遇水平又具有较强的刚性，不利于制度的可持续，而且缴费积累与受益水平脱节，容易助长逃税的行为。缴费确定型计划受人口结构的影响较小，预先积累的资金进入资本市场后，可以促进资本市场的培育和成熟。通过多样的投资工具，使雇员有机会得到更多的投资收益。但是雇员所面临的基金保值增值压力很大，而且不利于代际互济。

4. 职业年金基金管理相关责任人

(1) 受托人。接受委托人的信托财产，以信托目的为受益人的利益对信托财产进行管理或处分的人。

---

① 刘琳. 国外职业年金的运作模式选择[J]. 经济与管理，2009(2)：45-46.

(2) 托管人。受托人委托保管职业年金基金财产的商业银行或专业机构。

(3) 账户管理人。受托人委托管理职业年金基金账户的专业机构。

(4) 投资管理人。受托人委托投资管理职业年金基金财产的专业机构。

5. 发展职业年金的意义[①]

(1) 构建多层次养老保障体系的需求。年金制度是对基本养老保险制度的支撑，是养老保险中的第二支柱，因此应加快发展职业年金、企业年金、商业保险，构建多层次的社会保障体系。

(2) 保障机关事业单位员工待遇水平的要求。在我国，机关事业单位养老保险制度并轨以后，机关事业单位人员都要参加养老保险，缴费标准和待遇发放与城镇职工的基本养老保险基本上是一致的，这部分养老金的替代率不超过60%，改革前的机关事业单位养老保险金替代率都在70%以上，为了确保新老办法的平稳过渡，保障机关事业单位人员待遇水平不降低，需要建立职业年金起到补充作用。通过投资运营，将替代率保持在合理的区间。

(3) 促进人力资源的合理流动。有利于全国统一的人才市场建设，今后无论是机关事业单位工作人员向企业流动，还是企业工作人员进入各级机关事业单位，个人账户资金可以携带转移，这为机关事业单位和企业之间的人员合理流动提供了制度保障。

6. 职业年金与企业年金的异同

1) 相同点

一方面，职业年金与企业年金都是养老保险中的第二支柱，都是养老保险的有力补充；另一方面，在投资运营中，两者在个人账户管理、相关责任人、核算发放方面有所相似，对基金的市场化运作都有很高要求。

2) 不同点

(1) 职业年金是强制性的；企业年金不是强制性的，各企业可自愿参加。

(2) 参加职业年金与企业年金计划的单位和个人的工作性质和职业特点不同。

(3) 职业年金在缴费基数及缴费比例等方面具有统一性，而企业年金的缴费比例仅有上限规定。

(4) 职业年金与企业年金的政府责任不同。政府只是企业年金计划规则的制定者、实施的监管者，不负责企业年金的资金投入，也不直接干预企业年金计划的管理和基金运营；而在职业年金计划中，政府财政对于财政全额拨款的单位的缴费要承担财政责任，而且社保经办机构作为代理人，对职业年金的经办管理具有重要作用。

(5) 职业年金中的代理人和账户管理人同为社保经办机构；而企业年金无代理人。

(6) 职业年金缴费存在虚账；而企业年金是实账运营，投资收益存入个人账户。

(7) 职业年金与机关事业单位基本养老保险同步实施，参保范围及缴费基数一致；而企业年金与企业基本养老保险的实施不同步。

---

① 周红，等.职业年金"代理人"，社保经办机构肩头又重几何？[J]. 中国社会保障，2016(11)：42.

14.2.2 国外职业年金制度[①]

1. 国外职业年金制度发展历程

国外职业年金制度分为公共部门(公务员)职业年金制度和私人部门职业年金制度。公共部门的职业年金制度首先应用于航海员、军人、公务员、公共企业等职业和部门。私人部门职业年金制度又称为企业年金制度，首先在英美等发达国家建立，逐步扩展到其他西方国家。20世纪70年代以后，各国开始改革其养老保险制度，一些国家甚至强制实施职业年金制度，职业年金的覆盖人数逐步增长，基金规模不断扩大，对退休人员养老金替代率的提高也有积极作用。

2. 国外职业年金制度内容

(1) 资金筹集与待遇给付。职业年金制度的筹资来源方式包括三类：由雇主和雇员缴费；完全由雇员缴费；完全由雇主缴费。例如，丹麦的职业年金实行完全基金积累制，由雇主和雇员共同缴费筹集资金；西班牙的完全基金制职业年金缴费通常完全由雇主负担。在待遇给付方面，近年来，缴费确定型计划在各国迅速取代给付确定型计划模式，主要是因为它更简单、透明度更高、更具灵活性和多样性，并且管理成本相对更低廉。年金待遇的领取资格一般包括缴费年限、工作年限和年龄条件。

(2) 投资运营。与公共部门的职业年金相比，国外私人部门的职业年金(企业年金)投资相对更加自由，投资工具和渠道更加多样化，投资原则也由"数量限制原则"走向"谨慎准入原则"，政府对职业年金的监管相对宽松，强调受托人的资格准入，加强信息披露。

(3) 税收优惠政策。职业年金的税收主要体现在缴费、投资和给付三个环节。通常以E表示免税，T表示征税，如果三个环节均免税，则简称为"EEE模式"；如果只在投资环节征税，则简称为"ETE模式"；如果只在给付环节征税，则简称为"EET模式"。

14.2.3 我国职业年金制度

1. 制度内容

机关事业单位养老保险制度改革是列入中央深改办的重大改革任务，职业年金的制度设计和经办管理是其中的重要环节。在《国务院关于机关事业单位工作人员养老保险制度改革的决定》(国发〔2015〕2号)中，对职业年金进行了制度安排："机关事业单位在参加基本养老保险的基础上，应当为其工作人员建立职业年金。"在随后的《国务院办公厅关于印发机关事业单位职业年金办法的通知》(国办发〔2015〕18号)中做了进一步的阐述："职业年金是指机关事业单位及其工作人员在参加机关事业单位基本养老保险的基础上，建立的补充养老保险制度。"该通知还规定机关事业单位自2014年10月1日起开始实施职业年金制度。2016年9月28日，人社部、财政部联合发布了《职业年金

① 龙玉其.国外职业年金制度比较与启示[J].中国行政管理，2015(9)：144-145.

基金管理暂行办法》。至此，职业年金的制度架构体系已基本形成。

1) 适用范围

实行职业年金计划的是按照公务员法管理的单位，参照公务员法管理的机关(单位)、事业单位及其编制内的工作人员。

2) 资金筹集

我国职业年金制度的筹资来自单位和个人缴费。其中，单位按本单位工资总额的8%缴费；个人按本人缴费工资的4%缴费，由单位代扣。

3) 职业年金基金

单位缴费、个人缴费、职业年金基金投资运营收益和国家规定的其他收入构成了职业年金基金。职业年金基金采用个人账户方式管理，个人缴费实行实账积累。对财政全额供款的单位(机关单位)，单位缴费根据单位提供的信息采取记账(虚账)方式，每年按照国家统一公布的记账利率计算利息。工作人员退休前，本人职业年金账户的累计储存额由同级财政拨付资金记实。对非财政全额供款的单位(事业单位)，单位缴费实行实账积累。实账积累形成的职业年金基金，实行市场化投资运营，按实际收益计息。

总体来说，我国职业年金采取虚实结合的个人账户管理办法，个人缴费采取实账，单位部分采取虚账(财政拨款单位缴费部分采取虚账)。虚账的存在不利于基金的积累和投资运营，不利于政府财政责任的发挥。

4) 个人账户管理

单位缴费按照个人缴费基数的8%计入本人职业年金个人账户；个人缴费直接计入本人职业年金个人账户；职业年金基金投资运营收益，按规定计入职业年金个人账户。工作人员变动工作单位时，职业年金个人账户资金可以随同转移。

5) 领取职业年金的条件

工作人员在达到国家规定的退休条件并依法办理退休手续后，由本人选择按月领取职业年金待遇的方式。

6) 职业年金的管理

(1) 职业年金的经办管理工作，由各级社会保险经办机构负责。《职业年金基金管理暂行办法》中规定的代理人的10项职责中，社保经办机构作为代理人，代理委托人(机关事业单位及工作人员)与受托人签订职业年金计划受托管理合同。同时，社保经办机构还承担账户管理人(职业年金基金账户)的职责。

(2) 受托人与托管人和投资管理人签订职业年金计划委托管理合同。托管人(接受受托人委托保管职业年金的商业银行)负责职业年金的收账和待遇支付，向投资管理人划拨职业年金基金财产。投资管理人(接受受托人委托投资职业年金的专业机构)负责职业年金基金财产的投资。

(3) 县级以上各级人民政府人力资源社会保障行政部门、财政部门负责职业年金的监管。

2. 我国职业年金制度存在的问题

1) 职业年金单位缴费"虚账"和"实账"并存

财政拨款单位缴费部分采取记账方式,缴费存在虚账。虽然财政拨款单位缴费采取"虚账"有利于在短期内缓解财政压力,但是从长远来看,是极其不利的。从职业年金基金的保值增值来看,尚未做实的单位缴费不能进行基金的投资运营,会造成缴费做实单位和未做实单位的养老金待遇差异。从职业年金基金的管理来看,单位缴费的尚未做实会影响个人账户的随同转移,"虚实并存"的账户很难对接,从而影响人力资源的流动。从职业年金制度发展来看,单位缴费的长期未做实会使未来财政做实压力越来越大。

2) 社保经办机构在职业年金管理的定位上有待进一步明晰

社保经办机构作为代理人,经办能力弱,无法很好地履行代理人职责,主要表现在经办人员队伍的缺失及职业年金经办系统开发不足等方面。

3) 对于基金违法运营行为的监督力度不够

针对职业年金基金在运营过程中可能出现的违法操作行为,目前的解决办法是要求各级社保和财政机构视情节给予处罚。而这里的"视情节"而定,模棱两可,体现了职业年金监管的薄弱。

4) 职业年金基金难以实现保值增值

目前,我国的职业年金基金投资之所以相对保守,是因为在现有的投资渠道中,具备较好的风险可控特征的只有银行存款和购买国债,使职业年金基金难以实现保值增值。

3. 完善我国职业年金制度的对策

1) 采取"实账"方案,尽快做实单位缴费[1]

总的思路是,尽快加大财政投入,对尚未做实的单位缴费尽快做实。首先,要增强各级政府的实缴信心,由中央出台"实缴"的统一政策;其次,中央政府财政要加强对机关事业单位基本养老保险的财政支持,为地方政府做实职业年金留出财政资金;最后,采取投资收益率高于记账率的记账管理方法,收益部分可以用于投资运营、待遇发放以及单位缴费,缓解财政负担。

2) 提升社保经办机构的经办能力

首先,要积极借鉴企业年金的经办经验,把职业年金工作融入现行的经办体系中;其次,加强经办人员队伍的业务培训;再次,根据业务需要开发符合要求、信息安全的职业年金经办系统;最后,规范委托人评定委员会的组建。

3) 加强职业年金监管[2]

首先,逐步完善有关职业年金监管的法律制度;其次,建立健全职业年金基金监管体系;再次,加强监管职业年金的投资运营;最后,提升人力资源社会保障行政部门和财政部门监管人员的职业素养。

---

① 张盈华. 职业年金:单位缴费实缴更稳健[J]. 中国社会保障,2017(3):47.

② 张留禄. 职业年金问题研究[J]. 上海金融,2016(4):91-92.

4) 放松投资限制，努力实现职业年金基金的保值增值

一方面，要根据实际适当放开投资限制，积极研发适合养老金风险收益特征的投资产品；另一方面，根据通货膨胀率、预设的增值目标和银行的实际支付能力设定合理的职业年金存款利率。

本章小结

企业年金一般是指在政府强制实施的公共养老金或国家养老金制度之外，企业在国家政策的指导下，根据自身经济实力和经济状况建立的，旨在为本企业职工提供一定程度退休收入保障的补充性养老金制度。

企业年金的功能可以概括为以下4点：补充养老，改善退休人员的生活水平；减轻政府负担和基本养老保险承受力；福利激励，提高企业的凝聚力和竞争力；动员储蓄，支持资本市场，促进经济发展；等等。

发展企业年金是我国建立多层次养老保障体系、降低我国基本养老保险替代率、促进我国资本市场发展、改善我国民生、促进国民经济增长的需要。我国的企业年金经过二十几年的发展已经具有一定的规模，在全国绝大部分省市、多个行业都建立起来，总体上呈现良好的发展势头。但总体覆盖率还较低，仍然存在诸多问题有待完善和解决。例如，企业年金制度的性质和定位不明，企业年金基金投资渠道不畅，投资效益不佳与投资风险并存，企业和职工对企业年金的认识不足，税收优惠政策不到位等，这些问题急需得到解决。

🔾 思考题

1. 企业年金有哪些功能？
2. 分析我国建立企业年金的必要性。
3. 论述我国企业年金的现状及存在的问题。
4. 简述我国职业年金的制度内容。

🔾 案例分析

我国企业年金现状

我国企业年金制度正式实施进入第十三个年头，人社部公布了2016年企业年金数据。

1. 整体情况：企业年金规模终破万亿

整体而言，企业年金在经过十余年的发展之后，积累的基金规模首次冲破万亿大关（见图14-1），但其增速却创下2011年以来新低。

人社部公布的数据显示，2016年全国企业年金积累基金110 74.62亿元，同比增长16.26%。增速创2011年以来新低，仅高于2010年10.9%的增速水平，远低于2008年以来24.9%的平均增速。

图14-1　企业年金基金规模冲破万亿

从参与企业年金的企业数及职工数来看，仅有微幅增长。2016年，参保企业数为76 300个，参保职工数2325万人，分别同比增长1.06%和0.39%。

可以说，近两年，企业年金的发展陷入了停滞阶段。特别是从企业年金的参保职工数来看，2015年出现断崖式下滑，2016年几乎没有增长，创近十年来的最低增速(见图14-2)。从参保企业数来看，可以发现同样的现象。这说明，2016年，企业年金基金规模的增长仅来自存量企业的新增缴费，市场上的管理机构在存量市场中竞争激烈。

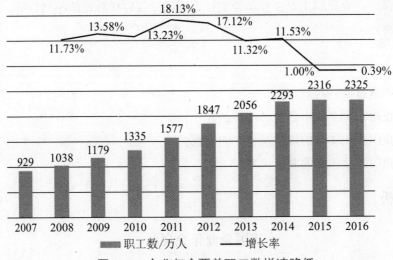

图14-2　企业年金覆盖职工数增速降低

2. 投资收益：资本市场波动导致收益率创新低

如图14-3所示，2016年，企业年金投资收益率也创下2012年以来新低，这与资本市场的波动有着较直接的关系，"熔断""债灾"的影响不容小觑。2016年，企业年金全年投资收益仅296.15亿元，同比减少60.72%，全年平均投资收益率仅为3.03%，远低于近十年7.57%的平均值。这与2015年形成鲜明对比，2015年的9.88%是2008年以来的新高。

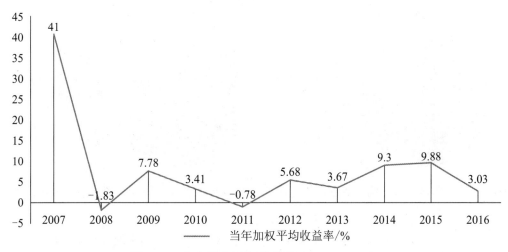

图14-3　企业年金历年收益率(2007—2016年)

3. 待遇领取：领取数额创新高

如图14-4所示，2016年，当年领取企业年金的人数超过100万人，其中一次性领取人数为20.93万人。当年领取金额，达到295.95亿元，其中一次性领取103.44亿元，领取比例为34.95%。有意思的是，2016年的当年投资收益与当年领取额大致相当。

用年金累计规模、当年投资收益、当年领取金额等几个数据，可以推算当年的企业年金缴费规模。由于2014年到2016年覆盖职工数微幅增长，缴费规模的增长可能主要来自社会平均工资的增长，因此可以推算出2016年职工工资大约增长了11%。

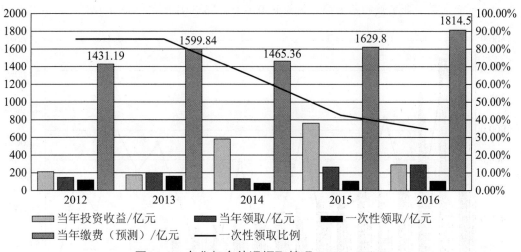

图14-4　企业年金待遇领取情况(2012—2016)

单一计划和集合计划整体的收益率在3%左右，但是固定收益类组合的收益率明显高于含权益类组合的收益率的加权平均收益率，显然权益类组合受资本市场波动的影响更大。从收益率区间来看，44%左右的组合收益率落在2%～4%的区间，有5.24%的组合收益率为负值，如图14-5、图14-6所示。

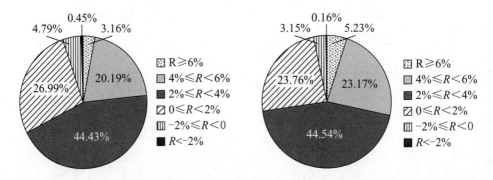

图14-5 收益率区间投资组合数占比饼状图   图14-6 收益率区间期末资产金额占比饼状图

4. 地区分布: 全国地区间存在不平衡现象

人社部公布的分地区企业年金情况表, 仅能部分反映各省(直辖市)的情况。因为很多央企、大型金融企业直接在人社部报备, 一半以上的个人账户数和企业年金资产被统计在人社部一栏里面, 很难反映各个地区最真实的情况。

仅看各省数据, 2016年, 企业年金资产过百亿元的省份(直辖市)除北京市、山西省及安徽省以外, 其余均为沿海省份(直辖市)。企业年金资产排在前10名的省份(直辖市)依次为上海市、北京市、江苏省、广东省、山东省、浙江省、山西省、安徽省、福建省、河南省, 和2015年的分布情况相比变化不大, 各省(直辖市)呈现发展不平衡的现象。

5. 市场份额: 管理机构竞争格局基本形成

(1) 受托管理机构。2016年, 共11家法人受托机构参与企业年金受托管理, 接受受托管理的全部企业数、职工数和基金额分别为56 016个、1333.01万人和6927.72亿元。如图14-7

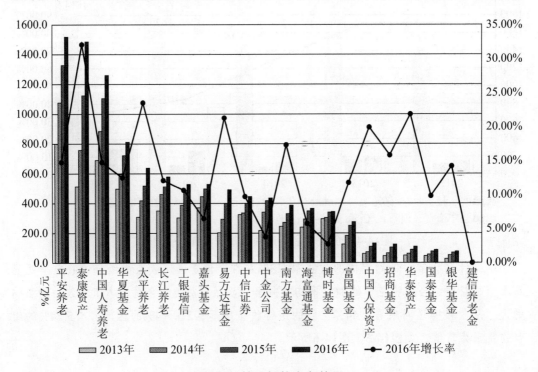

图14-7 管理机构竞争格局

所示，其中，5家保险公司受托管理规模达到5164亿元，占比74.54%，市场份额进一步扩大；而银行(包括建信养老金)受托管理规模1673亿元，占比24.15%，占比持续降低。

(2) 投资管理人。2016年，21家投资管理人共管理10 673亿元，运营3207个组合。其中，平安养老、泰康资产、中国人寿养老、华夏基金、太平养老、长江养老居前6位。其中5家为保险系机构，管理资产6304.86亿元，市场占比59.07%。

2008年，保险系和基金系投资管理人的市场占比分别为46.9%、44.4%，相差无几。2016年，保险系投资管理机构合计运营资产规模5732亿元，占比53.71%，市场份额持续上升；反观11家基金公司，运营规模4055.11亿元，占比降至37.99%，此消彼长。

托管人和账户管理人的市场格局变化也不大，中国工商银行、中国建设银行、中国银行一直排在前三名。

6. 养老金产品：发展迅速，类别丰富

2013年，养老金产品起步，为后端集合产品，由投资管理人和托管人绑定。2016年，养老金产品已备案398只，实际运作179只，产品规模为2214.39亿元，增长85%，企业年金产品投资化趋势加快。其中，权益类资产247.59亿元，固定收益类资产1716.86亿元，流动性资产249.95亿元。

各类养老金产品投资收益率呈现明显分化，不过仅有股票型养老金产品投资收益为负值，达到-8.19%，而2015年为33.2%。

资料来源：中国养老网.http://www.chinapension.com.cn/Home/Article/index/id/572/aid/32648.

分析：
我国企业年金发展现状如何？存在哪些问题？

参考文献

[1] 潘锦棠. 社会保险原理与实务[M]. 北京：中国人民大学出版社，2011.

[2] 潘锦棠. 社会保障学概论[M]. 北京：北京师范大学出版社，2012.

[3] 孙光德，董克用. 社会保障概论[M]. 北京：中国人民大学出版社，2012.

[4] 章晓懿. 社会保障概论[M]. 上海：上海交通大学出版社，2012.

[5] 钟仁耀. 社会保障概论[M]. 大连：东北财经大学出版社，2009.

[6] 吴宏洛. 社会保障概论[M]. 武汉：武汉大学出版社，2011.

[7] 吕学静. 现代社会保障概论[M]. 北京：首都经济贸易大学出版社，2012.

[8] 吕学静. 社会保障国际比较[M]. 北京：首都经济贸易大学出版社，2013.

[9] 吕学静. 各国失业保险与再就业[M]. 北京：经济管理出版社，2000.

[10] 许琳. 社会保障学[M]. 北京：清华大学出版社，2012.

[11] 周沛，易艳阳，周进萍. 社会保障概论[M]. 武汉：武汉大学出版社，2010.

[12] 张琪. 社会保障概论[M]. 北京：中国劳动社会保障出版社，2013.

[13] 安仲文，高丹. 社会保障学[M]. 大连：东北财经大学出版社，2013.

[14] 胡晓义. 社会保障概论[M]. 北京：中国劳动社会保障出版社，2012.

[15] 刘畅. 社会保障概论[M]. 北京：北京大学出版社，2012.

[16] 丛春霞，刘晓梅. 社会保障概论[M]. 大连：东北财经大学出版社，2011.

[17] 郑秉文. 中国养老金发展报告2012[M]. 北京：经济管理出版社，2012.

[18] 鲁全. 转型期中国养老保险制度改革中的中央与地方关系研究——以东北三省养老保险改革试点为例[M]. 北京：中国劳动社会保障出版社，2011.

[19] 申曙光，彭浩然. 中国养老保险隐性债务问题研究[M]. 广州：中山大学出版社，2009.

[20] 龙玉其. 公务员养老保险制度国际比较研究[M]. 北京：社会科学文献出版社，2013.

[21] 张伟兵. 城市农民工养老保险政策研究[M]. 太原：山西人民出版社，2011.

[22] 刘晓梅. 中国农村社会养老保险理论与实务研究[M]. 北京：科学出版社，2010.

[23] 郑功成. 中国社会保障改革与发展战略：养老保险卷[M]. 北京：人民出版社，2011.

[24] 郑功成. 社会保障学——理念、制度、实践与思辨[M]. 北京：商务印书馆，2000.

[25] 郑功成，等. 中国社会保障制度变迁与评估[M]. 北京：中国人民大学出版社，2002.

[26] 郑功成. 中国社会保障论[M]. 武汉：湖北人民出版社，1994.

[27] 郑功成. 社会保障学[M]. 北京：中国劳动社会保障出版社，2005.

[28] 郑功成，郑宇硕. 全球下的劳工与社会保障[M]. 北京：中国劳动社会保障出版社，2002.

[29] 侯文若，孔泾源. 社会保险[M]. 北京：中国人民大学出版社，2001.

[30] 林义. 社会保险[M]. 北京：中国金融出版社，1998.

[31] 任正臣. 社会保险学[M]. 北京：社会科学文献出版社，2001.

[32] 孙树菡. 工伤保险[M]. 北京：中国人民大学出版社，2000.

[33] 孙建勇. 社会保障基金管理[M]. 北京：中国劳动社会保障出版社，2005.

[34] 史柏年. 社会保障概论[M]. 北京：高等教育出版社，2004.

[35] 杨伟民，罗桂芬. 失业保险[M]. 北京：中国人民大学出版社，2000.

[36] 王虎峰. 医疗保障[M]. 北京：中国人民大学出版社，2011.

[37] 郑功成. 中国社会保障发展报告[M]. 北京：人民出版社，2016.

[38] 潘锦棠. 社会保障学[M]. 大连：东北财经大学出版社，2015.

[39] 王巍，谢淑萍，路春艳. 社会保障理论与实践[M]. 北京：科学出版社，2016.

[40] 马斌. 社会保障学[M]. 北京：科学出版社，2015.

[41] 龙玉其. 社会保障案例评析[M]. 北京：经济管理出版社，2016.

[42] 黎大有，张荣芳. 从失业保险到就业保险——中国失业保险制度改革的新路径[J]. 中南民族大学学报：人文社会科学版，2015，35(02)：108-112.